U1006055

TUDI ZHENGZHI

土地整治

陈秋计　郭　斌　杨梅焕　编著

西北工业大学出版社

【内容简介】 本书编入了土地整治领域的最新研究成果及相关政策法规，全面、系统、科学地阐述了土地整治的基本理论、土地整治规划以及土地整治项目规划设计的相关知识，具有较强的实用性。

本书可作为高等院校自然地理与资源环境、人文地理与城乡规划、土地资源管理、测绘工程等专业本科生、研究生的教材，也可供国土、农业等部门的管理和技术人员参考。

图书在版编目（CIP）数据

土地整治/陈秋计，郭斌，杨梅焕编著．—西安：西北工业大学出版社，2015.9(2019.7 重印)
ISBN 978-7-5612-4528-6

Ⅰ.①土… Ⅱ.①陈… ②郭… ③杨… Ⅲ.①土地整理—高等学校—教材 Ⅳ.①F301.2

中国版本图书馆 CIP 数据核字（2015)第 195076 号

出版发行：西北工业大学出版社
通信地址：西安市友谊西路 127 号 邮编：710072
电　　话：(029)88493844 88491757
网　　址：www.nwpup.com
印 刷 者：兴平市博闻印务有限公司
开　　本：787 mm×960 mm 1/16
印　　张：20.75
字　　数：454 千字
版　　次：2015 年 9 月第 1 版 2019 年 7 月第 2 次印刷
定　　价：55.00 元

前　言

土地整治是对低效利用、不合理利用、未利用以及生产建设活动和自然灾害损毁的土地进行治理，以提高土地利用效率。土地整治已成为国家战略的重要组成部分，是保护耕地、坚守耕地红线、保障国家粮食生产安全、改善生态环境、促进社会主义新农村建设和城乡统筹发展、促进土地节约集约利用的重要手段，是破解经济社会发展进程中解决土地利用约束瓶颈的重要措施。经过多年的发展，我国的土地整治工作已经由点到面、由小到大，不断发展壮大，科技支撑能力明显加强，标准规范逐步完善，已形成资金渠道稳定、领导高度重视、基层工作积极、群众热情参与的工作格局。由于近年来土地整治发展迅速，迫切需要大量的土地整治方面的人才充实到该领域中去，为此，许多高校相继开设土地整治的相关课程，培养土地整治人才。为了更好地使学生掌握土地整治的基本理论与相关技能，教材编写团队系统分析了国内外文献资料，结合自身的研究成果和本科教学的实际需求，编写了本书。希望本书的出版能为该领域的人才培养与土地整治工作的开展发挥应有的作用。

本书由西安科技大学陈秋计（第1～5，8，11～17章）主持，杨梅焕（第6，7章）和郭斌（第9，10章）参与编写，在编写过程中参阅了大量国内外有关文献、资料以及相关的观点和实例，在此，特向其作者深表感谢。

在本书编写过程中得到西安科技大学测绘科学与技术学院各位老师的大力支持与帮助；得到西安科技大学2014年度教材建设项目（JC14004）的资助；硕士研究生石萌萌、李丽、程宁、黎楚婷、雷雨默进行了部分文字的修订工作，在此一并表示诚挚的谢意。

由于笔者对问题的理解深度及所掌握的文献资料有限，书中错漏及不足之处，请读者指正。

编著者

2015年4月

目　　录

第1章 绪　论

土地整治是保护耕地、坚守耕地红线、保障国家粮食生产安全、改善生态环境、促进社会主义新农村建设和统筹城乡发展、促进土地节约集约利用的重要手段。土地整治工作已经上升为国家战略，成为破解经济社会发展进程中土地利用约束瓶颈的重要措施。

1.1 土地整治的概念

土地整治是指在一定区域内，按照土地利用总体规划、城市规划、土地整治规划确定的目标和用途，通过采取工程技术和土地权属调整手段等，对低效利用、不合理利用和未利用的土地进行整治，对生产建设破坏和自然灾害毁损的土地进行恢复利用，提高土地利用率。

土地整治是一项长期而复杂的系统工作，土地整治的内容随着国家经济、社会的发展而不断变化。我国现阶段土地整治的主要内容：一是调整用地结构；二是平整土地，提高土地集约利用率；三是道路、沟渠、林网等综合建设；四是归并农村居民点；五是恢复利用废弃土地；六是划定地界，确定权属；七是在保护和改善生态环境的前提下，适度开发宜农土地后备资源。

土地整治以获取土地利用的社会效益、经济效益、生态效益三者协调统一的综合效益为原则，以保护和改善生态环境为前提，以改善农业生产条件和提高土地的集约化利用程度为手段，以实现土地资源的可持续利用为最终目标。

1.2 我国土地整治的主要类型

1. 农用地整治

农用地整治是指在以农用地（主要是耕地）为主的区域，通过实施土地平整、灌溉与排水、田间道路、农田防护与生态环境保持等工程，增加有效耕地面积，提高耕地质量，改善农业生产条件和生态环境的活动。

2. 土地复垦

土地复垦是指对生产建设活动和自然灾害损毁的土地，采取整治措施，使其达到可供利用状态的活动。

3. 宜农未利用地开发

宜农未利用地开发是指对宜农未利用地采取整治措施，以增加耕地面积、改善生态环境为主要目的的活动。

4. 建设用地整治

建设用地整治包括农村建设用地整治和城镇工矿建设用地整治。

农村建设用地整治是指对农村地区散乱、废弃、闲置和低效利用的建设用地进行整治，完善农村基础设施和公共服务设施，改善农村生产生活条件，提高农村建设用地节约集约利用水平的活动。

城镇工矿建设用地整治是指对旧城镇、城中村和旧工矿等进行改造，完善配套设施，加强节地建设，拓展城镇发展空间，提升土地价值，改善人居环境，提高节约集约用地水平的活动。

5. 区域性综合整治

区域性综合整治是指按照城乡一体化发展的新要求，以村、镇为基本整治区域，全域规划，全域设计，对区域内的田、水、路、林、村实行综合整治，统筹城乡土地利用，实现城乡协调发展。其目标更加多元化，呈现出区域综合性、多功能性、多效益性的特点。

1.3 土地整治的特点

土地整治具有系统性、综合性、动态性和技术性等特点。

1. 土地整治的系统性

土地整治的对象——土地本身就是一个大的生态系统，包括了动物、植物、微生物以及无机环境等诸多相互作用、相互制约的因子。因此，土地整治过程中应充分考虑各个因子的功能，在提高土地生产力的同时，要尽可能保持和提高土地生态系统的自我调节能力，避免土地生态系统受到破坏。

土地整治的系统性还表现在其工作程序上，从项目区的踏勘、项目可行性研究、土地整治的规划设计以及项目的实施监管和验收、项目运营等，每一个环节都是构成土地整治系统不可分割的重要部分。

总之，土地整治作为系统性的工作，需要处理好土地系统的各组成因素以及土地整治各个环节的相互关系，从而达到土地整治工作效益的最大化。

2. 土地整治的综合性

土地整治需要综合运用土地规划、农田水利、工程预算、工程建筑、计算机技术等各学科知识。同时，土地整治还涉及土地、农业、林业、水利、气象、环保、财政等多个部门，土地整治工作的顺利开展有赖于各部门的综合协调、相互配合。如土地整治项目规划设计需要众多资料，包括土地资源状况、土壤性质、作物种植结构、地形、水资源、项目区基础设施状况等。如果资料收集不全，就容易导致项目设计缺乏科学性。

因此，土地整治工作的综合性决定了在土地整治过程中应树立起全局观念，对各方面因素进行综合考虑，避免工作上的失误。

3. 土地整治的动态性

土地整治的动态性是指由于土地整治的最终目的是为了协调土地关系、调整土地利用结构、提高土地利用效率，所以随着土地利用状况的变化和社会经济的不断发展，土地整治的具体内容与任务也就不同，土地整治本身也有一个不断完善和发展的过程。例如，以新中国成立后我国的土地整治为例，在建国初期，土地整治以增加土地面积，建设基本农田为主，之后，随着社会经济状况的改变，土地整治开始从单纯农地整理向农地整理与村庄土地整治相结合的综合整治转变，并成为建设社会主义新农村、统筹城乡发展的重要抓手和平台。

4. 土地整治的技术性

土地整治包括众多环节，其中每一个环节都包含众多技术性因素。如项目区的选择过程中，需要对所选区域进行仔细的实地勘察，对区域水源、水利基础设施、土壤、地形地貌、土地利用结构等基本情况做出全面的技术性评价，从而为确定项目区提供客观科学的可行性研究技术报告；在土地整治项目规划设计中，田块大小、方向、灌溉方式的选择、沟渠布置、土地平整方案以及土壤改良方案的拟订等等，都涉及农田水利、土地规划、工程预算等各方面的专业技术知识；项目的实施监管和竣工验收更是涉及诸多具体工程施工技术；而土地整治后的土地产权调整方案的制定与实施，尤其是对农地质量的评价，也有较高的技术操作要求。总之，土地整治的顺利实施需要强大的技术支撑。

1.4 土地整治的发展

十余年来，我国的土地整治走过了不平凡的发展历程。从管理体制看，按照“把权力和责任放下去、把服务和监管抓起来”的思路，逐步形成了“部级监管、省级负总责、市县组织实施”的管理格局，初步建立了集中统一、全面全程的监测监管体系。

与此同时，土地整治本身也在发生深刻变化：在范围上，由相对孤立、分散的土地开发整理项目向集中连片的综合整治转变，从农村延伸到城镇工矿；在内涵上，由增加耕地数量为主向增加耕地数量、提高耕地质量、优化用地结构布局、改善生态环境并重转变；在目标上，由单纯的建设性保护耕地向促进新农村建设和城乡统筹发展转变；在实施手段上，由单纯的项目管理向以项目为载体结合城乡建设用地增减挂钩、工矿废弃地复垦调整利用等政策的综合运用转变。

伴随着土地整治管理体制的变迁和土地整治内涵外延的不断拓展，土地整治的概念在不断发生变化。大致分为三个阶段：

第一阶段(2000年以前)：以“土地整理”概念为标志。《中共中央国务院关于进一步加强土地管理切实保护耕地的通知》要求“积极推进土地整理，搞好土地建设”；现行《土地管理法》明确提出“国家鼓励土地整理”。这一阶段为土地整治的起步阶段，主要是借鉴海外经验，在实践中探索土地整治的实施途径。

第二阶段(2000—2007年)：以“土地开发整理”概念为标志。现行《土地管理法》的颁布实施，使土地整治有了以新增建设用地土地有偿使用费为主的法定资金渠道，土地整治事业的发展进入快车道。这一阶段以实施国家投资土地开发整理项目为重点，引导和推动全国土地整治工作。自 2000 年起,国土资源部先后出台了国家投资土地开发整理项目管理办法、资金管理办法、项目实施管理办法、项目竣工验收办法等几十个文件,逐步构建起土地开发整理项目管理的基本政策制度体系。2000 年,《土地开发整理项目规划设计规范》等三个土地开发整理标准发布实施;2003 年,《全国土地开发整理规划(2001—2010 年)》发布实施。这一阶段是土地整治的发展壮大阶段,土地整治逐步形成了有法律支撑、有规划引导、有标准可依、有资金保障、有机构推进的工作局面。

第三阶段(2008 年至今):以"土地整治"概念为主要标志。2008 年是我国土地整治发展史上具有里程碑意义的一年。党的十七届三中全会第一次在中央一级文件中明确提出"大规模实施土地整治,搞好规划、统筹安排、连片推进",开启了土地整治发展新纪元;珠三角地区开始探索以"三旧"改造为主要内容的城镇工矿建设用地整治,进一步丰富和拓展了土地整治的内涵和功能;国土资源部、财政部联合推进土地整治重大工程实施和示范省建设,重大工程和示范建设逐渐成为新时期推动全国土地整治工作的重要抓手。这一阶段是土地整治的综合发展阶段,土地整治目标的多元化、内涵和效益的综合性特点越来越鲜明,社会认知度越来越高,发展前景更为广阔。

1.5 我国土地整治的原则和工作重点

1. 土地整治的原则

我国土地整治必须坚持以下几项基本原则。

1)坚持统筹规划,合理开发利用资源,切实保护和改善生态环境的原则;

2)坚持内涵挖潜与外延开发相结合,以土地整理和复垦为重点的原则;

3)坚持维护土地权利人合法权益,提高土地利用效益的原则;

4)坚持依靠科技进步和创新,实现数量、质量和生态管护相统一的原则;

5)坚持优化土地利用结构,促进经济社会和资源、环境协调发展的原则。

2. 我国土地整治的工作重点

当前和今后一个时期土地整治工作重点主要在以下四方面。

(1)紧紧围绕耕地保护目标开展土地整治。依据土地利用总体规划和土地整治规划,对农村地区田、水、路、林、村进行综合整治,全面推进土地整治工作。

(2)紧紧围绕基本农田保护和建设开展土地整治。坚持以建设促保护,大力开展基本农田建设,确保基本农田总量不减少、质量不降低。土地整治专项资金主要用于高标准基本农田建设。东部地区以建设高标准农田为主要任务;中部粮食主产区以保护和提高基本农田的粮食综合生产能力为主要目的;西部生态脆弱地区加大对平坝和缓坡耕地的整理力度,加大对"坡改梯"、淤坝地以及对出现沙化趋势耕地的建设和整治力度,加强基本口粮田建设,力争实现中央提出的一人一亩口粮田的目标。

(3)紧紧围绕发展现代农业和新农村建设开展土地整治。结合实施新农村建设规划,完善县、乡级土地整治规划，统筹安排、综合整治，着力提高农业综合生产能力，改善农民生产和生活条件；结合巩固农业基础地位，搞好农田基础设施建设，尤其是小型农田水利建设，增强排灌和防灾减灾能力；结合发展特色农业、现代农业，对项目进行科学设计，改善生态环境和农业生产条件，提高劳动生产率，为农业增效、农民增收奠定基础；结合建设农村美好家园，依照规划，搞好基础设施改造和建设，对村庄废弃地和腾退的宅基地合理开发利用，复垦还田，进行公益事业建设，美化居住环境，造福农民群众。

(4)紧紧围绕重点地区和重大项目开展土地整治。国务院《关于加强土地调控有关问题的通知》(国发[2006]31号)以及财政部和国土资源部的有关配套文件已经明确，土地整治的资金投入将继续向粮食主产区倾斜、向基本农田保护区倾斜、向土地整治重大工程项目倾斜。同时，土地整治还要结合流域和水系，重点向沿路、沿江、沿线布局，设立永久性标志牌，接受社会监督。

1.6　我国土地整治的意义

(1)土地整治是确保国家粮食安全、提高粮食综合生产能力的有力支撑。

粮食安全是经济社会可持续发展的重要基石。人口多、人均耕地特别是优质耕地少，耕地后备资源不足，这是我国的基本国情，如图1-6-1所示。十几亿人口的吃饭问题，始终是我国一件头等重要的大事。随着经济社会的发展，人口的持续增加以及人民生活水平的提高，我国土地资源的供求矛盾将日益突出。近年来的全球气候变暖，也对粮食安全问题提出了严峻挑战。各地的实践已经证明，土地整治不仅可以增加有效耕地面积，而且提高了耕地质量，促进了粮食综合生产能力的提高，对实现耕地占补平衡，落实耕地保护责任目标，确保18亿亩[①]耕地的红线具有不可替代的作用。

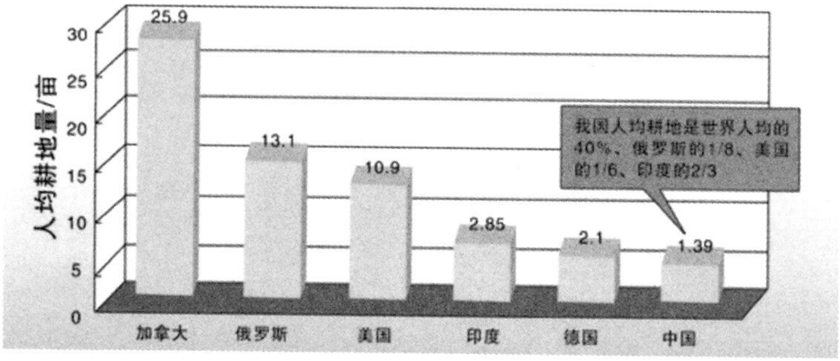

图1-6-1　我国与世界部分国家人均耕地比较图(引自：淄博市国土资源局宣传画)

① 1亩约为666.7平方米。

(2)土地整治是建设社会主义新农村、发展我国现代农业的有效途径。

建设社会主义新农村,是党中央从全面落实科学发展观、构建社会主义和谐社会的战略高度,着眼于全面建设小康社会、加快推进现代化的奋斗目标,提出的一项历史任务。新农村建设的20字方针,即"生产发展、生活宽裕、乡风文明、村容整洁、管理民主",与国土资源工作特别是土地整治工作密切相关。我国的土地整治,最大特点是以田、水、路、林、村综合整治为主要内容,以调整农村土地权属和土地利用状况为关键环节,以经济、法律和工程等措施为主要手段,以提高土地利用率和产出率,改善农村生产生活条件和生态环境为目的的综合性、全方位的土地建设活动。这些活动与新农村建设环环相扣。实践证明,通过土地整治,在改善农业生产条件、提高耕地产能的同时,可以归并分割细碎的地块,形成了规模经营的条件,改善了传统的农用地利用格局,有利于农业现代生产方式和经营方式的调整。

(3)土地整治是统筹城乡发展、优化土地利用结构的有效手段。

我国农村土地利用水平还较粗放,利用结构也不够合理,从而进一步加剧了我国土地的供求矛盾,制约了城乡统筹发展。土地整治是落实土地利用总体规划,解决农村建设用地利用粗放、布局不合理的有效途径。不少地方通过科学合理的规划,解决农民住宅向中心村集中、乡镇企业向工业区集中、农田向规模经营集中,有效解决了农村土地利用的"空、散、乱"等问题。

复习思考题

(1)简述土地整治的含义。

(2)简述我国土地整治的主要类型。

(3)简述土地整治的特点。

(4)论述我国开展土地整治的意义。

第2章　土地整治的基本理论及相关政策

2.1　土地整治的基本理论

2.1.1　土地经济相关理论

2.1.1.1　土地肥力原理

1. 土地肥力概述

肥力是土地(农业土地)的本质属性和质量标志。土地肥力包括自然肥力和人工肥力。自然肥力是人工肥力形成的基础,人工肥力是对自然肥力的"加工",二者结合在一起,综合形成经济肥力。

土地肥力状况主要受社会生产力发展水平和生产关系的影响。土地肥力状况与社会生产力发展水平相适应,并随着它的发展而不断得到改善,这是因为:其一,随着社会生产力的提高、科学技术的进步及其在农业上的应用,人们能更大规模地将劳力、资本投入土地,不断提高人工肥力;其二,随着社会生产力的发展和科学技术的进步,人们有可能将土壤中的营养元素不断地变为植物能够直接吸收利用的形态,从而使土壤的有效肥力和作物产量得到提高。土地肥力状况,除了受社会生产力发展水平的影响外,还受生产关系和上层建筑变革的影响。

2. 与土地整治的相互关系

在土地整治过程中,土地平整工程、农田水利工程、道路工程和其他工程等的实施,使得田、水、路、林、村得到综合治理,整个生态系统得到改善,从而提高土壤肥力,促进土地生产力的提高,增强农业的综合生产能力。特别是在丘陵山区,通过治理土壤退化,引导农户对坡度在25°以上的地区有计划地进行退耕还林、还草,实现小流域治理,可以有效防治土壤侵蚀和水土流失,提高土壤保水保肥能力。

中国国土资源报网:沃土搬家:让更多土地肥起来

2012年2月1日,党中央、国务院正式发布了《关于加快推进农业科技创新持续增强农产品供给保障能力的若干意见》。文件明确指出"占用耕地建设重大工程,要积极推行'移土培肥'经验和做法"。移土培肥实际上是建设占用耕地之后将耕作层土壤剥离用于新增耕地、劣质耕地的土壤培肥,对耕地质量保护和建设有着极其重要的意义。

2.1.1.2 土地供给理论

1.土地供给概述

所谓土地供给，是指地球能够提供给人类社会利用的各类生产与生活用地的数量，包括在一定的技术、经济与环境条件下对人类有用的土地资源数量和在未来一段时间内预知可供利用的土地数量。通常可将土地供给分为自然供给和经济供给。

土地的自然供给是指土地以其固有的自然特性供给人类使用的数量，包括已利用的土地资源和未来利用的土地资源，即后备土地资源。影响土地自然供给的主要因素包括：适宜人类生产生活的气候条件，适宜植物生长的土壤与气候条件，可供人类生活的物品和生产必需的资源条件，交通运输条件等。土地的自然供给是相对稳定的，不受任何人为因素或社会经济因素的影响，因此土地的自然供给基本上是无弹性的。

土地的经济供给是指在土地自然供给的基础上，在一定时间与区域范围内，投入劳动进行整治后可供人类直接用于生产、生活等各种用途的土地数量。由于土地具有用途多样性的特点，土地的经济供给会随着土地需求与经济效益的变化而变化，因而土地经济供给是有弹性的。影响土地经济供给的主要因素包括：各类土地的自然供给量，人类利用土地的知识和技能，交通运输事业的发展状况，土地利用的集约度，社会需求的变化等。土地整治、土地利用结构调整等活动都将影响土地的经济供给，因此土地的经济供给是变量，是有弹性的。

土地的自然供给与经济供给既有联系，又有区别。土地的自然供给是土地经济供给的基础，土地的经济供给只能在自然供给的范围内变动。土地的经济供给是变化的，有弹性的。人类虽然难以或无法增加土地的自然供给，但可以在自然供给的基础上增加经济供给。

中国经济时报：采取差别化策略，增加土地制度创新供给

第一，实施区域差别化策略，增加土地制度创新供给。第二，实施产业差别化策略，增加土地制度创新供给。第三，实施功能差别化策略，增加土地制度创新供给。第四，实施状态差别化策略，增加土地制度创新供给。

2.与土地整治的相互关系

(1)农用地经济供给的直接增加。

土地整治不仅包括对已利用土地进行深度开发，增加有效耕地面积，也包括对荒滩、荒坡、荒山、荒沙地等未利用地的广度开发，扩大可利用土地的面积。通过土地整治，可以直接增加农用地经济供给总量，推动耕地总量动态平衡目标的实现，保护国家粮食安全。

(2)农用地经济供给的间接增加。

按照土地供给的价值趋向，建设用地带来的经济效益往往高出农用地几倍甚至几十倍。相比较而言，农用地缺乏供给弹性。同一地块，农用地较建设用地的经济效益低，故农用地缺乏竞争力，往往易被建设用地所取代。这一点在城乡交错地带表现得尤为突出。

土地整治通过建设完善的农业生产基础设施，可以提高土地质量和土地产出率。从土地利用的效果上讲，土地产出率的提高相当于扩大了土地面积，也就是农用地经济供给的间接增加。农用地利用效益的提高，有助于从经济上形成对农用地的保护机制，减少建设用地对农用地的占用量。

(3)提高农用地经济供给的稳定性。

保护和改善农业生态环境是土地整治的重要内容之一。土地整治过程中，采取各种措施消除影响土地生态系统稳定性的消极因素，提高系统的自我调节能力与环境容纳能力，可有效防止因生态脆弱与生态失衡造成的土地毁损或质量下降，保障农用地生产能力的持续发展，从而确保农用地经济供给的稳定性。

2.1.1.3　成本-收益论

1.成本-收益论概述

成本-收益分析的基本原理是将项目或方案所需要的社会成本(直接的和间接的)与可获得的收益(直接的和间接的)尽可能用同一计量单位(货币)分别进行计量，以便从量上进行分析对比，权衡得失。为此，必须把项目或方案的指标体系划分为两大类:一类是消耗成本，另一类是收益价值。消耗成本是投入的全部资源，是指社会付出的代价，即机会成本。由于市场机制的存在，几乎绝大部分投入资源都可以转化为货币单位。收益价值则往往有相当部分不能转换为货币单位，所以收益指标通常要分为可计量和不可计量两种。

2.成本-收益分析的评价方法

在进行项目或多方案比较时，一般采用 3 种方法:在成本相同的情况下，比较收益的大小；在收益相同的情况下，比较成本的大小；在成本与收益都不相同的情况下，以成本与收益的比率和变化关系来确定。

成本-收益分析中的评价准则和方法是随时代的变化而变化的。在成本-收益分析中，还要考虑物质、政治、法律等各种相关的限制条件。成本-收益分析的基本程序是先明确项目或方案所要达到的目标和任务，提出能够实现目标的若干可供选择的方案，通过计量模型分析各种替换方案的收益与成本，然后根据评价准则进行综合评估，最后确定各个替换方案的优劣顺序。

成本-收益分析作为研究公共项目的工具有很大的适用性，是具有广阔发展前景的经济分析方法，但同时它又有很大的局限性。除了它所涉及的问题纷繁复杂这个客观因素外，它的局限性还在于缺乏坚实的理论基础，且方法至今还很不完善，评价标准易受评估人偏好的影响，评估中一般不考虑收入再分配的社会效果。此外，这种分析方法只能对已经提出的项目或方案进行评估，它本身并不能提供最佳的方案，因而往往只能做到“在次好中选优”。

3.土地整治的成本与效益

(1)土地整治的成本。

土地整治过程中的成本主要包括直接成本、社会成本、时间成本与替代成本。

1)土地整治的直接成本。

所有土地利用活动都需要投入一定的人力、物力、资金、技术等要素，土地整治也不例外。土地整治的直接成本可理解为:为了达到一定的土地整治目的而投入使用的资金、劳力、技术、设备等生产要素的总称。从土地整治直接成本的构成上看，既包括人工、材料、机械等直接支出，又包括前期研究、规划设计、项目管理、竣工验收、后期评价等间接支出。从项目运作的实际成本分析，项目预算资金并不是项目的全部成本。

2)土地整治的社会成本。

社会成本是相对于私人成本而言的。私人成本是个人或企业在整治土地过程中本身承担的成本；社会成本则是从社会整体来看待的成本。社会成本也是一种机会成本，即把社会资源用于某种用途就放弃了其他获利的机会。如果私人经济活动不产生外部性，即不对他人或社会发生影响，则私人活动的成本等于社会成本；如果私人经济活动对他人或社会产生影响，则私人成本与社会成本将不一致。当私人经济活动产生外部经济效益时，私人成本大于社会成本；当私人经济活动产生外部负经济效益时，私人成本小于社会成本。

3)土地整治的时间成本。

土地整治从决策到实施完成，在能够用于生产、产生效益之前，需要一定的时间。在这种情况下，由于资金被束缚在土地整治项目上，因而随时间的流逝而带来的成本可被看作时间成本。

由于土地整治效应会有一个滞后期，因而土地整治资金在经过相当长的时间后才能获得补偿。可以说，土地整治的时间成本是较高的。因此，在进行土地整治决策时，时间成本应是一个重要的考虑因素。

4)土地整治的替代成本。

因改变土地利用类型或进行土地再整治时注销当前已投入在土地上的资产效用而产生的成本叫作替代成本。替代成本往往是由于预期能够获得更高的土地收入而改变当前土地利用类型、方式造成的。

(2)土地整治的效益。

土地整治的效益可分为经济效益、社会效益和生态效益。

1)土地整治的经济效益。

土地整治的经济效益是指土地整治过程中对土地的投入与整治后所取得的有效产品(或服务)之间的比较。

2)土地整治的社会效益。

评价土地整治效益时，不但要考虑经济效果，还必须结合社会效果进行综合评价。土地整治的社会效益是指土地整治对社会需求的满足程度及其相应产生的政治与社会影响。

3)土地整治的生态效益。

土地整治的生态效益是指土地整治的活动过程与结果应符合生态平衡规律。也就是说，人类通过土地整治建立起来的新的土地生态系统应做到不仅不会损害原来的生态系统，反而会增强整个生态系统的功能，为人类生产和生活提供更好的生态环境和更多的生物产品。长期而言，生态效益是与经济效益相统一的，能够通过经济效益的增加得到体现。

2.1.1.4　土地报酬递减原理

1. 土地报酬递减原理概述

(1)土地报酬递减的产生。

在科学技术水平相对稳定条件下的土地利用中,当对土地连续追加劳动和资金时,起初追加部分所得的报酬逐渐增多;当投入的劳动和资金超过一定的界限时,追加部分所得的报酬则逐渐减少,从而使土地总报酬的增加也呈递减趋势。这就是通常所说的"土地报酬递减现象"。

产生这种现象的主要原因是:在一定的经济状况和生产技术条件下,土地在客观上存在着受容力的界限。追加投资超过土地受容力时便不起作用,从而出现土地报酬起初递增而后递减的现象。

(2)土地报酬递减原理的内容。

自人类利用土地从事生产劳动时起,土地报酬递减规律就客观存在了。虽然国内外科学家对土地报酬递减现象表述不尽一致,但是到目前为止,国内外大量的实验都证明了土地报酬递减规律的客观存在。

为了研究生产要素的最佳投入量,通常把其他生产要素固定在某一水平上,而只研究其中一种生产要素与总产量的关系。这时,这种关系的函数表达式为

$$Y = X\phi_i \tag{2-1-1}$$

式中　Y—— 总产量;

ϕ_i—— 函数关系;

X—— 某一生产要素的投入量。

通过这一函数可以求出生产要素的边际产量(MPP)为

$$\mathrm{MPP} = \frac{\Delta Y}{\Delta X} \tag{2-1-2}$$

式中　ΔY—— 在相应情况下总产量的增加;

ΔX—— 变动生产要素的增加量。

ΔY 与 ΔX 之比表示每增加一单位某种生产要素所增加的总产量。

根据边际产量变化曲线,当投入量增至某一点时,边际产量减至零,总产量达到最高点。该点就是最佳投资点。超过该点后,再追加投资,边际产量可能为零也可能为负数,总产量可能不变也可能减少,但两者都不可能再增加。所以,从投入产出角度考虑,投入量不应该超过最佳投资点。在投入达到最佳点之前,这些投入会引起报酬递增。如果某项投入已达到最佳点,就不应再增加这种投入了(见图2-1-1)。

2. 与土地整治的相互关系

研究土地报酬变化规律的意义在于揭示土地的质量状况,确定土地集约利用的合理界限,提高土地投资的经济效果。在进行土地整治时,应按照报酬递减规律的思想对土地整治的投入与整治后的效益进行科学预测,求得这些投入的最适量。如果所需投入在最适量以内,报酬处于递增阶段,则该项土地整治活动在经济上是可行的;如果所需投入超过最适量,则该项土

地整治活动在经济上是不可行的。

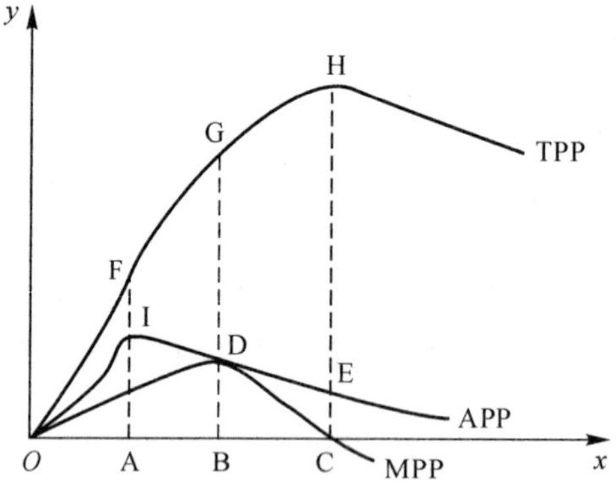

图 2－1－1　土地报酬变化规律(引自:刘书楷《土地经济学》)

图中:TPP—总产量曲线；　APP—平均产量曲线；　MPP—边际产量曲线

另外,在一定土地规模上,劳动力和资金投入规模的大小最终取决于土地的受容能力,即在一定的经济技术条件下,土地对人类给予的各种投入的承受能力和产出能力。一般来说,土地利用规模的扩大与规模报酬之间的相互关系存在 3 种情况:递增土地规模报酬、固定土地规模报酬和递减土地规模报酬。因此,在进行土地整治时还要考虑土地规模利用因素,以使土地利用处于报酬递增阶段,至少也是处于报酬不变阶段,而不是处于报酬递减阶段。

2.1.2　土地可持续利用相关理论

2.1.2.1　人地关系论

1.人地关系论概述

人地关系泛指人类活动与地理环境的相互关系,它是自人类起源以来就存在的客观关系。人地关系研究涉及地理学、环境学、资源学、人口学、生态学、系统学、经济学、社会学、管理学、行为学、计算机技术、信息工程等一系列学科和技术。它以人类环境、人类活动、人类发展为中心,研究自然条件、自然资源、自然演替的合理组合、开发和调控,是自然科学与社会科学的交叉。其研究内容主要有下述几方面。

1)人地关系的地域结构与地域体系的形成和发展的特点与规律；

2)人地关系的调控机制与调控手段；

3)制定不同类型地区的人地关系优化模式,以实现经济效益、社会效益与生态效益的最佳结合；

4)建立人地系统的网络和数据库、模式库、决策库及咨询中心等。

人类社会发展到现代社会,经济工业化和社会城市化的发展使得人类对自然的开发利用和改造的规模、范围、深度与速度不断增加。先进技术手段的运用不断改变着各地区的自然结构和社会经济结构。与此同时,地理环境对人类社会经济发展的影响和反作用也越来越强烈。

人口、资源、环境、生态、国土、经济、社会关系等出现全球性的严重失调，人地关系处于剧烈的对抗之中。如何协调人地关系并促使人类社会不断和谐发展，是现今人地关系研究的核心。

2. 与土地整治相互关系

人地关系论告诉我们，要想实现人类社会的长期稳定发展，必须遵守人类与自然和谐共生的法则。通过自然系统和社会系统的有机耦合，创造出自然、空间、人类高度协调统一的复合人地系统。土地资源的可持续利用同样也要遵守这一法则。作为土地利用的有效途径，土地整治是实现土地资源可持续利用的根本途径。因此，人地关系论是指导土地整治的一个重要基础理论。

例如，在土地整治之前要进行生态适宜性评价，并按照评价结果确定合理的土地整治方式。这样做既可保护土地的生态环境，又为人类生产和生活创造了经济价值，真正将人地合为一体。

2.1.2.2　土地资源可持续利用理论

土地资源可持续利用是可持续发展战略原则在土地利用领域内的具体应用。在世界各地，土地资源愈来愈稀缺，除了条件极端恶劣的地域外，人类的土地利用活动几乎遍及所有的大陆和岛屿，触及自然界的所有因素，并在利用中强烈地改造着它们。由于土地利用处于人类实践活动的重要基础地位，因此实现土地资源的可持续利用具有重要意义。

1. 土地资源可持续利用理论的内容

与其他资源相比，土地资源是最能体现可持续发展战略理论的一种资源。土地资源的可持续利用本身就是由土地的特性所决定的，也就是说，土地具有可持续利用的特性。具体地讲，土地资源可持续利用应包括以下几方面的内容。

1)在资源的数量配置上与资源的总量稀缺性高度一致。土地具有稀缺性，土地的供给在一定时期内相对于需求是有限的，因而有限的资源必须分配到社会效益、生态效益和经济效益都相对较高的项目上，并要安排好组合比例关系。

2)在资源的质量组合上与资源的禀赋相适应。不同生产项目对土地资源的品质要求不同，而区位优、质量高的土地资源极其有限，因而应把优质的土地资源安排到对资源品质要求高的生产项目上。

3)在资源的时间安排上与资源的时序性完全相当。土地资源的自然供给缺乏弹性，尽管通过开发后备资源可适当增加可利用的土地资源数量，但是有限的后备资源相对于不断扩张的用地需求来说，无疑是供不应求的。因此，在开发利用过程中，应考虑资源开发利用的延续性，避免资源集中过量消耗，导致资源供给断档。

4)土地资源配置应当考虑各地区差异，反映各地区特点，激发各地区发展活力。维护和促进社会公平是可持续发展的重要目标，尤其是在资源利用方面。众所周知，初始资源禀赋对社会和个人的财富积累有至关重要的影响，因此，应当考虑建立区际间的资源流动机制，以消除因资源禀赋的差异对区际间经济发展产生的不良影响。这在我国当前西部大开发中应认真考虑。

2.与土地整治的相互关系

土地资源可持续利用是开展土地整治的基本依据，也是实施土地整治的根本目的。

1)土地整治是我国土地资源可持续利用的客观需求。

土地整治是一项可以在不增加土地面积的前提下获得巨大土地利用效益的措施。借助土地整治，不仅能满足当代人对土地资源的要求，而且又不对后代人满足其要求构成危害；不仅能保持质量状态良好的土地数量，而且又能为后代人创造良好的土地生态环境。因此，土地整治是土地资源可持续利用的客观需求。

2)土地整治是我国土地资源可持续利用的必由之路。

土地资源利用同其他资源一样，完全依靠自然再生是不可能的。出路在于转向大力保护土地和加强土地资源再生的社会生产过程，即大力推进土地开发、土地复垦和土地整理，也就是我们现在所实施的土地整治，从而实现耕地在数量、质量上的占补平衡，在努力扩大土地自然供给量的同时，大力增加土地经济供给量。

3)土地整治是土地资源可持续发展的动力机制。

土地资源可持续利用是社会经济可持续发展的物质基础，其关键在于土地利用的持续性。土地整治的诸多功能均聚焦于土地资源可持续利用，从而构成了可持续发展的内在动力。

4)土地整治是提高我国土地资源利用效率的重要途径。

借助土地整治可以对未利用的土地加以开垦利用，又可以对已利用的工矿废弃地进行复垦、对农村闲散地进行开发、对中低产田进行改造，甚至可以对旧城区土地进行改造。通过追加投资和劳动并加以集约利用，最终使土地利用率和土地产出率得以提高，从而使土地资源持续利用和社会经济可持续发展得到保证。

中国新闻网(2008.10.23)：我国人地关系紧张格局面临五大问题

* 人均耕地少、优质耕地少、后备耕地资源少；
* 优质耕地减少和工业用地增长过快；
* 建设用地粗放浪费较为突出；
* 局部地区土地退化和破坏严重；
* 违规违法用地现象屡禁不止。

2.1.3 区位论

2.1.3.1 区位论概述

1.区位和区位论的概念

区位就是指人类行为活动的空间，它除了解释为地球上某一事物的空间几何位置外，还强调自然界的各种地理要素和人类经济社会活动之间的相互联系及相互作用在空间位置上的反映。

由于土地位置是固定的，各地段都将处在距离经济中心不同的位置上。人类从事生产，需要将资本和劳力带到土地上，并将产品运至市场。为了方便生产和流通、降低产品成本、增加利润，需要按一定的标准选择适宜的空间位置使比较利益最大，于是就产生了区位理论。区位理论是关于人类活动的空间分布及其空间中的相互关系的学说。具体地讲，区位理论是研究人类经济行为的空间区位选择及空间区内经济活动优化组合的理论。

2. 区位主体和区位因子

(1)区位主体。

区位主体是指与人类相关的经济和社会活动，如企业经营活动、公共团体活动、个人活动等。区位主体在空间区位中的相互运行关系称为区位关联度。区位关联度决定投资者和使用者的区位选择。一般来说，投资者或使用者都力图选择总成本最小的区位，即地租和累计运输成本总和最小的地方。

(2)区位因子。

在论述区位时，会遇到一系列影响区位的因子。通常在区位论里将这些因子统称为区位因子。区位因子可概括为下述六方面。

1)自然因子。自然因子包括自然条件和自然资源。

2)运输因子。作为生产过程在流通中的延续，运费的高低同产业区位关系最为密切。早期的工业区位论便是主要以原料和产品的运费来讨论的，使运输因素在区位论中居突出地位。随着交通新技术的发展和生产率的提高，运费虽然相对减低，但仍为考虑区位问题的重要变量。

3)劳动力因子。一定劳动力资源是社会生产发展的保证。劳动力的数量和质量(熟练程度)的空间分布是确定产业区位的重要考虑因素。资本有机构成低的部门，其劳动力(工资)在成本中所占比例反而高。许多西方国家工业中心的变化与新地区劳动力价格便宜有关。

4)市场因子。区位论中的市场泛指产品销售场所。这一因素对区位的影响有三方面：市场与企业的相对位置、市场的规模和市场的结构。后两方面往往构成市场和城市的等级序列。

5)集聚因子。集中和分散是产业空间布置的两个方面，区位论中简称集聚因子。

6)社会因子。社会因子包括政治、国防、文化等的要求，它们是超经济的。其中主要包括：一、政府的干预。包括不同制度的政府机构实行的政策，如资本主义下的保护关税、国有化、以军工生产刺激经济发展；二、经济发展中决策者的行为。它既可能符合客观规律、促进地区经济活动的良性循环，也可能造成相反的效应。

总之，区位因子是多方面的。由于不同的历史阶段有不同的社会要求，加上研究者的角度不同，形成了各有侧重的区位理论体系。

2.1.3.2　与土地整治的相互关系

土地整治实践应当以区位理论为指导，合理地确定土地利用的方向和结构。根据区域发展的需要，将一定数量的土地资源科学地分配给农业、工业、交通运输业等部门，以谋求在一定量投入的情况下获得尽可能高的产出。在具体组织时，不仅要依据地段的地形、气候、土壤、水利、交通等条件状况来确定宜作农业、工业、交通、建筑、水利等用地，而且要从分析土地利用的经济关系入手,探讨土地利用的最佳空间结构。

例如,在进行土地整治项目区选址时,不同区位会引起土地级差收益的相应变化。决策者必须充分考虑区位因素对土地利用布局和土地整治经济、社会、生态效益的影响,在选择时应该尽量发挥项目区的区位优势。如在城乡交错带与农村腹地进行土地整治,就存在着明显的区位差异。城乡交错带是联系城市与农村的重要通道,具有明显的区位优势。它不仅交通便利,各项服务配套设施齐全且具有农村土地空间开阔、土地肥沃、环境适宜等优点。在这里进行土地整治,就应该多布置些需求量大、不易保鲜的蔬菜类产品生产基地。在农村腹地,距离城市中心较远,受到各项经济条件的限制。在这里进行土地整治时,则主要以种植传统粮食作物为主,发展粮食生产基地。再如,在我国中西部地区和东部地区进行土地整治也存在着较为明显的区位差别。中西部地区经济基础较为薄弱,尤其是西部地区,各项基础设施条件较差,进行土地整治只能是在改善当地农业生产条件的基础上尽量提高农业粮食产量。东部地区则不同,改革开放后其经济迅猛发展,各项基础设施齐全,农业土地利用的区位条件较中西部地区要优越。这时土地整治就应该是充分发挥现有耕地资源潜力,在增加耕地面积和提高耕地质量的同时,建立一批专业化农业生产区,促进土地的集约利用与规模经营。

2.1.4 系统工程论

2.1.4.1 系统工程论概述

1. 系统工程论概述

系统一词由来已久,在古希腊语中意为“由部分构成整体”。亚里士多德就曾说过“整体大于部分之和”。所谓系统(system),就是由相互作用和相互依赖的若干元素组合起来的具有某种特定功能的有机整体,而且它本身又是它所从属的一个更大系统的组成部分。

系统工程论是根据总体协调的需要,综合应用自然科学和社会科学中有关的思想、理论和方法,利用电子计算机作为工具,对系统的结构、要素、信息和反馈等进行分析,以达到最优规划、最优设计、最优管理和最优控制的目的。其研究对象不限定于特定的工程物质对象,任何一种物质系统或概念系统都可以作为它的研究对象。如今,系统工程论已开始渗透到社会、经济、自然等各个方面,如能源、军事、交通、经济、环境等领域,成为研究复杂系统的一种行之有效的技术手段。

2. 系统工程论的基本特点

系统工程论的基本特点包括:

1)研究方法上的整体化。不仅要把研究对象看作一个系统整体,而且也要把研究过程看作一个整体,从整体协调的需要上研究局部问题,并选择优化方案,综合评价系统的效果。

2)综合应用各种科学技术。复杂系统都是一个技术综合体,要从系统的总体目标出发,综合运用各种科学技术,并使它们协调配合,以达到系统整体的优化。

3)管理的科学化。只有通过科学的管理才能充分发挥生产技术的效能。

2.1.4.2　与土地整治的相互关系

在进行土地整治规划设计时，首先确定一定区域土地利用系统的一种或几种状态，同时借助模型制订可能的行动路线，以提供多种选择。该方法克服了传统规划方法使规划限于某远景年的静止状态以致缺乏弹性、难以实施的缺点，同时特别注重实施规划采取的途径和措施，强调行动路线，并在实施过程中通过不断调整方案，使规划方案与现实目标结合起来，具有动态性。应用系统思想和系统工程的这些方法，有助于我们更好地理解和运用现代规划思想，摒弃传统规划思想不合理的地方，科学、合理地编制土地整治规划。应用系统工程理论，可将土地整治系统程序流程图设计为图 2－1－2 所示的形式。

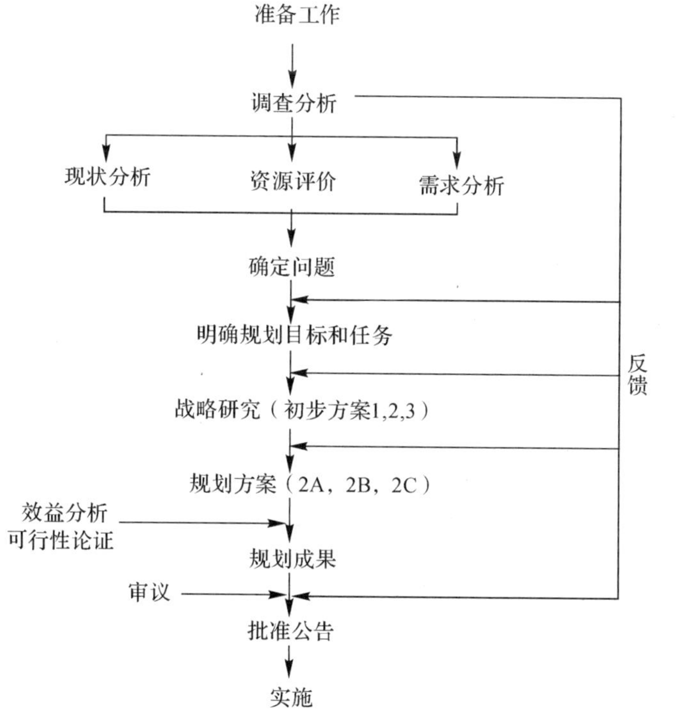

图 2－1－2　土地整治系统程序流程图(引自：樊彦国《土地开发整理技术及应用》)

2.1.5　生态经济系统理论

2.1.5.1　生态经济学概述

生态经济学是一门跨社会科学(经济学)与自然科学(生态学)的边缘学科，也就是研究再生产过程中经济系统与生态系统之间物质循环、能量转化和价值增值规律及其应用的科学。

生态和经济孰重孰轻、谁先谁后的问题始终处于争论之中。20 世纪 70 年代以来，出现了三种经济模式：第一种是摒弃经济发展来保护生态环境的原始生态经济模式；第二种是牺牲生态环境来实现经济发展的传统生态经济模式；第三种是限制资源消费和放慢经济增长来求得人类社会与经济的持续稳定增长的现实生态经济模式。这三种具体形态在本质上都属于消长互换型的，都不能很好地体现生态与经济的内在联系。我们真正寻求的是一条既不为加速经济发展而牺牲生态环境，也不为单纯保护生态而放弃经济发展的路子：既要按照经济规律搞好建设，又要遵循生态规律搞好开发；既为当代人创建一流的生态环境和生存质量，又不损害后代人满足其自身需要的能力。

因此，生态经济就是在经济和环境协调发展思想指导下，按照生态学原理、市场经济理论和系统工程方法，运用现代科学技术，形成生态上和经济上的两个良性循环，实现经济、社会、资源环境协调发展的现代经济体系。其本质就是把经济发展建立在生态可承受的基础上，在保证自然再生产的前提下扩大经济的再生产，形成产业结构优化，经济布局合理，资源更新和环境承载能力不断提高，经济实力不断增强，集约、高效、持续、健康的社会-经济-自然生态系统。

2.1.5.2　土地生态经济系统概述

人类利用土地资源时必须要有整体观念、全局观念和系统观念，要考虑到土地资源内部和外部的各种相互关系，不能只考虑对土地的利用而忽视土地利用对系统内其他要素和周围环境的不利影响。在这样的背景下出现了土地生态经济系统的概念。所谓土地生态经济系统，是指由土地生态系统与土地经济系统在特定的地域空间里耦合而成的生态经济复合系统（见图 2－1－3）。

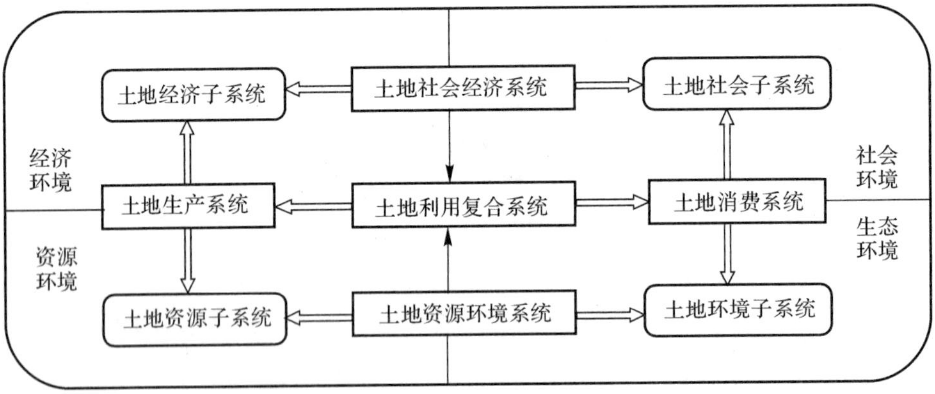

图 2－1－3　土地利用系统关联层次图（根据刘卫东《土地资源学》修改）

由于人类的经济活动必须在一定的土地自然空间中进行，并且依附于土地生态资源的供给和接纳，这就使得一般人类经济活动可以直接进入土地生态系统。这里的土地生态系统实际上已不是天然的土地生态系统，而是一个由于接纳了人类劳动所建立的人工土地生态系统和人工经济系统的复合体。在这个复合体中，人类的劳动力和土地的自然力实行不同程度的有机结合。土地自然生产力和自然生态演替同土地的经济力创新及人类社会的演替也实现了有机的结合。在研究土地生态经济系统时,我们必须遵循以下 3 条基本规律。

1)土地经济系统的运行和土地生态系统的运动是交织在一起的,人类的一切经济活动都不能脱离土地生态系统独立进行,而必须要考虑土地生态系统提供条件的可能性和对生态系统产生的影响。因此,人类的经济活动和土地生态系统的运动必须统一起来。

2)在土地生态经济复合系统中,土地生态系统的运动是土地经济系统运动的基础,土地经济系统运转所需的物质和能量,最终都取决于土地生态系统。

3)人是土地生态经济系统的主宰。人类在生态系统中居于一般生物的地位,而在土地生态经济系统中则居于主宰地位,并且有改造土地生态系统的能力。

2.1.5.3　与土地整治的相互关系

综上所述,人类可以通过自己的劳动能动地调节土地经济系统和土地生态系统的关系,使两者协调发展。在编制土地整治规划时,要遵循土地生态经济系统的规律和特点进行,使土地整治工作有利于保护和提高生产力,降低生产风险,稳定土地产出,保护自然资源,防止土壤与水质退化。

土地的整治不能只从传统经济学的角度考虑,而应具有“绿色”的思想,即注重土地生态环境的保护和保持自然生态平衡不被破坏,在进行土地开发与经营的过程中,应坚持环境经济一体化的战略方针,维护人类社会长远利益和长久发展,保证土地资源的可持续利用。

2.2　土地整治的相关政策

2.2.1　土地整治政策环境

“十二五”时期,是我国全面建设小康社会的关键时期,是深化改革开发、加快转变经济发展方式的攻坚时期,同时也是资源环境约束加剧的矛盾凸显期。我国人多地少的基本国情没有改变,随着工业化、城镇化和农业现代化同步加快推进,用地供求矛盾将更加突出,耕地保护和节约用地任务更加艰巨。

在新形势下,土地整治不仅是落实最严格的土地管理制度、大力推进耕地保护和节约集约用地的重大举措,也是推动破除城乡二元结构,加快推进新农村建设和城乡统筹发展的重要途径。当前和今后一个时期,大力推进土地整治的条件已经具备。深入贯彻落实科学发展观,加快转变经济发展方式,同步推进工业化、城镇化和农业现代化,加快建设资源节约型、环境友好型社会,既对开展土地整治提出了更高要求,也为其创造了有利条件和重要机遇。

2.2.2　“增减挂钩”的相关要求

城乡建设用地增减挂钩是指依据土地利用总体规划,将若干拟整理复垦为耕地的农村建设用地地块(即拆旧地块)和拟用于城镇建设的地块(即建新地块)等面积共同组成建新拆旧项目区(以下简称项目区),通过建新拆旧和土地整治复垦等措施,在保证项目区内各类土地面积平衡的基础上，最终实现增加耕地有效面积，提高耕地质量，节约集约利用建设用地，城乡用地布局更合理的目标。

《国务院关于深化改革严格土地管理的决定》(国发[2004]28号)提出“鼓励农村建设用地整理，城镇建设用地增加要与农村建设用地减少相挂钩”，为城乡建设用地布局调整提供了政策依据。2006年，国土资源部部署了城乡建设用地增减挂钩试点工作，开始探索农地整治与村庄土地整治相结合的具体实施途径。《关于严格规范城乡建设用地增减挂钩试点切实做好农村土地整理的通知》(国发[2010]47号)提出：坚决扭转片面追求增加城镇建设用地指标的倾向；坚决制止以各种名义擅自开展的土地置换等行为；严禁突破挂钩周转指标；严禁盲目大拆大建和强迫农民住高楼；严禁侵害农民权益。

2.2.3 农村土地整治重大工程

农村土地整治重大工程和示范建设是落实土地利用总体规划纲要，有效保护土地资源，合理开发后备资源，促进土地资源高效、合理利用的重要手段，在引导建设重点，调控投资方向，实现资金资源的合理配置，发挥中央支持资金的示范引领作用等方面起到十分重要的作用。

国务院《关于严格规范城乡建设用地增减挂钩试点切实做好农村土地整治工作的通知》(国发[2010]47号)针对当前农村土地整治工作重点，就积极组织实施农村土地整治重大工程，充分发挥中央留成新增建设用地土地有偿使用费(以下简称新增费)使用效益和引导作用，切实提高重大工程在保障国家粮食安全方面提供的基础性保障作用，提出了明确的要求。

为促进国家粮食核心产区和战略后备产区建设，确保国家粮食安全提供基础性保障。《通知》明确中央留成新增费支持重点是《全国土地利用总体规划纲要(2006－2020年)》、《全国新增1 000亿斤粮食生产能力规划(2009－2020年)》确定的农村土地整治重大工程。重大工程可按流域或区域布局，以灌区水利工程为依托，具备水、土、环境等基础前提条件。在保护生态环境的前提下，以提高粮食综合生产能力为目标，积极开展农用地整理和废弃地复垦，适度开发宜农未利用地，以大面积节水增地、补充高质量耕地、增加高产稳产农田比重、大幅度提高基本农田产能为目的的土地整治项目。

2.2.4 土地整治资金

按照我国现行有关法律法规的规定，目前用于农村土地整治的资金主要来源于新增建设用地土地有偿使用费、用于农业土地开发的土地出让收入、耕地开垦费和土地复垦费等。同时，其他相关部门的涉农资金也大量投入到土地开发、农村基础设施建设领域，如交通部门的农村道路基础设施建设资金、水利部门的农田水利建设资金、农业综合开发部门的专项资金等。

为全面落实各级土地整治规划中确定的目标和任务，提高资金的规模效益，国发[2010]47号文件明确提出了“要以新增建设用地土地有偿使用费、用于农业开发的土地出让收入、耕地开垦费、土地复垦费等资金为主体，引导和聚合相关涉农资金，实行专账管理，统筹集中使用”

的总体要求。各地要结合社会主义新农村建设和统筹城乡发展的总体部署，按照“渠道不变、管理不乱、集中投入、各计成效”的原则，以中央分配和地方留成的新增建设用地土地有偿使用费、用于农业土地开发的土地出让收入、耕地开垦费、土地复垦费等资金为主体，加大资金整合力度，引导和聚合其他相关涉农资金，统筹安排，重点用于以高产稳产基本农田建设为重点的农田整治、农村土地整治重大工程和示范建设，充分发挥资金的保障作用，推进田、水、路、林、村综合整治，增加高产稳产基本农田，改善农村生产生活条件，促进城乡统筹发展和社会主义新农村建设。

2.2.5　土地整治权属管理

土地整治权属调整是为了促进土地合理利用与节约集约利用，针对土地整治项目实施中的地块、地类、面积、位置、耕地质量等变化，对项目区内土地所有权或使用权等权属关系进行调整的行为。权属调整是土地整治不可逾越的环节，这也是土地整治区别于其他农田水利设施工程建设的重要标志。经过 10 年的发展，我国土地整治已从单纯的农用地和分散的土地整理，逐步转向农用地、农村建设用地、国有土地综合整治，以及实施土地整治重大工程和农村土地整治示范项目建设阶段，逐步走向统筹规划、集中连片或整村推进，着力优化农村土地利用结构上来。随着项目整治规模的逐步扩大，项目区内土地权属主体、权属关系和权益类型将越来越复杂，权属调整直接关系到群众的切身利益。各地应当高度重视农村土地权属管理工作，充分发挥农村基层组织的主体地位，积极创建土地整治工作和谐环境，切实维护农村社会稳定。

2.2.6　土地整治的监督管理

国发[2010]47 号文件第十五条中明确提出，“严格监督管理。各级国土资源主管部门要结合国土资源综合监管平台建设，加强增减挂钩试点和农村土地整治项目管理信息化建设，实行全程监管；要完善增减挂钩试点和农村土地整治项目在线备案制度，对项目的批准和实施情况，实行网络直报备案，及时向社会公示，自觉接受社会公众监督。”

复习思考题

(1)论述区位论的基本原理及其在土地整治中的应用。

(2)论述如何利用系统工程理论指导土地整治。

(3)简述城乡建设用地增减挂钩的含义。

(4)分析如何进行土地整治权属调整。

第3章 土地整治规划概述

3.1 土地整治规划的概念

3.1.1 土地整治规划的概念和定位

土地整治规划是指在规划区内，在土地利用总体规划的指导和控制下，对规划区内未利用、暂时不能利用或已利用但利用不充分的土地，确定实施开发、利用、改造的方向、规模、空间布局和时间顺序。

编制土地整治规划是落实国民经济和社会发展五年规划及土地利用总体规划的重要手段，是指导地方科学开展土地整治工作的重要依据。科学编制和严格实施土地整治规划，有利于有效整合资源，合理引导资金，规范推进土地整治各项活动，优化用地结构，促进耕地保护和节约集约用地目标的实现；有利于统筹协调农村土地整治、资源环境保护和经济社会发展，促进土地资源可持续利用和经济社会可持续发展；有利于统筹推进农业产业发展、农村基础设施建设和农民增收，更好地发挥土地整治在新农村建设和城乡统筹发展中的基础平台作用。

3.1.2 土地整治规划的基本理念

1.粮食安全和耕地保护

粮食安全是国家安全的重要组成部分，关系到经济发展、社会稳定和国家自立。尽管我国粮食产量自2004年以来实现了“七连增”，总产量达到了5.46亿吨，然而要实现粮食安全仍然是一项长期、艰巨的任务。要确保国家粮食安全、稳定粮食综合生产能力，必须有足够数量和质量的耕地作保障。我国人均耕地面积约1.4亩，不到世界人均水平的40%，人地矛盾十分尖锐及突出。在相当长的时期内，耕地问题始终是我国土地利用中第一位、最根本的问题。在土地整治规划中必须坚持保障粮食安全、坚守耕地红线的基本理念，始终围绕加强耕地尤其是基本农田建设，促进现代农业发展。

2.土地节约集约利用

节约和集约利用土地，不仅是落实土地参与宏观调控、促进经济结构调整和增长方式转变的基本手段，更是缓解土地供需矛盾、保障新时期社会经济持续稳定发展的必然选择。土地节约集约利用是当前土地整治最重要的目标之一，规划编制中需要将这一原则落实到具体的规划方案中，转化为具有可操作性的行动方案，从宏观到微观指导土地整治活动尤其是建设用地整治，从而切实提高土地利用效率，提升土地集约利用水平。

3. 生态文明建设

土地既是重要的自然资源，又是生态系统的主要载体，不当的土地利用和开发，会造成一系列生态环境破坏，如水土流失、土地退化等。土地整治规划有责任也有义务识别土地整治活动对生态、环境、景观等的影响，在保护生态环境的前提下合理安排各类土地整治活动，避免在整治过程中造成生态环境破坏，条件允许的区域还应当通过整治对区域生态系统进行系统的修复，促进整个生态系统的平衡和稳定，如生态网络和绿色基础设施建设。从规划编制开始就应当坚持生态优先原则，将生态理念和方法融入规划方案，并重视规划方案的生态论证，将保护和优化生态系统作为规划过程的出发点和归宿。

4. 公众参与

随着经济发展方式的转变，吸取更为广泛的公众意见将是解决规划如何适应市场的动态变化和不确定性问题的有效途径。让公众了解土地整治规划的性质、内容和职能，并参与到规划研究和实施监督的过程中，这样可以制定出更切合实际并易为大众所接受的规划纲要，同时有利于各利益主体间的平衡和协调。土地整治规划中的相当一部分内容与规划区域的民众直接相关，如居民点整治、农田设施建设等，编制过程中需秉持“公众参与”的基本理念，鼓励公众主动反映现实问题，提出好的建议。

5. 全域规划全域整治

“全域”思想是针对当前土地整治工作中存在的注重局部效果而忽视区域全局效益的现象而提出的，它表明了土地整治规划的对象是规划区域的全部土地，需要对所有的土地整治活动做出全局安排。土地整治规划的编制应按系统观的思想，全局着手、统筹考虑，尤其是我国各地资源禀赋、经济社会条件不一，所遇到的问题千差万别，必须跳出局部地域空间，整体考虑。另外一点，土地整治活动涉及范围广、部门多，必须通过统筹协调，防止低水平的重复、无序建设，才能确保土地整治目标的稳步实现。

3.1.3 土地整治规划的体系和任务

1. 土地整治规划的体系

土地整治规划分为国家、省、市和县四级，亦可根据需要编制乡(镇)土地利用规划。

县(市、区)可结合实际，以土地利用总体规划和土地整治规划为依据，组织编制土地复垦专项规划、后备土地资源开发专项规划和城乡建设用地增减挂钩专项规划。

2. 各级规划的功能定位

全国土地整治规划是国家土地整治的战略指引，是指导全国土地整治工作的纲领性文件；省级土地整治规划是土地整治规划体系中承上启下的重要规划层次，为市、县规划提供依据和指导；市、县土地整治规划是实施性规划，是土地整治活动的基本依据，是土地整治规划体系的主体和关键。

1)全国规划主要阐明国家土地整治战略，明确未来土地整治的主要目标、任务和政策，合理布局土地整治重点区域、重大工程和示范建设项目，是指导土地整治工作的纲领性文件，是落实耕地保护和节约集约用地目标任务，协调推进城乡一体化建设，规范有序开展土地整治工作的基本依据。

2)省级规划要提出规划期内省域范围内土地整治的目标任务，确定土地整治重点区域和重大项目，落实示范建设项目，制定实施规划的政策措施。

3)市级规划要提出规划期内市域范围内土地整治的主要任务，划定土地整治区域，确定土地整治重点项目，制定规划实施措施。

4)县级规划要提出规划期内县域范围内土地整治目标任务，确定土地整治项目、布局和时序安排，制定实施规划的措施。

5)土地利用总体规划确定的城市建设用地区以外的乡(镇)、村，可结合实际，组织编制乡(镇)、村土地整治规划，将土地整治任务落实到项目和地块。

3. 土地整治规划的任务

土地整治规划的任务是依据规划层级和地方实际需求综合确定的。虽然不同区域土地整治规划的任务各有侧重，但主要任务基本是一致的，都应当包括上一轮规划实施及相关工作情况评价、土地整治潜力分析、土地整治重大(点)问题研究、制定土地整治战略和目标任务、土地整治布局安排、资金供需分析和效益评价、制定规划实施的保障措施和土地整治规划信息化建设等方面。以省级规划为例，土地整治有以下具体任务。

1)全面评价上一轮规划及相关工作情况。客观评价上一轮土地开发整理规划实施情况，全面总结取得的成效、经验和存在的问题；深入调研城乡建设用地增减挂钩试点工作情况，总结挂钩试点的成功做法、经验和存在的问题；对当前各地农村土地整治实践探索进行总结，提出有序推进的意见和建议。

2)深入分析土地整治潜力。充分利用第二次全国土地调查和国土资源大调查成果，结合规划编制重点，做好补充调查，全面分析测算土地整治潜力，重点是土地整治补充耕地的规模、质量、条件和空间分布，农村建设用地整治及其节约土地的规模和范围等。

3)开展土地整治重大问题研究。围绕中央对土地整治工作提出的新要求和规划目标，结合地方实际，组织开展土地整治战略、土地整治与城乡统筹发展、土地整治与农业发展、土地整治与生态建设和环境保护、土地整治权属管理、土地整治重大工程设置、实施土地整治规划政策措施等重大问题研究。

4)明确土地整治的目标任务。研究提出规划期间土地整治的基本方针、总体目标和主要任务，确定土地整治的规模、结构、布局和时序，分解下达各市(地)补充耕地和农村建设用地整治任务。

5)确定土地整治重点布局安排。以土地整治潜力为基础，围绕粮食产能核心区和战略后备区建设、基本农田集中区建设、城乡经济社会一体化发展示范区建设，科学划定土地整治重点区域，确定土地整治重大工程和示范项目，提出实施计划和资金使用安排方案。

6)制定保障规划实施的政策措施。包括经济、科技、行政等措施和手段。重点加强土地整治科学发展机制的建立，加强耕地占补平衡、补充耕地、土地整治监管、公众参与、土地整治权属调整、城乡建设用地增减挂钩和建立统一平台统筹推进土地整治等政策的研究，加强制度创新。

7)推进土地整治规划信息化建设。按照"一张图"综合监管平台建设的总体部署，充分运用信息技术与第二次全国土地调查成果，与省级土地利用总体规划数据库建设相衔接，同步建设土地整治规划数据库，实现规划成果叠加上图、动态更新。

3.2　土地整治规划的规划方法

3.2.1　土地整治规划的编制方法

土地整治规划编制方法同时也是一个研究区域土地整治的系统方法，它是结合土地整治工作的特点，指导规划编制者挖掘区域特点并做出适当的规划安排的基本途径。具体过程见图 3－2－1 所示。

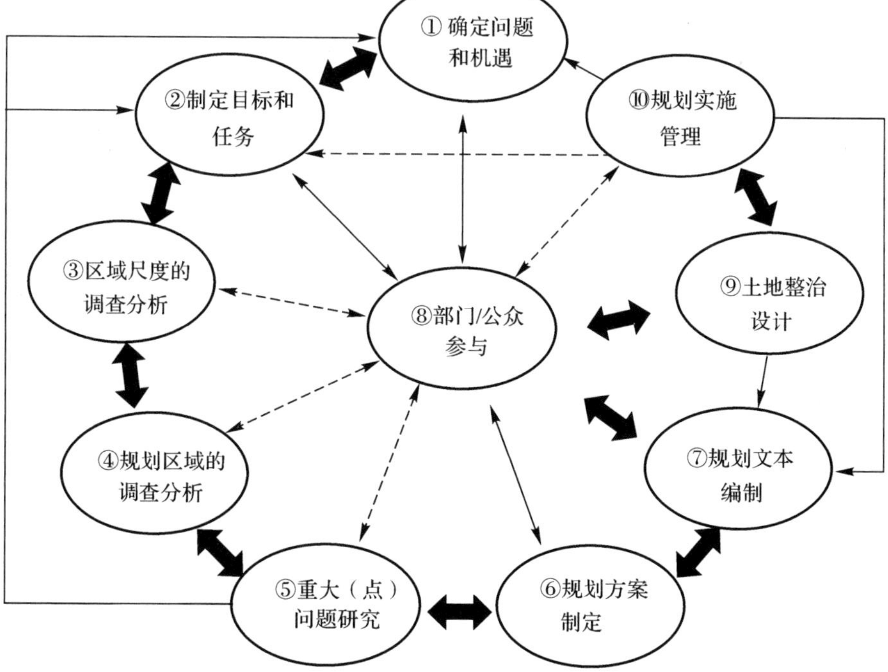

图 3－2－1　土地整治规划编制方法(引自：郧文聚《土地整治规划概论》)

3.2.2 土地整治规划的研究方法

1.定性分析和定量分析相结合的方法

在研究中广泛应用定性分析和定量分析，常规分析和数学分析相结合的方法，这是量变规律的具体应用。当我们研究土地问题时，既要认识他的质，又要把握他的量，必须把定性分析和定量分析结合起来，定性分析是定量分析的基础，定量分析使定性分析更加准确，使认识更加深入。所以，定性分析和定量分析相互补充，在定性分析的基础上，利用数学方法揭示其数量表现、数量关系和数量变化。在规划过程中，尽量采用定量分析方法。如果某些问题不能全部量化，就采用定量分析和定性分析相结合的方法，很少单纯采用定性分析方法。

1)定性分析就是确定土地利用和社会经济及其相互作用质的特性，一般用在分析没有量化指标或极难用数量衡量的问题时，一般采用群众评议和专家评定法。

2)定量分析就是用数学方法把握土地利用和社会经济及其相互关系的数量变化，是在分析某个可以量化的指标时，测量它的数量。如果没有量化指标，但可采用技术手段进行量化时，也可对其进行数量比较分析。

2.区域对比分析方法

土地利用现状分析是一项涉及面广、内容多且极其复杂的系统工程，应在各项用地分析的基础上，运用纵向对比和横向对比的方法开展分析。

1)发展过程纵向对比法。通常以时间为序列，用于客观反映一个或一组土地整治相关指标的历史过程，揭示其发生、形成的规律。常用于分析比较土地面积、人口、经济社会变化等。

2)发展过程纵向相关分析法。用于分析规划区域内存在内在联系的两种以上资源或与某一约束资源形成和利用的因子的发展变化过程。可制作统计图，对发展过程进行相关分析，得出因果关系的分析结论，如人口与耕地面积变化的关系、耕地与粮食产量的关系等。

3)发展过程地域对比法。将具有可比性的两个以上不同地域的资源形成或某方面特性的环境过程进行对比，得出该地域资源某一特征形成发展的趋势或规律的分析结论，如耕地资源发展变化过程中的地域对比分析等。

4)同类地域横向对比法。选择若干同一级别、同一性质或同一资源类型的地域，通过资源数量上的对比，确定被分析地域的某一资源在数量上的优劣势、地位和丰度。

5)不同地域横向对比法。选择同一级别，但属于不同性质或不同资源类型的地域，通过资源数量上的对比，确定分析地域的某一资源在整个地域中的地位和优劣势，或者找出与其他地域在资源数量上、密度上的差距。

6)不同级别地域对比法。不同级别地域对比法是把某一较低级别的局部地域的资源置于更大的地域中，通过局部与整体的数量对比，得出某一资源数量在整体中占据的地位和优劣势或发展水平和趋势的分析结论。

3.数理统计方法

所谓数理统计分析法就是通过统计调查，收集大量原始资料，并结合数理统计知识经过分组管理加以分析，从中找出事物矛盾运动的内在联系及其发展规律性的方法。可以通过一些模型的建立来完成对现实的土地整治活动进行抽象模仿，并通过计算机运算、模拟，揭示可能出现的情况，以辅助规划分析。当前，多元回归分析法、相关分析法、层次分析法、因子分析法、模糊聚类法等就会被经常使用。一般可以通过统计软件完成，如 SPSS、SAS 等大型社会经济统计软件。

数理统计方法和模型化方法是紧密相连的。建立模型是数学模拟法的关键，模型化方法一般是用数学模型对土地利用及其他经济活动构成的土地经济系统进行模仿的方法，它是深入了解土地利用复杂性的重要手段，能反映、评价土地利用的历史与现状，阐明土地利用与其社会和自然驱动力之间的因果关系，而且还能根据一般规律及对自然和社会条件所作的假设做出推断，为规划编制及制定政策提供依据。

4. "3S"技术方法

地理信息系统(GIS)、遥感(RS)和全球定位系统(GPS)为土地利用相关问题的分析研究提供了一系列极为有效的研究工具，已经成为资料收集、贮存、处理、转换、显示和分析所不可缺少的手段和工具。

1)地理信息系统(GIS)是一系列用来收集、存储、提取、转换和显示空间数据的计算机工具。它为研究景观空间结构和动态及进行景观规划提供了一个极为有效的工具。GIS 的应用已经非常广泛。它的用途主要涉及其图像分析功能、空间叠加分析功能和空间统计分析与制图功能等。

2)卫星遥感技术(RS)是利用卫星遥感技术，在大范围土地资源调查中的应用，始于 20 世纪 70 年代，多种卫星对地观测的出现以及计算机技术的迅猛发展，使得我们有可能在较大的地理区域内进行土地利用调查与制图。与其他传统获取地面信息的手段相比，航空摄影和卫星遥感技术是目前及时获取和监测多尺度，尤其是大尺度土地利用信息的主要手段；而且现代遥感技术直接提供数字化空间信息，是研究土地利用结构、功能和动态所必需的数据形式，从而大大地促进了资料的收集、贮存，以及处理和分析过程，并且使遥感、地理信息系统和计算机模型的密切结合成为必然。

3)全球定位系统(GPS)。地理位置或地理坐标常常是空间信息中必须具有的重要信息。在大尺度上，GPS 可以很精确地获取土地利用单元的这一信息。全球定位系统(GPS)是利用地球上空的 24 颗通信卫星和地面上的接收系统而形成的全球范围的定位系统，这些卫星不停地绕地球运转并发回地面具体的空间位置信息。利用 GPS 接收器，在地球表面的任何位置、任何时候均可接收到 24 颗星中的 4～12 个以上的卫星信号。根据这些信息和三角测量原理，可算出地表任何一个地点的地理坐标。

北斗卫星导航系统〔BeiDou(COMPASS) Navigation Satellite System〕是中国正在实施的自主发展、独立运行的全球卫星导航系。北斗卫星导航系统由空间段、地面段和用户段三部分组成，空间段包括 5 颗静止轨道卫星和 30 颗非静止轨道卫星，地面段包括主控站、注入站和监测站等若干个地面站，用户段包括北斗用户终端以及与其他卫星导航系统兼容的终端。

北斗卫星导航系统致力于向全球用户提供高质量的定位、导航和授时服务，包括开放服务和授权服务两种方式。开放服务是向全球免费提供定位、测速和授时服务，定位精度 10m，测速精度 0.2m/s，授时精度 10ns。授权服务是为有高精度、高可靠卫星导航需求的用户，提供定位、测速、授时和通信服务以及系统完好性信息。

5. 问卷调查、访谈的方法

依靠通过统计局获取的经济数据进行土地利用现状分析时，存在着一定的局限性。通过对农户有关土地投入、土地收益、土地种植结构、农户收入来源、居住环境、农户搬迁意愿等方面的调查，可以更为深入地分析农户行为及其对土地整治的观点和看法，为规划分析提供丰富的数据。

1)问卷调查方法。发问卷是调查者用书面形式收集资料的一种手段。它是研究者以书面形式提出与研究课题有关的问题，印成问卷，要求调查对象填写或选择答案，收回问卷后加以整理归纳从而获取所需信息的一种调查方法。问卷法具有简便易行、省时省力、调查面广、信息量大、真实性强的特点。特别是无记名问卷，调查对象消除了心理方面的顾虑和障碍，可得到真实客观的材料。

2)访谈法。访谈法就是通过访谈者与被访谈者之间的交流来获得信息的方法。在获取有关事项的背景知识，或者分析造成问题的原因，寻求解决问题的建议时，访谈方法是一种非常有效的方法。访谈有多种方式，可以通过电话进行访谈，可以面对面进行访谈，也可以通过信函的方式进行访谈。这种访谈可以一对一地进行，也可以一对多、多对多地召开座谈会的形式进行。

3.3 土地整治规划的一般要求

3.3.1 规划内容

1. 土地整治战略

收集整理分析研究区城市发展定位，分析新时期土地整治与社会经济发展之间的关系，揭示土地整治新背景；研究土地整治与城乡统筹发展、土地整治与农业发展、土地整治与生态建设和环境保护间的关系，分析区域社会经济发展战略对土地整治的新要求，提出规划期内土地整治的定位和主要任务；进而以落实最严格的耕地保护和节约用地制度、有序推进土地整治、促进新农村建设和城乡统筹发展为根本目的，科学制定土地整治的方针和目标，结合研究区自然条件和社会经济状况，提出研究区未来土地整治的战略目标与重点领域，提出土地整治的指导思想、基本方针与政策措施，提出全域整治的重点、方向和基本布局。

2. 农用地整治目标与对策研究

根据城市化、工业化、农业现代化发展的实际需要，依据土地利用总体规划的相关目标任务以及社会经济发展态势，分析农用地整治潜力及空间分布，研究农用地质量状况及存在的问题，确定规划期末耕地整治规模、质量提升等目标，划定农用地整治重点区域，研究确立农用地整治的激励制度和政策措施。

3. 城乡建设用地整治目标与对策研究

分析研究区域城乡建设用地发展态势与用地需求，调研城乡建设用地利用现状，探讨研究区各类建设用地集约利用的标准，分类型、分区域测算城乡建设用地潜力，分析其分布与释放办法；进而依据区域城市化战略、主体功能定位，结合土地利用总体规划、城镇体系规划、村镇建设规划等，提出资源承载力、相关政策、资金约束下的城乡建设用地整治目标，分类型划定整治重点区域，提出城乡增减挂钩方案，提出相关保障措施。

4. 土地整治生态基础设施建设

全面收集研究区生态环境相关资料，分析研究区生态环境现状，评价研究区生态服务功能，提出研究区生态环境存在的问题和潜在隐患。借鉴国际土地整治生态化新动向，提出生态基础设施重点实施战略、重点方向与内容，提取研究区生态安全关键点，恢复退化生态系统，构建集水网络、林地网络、农田网络、自然保护区以及文化游憩网络于一体的生态基础设施，提出生态环境整治重大工程。构建适宜研究区的生态友好型土地整治模式，提出恢复、维护生态屏障和构建消减生态问题的政策保障措施。

5. 土地整治重点布局安排

在土地整治潜力调查与评价的基础上，综合分析研究区土地资源特点、自然和社会经济情况，合理划分土地整治分区。在综合考虑土地利用总体规划、主体功能区规划、社会经济发展规划的基础上，根据土地整治潜力分布状况，研究提出土地整治重点项目空间分布和主要工程措施，提出土地整治项目实施的时序安排和保障措施。

6. 土地整治资金测算与效益评价

全面调研已开展的土地整治项目情况，测算整治成本，分析资金来源。在社会经济发展情况预测的基础上，分类型测算完成规划目标、重点工程和重点项目任务所需的投资。按土地整治资金来源渠道（分政府统筹土地整治资金、可带动的其他涉农资金以及社会可投入资金）测算土地整治资金供给量，提出保障资金供给的激励措施和路径。从理论上研究土地整治效益及所产生的影响，提出土地整治效益评价内容、指标和方法，对土地整治目标、规划布局、政策措施等进行效益评价与分析，形成对规划方案所产生的社会、经济和生态效益的总体评价。

7. 土地整治规划保障措施研究

收集国内外土地整治相关资料，借鉴国内外土地整治先进经验。梳理当前土地整治规划实施的相关制度方法，结合形势发展提出土地整治制度存在的问题与整改方向；提出土地整治新机制与制度框架，进而从提升规划的权威性、监管监测、市场机制、公众参与、建设等方面构建保障规划实施的政策保证措施。

3.3.2 规划成果

规划成果由规划文本、规划说明、规划图件和规划附件等组成。

1)规划文本。重点阐述土地整治的条件和要求,土地整治战略和目标,土地整治规模、结构、布局和时序安排,土地整治区域、重点区域和重点项目,资金安排与效益分析,环境影响评价,规划实施保障措施等。

2)规划说明。简述规划编制背景,说明规划目标任务、土地整治区域、重点区域、重点项目和资金安排等确定的依据,以及规划方案拟定、论证、确定情况。

3)规划图件。包括土地整治潜力分布图、土地整治规划图,以及土地整治分区、重点区域、重点项目等规划专题图。以基期年土地利用现状图为底图,比例尺与同级土地利用总体规划图相一致。

4)规划附件。包括规划编制工作报告、调研报告、规划专题研究报告,以及反映规划编制组织实施、技术路线、规划论证、工作协调方面的报告或图件,主要用于规划编制的评审和报批,是审查规划编制是否科学、规范,以及相关方面认可程度的依据。

5)规划数据库。是规划成果数据的电子形式,包括符合土地整治规划数据库标准的规划图件的栅格数据和矢量数据、规划文档、规划表格、元数据等。规划数据库内容应与纸质的规划成果内容一致。

3.3.3 一般程序

土地整治的一般程序包括组织准备、调查分析、拟定方案、协调论证、评审报批等。

1)组织准备。建立由政府负责,国土资源、发展改革、财政、农业、建设、环保、水利等部门参加的规划编制工作领导小组,负责制定工作计划、审查规划方案、协调重大问题、落实编制经费等。由国土资源管理部门牵头设立规划编制工作组,负责规划编制具体工作。

2)调查分析。省级规划一般以县为单元,市、县规划一般以乡镇为单元,收集自然资源条件、经济社会状况、生态环境状况、土地利用现状、相关规划及标准等基础资料,必要时进行实地核实和补充调查,分析评价土地整治条件和潜力,开展土地整治重大问题研究。

3)拟定方案。在土地整治潜力评价和重大问题研究的基础上,明确土地整治战略和目标,根据土地利用总体规划和当地经济社会发展要求等,与相关规划相协调,提出土地整治规划方案,并与上级规划相衔接。

4)协调论证。采取多种方式广泛征求公众意见,组织有关部门、专家对规划供选方案进行论证。综合各方面意见,修改、确定规划方案,完善规划成果。

5)评审报批。组织有关部门和专家对规划成果进行评审。规划成果经同级人民政府审核同意后,报上级国土资源管理部门审批。

3.3.4 与相关规划的关系

土地整治不仅属于自然范畴,同时也属于经济社会范畴,是自然科学和社会科学共同研究的对象。土地整治规划不仅仅研究制约土地利用的问题和改进问题的措施,也研究土地利用领域中土地资源合理利用。在实践中,土地整治规划与相关规划之间存在着紧密而不可分割的关系。我国土地整治规划工作日益得到重视和加强，与土地有关的土地利用总体规划、国民经济和社会发展规划、国土规划、城市规划、村镇规划、江河湖泊开发治理规划、交通运输规划、林业发展规划和农田水利规划等有着密切的关系，明晰和理顺土地整治规划与这些规划的关系，对提高土地整治规划工作水平具有十分重要的意义。土地整治规划是细化和落实同级土地利用总体规划确定的土地整治目标和任务的一个专项规划，也是对土地利用总体规划确定的土地整治目标、任务和土地资源空间布局安排进行再检验、再实践和再拓展的实施性规划；土地整治规划是依据和落实国民经济和社会发展规划，并可以根据客观需要进行调整；土地整治规划与国土规划（主体功能区规划）是相互衔接的，并具体提出土地开发、利用、整治、保护的指标、布局安排、整治模式和措施；土地整治规划与城乡规划充分衔接，按照城乡规划的城镇体系布局、城乡规划确定的用地布局，合理调整用地结构，促进建设用地集聚；土地整治规划确定的土地开发、复垦和整理的区域与江河湖泊开发治理规划所规定的管理保护范围和蓄、滞洪区的范围是充分协调的；土地整治规划是参照水利规划确定的灌区工程、农田水利工程范围，合理确定土地整治工程，进行项目布局的。

3.3.5　编制时应注意的问题

1.要协调好与相关规划的关系

土地整治规划应当根据国民经济和社会发展规划要求，落实和细化土地利用总体规划对土地整治的部署安排。规划过程中，应依据土地利用总体规划和城镇发展规划，科学制定土地整治的方针和目标，并主动与水利、交通、环保、旅游等部门规划相协调。在重要指标、重点项目等安排上必须做到省、市、县三级相互衔接；加强部门协调，重点做好与城乡规划、区域发展规划、基础设施建设规划、产业发展规划、生态建设规划等的衔接。但是，土地整治规划并不是土地利用总体规划，其核心是对土地利用存在的问题进行整治从而达到提高土地利用效率的目的。为确保规划确定的目标任务科学可行，土地整治规划应加强重大问题研究，认真听取专家意见，加强规划的咨询论证，采取多种方式和渠道，扩大规划编制的公众参与。

2.应突出城乡统筹，体现地方特色

市、县级土地整治规划编制应加强研究土地整治与促进统筹城乡发展、解决“三农”问题、加强生态建设和环境保护等的关系。要结合城镇化和新农村建设规划要求，以土地整治与城乡建设用地增减挂钩相结合为平台，整合资源，聚合资金，统筹推进田、水、路、林、村综合整治，提高耕地综合生产能力，促进土地节约集约利用，改善农民生产生活条件，发挥土地整治综合效益。

我国大多数的农村都具有非常悠久的历史和文化特色，如何保持、延续和发展这些特色是土地整治规划的重要课题。不少具有乡土特色的农村景观、独特的农业生产方式、别具一格的农居格局是中国几千年历史传承下来的文化痕迹，是人类进化过程中与自然协调共生的结果，不该将其遗弃，更不能随意将其破坏。土地整治不应搞“一刀切”，不分条件的统一标准、统一建设，而应根据不同情况因地制宜，突出特色，提升乡村文化的底蕴。

3.应重视公众参与，体现民意

土地整治规划应以人为本，尊重农民意愿，讲求实效，分阶段实施。土地整治，必须充分发动基层、发挥农民的参与作用，群策群力，齐心协力推进。土地整治规划的最终目的是通过土地利用效率的提高带动农村生活水平、农业生产条件的提高，提供良好的空间设施和人居环境。因此，在土地整治过程中，要广泛征求基层和农户意见，让他们了解土地整治规划，这是做好土地整治规划的必要条件。必须坚持尊重民意、量力而行，编制规划，增强规划编制的公开性和透明度，实行科学、民主决策。

4.应突出整治重点

土地整治规划编制要在充分考虑当地经济社会发展要求和土地整治潜力的基础上进行，规划方案不宜以追求全面为目标，而应着眼于实际，突出关键问题。各地的实践经验也表明，土地整治类型多样、手段丰富，土地整治工作开展的程度不一样，地方政府对土地整治的需求不一样，老百姓对土地整治的接受程度也不一样。例如广东省的“三旧改造”，浙江省嘉兴市的“两分两换”，以四川省为代表结合灾后重建的土地整治，江苏省“万顷良田建设”工程等等，整治的具体形式和内容差别很大。

5.应考虑整治顺序

土地整治任务的安排，应按轻重缓急排序，集中人力、物力、财力优先解决重大问题，并充分按照“政府主导、国土搭台、部门联动、整合资源、整体推进”的原则，避免重复投资。市县级土地整治规划一般应遵循先主后次、先急后缓、先重点后一般的顺序确定土地整治的形式和内容，合理安排土地整治项目。在土地整治项目的选择与实施上，必须广泛听取基层国土资源管理部门和农民的意见，充分考虑当地的传统习惯和生活生产需要，根据农民的实际需求来确定是否开展土地整治及其具体内容。在确保区域土地整治整体效益的前提下，根据整治潜力大小、农民需求的缓急程度来决定项目的实施顺序，并优先安排在耕地集中连片区域。对于一些农民一时还认不清、看不明的一些重要项目，先搞试点、示范，通过实实在在的例子，让农民逐步理解和接受。

6.应注意规划编制的相关指标

土地整治规划的相关指标分为总量指标和效益指标两大类，主要包括了基本农田整治规模、损毁土地复垦规模、宜农未利用地开发规模、城镇建设用地整治规模、农村建设用地整治规模、高标准基本农田保护示范区数量、新增耕地数量规模等，具体参见土地整治战略目标研究章节中的相关内容和规定。

7.规划范围和期限

土地整治规划编制的期限一般为10年，重点为近5年。它是地方5年内开展土地整治工作的行动指南，不得随意更改。在上级规划变化、重大工程或重大项目的变更等重大变化时通过有关部门的科学论证后方可变更。

复习思考题

(1)简述土地整治规划的概念。
(2)论述土地整治规划的主要任务。
(3)简述土地整治规划的编制方法。
(4)简述土地整治规划的主要内容。

第 4 章　土地整治战略研究

4.1　土地整治战略分析

4.1.1　土地整治战略的概念

1. 土地整治战略的内涵

战略是指对重大的、全局性的问题的谋略和策划。首先，战略研究所回答的问题不是局部的、具体的，而是事物发展的内在联系和规律，并在此基础上，提出如何控制事物向预期的方向发展。其次，战略要体现人的根本要求，它不仅客观地描述事物发展的过程，而且提出事物发展符合人们需要的最佳效果和方案。其三，战略研究是一项系统工程，它涉及事物的各个方面和整个过程。

土地整治战略是指导区域土地整治工作的基本方针。应充分考虑经济社会发展要求和土地整治潜力，落实土地整治规划和土地利用总体规划目标任务，提出土地整治的基本原则、主要方向、重点任务和总体对策。因此，战略不等同于规划，规划是战略研究的实施，战略研究是编制规划的指导。土地整治战略研究是从整体上控制土地整治规划的编制与实施，是土地整治规划中首先要解决的问题。

2. 土地整治战略的特征

土地整治战略具有全局性、层次性和前瞻性特征。

1)全局性。土地整治战略研究具有整体或全局的特性，它研究的是对总体目标的实现有决定性意义的因素或关系到全体发展的具有指导意义的东西，土地整治战略研究不仅要立足于全局，还要影响乃至决定全局。全局就是土地利用的系统的总体，以及系统存在和发展的环境。土地整治战略研究不仅要研究土地资源及其利用状况，还要研究影响土地利用的各种自然和社会经济因素和条件。这一切研究都应置于区域大系统之中，放在国家范围甚至国际环境的总系统当中，这样才能认真比较分析和研究，才能把握好全局。

2)层次性。土地利用系统内各类型的子系统之间形成各种相互关系，构成系统的结构，形成不同的层次，事物结构的层次性决定着为其发展服务的战略研究具有结构层次性，对解决不同层次的子系统问题，应制定不同的发展战略，因此，一个战略方案常由多个子战略构成，各个子战略服从整体战略。

3)前瞻性。土地整治战略的着眼点既是当前也是未来，战略研究必须要放眼未来，考虑长远发展。

4.1.2　土地整治战略层级

针对土地资源开发、利用、保护与管理中面临的诸多复杂问题，中国特色的土地利用战略应是由战略要素、战略目标、战略要点、战略措施等共同构成的一个多层级系统，具体包括国家宏观战略层、省级区域调控层、地区工程操作层和区县项目落实层。

1)国家宏观战略层。主体定位为经济发展、社会进步、人地和谐、生态友好和持续发展。其战略思想侧重于把握工业化、城市化进程中耕地保护和建设用地需求的平衡关系，探讨强化土地作为基本要素的经济技术途径，提升国家可持续发展重大生态安全、粮食安全的土地整治支撑战略。战略要点在于凸现土地资源属性，推进土地节约集约利用，统筹区域土地资源配置，优化土地利用结构与格局；强化土地经济、生态和科技创新导向；充分体现土地法律、法规与政策对土地整治的调控效能。

2)省级区域调控层。主体定位为省域差异、区域问题、区域政策和区域统筹。其战略思想侧重于科学揭示特定时期区域发展政策与土地利用优化决策的耦合关系；发挥政府调控土地资源配置的决策功能；探索促进土地资源区域配置的区域政策。战略要点在于凸现土地的资产属性，强化政府对土地整治工程决策的调控能力；明确区域经济社会发展中重大土地整治问题的演进过程、动力机制与调控途径；制定和实施有区别的区域发展政策及土地政策。

3)地区工程操作层。主体定位为整治工程建设、技术创新、操作模式和统筹城乡协调。其战略思想侧重于扎实推进土地生态安全、耕地质量与粮食安全的旱涝保收高标准基本农田工程；尝试建立区域基本农田保护、生态建设与农村经济持续发展的长效机制和创新体制；促进土地科学研究、土地科技创新与工程技术推广。战略要点在于突出土地整治面临的重大问题，为国家目标和地区发展需求，提出解决诸如基本农田保护与建设、退化土地恢复与整治、水土资源协调、耕地后备资源开发、农村建设用地整治等问题的行动计划、科技支撑和可行措施。

4)区县项目落实层。主体定位为整治项目安排落实、方案优化和典型示范设计。其战略思想侧重与因地制宜落实农用地整治、建设用地整治、生态环境整治等各类整治项目；科学合理安排各类整治项目的规模、时序和空间布局；结合当地的地形地貌、土地利用和社会经济发展要求开展示范典型项目设计。战略要点在于结合地区土地整治工程的要求，提出旱涝保收高标准基本农田建设、农村居民点整理、土地复垦、耕地后备资源开发和生态环境整治的具体落实方案。

4.1.3　公众参与战略研究的方法

1. 部门德尔菲法

部门德尔菲法是传统德尔菲法的衍生物，适用于规划编制组与部门讨论时使用，这种方法在规划初期明确关键问题及确立初步目标时较为有效，同时可以为更深入地研讨提供前期准备。

部门德尔菲法通常包括 7～15 名参与人员，如果是与当地国土资源行政主管部门交流，应囊括全部业务处(科)室;如果是与政府各部门交流,应囊括政府主要职能部门。但与传统德尔菲法不同的是,这种讨论一般较为正式,时间相对集中,无法进行反复的互动,应充分利用有限的时间与参会人员进行互动。因此,在讨论前,需要做好充足的准备,包括与会者的名录、发放给与会者的规划问题清单等。

部门德尔菲法的过程包括以下 6 个步骤,其中后两个步骤可以在讨论后进行。

1)问题的陈述。什么问题确实应该考虑?怎样表述?

2)提供多种选择。针对某个问题,战略方向或政策上可以有哪些选择?

3)确定问题的最初定位。哪些问题是大家都认同的,哪些不重要的问题是应被舍弃的?在哪些问题上意见不一致?

4)对意见不一致产生的原因进行探讨并确认。表达这些观点的人员用什么基本假设、观点或事实来支持他们各自的立场?

5)对基本原因的估计。规划编制小组怎样看待这些用于维护各种立场的不同主张?这些观点的基本原因是什么?这些基本原因有没有关联?

6)重新评价可供选择。在确立基本原因以及不同立场的关联性基础上,重新评价实施这些战略方向和政策的可能性。

上述方法已经在一些土地整治规划编制实践中得到使用,但并不都是成功的,例如会议时间不足、领导讲话占用时间过长、与会人员对会议目的不理解、规划编制小组准备不充分、规划区域的关键问题不突出等都可能导致会议过程不够成功,但应用部门德尔菲法后的结果对战略研究都起到了关键作用。不仅如此,部门德尔菲法不仅仅适用于战略研究阶段,在整个规划过程中都可以根据需要灵活使用。不同的阶段或不同的规划问题都有不同的组织方式,但应尽可能维持参会人员的稳定性,一方面能够保证其后规划过程的顺利进行,另一方面通过持续交流能够不断加深对土地整治的认识,促使他们支持最终的规划方案。

2. 焦点小组法

焦点小组法是商业上为获得某一产品的意见和信息发展而来的,主要方式是通过询问和面谈采访一个群体以获取其观点和评价。这种方法在规划过程中可以用于搜集基层工作人员、市民、农户对土地整治的意见和建议,从而协助制定规划战略甚至是规划目标。

焦点小组法通常由 4~7 个背景相似的人组成,一般集中召开 1~2h 的会议,由一位经验丰富的主持人向小组中的每位与会人员自由提问,引导讨论并控制使其不偏离主题。由于形式随意便于实施,往往在乡镇调研或农户调研中就能完成。

4.2 规划目标的设定

4.2.1 规划目标的构成

土地整治规划目标是在土地整治战略分析的基础上,对未来土地整治情景的主要设想。

可以分为总目标和分目标两类。总目标是规划编制并实施的总纲，一切措施都是围绕总目标来开展的，所以总目标的制定十分重要。它必须简单明确，具有全局性和概括性。不宜使用含糊不清、模棱两可的表达方式，也不允许将无关大局，只能作为二级或者三级目标的内容列入总目标中。只有这样，才能为地区制定一个明确的长期奋斗目标。但由于地区在一段时间内需要解决的问题较多，其中对全局具有根本影响的也不止一个，因此，制定土地整治总目标时，通常可以包括两三项内容。

分目标也就是阶段性目标，是指将整个规划期划分为若干个发展阶段，以总目标为依据，相应规定各阶段所应实现的目标，总目标覆盖时间长，由于条件、系统状态、环境有序性的变化，地区发展目标也会呈一定的阶段性。只有考虑到规划目标的阶段性，才能把规划目标建立在切实可行的基础之上，为目标的顺利实现奠定基础。在划分阶段目标时，要注意前后阶段的区别和连续性，重点是前后阶段的转变，前一阶段除需要完成规划的要求外，还要为后一阶段目标做好准备，后一阶段除自己的特点以外，应在一定程度上是前一个阶段的继续和延续。分目标与总目标不同，分目标更具体、时间性更强、可达性更明显。规划目标的阶段划分主要受地区发展现状、人口资源状况和经济发展目标的综合影响。

4.2.2　目标设定的基本程序

土地整治规划目标是指为保障经济社会可持续发展对土地资源的需求，规划期内通过土地整治所要达到的特定目的，其以定性和定量的形式体现。土地整治规划目标应该通过循序渐进的方式来制定。规划前期阶段，必须对规划区域土地整治存在的问题和机遇取得充分的认识，以战略分析为基础在规划过程中不断提炼，直到规划文本编制完成，才算真正完成了目标的设定。

从程序上来讲，目标设定包括“初始目标设定—具体指标测算—目标调整确定”三个步骤，并且会在规划过程中不断反复，如在重大问题研究阶段会根据潜力测算结果进行调整，规划方案编制阶段根据资金供需测算、环境影响评价或部门/公众意见进行调整，甚至在规划实施过程中会由于政策环境变化而调整等。

1. 拟定初始目标

(1)资料收集与整理。

资料收集与整理工作是开展土地整治战略研究的基础工作和基本保证，应实事求是的采集、筛选、存储和整理。

(2)分析内容确定初始目标。

通过归纳分析，揭示本区域土地利用的主要矛盾和通过整治规划要解决的主要问题。确定土地整治的战略目标，首先要了解各方面对地区发展的最终要求，一般由规划人员通过走访、召开专家会议、采用特尔斐等方法，广泛搜集各方面意见，全面研究有关背景材料，依据土地利用总体规划提出的任务要求，从解决当前土地利用及整治的实际问题和需要出发，从耕地及基本农田建设、城乡统筹发展和保护生态环境等角度提出规划总体目标。

依据规划战略及总体目标调控指标，规划调控目标应与土地利用总体规划调控目标充分衔接，提出本地区土地整治目标的初始方案。通过定性的、定量的分析，确定规划期内整治所需要达到的目标。

(3)初始目标的制定依据。

土地整治规划目标制定的依据主要包括以下几方面。

1)全国主体功能区规划战略目标；

2)高一层次的土地利用战略目标及土地利用总体规划；

3)国家或者地区土地利用问题和开发方向；

4)国民经济与社会发展总体目标和控制性指标；

5)区域内资金、技术的可能性；

6)生态建设和环境保护的要求；

7)土地整治潜力；

8)地域特色要求；

9)其他。

2.具体指标测算

目标测算是对初始目标实现的可能性及可能程度进行可行性预测，主要进行总量目标和效益目标的测算，其中总量目标主要包括：基本农田的整治规模、工矿土地复垦规模、宜耕未利用地开发规模、城镇建设用地整治规模、农村建设用地整治规模，万亩以上基本农田集中分片区片数、农田整治补充耕地、村庄整治补充耕地、土地复垦补充耕地、宜耕未利用地开发补充耕地等。

效益目标主要有整治后耕地等别提高程度、标准农田占耕地的比率、单位地区生产总值、城镇工矿用地减少率、集聚农户数量、生态环境改善程度、生活条件改善程度、生产条件改善程度、农居环境改善程度、土地利用类型等。

3.目标调整确定

依据规划目标确定的依据和潜力测算结果，提出土地整治的初步目标后，要对初步目标进行论证，分析影响规划目标实现的各种因素，包括规划期补充耕地数量，人口增长对粮食产能的要求，城镇化对农村建设用地整治的要求，土地整治可投入资金等，论证规划目标的可实施性，依据论证结果，经过充分协调，上下反馈和修正完善，最终确定规划目标。

4.2.3 主要指标的测定方法

1.总量指标的确定

总量指标包括农田整治规模、宜耕未利用地开发规模、城镇建设用地整治规模、农村建设用地整治规模、土地复垦规模等内容。主要指标的确定思路如下：

1)农田整治规模是根据本级土地利用总体规划确定的土地整理目标以及上位规划的分解指标，结合农用地整治潜力规模确定。

2)宜耕未利用地开发规模是在耕地后备资源潜力调查与评价的基础上,考虑生态环境适宜性,根据本级土地利用总体规划确定的土地开发目标以及上位规划的分解指标综合确定。

3)城镇建设用地整治规模是在城镇建设用地整治潜力实地调查基础上,参考"三旧"改造、城中村改造等相关内容与指标,综合考虑资金投入能力、社会动员能力以及整治成本等因素确定。

4)农村建设用地整治规模是在农村居民点整治潜力测算与评价的基础上,结合本级土地利用总体规划确定的农村居民点整治目标以及上位规划的分解指标,统筹新农村建设、村庄布点规划等相关规划综合确定。

5)土地复垦规模是依据本级土地利用总体规划确定的土地复垦目标以及上位规划的分解指标,结合土地复垦潜力调查综合确定。

2.效益指标的确定

效益指标主要是指各类土地整治类型补充耕地数量指标,是土地整治规划最重要的目标之一,是落实与细化土地利用总体规划补充耕地目标的具体体现。效益指标应与土地利用总体规划的土地开发复垦整理补充耕地目标以及上位土地整治规划的分解指标做好充分衔接。补充耕地数量可通过土地整治规模乘以新增耕地系数计算得出。

1)农田整治补充耕地面积可通过农田整治规模乘以农田整治新增耕地系数得出。新增耕地系数根据区域已实施的土地整理典型项目分析得出。若区域内历年没有开展土地整理项目,可参考地貌类型和项目类型类似地区的土地整理项目。一般情况下,基本农田整治新增耕地系数在3%左右。

2)宜耕未利用地开发补充耕地面积是根据宜耕未利用地开发规模乘以其新增耕地系数计算得到。宜耕未利用地开发新增耕地系数可通过典型项目分析得到。

3)农村建设用地整治补充耕地面积是根据农村建设用地整治规模乘以其新增耕地系数计算得出。农村建设用地新增耕地系数可根据开展实施的农村土地综合整治项目或者城乡建设用地增减挂钩项目中的拆旧区复垦方面的资料分析得到。在沿海经济发达的平原地区,如浙江省嘉兴市,其农村建设用地整治新增耕地系数大部分可达到90%以上。

4)土地复垦补充耕地面积可通过土地复垦规模乘以其新增耕地系数得出。由于土地复垦项目的具体情况各不相同,导致其新增耕地系数存在较大差异。因此,可通过相关项目资料分析得出其土地复垦平均新增耕地系数。

5)土地整治补充耕地面积是农田整治、宜耕未利用地开发、农村建设用地整治、土地复垦等各项土地整治补充耕地数量的总和。

6)万亩以上基本农田集中分布区片数是规划区域内划定的基本农田集中分布区的个数。土地整治规划以完成基本农田保护任务为目标,在不打破村级行政界限的原则上,将集中连片、土地肥沃、抗灾能力强、农业基础设施配套较为齐全且不易受到非农业建设占用影响的基本农田划定为基本农田集中分布区。

7)耕地提高等级是指耕地通过土地整治后的利用等别提高的程度,一般以等为单位,是考虑区域自然、经济、社会等实际情况，以农用地分等定级成果为主要依据分析得出。

3.其他指标的确定

除总量指标和效益指标外，在土地整治规划中还可以根据需要列举一些其他指标，用于反映土地整治自然、社会、经济、生态等方面的效益，一般包括改善农业生产条件、提高耕地产能比率、提高土地节约集约利用水平、改善生活条件、改善土地生态环境、城乡建设用地增减挂钩及结构优化等方面的内容。对于不适合定量表达的指标可以用定性的形式替代。

1)高标准基本农田占耕地比例：通过高标准基本农田建设、农村土地综合整治等土地整治项目的实施，保护和建设的高标准基本农田面积与区域耕地面积的比值。

2)单位国内生产总值建设用地：是国内生产总值和建设用地总规模的比值，通过对该指标的控制达到提高存量建设用地利用效率的目的，也可以用规划基期和规划期末该指标的下降幅度来表示。

3)土地复垦率：是指规划期内待复垦土地规模占当前损毁土地的比例，可进一步设置历史遗留矿山废弃土地复垦率等具体指标。规划期内新增因生产建设活动损毁的土地不应计入。

4)农村建设用地整治节地率：测算方法是计算农村建设用地拆旧面积大于建新以及配套基础设施、公共服务设施建设占用面积的部分，该部分面积与拆旧面积比率即为该指标。常用于城乡建设用地增减挂钩试点或开展过区域性土地综合整治项目的地区。

5)生产条件改善程度：通过城乡建设用地增减挂钩、农村土地综合整治等土地整治措施，部分人口转移到城镇及城市居住，工业、服务业就业机会增加，农业劳动者距劳动场地的距离变近；农田基础设施配套齐全，农业机械化程度提高，农业实现规模化和现代化经营。

6)生活条件改善程度：通过土地整治项目的实施，户均收入明显提高。

7)农居环境改善程度：交通便利，公共服务设施完善；村庄环境面貌显著改善。

8)生态环境改善程度：推进生态型土地整治，构建土地生态景观基础设施，修复与重建生态退化重点区域，改善土地生态环境。

9)建设用地结构优化：通过土地整治项目的实施，城乡建设用地总量有减少，城市建设用地有增长，农村建设用地有减少，城乡建设用地结构更加优化，布局更合理。

10)户均建设用地面积：通过农村土地综合整治项目或城乡增减挂钩项目的实施，建设用地按照国家或者省市制定的户均建设用地标准执行，农村建设用地节约集约水平有提高。

4.3 规划任务的制定

土地整治任务是土地整治目标实现的具体途径，是综合考虑规划区域存在的具体问题和已经具备的基础条件后制定的行动策略。

4.3.1 农用地整治任务

农用地整治是指通过综合整治耕地及其间的道路、林网、沟渠、零星建设用地等，增加有效耕地的面积，提高耕地的质量。土地整治中农用地整治任务是以大规模建设旱涝保收高标准基本农田为重点，加强农田基础设施建设，按照“田成方、树成行、路相通、渠相连、旱能灌、涝能排”的标准，大规模建设旱涝保收高标准基本农田。科学划定基本农田集中区，优化耕地多功能布局，有效引导耕地集中连片。

4.3.2　建设用地整治任务

建设用地整治是以推进土地节约集约利用为出发点和落脚点，以“空心村”、废弃地、闲置地整治和乡(镇)企业用地整治为重点，稳妥推进农村建设用地整治，加强基础设施与公共服务设施配套建设。建设用地整治任务是严格控制增减挂钩规模与范围，合理使用节余指标，确保土地增值收益返还农村，促进城乡一体化发展。加大旧城区改造力度，有计划有步骤地推进“城中村”改造，注重历史文化保护，加快新市镇、新型社区建设。

4.3.3　生态环境整治任务

土地整治要以提高生态环境质量为核心，整体推进土地生态环境整治。构建土地生态网络，发挥耕地的生态功能，完善林地生态网格体系，保持水网完整性，优化沿江、沿湖、沿河、沿海水系格局，恢复并提高城镇内绿地系统、河流水系等的生态环境。

4.3.4　制度建设和政策措施保障任务

以制度建设为基础，完善规划实施保障措施。统筹土地整治规划，构建整体推进土地整治的工作模式。加强规划实施的公众参与，切实维护人民群众权益。健全规划实施管理制度，加强土地整治实施监测监管。探索市场化运作模式，创新土地整治激励机制。加强土地整治法制、科技支撑能力、队伍等建设，夯实规划实施基础。

4.4　县域土地整治规划战略示例分析

4.4.1　规划区概述

规划区位于陕西省中部，正处于工业化、城镇化迅速发展的时期，遇到保发展和保耕地、促进两个增收等问题，土地利用方式遇到结构性调整，未来土地整治既要优化土地利用结构和空间，满足空间扩张对土地的需求；又要促进区域内经济、社会、环境的和谐发展。

4.4.2　土地整治战略定位

按照全面建设小康社会的总体要求和环境友好、生态优先的原则，增强土地资源对经济社会可持续发展的支撑能力，充分发挥土地整治的经济、社会和生态综合效益。未来规划区土地整治的战略重点：

1)与全域城镇化进程相结合。瞄准城镇建设用地的全面优化和集约,扩展城镇发展空间,增强城镇集聚和扩散能力,提升公共服务水平,促进区域协调发展。

2)与基础设施项目开发相结合。综合考虑各级重大基础设施项目的建设用地,确保耕地占补平衡,大力推进境内交通工程建设沿线毁损土地复垦整理。

3)与新农村建设相结合。发挥现代水利建设对农业生产能力的支撑作用,大力发展现代农业。改善了农村用地空间布局,提升了农民居住水平和生活质量。

4)与产业结构调整相结合。加快产业和生产要素向园区集中,制定合理的产业用地政策,提高园区用地综合效益,优化调整产业布局,促进产业升级。

5)与生态环境建设相结合。保障生态用地空间,加强生态景观建设,全力维护水源涵养和生物多样性,积极发展有机农业,推进节能减排和生态环境综合整治。

6)与其他规划相衔接。充分考虑和经济社会"十二五"规划、土地利用总体规划、城镇体系规划相衔接,并参考相关部门的行业规划,强化规划实施保障机制。

4.4.3 土地整治目标与任务

规划期内,面对规划区城镇化、工业化快速发展的趋势,结合《土地利用总体规划(2006—2020 年)》的目标任务,全面推进田、水、路、林、村土地综合整治,改善农村生活生产条件,优化城乡用地结构和布局,提升土地利用集约化水平,美化城乡生态环境,转变建设用地的供给方式,实现用地模式从外延扩张型走向内涵挖潜型的转变,做到保障发展和保护耕地资源的双赢,为研究区实现生态富民强县的目标提供重要保障。我国 2008—2013 年通过土地整治新增的农用地和耕地规模见图 4-4-1。

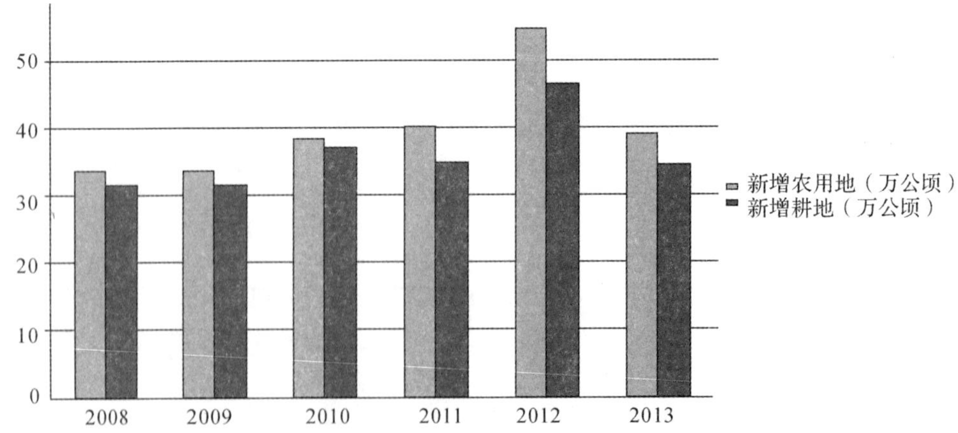

图 4-4-1 我国通过土地整治而新增的农用地和耕地规模(来源:国土资源部)

规划到 2015 年和 2020 年的主要目标任务有以下几项内容:

1)确保补充耕地数量和质量,规划到 2015 年补充耕地 1 313.3 公顷,到 2020 年,补充耕地 2 244.8 公顷。

2)挖掘农用地整理潜力,加大高标准农田建设,提高耕地等级。规划期内,高标准农田建设目标为 4 319.6 公顷,其自然质量等别可提高 0～1 等,利用等别可提高 2～3 等,经济等别可提高 1～2 等。

3)加大基本农田集中区建设,到 2015 年和 2020 年分别形成 3 片和 6 片万亩以上的连片基本农田集中区。

4)加快工矿废弃地的复垦,到 2015 年,土地复垦目标为 81.4 公顷;到 2020 年,土地复垦目标为 263.5 公顷。

5)在保护和改善生态环境的前提下,适度开发宜农后备土地资源,规划期内,到 2015 年,土地开发目标为 350.7 公顷;到 2020 年,土地开发目标为 584.5 公顷。

6)积极推进全域城镇化,实施迁村并点,整理农村废弃地和闲置宅基地。到 2015 年,农村建设用地整理规模为 1 200 公顷,2020 年,农村建设用地整理规模为 2 100 公顷。

4.5　中国土地整治规划战略示例分析

4.5.1　中国土地综合整治 SWOT 分析

SWOT 分析法是 20 世纪 80 年代由美国旧金山大学管理学教授韦里克提出,现被广泛应用于战略规划制定。将 SWOT 分析工具运用于中国土地综合整治战略背景分析,可以清晰地认识到中国土地综合整治的优势(S)、劣势(W)、机遇(O)与威胁(T),能够综合分析中国土地综合整治的内外部条件,得到当前中国土地综合整治战略背景的概括总结,为土地综合整治战略设计提供基础。概括而言,SWOT 可以分为 SW 和 OT 两个部分,SW 代表内部因素,主要由中国土地综合整治自身目前所具有的优、劣势条件入手,着眼于整治开展的自身驱动力和阻碍原因进行分析;OT 代表外部因素,主要由中国土地综合整治所处外部环境入手,着眼于政治、经济、文化以及生态环境对中国土地综合整治的影响(见表 4－5－1)。

4.5.2　中国土地综合整治战略定位

根据土地综合整治战略设计思想和指导原则,针对当前土地综合整治面临的诸多复杂问题,中国特色的土地综合整治战略体系应是由战略背景、战略目标、战略任务、战略统筹、战略保障等共同构成的一个多层级系统,整体战略定位为保障经济发展、社会进步、人地和谐、生态友好和可持续发展,其战略内容包括明晰土地综合整治形势和需求,突出当前亟须解决的重大问题,把握工业化、城市化进程中耕地保护和建设用地需求的平衡关系,探讨强化土地作为基本要素的经济技术途径,统筹协调地域异同、城乡差距和区域问题,提升国家可持续发展重大生态安全、粮食安全等土地综合整治支撑战略。战略内容重点在于凸现土地资源和资产属性,推进土地节约集约利用,统筹区域土地资源配置,优化土地利用结构与格局,强化土地社会、经济、生态和科技创新导向,充分体现土地法律、法规与政策对土地综合整治的调控效能。

表 4-5-1　中国土地综合整治战略 SWOT 分析

优　势(S)	劣　势(W)
S_1:全国土地整治已有一定经验积累。自《全国土地开发整理规划(2001—2010 年)》批准实施以来,相关政策体系和技术标准初步形成,土地整治已取得较大的成果,1999 年至 2008 年,土地整治工作卓有成效。全国用于土地整治的资金合计每年约有 1 000 多亿元。通过土地整治补充耕地 277.54 万 hm^2,为坚守 12 000 万 hm^2 耕地红线发挥了极为重要的作用 S_2:土地综合整治已具备较为广泛的群众基础。随着土地综合整治实践的深入,全国人民对土地综合整治有了更加深入的理解,农民期盼通过推进土地综合整治进一步改善生活生产条件、发展村镇经济的愿望愈加强烈,成为土地综合整治坚实的群众基础。 S_3:土地综合整治潜力巨大、前景广阔:目前中国存在村镇土地利用粗放,人均村镇居民点用地达 218.69m^2,比国家标准 140 m^2 高出 78.69 m^2,总体而言,中国城镇"三旧改造"和集约节约利用空间较大,建设用地整治潜力巨大	W_1:现行土地整治目标单一、缺乏综合统筹兼顾。中国当前的土地整治仍以增加耕地面积为首要目标,缺乏对农民生产、生活以及改善环境需求的统筹兼顾,缺乏田、水、路、林、村用地的整体设计,缺乏对各县建设工作的协调安排,用于经济发展的基础配套设施严重不足,使得土地整治在实际中难以发挥综合性作用 W_2:对城乡土地权利主体权益保护力度不高。对城乡权利主体平等的问题重视程度不高,各地在建设用地整治中的土地收益在相关各方分配中存在不公平,尤其对农民群体的保护力度不足,可能会造成实际工作农民群体利益流失等问题 W_3:缺乏基础理论研究以及关键技术和人才支撑。中国土地综合整治基础理论研究有限,没有形成主流理论,缺乏土地综合整治综合规划设计,缺乏全国土地综合整治技术支撑体系以及相关技术和人才的支撑
机　遇(O)	**挑　战(T)**
O_1:国家高度重视、地方积极响应。开展土地综合整治被已经被多次写入中央 1 号文件和《政府工作报告》,实施土地综合整治科技工程也被列入科技部等 14 个部门联合发出的《农业及粮食科技发展规划 2009—2020 年》的国家科技重大工程。国家相继多次出台文件指示,从资金、政策等多个角度为土地综合整治提供支撑。同时地方政府积极性空前高涨,各地都把土地综合整治作为推进农村工作的重要抓手和平台 O_2:"十二五"时期新农村建设和城乡统筹发展工作深入推进。"十二五"时期是中国经济社会发展的重要战略机遇期,国家明确了今后一段时期土地综合整治的任务,把实施土地综合整治重大工程作为新农村建设的 12 项工程之一,随着《全国土地整治规划(2011—2015 年)》的实施,2 666.7 万 hm^2 高标准农田建设、新农村建设和城乡统筹发展工作的深入推进必然会推动全国土地综合整治的蓬勃开展,为土地综合整治创造了重大机遇 O_3:土地成为最稀缺的资源,市场需求强劲。在工业化、城市化快速推进的背景下,工业和城镇建设用地、农用地和生态用地需求都在扩大,使得土地资源日益成为中国经济发展中最为稀缺的资源,土地综合整治存在着巨大的社会需求	T_1:农用地特别是耕地保护形势严峻。到 2020 年,中国人口将达到 14.5 亿,为保障中国粮食安全,《全国土地利用总体规划纲要(2006—2020)》划定了 12 033 万 hm^2 的耕地保有量目标。然而中国城市化的迅速发展不可避免地侵占农用地,加上中国耕地后备资源不足,农用地特别是耕地保护的形势依然十分严峻,构成了中国土地综合整治的巨大威胁。大规模开展土地综合整治是一项新的复杂的系统工程,极具挑战性,需要解放思想,理清思路,进行机制创新,做好制度设计 T_2:建设用地供需矛盾突出。中国目前处于城市化加速发展阶段,每年新增建设用地占用耕地 20～33 万 hm^2,促进社会经济发展的各项工作开展都需要土地作为支撑,故而建设用地需求量将在长期内处于一个较高水平,然而中国新增建设用地后备资源不足,供需矛盾突出,给中国土地综合整治带来了巨大压力 T_3:生态环境恶化以及地质灾害给土地综合整治带来了巨大的威胁。当下耕地污染也越来越严重,一些地区自然灾害、地质灾害频发。生态环境的恶化以及地质灾害的频发对中国土地综合整治开展构成了严重阻碍和威胁

4.5.3　中国土地综合整治战略的区域统筹

随着新时期土地整治的目标和重点日益多样化，考虑到土地整治面临的地域辽阔、区域差异显著的基本特征，需要在研究区域差异化的土地整治方向的基础上，明确土地整治重点区域和重大工程，从而采取了更有针对性的政策，发挥资金投入的最佳效益，实现全国土地整治的区域协调发展。

1. 粮食主产区

粮食主产区主要包括东北平原、黄淮海平原和长江中下游平原粮食主产区等。以农用地整理为基础，保障粮食生产安全。坚持农用地整理为主，大幅度提高高产稳产的基本农田比重，加大基本农田保护区、粮食主产区、基本农田整备区的耕地整理力度，推进中低产田改造，复垦因自然灾害和生产建设损毁的耕地，改善水利灌溉条件，完善农田生产配套基础设施建设，适度开发增加耕地数量，不断提高耕地质量，确保国家粮食安全。建立基本农田保护奖励机制。

2. 生态脆弱区

生态脆弱区主要包括北方农牧复合生态脆弱区、黄土高原窑洞聚落区、西北内陆干旱缺水生态脆弱区、云贵高原多民族倚山傍境区、南方丘陵生态脆弱区等。以生态环境整治为途径，提升土地资源整体环境质量。坚持因地制宜，尊重生态规律，保护河道、水库、湿地、沟渠等水体。恢复重建退化土地生态系统，治理盐碱化、石漠化土地，改良土壤。整治后的土地利用环境要突出生态要求，禁止随便改变地貌形态，不断优化现有生态环境，提升人们生产生活环境质量。

3. 快速城镇化区

快速城镇化区主要包括中部快速城镇化地区、东部经济发达区、大都市边缘区等。以建设用地整治为重点，促进土地节约集约利用。发挥建设用地整治对社会经济发展用地需求的贡献，加大农村建设用地整治力度，合理迁村并点，大力开展旧城区、城郊村、城中村、地质灾害易发区村庄整治，建立健全农村宅基地退出机制，规范城乡建设用地增减挂钩试点，盘活城镇存量建设用地和农村非农用土地，推进城乡土地节约集约利用。总之，开展土地综合整治是统筹区域土地利用的必然要求，也是满足各个地方进行土地综合整治的紧迫要求。

中国区域范围广阔，各个区域自然条件、社会经济等有大的差异。各级地方政府承受着既要保障发展、保护资源，又要推进农村土地管理制度改革的双重压力。因此，应以粮食主产区、生态脆弱区和不同经济发展区为主线开展研究，土地综合整治是粮食主产区提高耕地质量，提高粮食综合生产能力，实现农业适度规模经营的必然要求，是生态脆弱区与重点防护区防涝抗旱，进行生态修复的必然选择，是经济发达区、大都市边缘区和中部快速工业化地区解决人地矛盾的必然途径。

复习思考题

(1)简述土地整治战略的概念。

(2)论述土地整治战略目标中主要指标的测定方法。

(3)简述土地整治战略目标。

第5章　土地整治潜力调查评价

5.1　土地整治潜力概述

5.1.1　土地整治潜力概念

潜力是指在一定时期、一定生产力水平和某种既定用途下，某一指标可能提高或节约的能力。土地整治潜力，是指在一定时期和一定生产力水平下，针对某种土地用途，通过采取行政、经济、法律和技术等一系列措施使待整治的土地资源增加可利用空间、提高生产能力、降低生产成本、改善生态环境、调整产权关系的潜在能力。

根据土地整治的主要类型，土地整治潜力可以划分为农用地整治潜力、建设用地整治潜力(包括农村建设用地整治潜力和城镇工矿建设用地整治潜力)、宜农未利用地开发潜力、土地复垦潜力等。

1)农用地整治潜力是指可整治的农用地规模、可补充耕地面积和整治后耕地质量提高的等级。

2)农村建设用地整治潜力是指可整治的农村建设用地规模和节约土地的规模。

3)城镇工矿建设用地整治潜力是指可整治的城镇工矿建设用地规模、节约土地的规模和土地价值的可提升程度。

4)宜农未利用地开发潜力是指可开发的宜农未利用地规模和可开发为耕地的面积。

5)土地复垦潜力是指可复垦的损毁土地规模和可补充耕地的面积。

5.1.2　土地整治潜力特征

1. 土地整治潜力具有相对性

土地整治潜力是在一定土地整治标准下的潜力，土地整治潜力具有相对性，潜力的大小取决于土地利用现状和土地整治的标准。各地区的自然资源、社会、经济、生态以及技术等条件各不相同，土地利用的特点、方式与方向也存在差异，另外各地区的土地整治标准也有所不同。

2. 土地整治潜力具有综合性

土地整治体现的是综合效益，是自然、经济、社会和生态环境的全面提高与改善。因此，土地整治潜力综合表现为土地可利用空间扩展、生产能力提高、生产成本降低和生态环境改善。

3. 土地整治潜力具有目标导向性

由于土地整治主体预期通过土地整治达到的目标不同，对土地整治潜力的定义也有所不同。因此，应结合当地背景与实际需求，确定土地整治潜力评价的侧重方向，确保土地整治潜力符合当地土地整治的目标与任务。

值得注意的是，土地整治潜力和土地利用潜力是有区别和联系的。土地利用潜力是相对于一定的自然条件与生产水平而言的潜力，而土地整治潜力是相对于一定的土地整治标准而言的潜力。从潜力大小上说，土地整治潜力总是小于土地利用潜力。

5.2 土地整治潜力调查

5.2.1 调查目的

土地整治潜力调查是测算与评价土地整治潜力的基础性工作。根据规划的性质以及各地具体实际情况，可选取全面调查、分区调查以及典型调查等多层面开展，调查的形式主要有资料收集与分析、座谈会、村民访谈、问卷调查、实地踏勘等多种形式。土地整治潜力调查，要做到了解规划区域内自然资源条件、社会经济状况以及生态环境情况，掌握政府、各部门等土地整治的设想与需求，查清土地整治潜力的规模、分布、特点以及影响因素，为科学合理测算土地整治潜力提供扎实的基础。

5.2.2 调查方法

1. 省级

对于小尺度的土地整治项目，可以通过对整治区域进行详细调查直接进行土地整治潜力的计算。对于大尺度的土地整治规划，需要发挥规划对地方土地整治活动的指导作用，在方法的选择上更为宏观。

从测算单元上来讲，省级土地整治潜力调查一般应以县级行政单位为基本单元；从调查方法上来讲，一般包括全面调查和分区调查。

1)全面调查。在省级国土资源管理部门统一组织与指导下，以土地利用现状图、耕地后备资源调查评价及相关规划等资料为基础，采用问卷、实地抽样等方法，调查、收集各县（区、市、旗）潜力测算的基础资料。通过对基础资料分析，了解区域内各县基本情况。

2)分区调查。在省域范围内，依据地貌类型、土地利用方式与地区经济发展水平，划出若干个类型区，分区一般不打破县级行政区界线。在各类型区内，分别选取有代表性的县（区、市、旗），按照不同的土地整治类型选择调查对象进行典型调查，测算各类整治潜力。典型调查抽取的样本应分布均匀，个数一般应不少于县（市、旗）总个数的30%。

全面调查、分区调查应相互补充和验证。同时，也可以采用其他调查分析方法。

2. 市级

市级土地整治潜力调查可以分为全面调查和典型调查。一般应采用全面调查方式，当调查待整理农用地总量、待整理农村建设用地总量时，不具备条件的地区可开展典型调查。

1)全面调查。市级土地整治潜力调查应在县级国土资源管理部门统一组织与指导、县级国土资源管理部门配合下，以乡镇为单元开展，条件允许的地区也可以行政村为单元开展。调查过程中应充分利用准备工作阶段搜集的资料，当资料经整理后仍不能满足规划编制需求时，根据实际情况确定补充调查对象。调查应以土地利用现状图、耕地后备资源调查评价及相关规划等资料为基础，采用问卷、实地抽样等方法，调查确定各调查单元的基本情况，如待整理农用地总量、待整理农村建设用地总量、待开发未利用地总量及待复垦废弃土地总量等。

2)典型调查。典型调查选择具有代表性的典型乡镇开展。当采用典型调查方式进行时，应依据地貌类型、土地利用方式、农业耕作方式与地区经济发展水平，划出若干个整治条件接近的类型区，分区一般不打破乡镇级行政区界线。在各类型区内，分别选取典型乡镇开展调查。典型调查抽取的样本应分布均匀，个数一般应不少于乡镇总个数的30%。

3)项目调查。对于开展了土地整治活动的乡镇可通过选取若干有代表性的整治项目进行，未开展土地整治活动的乡镇，可选取若干有代表性的集中连片区片，与同类型地区的土地整治项目进行对比。

3. 县级

县级土地整治潜力调查应在县级国土资源管理部门统一组织、乡镇人民政府配合下，以行政村为单元开展。一般应采用全面调查方式，以行政村为基本单元开展，方法和市级规划相同，特殊情况下可采用典型调查方式。

5.2.3　调查对象

1. 省级

(1)农用地整治潜力调查。

重点调查分析农用地整理增加耕地面积和增加耕地系数。

1)对已开展农用地整治的县(区、市、旗)，可在县域内选取若干有代表性的整治项目进行分析，测算增加耕地面积和增加耕地系数，以及耕地产能增加量和农业生产成本节约水平。

2)对未开展农用地整治的县，可选取有代表性的集中连片的耕地区片，进行旱地、中低产田、地块规模、坡耕地比例、分坡度面积以及沟渠、农村道路、田坎、坟地、坑塘，零星地类比例等内容的调查，并与同类型地区农用地整治项目对比分析，测算可增加耕地面积和增加耕地系数，以及耕地产能增加量和农业生产成本节约水平。

(2)建设用地整治潜力调查。

调查分析县域范围内农村建设用地总规模，参照村镇建设标准和当地宅基地标准，通过对人口高峰年人口数量和未来10年城镇化水平的预测，测算规划期内各县(区、市、旗)人口高峰年合理的农村建设用地总规模。

(3)废弃土地复垦潜力调查。

以县级行政区域为单元,采用问卷、抽样等形式,根据实际情况选取若干典型,对各种不同待复垦土地类型的成因、限制因素、可复垦条件、复垦率、工程投入、成效等,进行重点调查。并可根据实际需要,对待复垦土地有针对性地进行适宜性评价工作。废弃土地包括以下6类:

1)露天采矿、挖沙取土、烧制砖瓦、工程建设等挖损地;

2)地下采矿、生产建设挖空后形成的地表塌陷地;

3)排放废石、废渣、矸石、尾矿、粉煤灰和垃圾等压占地;

4)各种污染损毁地;

5)自然灾害损毁地;

6)其他可复垦的废弃地等。

(4)宜农未利用地开发潜力调查。

重点调查宜农荒草地、宜农盐碱地、裸土地、石漠化地和荒滩地。通过收集、整理第二次全国土地利用调查、耕地后备资源调查评价等资料,了解省域内各县(区、市、旗)待开发土地的数量及其分布。以县级行政区域为单元,采用问卷、抽样等形式,根据实际情况选取若干典型,对各类未利用土地的成因、限制因素、可开发利用条件、开发利用率、投资规模、开发成效、环境风险等进行重点调查。并可根据实际需要,对待开发土地有针对性地进行适宜性评价工作。

2.市级

(1)农用地整治潜力调查。

重点调查分析农用地整理增加耕地面积和增加耕地系数。对已开展农用地整治的乡镇,可通过选取若干有代表性的整理项目进行;对未开展农用地整理的乡镇,可选取若干有代表性的集中连片的农用地区片,并与同类型地区农用地整理项目进行对比。

(2)建设用地整治潜力调查。

应调查现状及规划的人口、人均用地、户均用地等信息,调查村镇规划布局设想、已实施农村建设用地整理项目新增耕地系数等。

(3)土地复垦潜力调查。

应调查各类建设挖损、塌陷、压占、污染及灾害损毁等废弃地的数量和分布等,调查废弃地的成因、复垦限制因素、可复垦条件、复垦率、复垦环境风险、复垦投资要求等。

(4)宜农未利用地开发潜力调查。

应调查荒地、盐碱地、沙地和滩涂等未利用土地可开发利用的数量与分布等,调查未利用地成因、限制因素、可开发利用条件、开发利用率、开发环境风险、开发投资要求等。

3.县级

(1)农用地整治潜力调查。

通过调查问卷统计各行政村待整理农用地资源总量;或通过土地利用现状图件与数据分析,了解各村闲散地,待开发园地、牧草地,待复垦设施农用地,待填埋坑塘水面总量,以及现状农村道路占耕地比例、农田水利用地占耕地比例、田坎系数等。同时选取若干有代表性的已开展农用地整治的行政村，测算以上各类农用地整理增加耕地面积和增加耕地系数，或设定在当前社会、经济和技术条件下，集约利用水平较高的耕地片区内农村道路、农田水利用地、田坎的比例。

(2)建设用地整治潜力调查。

通过调查问卷统计各行政村待整理农村建设用地资源总量；通过统计数据与有关规划分析，确定各乡镇的特色村、规划中心村、规划迁并村规模与布局；调查统计各行政村社会经济发展趋势、城镇化趋势，对规划目标年农村人口数量的预测，参照村镇建设标准和当地宅基地标准等，测算规划农村居民点总规模，通过对比现状及规划，分析各行政村农村建设用地腾退规模；通过图件分析确定各行政村待整理零散农村建设用地规模与布局等内容。

选取若干有代表性的已开展农村建设用地整理的村庄，测算建设用地腾退规模、增加耕地面积和增加耕地系数。

(3)土地复垦潜力调查。

收集独立工矿运营状况等有关资料，依据各乡镇第二次全国土地调查数据，按图斑对工矿用地进行筛选分析，确定待复垦废弃土地。选取若干典型，调查废弃土地的面积、坡度、有效土层厚度、土壤质地、水源保证情况、有无限制因素、是否适宜复垦、可复垦为耕地的面积与系数，以及可复垦为其他农用地的面积。并可根据实际需要，对复垦土地有针对性地进行适宜性评价工作。

(4)宜农未利用地开发潜力调查。

依据各乡镇第二次全国土地调查数据，通过有关分析，汇总可开发的沼泽地、荒草地、盐碱地、沙地、裸地、滩涂、湖泊水面、河流水面等。选取若干典型，调查未利用地的面积、坡度、有效土层厚度、土壤质地、水源保证情况、有无限制因素及是否适宜开发、可开发为耕地的面积与系数，以及可开发为其他农用地的面积。并可根据实际需要，对开发土地有针对性地进行适宜性评价工作。

5.3　土地整治潜力分析

土地整治潜力分析是调查、测算和评价土地整治的潜力，其目的在于通过潜力调查，了解潜力空间分布；通过潜力测算，明确潜力数量；通过潜力评价，了解潜力等级状况等，以土地整治活动，实现增加有效利用面积、提高土地质量、改善生态环境为目的。土地整治潜力分析与评价，将为土地整治活动提供科学依据，促进土地资源，甚至社会经济的可持续发展。

5.3.1　农用地整治潜力

5.3.1.1　农用地整治潜力内涵

农用地整治潜力是指通过综合整治，采取工程、生物等措施以及调整产权关系等手段，能够增加耕地面积、提高耕地质量、降低生产成本和提高生态价值等方面的幅度。

我国农用地整治主要对象为耕地，其中又以基本农田的整治为重点。整治的主要目标是新增耕地面积、提高耕地质量和农业综合生产能力。因此，在编制规划过程中，主要针对新增耕地面积、等别提高程度和产能提高幅度进行测算。

1）新增耕地面积。保障农业综合生产能力和粮食安全必然以一定数量的耕地面积为基础，特别对保障18亿亩耕地红线意义重大。因此，新增耕地面积潜力仍然是未来农用地整治潜力的重要内容。新增耕地面积潜力主要表现为耕地经整理后有效使用面积的增加。增加的有效耕地面积主要来源于三方面：一是通过道路、沟渠的综合整治所增加的面积；二是通过土地平整、小田并大田减少田坎占地等所增加的有效耕地面积；三是通过土地利用结构调整所增加的有效耕地面积。

2）等别提高程度。通过农用地整治，除增加有效耕地面积外，更重要的是改善耕地质量。耕地质量是由比较稳定的不易变化因素如土壤、地貌、气候、地理位置等作用综合形成，又由易变化的因素如施肥、灌排、经营管理等活动影响来实现。耕地质量的好坏主要通过农用地分等体现，可以用等别的提高程度说明耕地质量提高的潜力。

3）产能提高幅度。开展农用地整治，通过改善耕地生产条件，增加耕地数量，提升耕地质量，从而提高耕地生产能力，增加粮食产量。耕地生产能力的高低，决定着产量的高低，现实中一般以耕地产量表征耕地生产能力的大小。

5.3.1.2 农用地整治潜力测算方法

农用地整治潜力的测算是在农用地整治潜力调查的基础上，按照农用地整治潜力评价指标体系、评价方法，分别推算各测算单元的农用地整治潜力，汇总区域内所有测算单元的整治潜力后划分潜力等级，并确定其分布情况。

1. 新增耕地面积测算方法

（1）确定新增耕地面积系数。

新增耕地面积系数主要是根据典型土地整理项目的新增耕地面积系数，经调查统计分析后确定的。未开展土地整理项目的地方可以比照相邻或相似区域的新增耕地面积系数确定。

我国的新增耕地面积系数在不同时期、不同区域差异都十分大。最初的土地整理与开发复垦，出地率较高，达到10%以上，后期的到达5%左右。当前的农用地整治，耕地数量增加的潜力已经越来越小，整治的重点也已经从增加数量到改善农田质量转变。目前，全国平均新增耕地面积系数为3%左右。

（2）新增耕地面积测算方法。

根据调查确定的各测算单元的待整理耕地面积与新增耕地面积系数，计算农用地整治数量潜力。

测算方法一：

$$\Delta S=\sum_{i=1}^{n}(a_i \times S_i) \quad (i=1,\cdots,n;\text{其中 } n \text{ 为测算单元的个数})$$

$$a=\Delta S/S \qquad (5-3-1)$$

式中，ΔS 为区域新增耕地面积(hm^2)；a_i 为测算单元新增耕地面积系数(%)；S_i 为测算单元待整理区面积(hm^2)；a 为测算单元新增耕地面积系数(%)；S 为测算待整治区总面积(hm^2)。

测算方法二：

$$a_{di}=A_{di}-A_{bi}\quad(i=1,\cdots,n;\text{其中 } n \text{ 为坡度级别的个数})$$

$$\Delta S=\sum_{i=1}^{n}(a_{di}\times S_i)\quad(i=1,2,\cdots,n;\text{其中 } n \text{ 为坡度级别的个数})$$

$$a=\Delta S/S \tag{5-3-2}$$

式中，a_{di} 为典型区新增耕地面积系数(%)；A_{di} 为典型样区中沟渠、道路、林网、旧坎、坟地、零星建设用地和未利用地等面积之和占典型样区面积的比例(各坡度级别样区分别计算)(%)；A_{bi} 为设定的与典型样区同坡度类型区集约利用水平较高的耕地中沟渠、道路、林网、田坎等面积之和占耕地区面积的比例(%)；S_i 为与典型样区同坡度级别的待整理耕地区面积(公顷)；其他符号同前。

2. 等别提高程度测算方法

农用地整治健全了农田的灌排系统，消除了限制因素，改善了农业生产条件，便于机械化生产，大幅度降低生产成本，提高农业生产效益，更有利于农业适度规模经营、农村现代化建设和农民增收问题的解决。为量化耕地质量提高潜力，可以用耕地等别的提高程度来体现。

(1) 测算方法一。

假设待整治耕地的平均等别通过整治后能够达到测算单元内农用地分等的三级指标区的最高利用等别，则三级指标区与各测算单元的平均利用等之间的差距可作为该测算单元农用地整治所能提高的耕地质量潜力。测算公式为

$$\Delta D=D_{\max}-\overline{D} \tag{5-3-3}$$

式中，ΔD 为测算单元的平均利用等等别提高程度；$D_{\max}$ 为测算单元所在农用地分等的三级指标区的最高利用等等别；$\overline{D}$ 为测算单元的平均利用等等别。

(2) 测算方法二。

1) 利用农用地分等定级成果，以耕地等别评定的技术方法为依据，结合规划提高等级设想，确定耕地质量可提高等级及面积。

2) 采取逐级修正的原理，计算自然质量分、自然质量等指数、利用等指数，预测测算单元的平均利用等等别。测算公式为

$$C_{Lij}=\frac{\sum_{k=1}^{m}w_k\cdot f_{ijk}}{100} \tag{5-3-4}$$

式中，C_{Lij} 为分等单元指定作物的农用地自然质量分；i 为分等单元编号；j 为指定作物编号；k 为分等因素编号；m 为分等因素的数目；f_{ijk} 为第 i 个分等单元内第 j 种指定作物第 k 个分等因素的指标分值，取值为 0～100；w_k 为第 k 个分等因素的权重。

$$K'_L=S\times K_L \tag{5-3-5}$$

$$S=\frac{C}{C'},\quad C=\sum_{i=1}^{n}A_iB_i,\quad C'=\sum_{i=1}^{n}A'_iB_i \tag{5-3-6}$$

式中，S 为土地利用系数的修正指数；C 为整治前综合评价分；C' 为整治后综合评价分；A_i 为整治前第 i 个指标的指标分值；A'_i 为整治后第 i 个指标的指标分值；B_i 为因素权重；K_L 为现状土地利用系数；K'_L 为修正土地利用系数。

$$Y_i=R_iK_L \tag{5-3-7}$$

式中，Y_i 为第 i 个分等单元的农用地利用等指数；R_i 为第 i 个分等单元的农用地自然质量等指数；K_L 为分等单元所在等值区的综合土地利用系数。

整治前后耕地平均等别的变化依据下式计算：

$$\Delta D=D_{\text{整治后平均}}-D_{\text{整治前平均}} \tag{5-3-8}$$

3. 产能提升幅度测算方法

农用地整治的增产潜力主要来源于两个方面。一是耕种面积的增加，二是农田质量等级的提升引起农田单产水平的提升。此外农田整治还可以通过改善农业生产条件，为应用新品种、新技术、新装备创造有利的土地条件，间接提高粮食产量。在测算过程中，应对这两类产能提升潜力分别计算后再进行汇总。

1）确定耕地单产水平。按照预测整治后测算单元的平均利用等别，确定其对应的标准量产量。

2）计算新增耕地产能。公式为

新增耕地产能＝新增耕地面积×整治后单位面积耕地标准量产量　（5－3－9）

3）计算耕地质量提升产能。公式为

耕地质量提升产能＝待整治耕地面积×（整治后单位面积耕地标准量产量－现状单位面积耕地标准量产量）　（5－3－10）

4）计算产能提升幅度。公式为

产能提升幅度＝新增耕地产能＋耕地质量提升产能　（5－3－11）

4. 农用地整治潜力汇总与分级

根据整治潜力调查与分析测算结果，汇总各测算单元的农用地整治潜力；依据测算指标，并结合实际情况及其他影响因素，划分潜力等级，潜力等级一般不少于三级。

5.3.2　建设用地整治潜力

5.3.2.1　建设用地整治潜力内涵

建设用地整治，从对象上来讲，是以建设用地，特别是城镇工矿建设用地和农村建设用地为整治对象的土地整治；从其过程上来讲，是指在一定区域内，通过该区域公共设施和基础设施建设，改善当地土地生态环境，使每宗地块都能得到高效的合理利用，并重新划定其边界，土地产权以原位或交换方式进行再分配，达到改善生产、生活条件，提高土地资产价值和维护生态环境的一项整体性、综合性的土地利用调整和整治过程。目前，我国直接开展的建设用地整治项目主要集中在农村，城市内部的整治开展相对较晚，不过发展十分迅速，如旧城改造、工业污染治理、城市河流整治等。

5.3.2.2 建设用地整治类型及相关指标

1. 城镇工矿建设用地待整治类型

目前，在大多数的城市中都存在着大量低度利用的土地，这些土地的利用程度已远远落后于城市现代化的步伐，没有发挥出最佳效益和它们在城市中应有的功能和作用，不能很好地优化城市结构与功能。这些低度利用土地一般表现出土地利用用途、布局结构不合理；单位土地的投入量少，基础设施陈旧，公共服务设施偏少，建筑密度偏高，生态环境较差等土地利用不集约的现象。把城市中存在低度利用土地的区域称为城市土地低度利用区，主要包括以下几类。

1）危旧房区。危旧房区一般位于城市的中心区域，是老城市的中心，由于建筑年代比较久远以及我国城市发展的不连续性，无论是建筑物本身还是周边居住环境都已经不适应现代城市的发展。这类区域土地利用比较明显的特点是土地投入很少、基础设施条件很差、公共设施和绿地很少或没有、土地人口承载力不高，表现为建筑密度很高但容积率却很低。这类区域的土地虽然区域位置一般较好，但是居住环境很差，没有发挥出土地应有的生态、经济、生活等功能，应该采用改造、再开发、修复、保护等手段对土地进行整理，以提高土地利用集约度，改变旧城区的衰落现象，使其融入现代城市的整体中来。

2）工业用地区。这类低度利用土地主要是由于土地制度的原因造成的，由于我国长期以来的土地无偿划拨使用制度，土地的无偿使用导致城区出现的大量工业用地，没有随着城市的扩张而走向市场流通，及时改变土地利用的用途，因而没有体现出土地应有的市场价值。这类土地的特征是土地利用率很低，大量的工业用地位于城市中，占据着比较好的地理位置，并且工业用地与周边商业、住宅用地混杂，导致城市的布局与功能混乱，不能发挥城区有限土地的最佳效益，影响城市总体功能。

这类土地从城市总体布局上看，结构混杂，影响城市土地的功能结构发展；从经济上看，大量的工业用地闲置在城市中心区域，不能按照土地的最佳用途发挥最佳经济效益；从生态环境上来看，产生污染，影响周边环境。而且，对于企业自身来说，由于混杂在城市住宅商业区内，生产成本较高。对于该类土地应该改变土地的利用用途，实行退二进三的策略，通过土地的市场流转，发挥其最佳经济效益，调整城市土地利用结构。

3）城中村。所谓“城中村”，是指由于城市化快速推进而把周边地区部分村落及其农用地一起纳入城市用地的范围，而原有的村庄用地却没有转为国有，纳入到城市系统中来，仍然属于集体所有的土地，仍以居住功能为主，且深受城市影响的农村社区。这类地区土地利用的特征与城市中的危旧房区有相似之处：单位土地投入较小，基础设施、公共服务设施条件都很差等。但是它们形成的机制却不同，这类土地是由于城市的快速扩张把周边农村的集体土地收归城市使用，对于原来的村庄却保持原状，没有纳入到城市体系中来。这些村民一般没有经营土地或者剩下很少的土地进行经营，他们处于城市边缘但却还是农村的居住环境，被城市完全或部分包围起来，成为典型的“城中村”。这类土地一般处于城市的边缘区，但在一些中小城市它的范围甚至涉及城市的中心区。

2. 农村建设用地待整治类型

一般而言，农村建设用地整治的对象主要包含农村集体建设用地中的所有闲置、空置和利用效率较差的土地，可以概括为3种主要类型：农村居民点用地、工矿废弃地和砖瓦窑场。

3. 建设用地整治相关指标

1）人均建设用地指标应为规划范围内的建设用地面积除以常住人口数量的平均数值。建设用地整治通过将区域范围内现状人均建设用地面积降低为国家或者本地区规定的人均建设用地标准，从而将节约的土地整治为农用地，实现土地利用空间的扩展。人均建设用地标准可参考《城市用地分类与规划建设用地标准》以及《镇规划标准》相关规定。

2）建筑容积率简称容积率，是指总建筑面积与建筑用地面积的比值。容积率是一个重要技术指标，它间接反映了单位土地上所承载的各种人为功能的使用量，即土地的开发强度。人口众多的地区往往建筑容积率较高。容积率越高表示土地的利用率也就越高，但是对周边城市基础设施的压力也越大。

3）建设用地整治新增耕地面积系数是指通过建设用地整治新增耕地面积与整治的建设用地面积的比值。新增耕地面积系数可以选取若干具有代表性的已开展农村建设用地整治的村庄进行典型分析确定。

4）节地率是指建设用地整治过程中扣除安置整治区内人口的安置用地外结余出来的建设用地指标与建设用地整治区面积的比值。

5.3.2.3　建设用地整治测算方法

建设用地整治潜力计算的主要对象是城镇工矿建设用地和农村建设用地。由于不同对象影响整治的因素、复杂程度和数据拥有状况明显不同，城镇工矿建设用地和农村建设用地整治潜力的测算方法有所不同。

1. 城镇工矿建设用地整治潜力测算方法

1）以人口容纳能力为依据的计算方法。《城市用地分类与规划建设用地标准》（以下简称《标准》）规定了城市人均占地的总标准，以及人均占用不同类型土地（如住宅用地、工业用地、绿地等）的标准。如果能够确定每个城市的具体的人均占地总标准，那么：

$$\text{节约土地面积潜力} = \text{现有城市建成区土地面积} - \text{城市常住人口} \times \text{人均占地总标准} \quad (5-3-12)$$

上式中，需要确定的是人均占地总标准。在《标准》中，只是给出了不同类型城市的标准，而且是一个变化较大的范围，因此，需要确定每一个城市的比较具体的人均占地总标准，在确定这一标准时，原则上以《标准》为依据，确定大致范围，然后，再根据每个城市的经济发展水平、城市的经济和产业结构、城市的自然地理环境等，进行具体分析。

2）以容积率为依据的计算方法。此方法主要用于计算节约土地面积的潜力。城市土地整理主要是通过提高容积率来达到节约土地面积的目的。目前，我国大部分城市的容积率较低，没有达到理想的容积率水平。假设通过城市土地整理可以使城市土地都达到理想容积率的水平，则可以根据理想容积率(E)与实际容积率(F)的差值计算节约土地面积的潜力，即

$$\text{节约土地面积潜力} = A \times (E - F)/E \qquad (5-3-13)$$

式中，A 为现有城市建成区土地面积，其他符号含义见上文。上式的关键是确定理想容积率(E)。不同城市的理想容积率受城市的经济发展水平、城市的经济和产业结构、城市的自然地理环境等因素的影响，但其关系比较复杂。

3) 其他方法。除上述两个方法之外，还可以根据城市土地利用结构的状况，宏观上分析城市土地整治的潜力。而这种方法要从两个方面进行具体分析，一是城市土地利用结构调整表现出的潜力，主要是用地规模效应较低的工业用地的调整所表现出的潜力；二是通过城市建成区内未利用土地以及闲置土地面积比例分析城市土地整治的潜力状况。

2.农村建设用地整治潜力测算方法

农村建设用地整治是指在一定的社会经济条件下，针对农村建设用地零散、无序的状态，对其空间结构和布局实施整治、改造等土地工程，并配合公共基础设施改造、完善，以达到优化土地利用结构，提供土地利用效率，改善农村生产、生活条件和生态环境的一项综合土地利用工程。

农村建设用地整治潜力是指在一定时期、一定生产力水平下，采用一系列措施对现有农村居民点用地通过拆村并点、内部挖潜和加以改造再利用，可能增加有效耕地及其他农用地面积、提高农村居民点利用率、实现土地增值和改善生态环境等的能力。

目前关于农村居民点用地整治潜力的测算方法有很多，比较基础、常用的方法有以下几种。

1) 人均建设用地标准法。主要依据人均农村居民点建设用地与国家或该地区规定的人均农村居民点建设用地标准的差值，计算整治潜力。按照潜力的表现形式，可分为现状潜力和规划潜力。现状潜力是根据现状人均农村居民点建设用地标准、现状人口计算的潜力，反映的是现状条件下居民点整治的潜力空间；规划潜力是在预期规划期末的人口数量的基础上，按照国家或地区规定的人均建设用地标准计算出的潜力，反映的是规划状态中农村居民点整治的潜力空间。计算公式分别为

$$\Delta S = S_{\text{现状}} - B_0 \times P_0 \qquad (5-3-14)$$

$$\Delta S = S_{\text{现状}} - B_t \times P_t \qquad (5-3-15)$$

式中，ΔS 为农村居民点整治潜力；$S_{\text{现状}}$ 为农村居民点的现状用地面积；B_0 为现有人均农村居民点建设用地标准；P_0 为现状农村居民点的人口数量；B_t 为规划目标年的人均农村居民点建设用地标准；P_t 为规划目标的农村居民点人口数量。人均建设用地标准法的关键在于规划目标年农村人口的预测。农村人口的预测一般通过总人口与城镇化率间接求得。

预测总人口的常用方法有自然增长率法、线性回归工程法、时间序列预测模型法、GM(1,1)灰色模型法。其中自然增长率法的计算公式为

$$P_t = P_0 \times (1 + k)^n + \Delta P \qquad (5-3-16)$$

式中，P_t 为预测年末总人口；P_0 基期年末总人口；n 为预测年限；k 为人口自然增长率；ΔP 为迁入人口与迁出人口之差。

城镇化水平可采用联合国法、回归模型预测法、时间趋势外推法等方法进行预测。预测结果应做好与国民经济发展规划、城市规划等规划确定的城镇化目标的衔接。

2）户均建设用地标准法。主要是根据户均居民点用地现状与户均居民点用地标准的差值匡算农村居民点整治潜力。其原理与人均建设用地标准法基本类似，也可采用人均建设用地标准法的思路，分为现状潜力和规划潜力，其计算公式为

$$\Delta S = S_{现状} - A_0 \times M_0 \tag{5-3-17}$$

$$\Delta S = S_{现状} - A_t \times M_t \tag{5-3-18}$$

式中，ΔS 为农村居民点整治潜力；$S_{现状}$ 为农村居民点的现状用地面积；A_0 为现有户均农村居民点建设用地标准；M_0 为现状农村居民点内的农户总数；A_t 为规划目标年的户均农村居民点建设用地标准；M_t 为规划目标年的农村居民点农户总数。

3）农村居民点内部土地闲置率法。根据对测算区域内典型样点农村居民点内部闲置土地面积的调查，获取农村居民点内部的土地闲置率，以此测算农村居民点整治潜力。该方法考虑了农村居民点内部的闲置土地的整理潜力，且这部分潜力几乎可以全部转化为现实的潜力。其计算公式为

$$\Delta S = S \times a \tag{5-3-19}$$

式中，ΔS 为农村居民点整治潜力；S 为农村居民点现状用地面积；a 为居民点内部土地闲置率。

4）人均城市用地标准法。目前部分居民点整理项目区，特别是城市近郊区的农村居民点，采用的集中居住的住房条件是小区式的公寓楼。其用地布局和结构趋同于城市用地标准，不能再按照农村居民点建设用地标准测算人均用地，应按照城市人均建设用地标准进行整治潜力计算。计算公式为

$$\Delta S = S - C \times Q_t \tag{5-3-20}$$

式中，ΔS 为农村居民点整治潜力；S 为农村居民点现状用地面积；C 为城市人均用地标准；Q_t 为规划期末村内的常住人口数量。

5）城镇体系规划法或土地利用总体规划法。根据土地利用总体规划和城镇体系规划标准计算农村居民点的整治潜力。城镇体系规划法是依据地区城镇体系规划、村镇布局调整、村庄的迁并，计算规划期末的农村人口及用地规模、规划期末的居民点用地与农村居民点现状用地的差值得到整治潜力。土地利用总体规划法是根据土地利用总体规划、农村人口的预测、人均用地指标的变化计算出整治潜力。

土地利用总体规划与城镇体系规划等对农村居民点布局、迁村并点、新农村建设、农村居民点建新拆旧等方面有较为系统及详尽的规划与安排，并具有较强的现势性。因此，作为土地利用总体规划的专项规划，不再重新对农村人口以及人均用地指标变化进行分析，而是直接借鉴土地利用总体规划或城镇体系规划的成果进行农村居民点整治潜力测算，并根据实际情况

进行合理的修正与完善，做到对土地利用总体规划的落实与细化。

6）问卷调查法。该方法体现的是基层组织对于本地区内农村居民点整治潜力的认知与现实性。该方法主要通过问卷调查的形式，汇总评价区域内待整治农村居民点情况，并以此测算农村居民点整治潜力。

5.3.3　土地复垦潜力

5.3.3.1　土地复垦潜力内涵

根据《土地复垦条例》，土地复垦是指对生产建设活动和自然灾害损毁的土地，采取整治措施，使其达到可供利用状态的活动。该定义指出了土地复垦的对象分为两大类，既包括有生产建设活动损毁土地，也包括自然灾害损毁土地。

土地复垦潜力指对损毁土地，采取工程、生物、化学等措施，使其恢复利用和经营，可以增加的有效耕地及其他用地面积的幅度。

5.3.3.2　土地复垦潜力测算方法

1）根据测算单元，依据调查、评价结果，考虑社会经济、科技水平和可能投入规模等因素，分析测算增加耕地面积系数和可复垦为耕地、农用地的面积（见表 5－3－1）。

2）根据各测算单元的废弃地复垦潜力调查与分析测算的结果，将行政区域内的废弃地复垦潜力汇总；按测算单元，依据调查分析得出的废弃地复垦增加耕地面积系数，并结合规划区具体情况及其他影响因素，划分土地复垦潜力等级，潜力等级一般不少于三级；按照土地复垦潜力等级和增加耕地、农用地面积，编绘土地复垦潜力分布图。

表 5－3－1　某省（市）土地复垦潜力汇总

测算单元	损毁类型	面积／公顷	可增加农用地面积／公顷		增加耕地面积系数／（%）	潜力等级	备注
			小计	其中增加的耕地面积			
合计							

注：增加耕地面积系数 = 增加耕地面积／待复垦土地面积。

5.3.4　宜农未利用地开发潜力

5.3.4.1　宜农未利用地开发潜力内涵

未利用地是重要的耕地后备资源，是农、林和牧业进一步开发和发展的物质来源。宜农未利用地开发潜力是在充分考虑土地开发的生态环境效应前提下，通过评价未利用地对农、林或牧业的适宜性与限制性，确定在当前经济技术条件下能够开发成为农用地的集中连片分布的未利用地数量。重点是查清集中连片，具有规模开发价值的耕地后备资源。

5.3.4.2 宜农未利用地开发潜力测算方法

1）以潜力调查和潜力分析结果为基础，在保护生态环境的前提下，充分考虑社会经济条件、科技水平和可能的投入规模等影响因素，分析测算各测算单元内可供开发的未利用地面积、可增加耕地和农用地面积、新增农用地面积系数、新增耕地面积系数等。

2）通过对未利用地的适宜性进行评价，依据适宜性评价结果确定未利用地开发潜力。未利用地的适宜性评价结果依次可分为四类，包括生态环境类、宜耕类、宜农类和不宜类。其中对宜耕类和宜农类又可以选择合适的评价指标进一步分级。

5.4 土地整治潜力研究案例分析

5.4.1 研究的目的和意义

土地整治潜力研究是编制土地整治规划的重要基础性工作。开展土地整治潜力调查研究，全面掌握农村土地利用现状、村庄建设以及土地整治后备资源情况，对提高土地整治规划的科学性、可行性以及今后土地整治工作的开展具有十分重要的意义。

5.4.2 研究的内容

本专题研究的主要内容包括土地整治现状分析、整治潜力测算、测算结果分析、确定土地整治近期规划目标、土地整治重点项目和整治项目安排、土地整治措施的建议等内容。

5.4.3 研究的依据

(1)《国土资源部关于开展土地整治规划编制工作的通知》。(国土资发[2010]162 号)
(2)《关于开展土地整治规划编制工作的通知》。

5.4.4 研究的技术路线

研究土地整治潜力的技术路线(见图 5－4－1)。

5.4.5 农用地整治潜力分析与评价

5.4.5.1 农用地现状分析

根据“二调”成果，全县耕地面积公顷，坡度主要集中在 6° 以下。其中 ≤ 2° 的平地 29 005.46 公顷，占耕地总面积的 49.64％；2° ～ 6° 的梯田和坡地公顷，占耕地总面积的 37.15％；6° ～ 15° 的梯田和坡地公顷，占耕地总面积的 11.46％；15° ～ 25° 的梯田和坡地公顷，占耕地总面积的 1.55％；＞ 25° 的梯田和坡地公顷，占耕地总面积的 0.20％。

5.4.5.2 农用地待整治区的确定

农用地待整治区主要包括：耕地、为农业生产服务的沟渠、田间道路等配套设施用地；田坎、耕地中的零星地类。

在第二次土地调查的基础上，结合土地利用总体规划（2006—2020 年），利用 GIS 数据管理系统，以乡镇为单位确定农用地待整治区的范围。农用地待整治区不包括允许建设区、有条件建设区、禁止建设区中的耕地及地形坡度大、较零散的耕地。

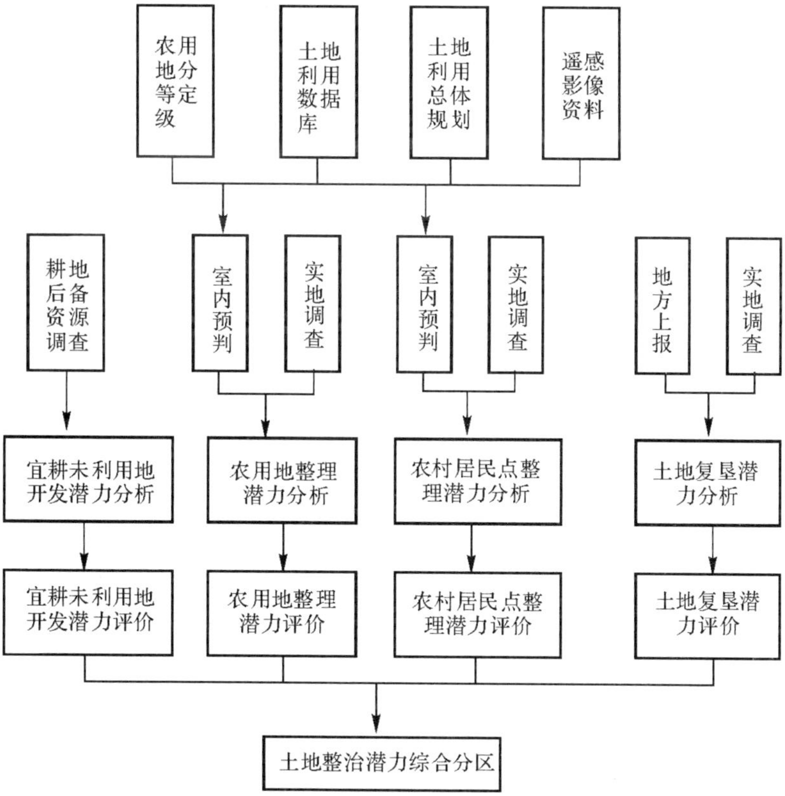

图 5－4－1　土地整治潜力研究技术路线

5.4.5.3　农用地整治潜力分析

农用地整治潜力指通过综合整治耕地及其间的道路、林网、沟渠、田坎、零星地类等，可增加的有效耕地面积，整治对象主要为耕地及其间的线状地物、田坎、零星地物等。

1. 耕地标准系数的确定

耕地标准系数即单位耕地面积中耕地净面积的比例。计算公式为

$$\lambda = 1 - Z_{辅} / Z \qquad (5-4-1)$$

式中　λ—— 农用地待整治区耕地标准系数；

$Z_{辅}$—— 农用地待整治区辅助生产设施用地；

Z—— 农用地待整治区面积。

本研究中采用典型田块调查法确定耕地标准系数，即选择与待整治区域地形地貌、土地利用方式、农业技术水平相近的已经实施过的土地开发整理项目进行典型田块调查，然后根据调查获得的典型田块进行耕地标准系数计算净增耕地系数的确定。通过对2000—2010年已实施项目的调查，获得平地（坡度$\leqslant 2°$）、坡度$2° \sim 6°$、坡度$6° \sim 15°$、坡度$15° \sim 25°$的耕地典型田块。

根据已实施的项目情况，并与当地相关部门协调后确定平地、坡度$2° \sim 6°$、坡度$6° \sim 15°$、坡度$15° \sim 25°$耕地标准系数分别为96%、92%、86%、80%。

2. 净增耕地系数的确定

根据各乡镇待整治区耕地面积、生产设施和其他零星用地占地比例、耕地标准系数λ_i，计算各乡镇非耕地系数$\bar{\omega}_i$及净增耕地系数a_i。公式

$$\bar{\omega}_i = Z_{辅i}/Z_i \tag{5-4-2}$$

式中 $Z_{辅i}$—— 某乡镇待整治区内的线状地类，零星地类、田坎等；

Z_i—— 某乡镇农用地待整治区规模。

3. 净增耕地数量

计算新增耕地系数$a_i > 0$的乡镇新增耕地数量S_i。计算公式为

$$S_i = Z_i \times a_i \tag{5-4-3}$$

式中 S_i—— 某乡镇新增耕地面积；

Z_i—— 某乡镇农用地待整治区面积；

a_i—— 某乡镇新增耕地系数。

根据计算汇总，全县农用地整治可净增耕地995.58公顷。

5.4.5.4 农用地整治潜力评价

1. 评价方法

以农用地整治净增耕地潜力系数A_i作为划分农用地整治潜力等级的标准。计算公式为

$$A_i = S_i/Z_i \tag{5-4-4}$$

式中 A_i—— 某乡镇农用地整治净增耕地潜力系数；

S_i—— 某乡镇农用地整治净增耕地面积；

Z_i—— 某乡镇农用地待整治区面积。

根据上述方法，农用地整治潜力系数在0.14%～4.29%变化，对各乡镇农用地整治潜力进行分级，把潜力系数$a_{耕i} > 3\%$的作为农用地整治Ⅰ级潜力区，$1.8\% < a_{耕i} \leqslant 3\%$的作为农用地整治Ⅱ级潜力区，$a_{耕i} \leqslant 1.8\%$的作为农用地整治Ⅲ级潜力区，潜力系数$a_{耕i} = 0$为$N$级，表明无整治潜力。

2. 评价结果

根据上述评价方法Ⅰ级农用地整治潜力区待整治农用地总面积为7 883.44公顷，占全县农用地待整治区土地总面积的17.54%；该区净增耕地274.10公顷，平均整治潜力系数为

3.48%。

Ⅱ 级农用地整治潜力区待整治农用地总面积为 18 318.10 公顷，占全县农用地待整治区土地总面积的 40.77%；该区净增耕地 479.80 公顷，平均整治潜力系数为 2.62%。

Ⅲ 级农用地整治潜力区待整治农用地总面积为 18 731.59 公顷，占全县农用地待整治区土地总面积的 41.69%；该区净增耕地 241.68 公顷，平均整治潜力系数为 1.29%。

5.4.6　农村居民点整理分析与评价

5.4.6.1　农村居民点用地现状分析

2010 年末，农村居民点用地总规模 10 701.63 公顷，占建设用地总量 62.90%，人均农村居民点用地 225.41m²，远超过“村镇人均建设用地指标最大允许调整值 150m²”的标准，农村人均居民点占地大。

5.4.6.2　农村居民点整理潜力分析

1. 农村居民点整理理论潜力

(1) 人均建设用地标准法。

根据农村居民点用地现状分析，当现状人均建设用地水平 > 150 m² 时，允许调整幅度为“应减至 150 以内”，结合各乡镇村镇规划及中心村规划等相关规划，综合确定各乡镇规划期间建房标准为 150 m²/ 人(见表 5 - 4 - 1)。其公式为

$$Q_t = Q_0 \times (1 + r)^t \pm \Delta Q$$

$$S_t = Q_t \times B$$

$$\Delta S = S_0 - S_t \qquad (5-4-5)$$

式中　Q_t—— 目标年农村人口总数；

Q_0—— 基期年农村人口总数；

r—— 人口自然增长率；

t—— 规划期；

ΔQ—— 人口机械变动量；

S_t—— 目标年农村居民点用地面积；

B—— 人均用地标准。

经计算，规划期农村居民点整治理论待整理总面积为 1 707.50 公顷，预计可新增耕地 1 537.60 公顷。

表 5-4-1　农村居民点人均建设用地指标表　　单位:m^2/人

现状人均建设用地水平	允许采用的规划指标		允许调整幅度
	指标级别	规划人均用地	
≤50	Ⅰ	50.1～60	应增5～20
	Ⅱ	60.1～80	
50.1～60	Ⅰ	50.1～60	可增0～15
	Ⅱ	60.1～80	
60.1～80	Ⅱ	60.1～80	可增0～10
	Ⅲ	80.1～100	
80.1～100	Ⅱ	60.1～80	可增、减0～10
	Ⅲ	80.1～100	
	Ⅳ	100.1～120	
100.1～120	Ⅲ	80.1～100	可减0～15
	Ⅳ	100.1～120	
120.1～150	Ⅳ	100.1～120	可减0～20
	Ⅴ	120.1～150	
＞150	Ⅴ	120.1～150	应减至150以内

(2) 土地利用总体规划法。

农村居民点整理潜力受城镇化水平、农民建房意愿、经济水平等条件影响。根据《土地利用总体规划(2006—2020年)》,预计至规划期末农村居民点整治规模为1 707.5公顷,可新增耕地1 535.20公顷(见表5-4-2)。

表 5-4-2　各乡镇农村居民点整治潜力表(1)　　单位:公顷

乡镇序号	规模合计	新增耕地	乡镇序号	规模合计	新增耕地			
1	150.47	135.42	9	55.00	49.50			
2	588.86	528.43	10	29.33	26.40			
3	89.67	80.70	11	73.67	66.30			
4	139.80	125.82	12	112.00	100.80			
5	123.33	110.99	13	71.33	64.20			
6	56.67	51.00	14	22.33	20.10			
7	84.00	75.60	15	39.00	35.10			
8	72.00	64.80	合　计	1 707.5	1 535.20			

2. 农村居民点整理实际潜力

经实际问卷调查，规划期农村居民点实际待整理区面积为 154.57 公顷，预计可新增耕地 129.31 公顷(见表 5－4－3)。

表 5－4－3　各乡镇农村居民点整治潜力表(2)　　单位:公顷

行政区序号	待整理区面积	新增耕地面积
1	0.00	0.00
2	23.72	16.50
3	26.48	24.34
4	12.07	7.29
5	10.29	9.39
6	15.76	12.88
7	12.92	14.15
8	8.42	5.00
9	3.48	2.91
10	7.39	6.40
11	0.35	0.33
12	2.87	2.76
13	3.77	3.08
14	3.30	3.07
15	23.73	21.20
合　计	154.57	129.31

5.4.6.3　农村居民点整理潜力评价

1. 评价方法

以乡镇为单元，依据节约用地系数将区域内农村建设用地整治潜力进行分级。其公式为

$$a = \Delta S_g / S_0 \qquad (5-4-6)$$

式中　a—— 节约用地系数；

ΔS_g—— 节约用地面积；

S_0—— 基期年农村居民点用地面积。

根据上述方法，农村居民点节约用地系数在 19.64% ～ 51.32% 变化，根据节约用地系数将区域内农村建设用地整治潜力分为 3 级，把节约用地系数 $a_i > 40\%$ 的作为农村居民点整理Ⅰ级潜力区，潜力系数 $25\% < a_i \leqslant 40\%$ 的作为农村居民点整理Ⅱ级潜力区，潜力系数 $a_i \leqslant$

25% 的作为农村居民点整理 Ⅲ 级潜力区。

2.评价结果

根据上述评价方法，Ⅰ 级农村居民整理潜力区基期年农村居民点总面积为 2 208.95 公顷，占全县农村居民点总面积的 20.64%，节约用地面积 975.43 公顷，平均节约用地系数为 44.16%(见表 5-4-4)。

Ⅱ 级农村居民点整理潜力区基期年农村居民点总面积为 5 737.65 公顷，占全县农村居民点总面积的 53.61%，节约用地面积 1 757.03 公顷，平均节约用地系数为 30.62%。

Ⅲ 级农村居民点整理潜力区基期年农村居民点总面积为 2 755.03 公顷，占全县农村居民点总面积的 25.74%，节约用地面积 560.35 公顷，平均节约用地系数为 20.34%。

表 5-4-4　各乡镇农村居民点整理潜力评价表　　单位:公顷

行政区序号	基期年农村居民点用地	节约用地面积	节约用地系数	整治潜力级别
1	1 338.66	371.24	27.73	Ⅱ
2	1 447.18	584.49	40.39	Ⅰ
3	1 144.48	249.93	21.84	Ⅲ
4	761.77	390.94	51.32	Ⅰ
5	656.54	175.27	26.70	Ⅱ
6	540.10	146.81	27.18	Ⅱ
7	1 104.14	391.81	35.49	Ⅱ
8	802.25	254.84	31.77	Ⅱ
9	505.64	74.16	14.67	Ⅲ
10	259.51	75.65	29.15	Ⅱ
11	309.33	63.95	20.68	Ⅲ
12	459.65	90.28	19.64	Ⅲ
13	391.37	111.03	28.37	Ⅱ
14	335.93	82.03	24.42	Ⅲ
15	645.08	230.38	35.71	Ⅱ
合计	10 701.63	3 292.805	30.77	

5.4.7　土地开发潜力分析与评价

5.4.7.1　未利用地现状分析

2010 年全县未利用地面积 29 661.33 公顷，其中水域 27 277.32 公顷，占未利用地总面积的 91.96%，自然保留地 2 384.01 公顷，仅占未利用地总面积的 8.04%。自然保留地主要分布等乡镇。后备资源紧缺，且开发难度大。

5.4.7.2　待开发区域的确定

2010 年土地变更调查图上自然保留地规模,再扣除乡镇土地利用总体规划图上允许建设区、有条件建设区和禁止建设区内的自然保留地图斑面积和已开发的未利用地面积,同时结合实际调查情况最终确定全县土地开发规模为 2 840.93 公顷。

5.4.7.3　待开发土地适宜性评价

以 2010 年土地变更调查图上调查图斑为评价单元,通过实地逐图斑调查,并选择地形坡度、水源条件、土层厚度、土壤质地、交通条件、排水条件 6 个因子作为待开发耕地后备资源评价指标,采取综合分析和主导因子(主导限制因子)相结合的方法进行评价。

评价结果为待开发宜耕地中五等地面积为 12.76 公顷,占待开发面积的 0.45%;六等地面积为 139.69 公顷,占待开发面积的 4.92%;七等地面积为 869.41 公顷,占待开发面积的 30.60%;八等地面积为 691.5 公顷,占待开发面积的 24.34%;九等地面积为 675.98 公顷,占待开发面积的 23.79%;十等地面积为 451.59 公顷,占待开发面积的 15.90%。

5.4.7.4　待开发土地潜力分析

1. 耕地系数测算

根据不同地貌类型的工程布置情况结合地形坡度及以往做项目的经验等综合确定各乡镇的待开发土地各等级净增耕地系数(见表 5-4-5)。

表 5-4-5　待开发土地耕地系数表

等　别	五等地	六等地	七等地	八等地	九等地	十等地
系数(λ_i)	96	92	88	85	83	81

2. 净增耕地数量

根据净增耕地系数计算各行政村净增耕地数量。计算公式为

$$D_i = \sum_{i}^{n} m_i \times \lambda_i \quad (5-4-7)$$

式中　D_i—— 某乡镇未利用地开发净增耕地;

m_i—— 某乡镇第 i 个宜耕待开发土地图斑面积;

λ_i—— 净增耕地系数。

根据计算汇总,待开发宜耕地总面积为 2 840.93 公顷,土地开发新增耕地潜力 2 420.47 公顷,全县平均净增耕地系数 85.20%。

5.4.7.5　土地开发潜力评价

1. 评价方法

以土地开发净增耕地潜力系数 $a_{开i}$ 作为划分土地开发潜力等级的标准。计算公式为

$$a_{开i} = D_i / S_{开i} \quad (5-4-8)$$

式中　$a_{开i}$—— 某乡镇土地开发净增耕地潜力系数；

D_i—— 某乡镇土地开发净增耕地面积；

$S_{开i}$—— 某乡镇待开发土地资源总面积。

根据上述方法，研究区土地开发潜力系数 $a_{开i}$ 在 82.67% ～ 91.00% 间变化。对各乡镇开发潜力进行分级，把潜力系数 85.50% < $a_{开i}$ < 91% 的作为土地开发 Ⅰ 级潜力区，85.00% < $a_{开i}$ ⩽ 85.50% 的作为土地开发 Ⅱ 级潜力区，82.67% < $a_{开i}$ ⩽ 85.00% 的作为土地开发 Ⅲ 级潜力区。

2. 评价结果

Ⅰ 级土地开发潜力区待开发宜耕面积 852.30 公顷，占全县待开发宜耕总面积的30.00%；净增耕地 740.86 公顷，平均开发潜力系数为 86.92%。

Ⅱ 级土地开发潜力区待开发宜耕面积 273.36 公顷，占全县待开发宜耕总面积的 9.62%，净增耕地 232.83 公顷，平均开发潜力系数为 85.17%。

Ⅲ 级土地开发潜力区待开发宜耕面积 1 715.27 公顷，占全县待开发宜耕总面积的 60.38%，净增耕地 1 446.77 公顷，平均开发潜力系数为 84.35%。

5.4.8　土地复垦潜力分析与评价

土地复垦潜力指在生产建设过程中，因挖损、塌陷、压占和各种污染，以及自然灾害等造成破坏、废弃的土地，采取整治措施，使其恢复利用和经营，可增加的耕地及其他农用地面积。本专题主要指增加耕地的面积。

5.4.8.1　待复垦土地现状分析

依据研究区 2010 年土地利用现状图结合实际调查，研究区待复垦土地数量很小，仅部分乡镇存在，主要为以前生产建设中留下的土坑，现状地类为坑塘水面、水库水面，但实际上并没有多大灌溉作用，复垦难度不大。

5.4.8.2　待复垦土地适宜性评价

土地适宜性评价是以特定土地利用为目的的评价。对待复垦土地资源进行适宜性评价采用调查与评价同步进行的方法，以主导因素定性评价为主。以图斑为单位通过调查待复垦土地资源的自然坡度、有效土层厚度、土壤质地、水源保证情况、污染程度等，确定待复垦土地资源适宜类分为宜耕类和不宜类。

根据调查数据，待复垦土地资源中宜耕待复垦土地资源 55.56 公顷。

5.4.8.3　待复垦土地潜力分析

净增耕地数量是以乡镇为单位在待复垦土地资源为适宜性评价的基础上，根据该地区耕地标准系数确定的。首先对经过适宜性评价确定为宜耕的待复垦土地在乡镇范围内进行面积汇总，然后再根据本地区的耕地标准系数计算净增耕地。计算公式为

$$C_i = \sum_{i}^{n} P_i \times \lambda_i \tag{5-4-9}$$

式中　C_i—— 某乡镇待复垦土地资源净增耕地面积；

P_i—— 某乡镇第 i 个宜耕待复垦图斑面积；

λ_i—— 某乡镇耕地标准系数。

根据计算汇总，全县土地复垦可新增耕地 51.68 公顷。

5.4.8.4　待复垦土地潜力评价

1.评价方法

以待复垦净增耕地系数作为划分土地复垦潜力等级的依据，则

$$a_{复i} = C_i / F_i \tag{5-4-10}$$

式中　$a_{复i}$—— 某乡镇土地复垦净增耕地系数；

C_i—— 某乡镇土地复垦净增耕地面积；

F_i—— 某乡镇待复垦土地资源总面积。

根据上述方法，研究区土地复垦潜力系数在 0% ～ 93.24% 变化，对各乡镇复垦潜力分级，把潜力系数 $a_i > 93.00\%$ 的作为土地复垦 Ⅰ 级潜力区，潜力系数 $92\% < a_i \leqslant 93\%$ 的作为土地复垦 Ⅱ 级潜力区，潜力系数 $a_i \leqslant 92\%$ 的作为土地复垦 Ⅲ 级潜力区，潜力系数 $a_i = 0$ 为 N 级，表明该乡镇待复垦土地资源无新增耕地潜力。

2.评价结果

根据上述评价方法，研究区 Ⅰ 级土地复垦潜力区待复垦土地总面积为 29.86 公顷，占全县待复垦土地总面积的 53.74%；该区净增耕地 27.84 公顷，平均复垦潜力系数为 93.24%。

Ⅱ 级土地复垦潜力区待复垦土地总面积为 24.98 公顷，占全县待复垦土地总面积的 44.96%；该区净增耕地 23.19 公顷，平均复垦潜力系数为 92.83%。

Ⅲ 级土地复垦潜力区待复垦土地总面积为 0.72 公顷，占全县待复垦土地总面积的 1.30%；该区净增耕地 0.65 公顷，平均复垦潜力系数为 90.28%。

5.4.9　土地整治潜力分区

5.4.9.1　土地整治综合潜力分析

根据对研究区农用地整治、农村居民点整理、土地复垦和土地开发潜力测算，分别对全县 15 个乡镇进行潜力综合测算，测算公式为

$$S_{总i} = A_i + B_i + C_i + D_i \tag{5-4-11}$$

式中　A_i—— 农用地整治新增耕地面积；

B_i—— 农村居民点整理新增耕地面积；

C_i—— 土地复垦新增耕地面积；

D_i—— 土地开发新增耕地面积。

经统计汇总，根据对全县农用地整治、农村居民点整理、土地复垦和土地开发潜力测算，全县土地待整治总面积共 47 984.19 公顷，通过综合整治可新增耕地 3 597.04 公顷。

5.4.9.2　土地整治综合潜力评价

以土地整治净增耕地系数 $\alpha_{总i}$ 作为划分土地整治综合潜力等级的标准。计算公式为

$$\alpha_{总i}=S_{总i}/S_i \qquad (5-4-12)$$

式中　$\alpha_{总i}$——某乡镇土地整治净增耕地系数；

$S_{总i}$——某乡镇土地整治净增耕地面积；

S_i——某乡镇待整治土地总面积。

根据上述方法，研究区土地整治综合潜力系数 $\alpha_{总i}$ 在 0.53% ～ 13.04% 之间变化。研究区土地整治综合潜力平均系数为 7.50%。根据潜力系数对各乡镇潜力进行分级，把潜力系数 $\alpha_{总i}>8.0\%$ 的作为土地整治 Ⅰ 级潜力区，$5.5\%<a_{开i}\leqslant 8.0\%$ 的作为土地整治 Ⅱ 级潜力区，$0.53\%<a_{开i}\leqslant 5.5\%$ 的作为土地整治 Ⅲ 级潜力区，潜力系数 $a_{总i}=0$ 为 N 级，表明无整治新增耕地潜力。

5.4.9.3　土地整治潜力综合分区

在土地整治潜力综合评价的基础上，以乡镇为单位，对全县进行土地整治潜力分区。

Ⅰ 级土地整治潜力区待整治土地总面积为 17 317.47 公顷，占全县待整治土地总面积的 36.09%；净增耕地 2 105.74 公顷，平均整治潜力系数为 12.16%，是 xxx 土地整治重点区域。

Ⅱ 级土地整治潜力区待整治土地面积为 13 511.57 公顷，占全县待整治土地总面积的 28.16%；净增耕地 883.62 公顷，平均整治潜力系数为 6.54%。

Ⅲ 级土地整治潜力区待整治土地面积为 17 155.16 公顷，占待整治土地总面积的 35.75%；净增耕地 607.69 公顷，平均整治潜力系数为 3.54%。

复习思考题

(1)简述土地整治潜力的概念。

(2)论述土地整治潜力的调查方法。

(3)简述农用地整治潜力的分析方法。

(4)简述建设用地整治潜力的分析方法。

第6章　土地整治总体布局

6.1　土地整治总体布局概述

土地整治总体布局是在土地整治潜力调查和评价的基础上，为统筹安排规划区内耕地、各类农用地、农村集体建设用地、宜农土地、废弃土地等资源的开发利用，引导土地整治的方向，实现土地整治目标，划定土地整治重点区域。

6.2　土地整治分区

6.2.1　目的意义

进行土地整治分区最直接的目的是明确各区土地整治方向和重点，在阐明各区的自然条件、经济社会条件和土地资源优势的基础上，确定区域土地整治的现状、特点、经验及问题，揭示各区土地整治的发展方向和重点内容，实行差别化管理。但是，并不是每级规划都需要进行土地整治分区：省级规划应当进行土地整治分区并根据需要制定二级分区，市级规划可以根据需求进行土地整治分区，县级规划则一般不需要进行土地整治分区。

6.2.2　分区原则

土地整治分区以土地资源的开发利用和生态与环境的治理保护为基本内容，从最大限度地发挥土地资源潜力及改善生态与环境出发，在对区域土地资源的开发利用条件、结构特征、存在问题、整治途径及发展方向的相似性和差异性进行综合分析的基础上，对相同土地整治类型在空间上进行群体分区。最终阐明不同区域或区位的土地资源整治战略，指明土地资源整治方向与潜力，提出土地资源开发、利用与治理、保护的基本途径与措施，以期更加充分、合理地持续利用土地资源。

土地整治分区主要遵循下述原则。

1）地域分异性原则。地理位置及其自然环境条件决定了土地资源的地域分异与区域特征、开发利用方式和区域发展方向，是分区的基本原则。

2）主导因素与综合分析相结合原则。土地整治分区具有自然与社会双重性，不同地区各因素所起作用的程度不同，其中往往一个或几个因素起主导作用，突出主导作用因素才能反映土地整治的本质。因此，分区必须坚持主导因素与综合分析相结合。

3)定性分析与定量研究相结合原则。自上而下的定性分析可以把握全局、厘定分区框架，不易造成总体上的分区失误，但区域界线不易确定；而自下而上的定量研究可以提出明确的分区界线，但用定量指标反映区域土地资源特征、结构与区域发展格局，容易迷失组合方向。因此，土地综合整治分区把定性分析与定量研究相结合，可以相互补充、相得益彰。

4)地域完整性原则。应保持一定尺度的自然地理单元(高原、盆地、平原、山地、流域)的完整性与一定级别行政区划单位(县、乡)的完整性。从方便与实用出发，具体操作时，以一定的自然地理单元或流域单元为单位，不完全以自然界线为分界线，而考虑一定级别行政区划的完整性加以调整，确定分区。例如市级土地整治分区可以以乡镇为基本单元，县级土地整治分区可以以行政村为单元，保持行政区界的完整性，便于管理。

5)自然经济条件、土地利用现状相似性原则。在确定土地整治分区时，要以地理位置、地貌类型、土地利用现状为基础，划分同一类型区内的土地，在地理上应一致，目前的土地利用与产业发展情况也应大体一致。

6)土地利用效益最佳性原则。划分土地整治分区时，必须综合考虑土地利用存在的主要问题及改造利用方向一致性、土地利用的生态效益、经济效益、社会效益，实现区内和区际土地利用的统筹协调，使每一个区内的土地都能发挥最大的整体效益，这就要求土地利用方向必须与本区土地资源特点高度一致。

6.2.3 分区依据

土地利用现状分析、潜力评价及本区域的自然、社会经济资料是分区的基本依据。

1)在分区中，要根据土地利用现状，充分考虑土地的资源特点、利用状况、适宜用途，参照土地整治潜力评价结果，因地制宜地划区。

2)区域发展战略及各部门用地需求量是分区的必要依据，在符合国家、省(自治区、直辖市)、市(地)、县土地利用总体规划、用地政策的前提下，各级的分区布局和面积数量要尽量满足各部门发展对土地的需求，做到分区结果各部门都能接受，使土地整治分区真正为本区域的经济发展起保障和辅助作用。

3)区域内已有的规划、区划是划区的参考依据，有关部门编制的各种规划反映了各行业对土地利用的特殊要求，代表了一定时期土地利用的合理性，要尽量采纳。

4)各地有关保护耕地、水资源，生态建设和环境保护的专门资料是分区的有效依据，因为它是实现社会目标和公众利益所必需的，应尽可能采用。

5)实地调研结果是划区的直接依据，是分区方案的具体化过程，可以重点考虑。

6.2.4 分区方法

1.定性分析法

(1)专家咨询法(即德尔菲法)。

德尔菲法基本程序是:在对各种有关土地方面的资料和规划资料收集整理的基础上,根据土地所处的地形地貌、气候、土壤状况及土地利用条件,将土地性能相对一致、土地利用状况相近的图斑组合到一起,划分出多个分区单元,或以土地利用现状图的图斑作为分区单元。然后,组织土地、城建、交通、农业、林业等部门的专家对各个单元的土地及环境情况进行分析比较,结合土地的潜力评价结果,专家凭借对土地利用状况研究积累的经验,对每个单元的整治方向提出意见,技术人员汇总各个专家的建议进行分区。德尔菲法的本质是利用专家的知识、经验、智慧等无法数量化的带有很大模糊性的信息,通过通信的方式进行信息交换,逐步地取得较一致的意见,达到预测的目的。这种方法的关键环节是专家的理论水平和对当地土地利用状况的熟悉程度,专家水平越高,对区域土地状况越了解,分区结果就越接近实际。

(2)综合分析法。

综合分析法又称经验法,是一种定性分区法,主要适用于土地利用方式区域差异显著,分区界限明显易定的情况,要求具体操作人员非常熟悉当地的实际状况。

(3)叠图法。

叠图法又称套图法,适用于规划图和区划图件齐全的情况。本法是将同比例尺的土地利用现状图、土地潜力评价图、各部门的土地利用规划图等图件叠加,基本一致的图斑形成的封闭图斑即为有一定土地用途的图斑,若图斑面积小于最小上图面积则应进行归并。具体做法是:根据各有关部门已有的图件资料,如土地利用现状图、土地适宜性评价图、土地潜力评价图、土地利用总体规划图、农业区划图、城镇(城乡)建设规划图、工业发展规划图、果园建设规划图、林业发展规划图、牧业发展规划图、旅游景物布局图、重点工程布局图等,在对各种图件整理、核实的基础上,将它们依次叠加在一起,对原有的各种分区界线的套合情况进行分析判断,全部重叠或基本重叠的界线可直接作为土地利用分区的界线,不重叠部分则要分析这些土地的主要用途、性质和潜力,与周围哪个区的土地整治方向一样或更相近,就划归到哪个区。采用叠图法,利用GIS分析功能,对各种图件进行叠加、套合、分析划分出的土地利用区尺度较大,边界的确定很大程度上依赖于个人经验,主观性较强,因此,通常与其他方法结合使用。

2.定量分析法

定量分析法分为主成分分析法和聚类分析法两种。

(1)主成分分析法。

主成分分析法通过研究指标体系的内在结构关系,从而将多个指标体系转化为一个或几个相互独立的综合指标,提取的综合指标能够反映原指标体系绝大部分信息,称其为主成分。

(2)聚类分析法。

聚类分析的基本原理是"物以类聚",即把一些相似程度较大的指标集合为一类。由于影响土地用途差异的因素较多,并且这些因素在空间上都是渐变的,用任一所谓的"主导"因素都难以描述系统内纷繁复杂的现象,对一些多宜性土地难以确定分区界线,常有一定的随意性。将聚类分析法用于土地整治分区,把众多的指标糅合在一起,还可以给主导因素较大的权重,做到既全面又突出重点,提高了分区的科学性。聚类分析法是数理统计学中研究多因素的一种客观分类法。目前，在分区方面得到应用的有谱系图聚类、星座图聚类、模糊聚类、最大树聚类等。

3. 定性与定量分析相结合

采用定性分析法进行土地利用分区，受人为主观性影响较强，而采用定量分析法，通过建立分类指标体系的分区程序，对样本进行分类，将土地整治分区量化，在一定程度上克服了主观因素的影响，但同时又会因为完全依靠所选取的分区指标体系，使分区受到指标可获得性与指标选取科学性的影响。因此，将定性和定量分析的方法结合起来划分土地分区十分必要。

6.3 重点区域和重点项目

土地整治重点区域与重点项目的布设是市县土地整治规划方案研究中的一项重要内容。土地整治重点区域与重点项目设立是根据土地整治潜力的空间分布特征，以及区域经济的发展状况，结合国家和省级关于土地整治的有关政策，对土地整治活动在空间和时间上的宏观安排，它是规划方案的核心内容。

6.3.1 土地整治重点区域

土地整治重点区域主要是在土地整治潜力调查和评价的基础上，为统筹安排市域内耕地、各类农用地、农村建设用地、未利用地、废弃土地等资源的开发利用，根据自然、社会、经济条件，生态环境建设要求，以及土地整治类型及其整治限制因素的相对一致性，为引导土地整治活动，实现土地整治目标，在土地整治分区基础上，确定的土地整治重点区域。

重点区域与土地整治分区具有内在联系。土地整治分区的划分主要依据自然和社会经济条件，同时借鉴土地利用总体规划成果等。区域划分的目的，一方面为因地制宜指导土地整治活动提供依据；另一方面，为确定重点区域打下基础。重点区域受地形、地貌、河流等自然条件影响较大，沿河流域，滩涂开发潜力较大，土地整理、复垦主要集中在平原地区，山区、丘陵区农用地资源较为丰富，发展林果业及牧草种植潜力较大。因此，重点区域的确定与土地整治分区的划分具有内在联系。在土地整治分区划分的基础上，土地整治潜力相对较大而集中的区域一般可以划为重点区域。

6.3.2 重点区域整治要点

对于农用地整治重点区域，要强化中低等地改造力度，加强农田环境综合治理，增加农业基础设施建设投入，优化农田的灌溉、排水、道路、林网等田间工程体系，全面提高河区及沿湖区农业抗御渍、涝、洪灾等自然灾害的能力；改良土壤结构，解决土壤可能存在的通透性强、漏水漏肥等问题；加强土地平整、农田水利建设及土壤改良工作力度，改善落后区域相关农业发展基本条件。

对于农村建设用地整治重点区域，按照“依法依规、尊重民意、因地制宜、循序渐进”的原则，结合区域城镇、农业及生态建设，通过村镇规划控制，加大农村废弃土地和闲置宅基地整治力度，撤并零散的农村居民点、退宅还田，进行土地平整、沟渠配套，以及平坟、填塞废沟、整治废弃闲散土地，增加有效耕地面积。各个分区的农村建设用地整治工作还应根据各个分区特点，分别结合不同重点项目结合展开，土地整治资金应向重点区域内粮食主产区、基本农田集中区、重点工程和示范项目倾斜。

对于废弃土地复垦重点区域，在土地整治潜力调查、分析和评价的基础上，立足优先农业利用、鼓励多用途使用和改善生态环境，针对复垦潜力较大、相对集中连片的土地，根据废弃土地的类型、特点、数量和破坏情况，以及区域所处位置和环境要求，选择适宜的复垦利用类型及复垦方法，将土地恢复到可利用状态，增加有效耕地面积，促进区域生态环境的保护和改善。

对于宜农土地开发重点区域，在充分考虑区域资源承载能力的前提下，针对相对集中连片、具有一定规模和较大土地开发价值的土地，优先划定具有较好适宜性的区域，综合经济技术水平的影响因地制宜，统筹安排，适度开发，在不加剧生态环境恶化的基础上，充分合理地开发后备宜农土地资源，并结合改土治水，植树种草，改善生态环境。

对于城乡建设用地增减挂钩重点区域，在经国土资源部批准的前提下，以充分尊重和切实考虑群众意愿为基础，选定人均占地较多，整治潜力较大，经济发展条件较好的区域，优先划定城乡结合区域，结合城乡空间规划，对散乱、废弃、闲置、低效利用的建设用地进行整治，提高节约集约用地水平，改善农民生产生活条件。

6.3.3　土地整治重点项目

土地整治重点项目是在划定重点区域的基础上，围绕实现规划目标，结合国家和地方经济建设、重大基础设施建设、生态环境建设，以及重大土地利用问题，有效引导土地整治活动的组织形式。

(1)重点项目选定原则。

1)以划定的土地整治重点区域为基础，立足当地经济社会条件和土地资源利用特色；

2)以落实区域内土地整治重大任务，或解决较大基础设施建设(包括能源、交通、水利等)、流域综合开发治理、生态环境建设、区域发展规划等土地整治活动中出现的土地利用问题为目的；

3)以保护和改善生态环境为前提，相对集中连片，具有一定规模，具有较好的基础设施条件；

4)项目实施具有较可靠的资金保证，地方政府和公众积极性高；

5)项目实施对规划目标的实现起支撑作用；

6)综合考虑重点项目空间分布的平衡性；

7)综合考虑资金总量、规划目标和实施的可行性，合理安排土地整治类型结构；

8)项目建设期一般不超过3年，超过3年的可以分期实施等。

(2)重点项目一般特点。

1)土地整治规模较大;
2)土地整治潜力较大,基础条件好;
3)对实现规划目标起主要支撑作用;
4)对落实重点区域内土地整治任务发挥主导作用;
5)能够明显改善区域生态环境;
6)预期经济效益、生态效益、社会效益明显;
7)对推进土地整治具有较强的示范意义。

复习思考题

(1)简述土地整治分区的基本原则。
(2)论述土地整治分区的方法。
(3)简述土地整治重点区域和重点项目的含义。

第7章　土地整治规划环境影响评价

7.1　规划环境影响评价

规划环境影响评价是指在规划编制阶段，对规划实施可能造成的环境影响进行分析、预测和评价，并提出预防或者减轻不良环境影响的对策和措施的过程。从本质上将，规划环境影响评价就是从战略高度上考虑环境保护问题，把环境保护工作纳入到决策过程中去，形成经济发展、社会和谐、环境改善的良性发展。

7.1.1　规划环境影响评价的基本程序

规划环境影响评价的主要步骤包括下述八方面。

1)规划分析，包括分析拟议的规划目标、指标、规划方案与相关的其他发展规划、环境保护规划的关系；

2)环境现状与分析，包括调查、分析环境现状和历史演变，识别敏感的环境问题以及制约拟议规划的主要因素；

3)环境影响识别与确定环境目标和评价指标，包括识别规划目标、指标、方案(包括替代方案)的主要环境问题和环境影响，按照有关的环境保护政策、法规和标准拟定或确认环境目标，选择量化和非量化的评价指标；

4)环境影响分析与评价，包括预测和评价不同规划方案(包括替代方案)对环境保护目标、环境质量和可持续性的影响；

5)针对各规划方案(包括替代方案)，拟定环境保护对策和措施，确定环境可行的推荐规划方案；

6)开展公众参与；

7)拟定监测、跟踪评价计划；

8)编写规划环境影响评价文件(报告书、篇章或说明)。

7.1.2　土地整治规划环境影响评价

作为对于一项具体规划的环境影响的评价过程，土地整治规划的环境影响评价应按照规划环境影响评价的基本程序，完成分析评价的基本内容。土地整治规划中制定的土地整治目标、任务安排等会改变土地利用系统，通过对这种影响进行系统分析，可以将土地整治对环境的影响分解为社会影响、经济影响、生态环境影响、景观格局影响四个方面。同时,结合我国耕地数量下降、总体质量不高、生态环境恶化、后备资源不足的基本国情,土地整治活动作为解决我国耕地数量和质量问题的重要手段,有利于土地资源的合理配置、提高土地利用率和改善生态环境方面,所以在开展土地整治规划的环境影响评价时,要充分体现规划在增加耕地数量、改善耕地质量、改善生态环境方面的作用。

7.2 土地整治规划环境影响评价技术路线

7.2.1 原则

土地整治规划在进行环境影响评价时,应遵循下述原则。

(1)科学、客观、公正原则。

土地整治规划环境影响评价必须科学、客观、公正,综合考虑规划实施后对各种环境要素及其所构成的生态系统可能造成的影响,为土地的开发、利用、整治和保护决策提供依据。

(2)早期介入原则。

土地整治规划环境影响评价应尽可能在规划编制的初期介入,使规划环境影响评价一直融合于规划的编制过程中,直至最终产生推荐方案。如果是第三方评价,由于其身份的特殊性,一般是在完成了规划草案后介入,由于介入时间较晚,规划环境影响评价只能在已有的推荐方案和替代方案之间选择,并提出相应的环境保护建议或意见。所以介入越早,效果越好。

(3)整体性原则。

土地整治规划环境影响评价应当把与规划相关的政策、规划、计划以及相应的项目联系起来,做整体性考虑。

(4)公众参与原则。

在土地整治规划环境影响评价过程中应鼓励和支持公众参与,充分考虑社会各方面利益和主张。

(5)一致性原则。

土地整治规划环境影响评价的工作深度应当与规划的层次、详尽程度相一致。在环境影响评价中要实事求是,不能应付了事。

(6)可操作性原则。

土地整治规划环境影响评价应尽可能选择简单、实用、经过实践检验可行的评价方法,评价结论应具有可操作性。

(7)可持续发展的原则。

土地整治规划产生影响的过程往往是长期的,因此,在环境影响评价中不仅要从可持续发展角度评价规划对环境的影响,更重要的是应通过环境影响评价帮助建立一种具有可持续改进的环境管理机制,以保障土地利用的可持续发展。

(8)创新性原则。

土地整治规划环境影响评价是一项具有全局性、前瞻性很强的全新研究课题。没有成熟的经验、方法可循，指标体系的设置要综合反映土地利用对环境影响的现状及发展趋势，便于进行预测和土地利用调整。

7.2.2　研究方法及技术路线

采用文献资料综合分析法，确定土地开发整理环境影响评价的内涵、性质、内容和技术路线；采用系统论的方法，将土地整治看作对土地利用系统的调整、改造、重建，对土地整治规划进行结构与目标分析，为土地整治规划环境影响评价提供理论基础；采用 GIS 分析方法，借助于地理信息系统强大的数据处理与空间分析能力对土地利用现状进行分析，获取某些评价指标的数据；采用景观生态学方法，分析土地整治规划对区域景观格局的影响；采用层次分析法、德尔菲法、模糊数学等方法确定评价指标权重、评价方法和模型，进行土地整治规划环境影响评价(见图 7－2－1)。

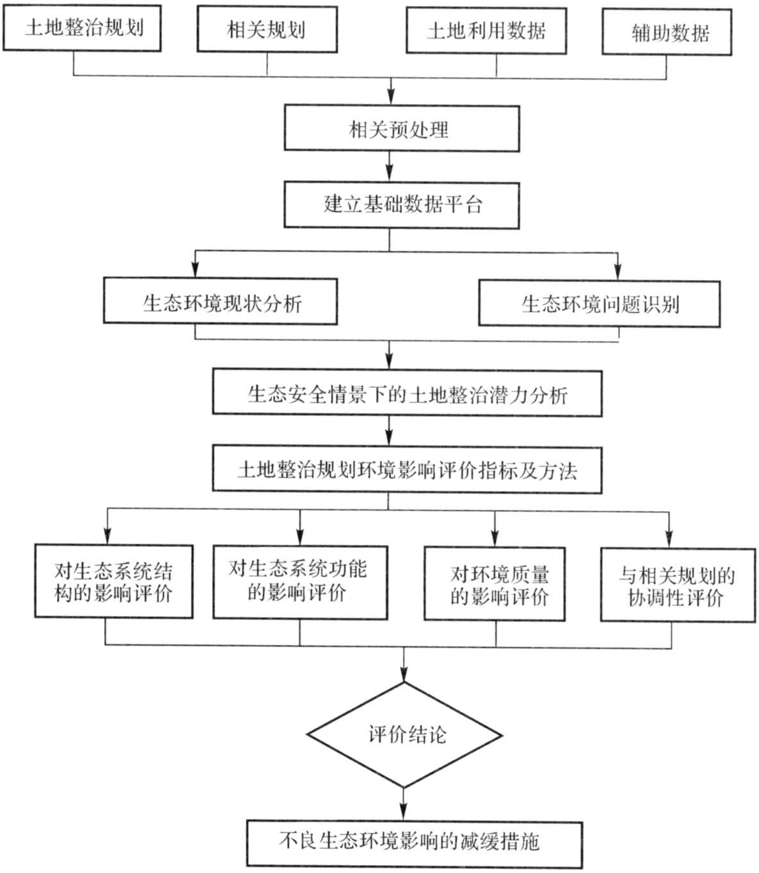

图 7－2－1　土地整治规划环境影响评价研究技术路线

7.2.3 主要工作内容

(1)土地生态环境问题现状分析。

分析评价区土壤侵蚀、土地盐渍化、土地荒漠化、土地污染、生态服务功能减退的生态环境现状。

(2)土地整治规划的环境影响识别。

分析土地整治规划与生态环境的关系,研究土地开发、土地复垦、土地整理、对生态环境的影响。探讨土地整治规划对环境问题的识别,分析上一轮土地开发整理规划的生态环境影响等内容。

(3)生态安全情境下的土地整治潜力分析。

对土地整治潜力与生态保护目标的关系以及生态安全情境下的地整治潜力进行分析。

(4)土地整治规划环境影响的分析、预测与评价。

研究土地整治对环境质量、生态系统功能、生态系统结构等方面的影响,评价土地整治规划与相关规划的协调性;分析土地开发规划、土地复垦规划、土地整理规划、增减挂钩规划、土地整治重大工程的环境影响评价结果。

(5)土地整治规划不良生态环境影响的减缓措施。

内容包括对方案的调整和修改建议,加强公众参与规划环评,加大项目实施过程中的环境监测,强化国情意识,增强土地整治过程中的环保观念等减缓措施。

7.3 整治规划环境影响评价分析示例

7.3.1 规划区生态环境现状

规划区处于青藏高原向黄土高原的过渡区,气候处于东部季风区、青藏高寒区和西北干旱区的交汇处,地质岩性复杂、构造活动强烈、海拔高差大、地貌类型复杂多样、地形破碎等因素造成区域极强的自然环境复杂性和敏感性。同时长期的、日益强烈的人类活动更加剧了生态环境的复杂性和敏感性,生态环境问题形式多样,程度不一。规划区地处内陆,降水量少,蒸发量大,入境地表水虽丰富但受用水配额限制,水资源短缺表现为资源型缺水,工程型缺水和水质型缺水三方面;地质灾害剧烈,境内泥石流、崩塌、滑坡、地面塌陷等地质灾害十分严重;盐碱化和沙化土地面积不大,问题比较突出,有恶化和扩大趋势,集中分布在秦王川地区;湿地面积狭小,由黄河及其一级支流、沟渠、河流滩地、水库塘坝组成,盐化沼泽和高山草甸有少量分布。

7.3.2 土地整治规划环境影响识别与评价

土地整治规划的实施,是一个重建生态环境系统的过程,将会对区域环境要素及其生态过程产生诸多影响。土地整治规划中的开发、整理、复垦和城乡建设用地综合整治活动需借助一系列生物、工程措施来对田、水、路、林、村和城乡建设用地进行综合整治，势必会引起区域土地利用的类型、强度和格局变化，从而在不同尺度上导致区域水环境、土壤环境、大气环境和生态系统的变化。其中，土地利用类型变化一般影响到区域的水环境、大气环境、土壤性质和生物多样性等。土地利用强度变化常常影响到区域的水环境质量、水循环过程，土壤的理化性质、生态功能，大气环境质量，以及生物多样性和生态系统的稳定性等。土地利用格局变化常常改变区域原有生态过程，进而对区域环境产生影响。

(1)土地整治项目污染源及污染物排放分析。

施工期废气污染物主要来源于施工机械、车辆排放的尾气及施工现场和运输车辆引起的扬尘污染，大面积的土方开挖、翻动及堆放过程中将造成风起扬尘；工程施工期间，由于作业人员的施工生产活动及生活，会产生一定的生产性废水和生活污水，这些项目的主要废水及污染物产生在进行农田水利设施配套工程以及田间道路施工中的砂石料冲洗、砼的搅拌和养护过程中，废水中主要污染物为悬浮物；施工期固体废物主要是施工人员产生的生活垃圾和项目施工结束后临建设施拆除产生的建筑垃圾；施工期噪声影响主要源自施工设备运行噪声和施工车辆噪声，工程在建设过程中，将投入较多的大、中型施工机械设备，主要有推土机、挖掘机、装卸机、拌和机和运输车辆等。施工噪声主要来自施工开挖、土方装载、运输、混凝土拌和等施工活动以及施工机械运行和车辆运输等。

(2)土地整治项目环境影响分析。

项目实施期对环境的影响分析：项目进行的土石方的挖掘和填筑，在旱季会引起大量扬尘，对区域内及周边农作物和树木的生长产生一定的影响。此外，施工机械运输碾压及施工人员践踏也会对作业区及周边植被产生一定程度上的扰动。尽管项目建设会使原有植被遭到局部损失，但不会对评价区植物群落的种类组成发生变化，也不会造成某一植物种的消失。施工对原有土体扰动，使土壤中的养分状况受到影响，主要表现为土壤肥力下降，耕性变差，导致农作物的产量下降，必须经过较长时间才能恢复和发展。在严格实行表土分层堆放、分层覆土的措施下，土壤中的有机质和养分的影响可能降至最低。

项目运营期环境影响分析：土地整治项目实施后，提高了农田土地的平整度和田块的规则程度，在一定程度上提高了土地利用率，增强了土地利用程度，增加了有效耕地面积，在黄土丘陵梁峁沟壑区修建梯田等措施改变地形条件，截断坡长，进而改变降雨的利用率，具有显著的水土保持作用。农田水利工程是对水土资源、排灌渠系统及其建筑物等进行改造，对土地质量的影响主要体现在项目区农田灌排条件，农田灌溉程度、排涝排渍能力以及水资源利用程度等方面的提高均影响土地质量。田间道路工程的建设，不但改变了农田基本条件，而且有效改善项目区内部各田块之间的差异性，重新调整项目区道路布局，改善了当地的土地通勤状况，土地的通勤状况直接影响耕地的经营成本，进而影响了土地质量。农田防护林工程的建设，增加了项目区的林地覆盖率，林网建设不仅起到绿化、保护环境、提高景观美感度的作用，而且具有改善项目区农田小气候的作用。水平梯田有效的拦蓄了地表径流、减少侵蚀强度，从而减少径流中的泥沙，减少排入河流的泥沙量。

7.3.3 土地整治规划环境影响减缓措施

设计期环境保护措施:在项目选址与方案比较时,全面考虑项目区的自然环境和社会环境,尽量减少沿线居民房屋拆迁与沿线电力、电讯、水利设施的干扰与拆迁;尽量利用现有道路进行施工车辆运输,减少因开辟新施工道路对环境的破坏;合理设置居民生活便道等构造物,减少因工程实施而给周围群众生产和生活带来的不利影响;做好施工组织设计,使施工对各片区项目区及周边生态环境的影响降至最低程度。

施工期环境保护措施:对施工人员进行施工期环境保护宣传教育,对每一位上岗人员进行培训,使其充分认识每一项环保措施及落实的重要性,真正使环境保护措施起到应有的作用。加强施工管理,认真搞好施工组织设计,科学规划施工场地,合理安排施工进度,尽量减少临时工程占地,缩短临时占地使用时间,及时恢复土地原有功能,施工工区等临时建筑尽可能采用成品或简易拼装方式,尽量减轻对土壤及植被的破坏,施工结束后,施工单位应负责及时清理现场,要通过人工栽培方式尽快恢复植被,栽植物种应以原有物种为主,尽可能减少工程完工后人为因素对当地植被的再度扰动、破坏。合理规划,做好土石方的纵向调运,减少临时占地。尽可能缩短疏松地面、坡面的裸露时间,尽量避免雨天和大风天气施工。在雨季和汛期到来之前,应备齐土体临时防护用的物料及各种防汛物资,随时采取临时防护措施,以减轻雨水对主体工程的破坏和减少土壤流失。梯田边坡在达到设计要求后应迅速进行防护,同时做好坡面、坡脚排水,做到施工一处,及时治理保护一处。土地平整工程范围内的草地、灌丛等均应在施工前清理或移植,清理的土体应就近整齐码放,待路基完成后用于边坡绿化。工程在施工前将取、弃土场地中的耕作层表图以及地表草皮和腐殖土整体切割挖除,在取、弃土场内划出一定的场地规则码放,并对其临时堆料场地采取四周设临时排水沟、急流槽和纺织土袋拦挡等防护措施。取、弃土结束后及时进行土地整治和耕地恢复;以及移植草皮,在恢复原有植被的同时保持水土。施工营地不得设置在林地中,严禁砍伐征地范围之外的林木,禁止在林地使用明火。并尽量保护征地范围之内的林木,临时用地范围内的树木尽量少砍或不砍,严禁砍伐水土保持林的乔木,不得损坏施工界区外的植被。边坡开挖或填筑后,进行植草,铺草皮进行绿化,局部边坡易失稳区域,采用防护与绿化相结合的措施。工程绿化措施以种草为主,措施布设兼顾沿途景观、美化路容。取、弃土场在施工结束后进行土地整治,移植草皮,恢复原有植被。工程施工单位和人员必须严格遵守国家法令,严禁施工人员进入非施工区域,坚决禁止捕猎任何野生动物。农田灌渠开挖时应采取合理的施工工艺,并严格按设计要求施工,施工前必须做好开挖区防渗措施及预加固处理,确保渠道结构稳定。严格执行道路绿化工程,进行植被补偿。田间道路进行全面绿化,可以较好的补偿土地平整和农田灌溉工程占地损失的植被,根据本工程的工程量和其他项目的绿化实践进行补偿。尽量缩短临时占用耕地的施工时间,及时恢复土地耕作功能。制定严格、系统的工程施工管理制度,并切实落实到工程建设的各个环节之中。树立作业人员的农业生态环境保护意识,实施文明施工。划定明确的施工区域,严禁随意扩大施工作业范围和越界施工,尽量减少和避免对工程区及其周围耕地资源的践踏、碾压等破坏影响。对工程区建筑材料堆场设置屏蔽设施，对粉状建筑材料运输车辆采取篷布遮盖，防止扬尘，对施工运输道路定时洒水，尽量减少施工期扬尘对农田作物的影响。科学制定工程扰动区的耕作土地利用恢复规划，并严格付诸实施。对施工临时占地所破坏的耕地要上覆原耕作土壤，尽快恢复其农业用地功能。实施土地平整工程时，应执行分层开挖的操作制度，将表层耕作土分开单独堆放，工程结束后用于耕地的恢复。

运营期环境保护措施：项目运营期土地利用中应注意减少农业污染。在化肥施用方面，应严格执行科学的施肥制度，根据作物生理需要、农田土壤与气候特点，确定最佳施肥量的营养元素比例、肥料形态和施肥时间。在农药的合理使用方面，一是强化高效、低毒、低残留农药的使用，二是使用乳剂、可湿性粉剂和颗粒剂类的农药，改进农药机动喷雾措施，尽量减少农药的施用量、流失量和挥发量；三是推广生物防治方法。同时，应大力推广节水灌溉，减少土面蒸发和潜水蒸发；引进推广抗旱抗病新品种，推广滴灌、渗灌等节水灌溉栽培技术，建立有利于生态保护的耕作制度。在工程节水方面，一是要修筑永久渠道，减少渠道渗漏；二是要做到内外沟相通，达到旱能灌、涝能排、渍能降的目的。

复习思考题

(1)简述规划环境影响评价的基本程序。

(2)简述土地整治规划环境影响评价的基本原则。

(3)论述土地整治规划环境影响评价的主要内容。

第 8 章　土地整治规划资金测算

8.1　土地整治规划资金测算概述

土地整治规划资金测算是通过对影响土地整治投资与筹资的因素进行综合研究，从资金需求与供给两方面合理分析，测算实现规划目标的投资总额，进行土地整治筹资渠道及潜力分析，提高土地整治规划的科学性（技术路线如图 8 - 1 - 1 所示）。

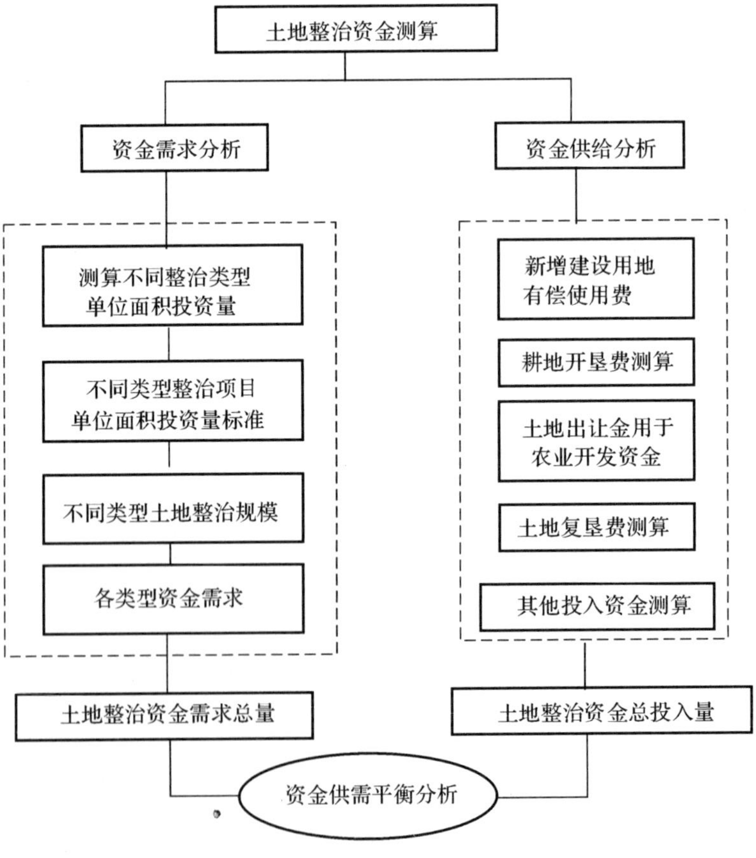

图 8 - 1 - 1　土地整治规划资金测算技术路线图

8.2　土地整治资金筹措

《国务院关于严格规范城乡建设用地增减挂钩试点切实做好农村土地整治工作的通知》(国发[2010]47 号文)明确要求"要以新增建设用地土地有偿使用费、用于农业开发的土地出让收入、耕地开垦费、土地复垦费等资金为主体,引导和聚合相关涉农资金,实行专账管理,统筹集中使用"。

当前,我国土地整治资金来源主要有耕地开垦费、土地复垦费、新增建设用地土地有偿使用费、用于农业土地开发的土地出让收入等。

相关涉农资金如烟草部门对烟田的专项补贴资金、交通部门的农村道路基础设施建设资金、水利部门的农田水利建设资金、农业综合开发部门的专项资金等。

1. 新增费

《土地管理法》规定,从 1999 年始征收新增费,新增费 30%上缴中央,70%留给地方政府,都专项用于耕地开发。

(1)征收范围。

财综[2006]48 号文明确指出新增费的征收范围为:

1)土地利用总体规划确定的城市(含建制镇)建设用地范围内的新增建设用地(含村庄和集镇新增建设用地);

2)在土地利用总体规划确定的城市(含建制镇)、村庄和集镇建设用地范围外单独选址、依法以出让等有偿使用方式取得的新增建设用地;

3)在水利水电工程建设中,移民迁建用地占用城市(含建制镇)土地利用总体规划确定的经批准超出原建设用地面积的新增建设用地;

4)因违法批地、占用而实际发生的新增建设用地,应按照国土资源部认定的实际新增建设用地面积、相应等别和征收标准缴纳新增建设用地土地有偿使用费。

(2)征收等别和征收标准。

土地有偿使用费缴纳标准由国务院土地行政主管部门按照全国城市土地分等和城镇土地级别、基准地价水平、各地区耕地总量和人均耕地状况、社会经济发展水平等情况制定,由国务院财政部门和土地行政主管部门联合发布,并定期调整公布。

财综[2006]48 号文对征收标准和等别适时进行了调整:

1)从 2007 年 1 月 1 日起,新批准新增建设用地的土地有偿使用费征收标准在原有基础上提高 1 倍,由 1999 年的 5～70 元/m^2 调整到 2007 年的 10～140 元/m^2。

2)根据各地行政区划变动情况,相应细化新增建设用地土地有偿使用费征收等别,新增费征收等别确定为 15 等。

(3)资金使用。

财建[2006]861 号文、财建[2008]157 号文对新增费的使用管理做出了明确规定:土地有偿使用费专项用于基本农田建设支出、土地整理支出、耕地开发支出、基本农田保护支出以及与之相关的其他支出。

2. 耕地开垦费

《土地管理法》对耕地开垦费的征收和使用做出了明确规定。

(1)缴纳人。

《土地管理法》规定“非农业建设经批准占用耕地的,按照‘占多少,垦多少’的原则,由占用耕地的单位负责开垦与所占用耕地的数量和质量相当的耕地;没有条件开垦或者开垦的耕地不符合要求的,应当按照省、自治区、直辖市的规定缴纳耕地开垦费”。

(2)缴纳标准。

1)《土地管理法》规定由各地自行制订。

2)国土资源部印发了《关于切实加强耕地占补平衡监督管理的通知》(国土资发[2010]6号),要求地方结合实际,研究提高耕地开垦费标准,确保补充耕地数量有保证,质量不降低。

(3)资金使用。

《土地管理法》规定“专款用于开垦新的耕地,具体使用办法由各地制订”。

3. 土地复垦费

《土地管理法》《土地复垦条例》对土地复垦费的征收和使用做出了明确规定。

(1)缴纳人。

《土地管理法》规定“ 因挖损、塌陷、压占等造成土地破坏,用地单位和个人应当按照国家有关规定负责复垦;没有条件复垦或者复垦不符合要求的,应当缴纳土地复垦费,专项用于土地复垦。”

《土地复垦条例》进一步细化规定“土地复垦义务人不复垦,或者复垦验收中经整改仍不合格的,应当缴纳土地复垦费,由有关国土资源主管部门代为组织复垦。”

(2)缴纳标准。

《土地复垦条例》规定“确定土地复垦费的数额,应当综合考虑损毁前的土地类型、实际损毁面积、损毁程度、复垦标准、复垦用途和完成复垦任务所需的工程量等因素。”

(3)资金使用。

《土地复垦条例》规定“土地复垦义务人缴纳的土地复垦费专项用于土地复垦。任何单位和个人不得截留、挤占、挪用。”

4. 用于农业土地开发土地的出让收入

(1)使用比例。

国发[2004]8号文规定“将部分土地出让金用于农业土地开发”,财综[2004]49号文对用于农业土地开发的土地出让金提出了“不低于土地出让平均收益15%”的具体要求,国发[2006]31号文进一步明确“应逐步提高用于农业土地开发和农村基础设施的比重”。

(2)征收标准。

财综[2004]49号文规定,土地出让平均纯收益是指地方人民政府出让土地取得的土地出让纯收益的平均值。由财政部、国土资源部根据全国城镇土地等别、城镇土地级别、基准地价水平、建设用地供求状况、社会经济发展水平等情况制定、联合发布，并根据土地市场价格变动情况适时调整。

(3)计算方法。

财综[2004]49 号文规定的计算方法为：

从土地出让金划出的农业土地开发资金＝土地出让面积×土地出让平均纯收益征收标准(对应所在地征收等别)×各地规定的土地出让金用于农业土地开发的比例(不低于 15%)。

(4)资金使用。

财建[2004]174 号文件明确规定，农业土地开发主要包括：土地整理和复垦、宜农未利用地的开发、基本农田建设以及改善农业生产条件的土地开发。

国发[2010]47 号文明确要求“严格执行土地出让收益要优先用于农业土地开发和农村基础设施建设的规定”。

8.3　土地整治资金规模测算

土地整治资金规模测算主要包括以下三方面内容。

(1)新增建设用地土地有偿使用费。

根据全国土地利用总体规划及各地批准的土地利用总体规划，确定未来规划期内拟新增的建设用地规模。

方法一，新增建设用地乘以各地平均新增建设用地土地有偿使用费征收标准后测算得出。

方法二，根据上轮规划期内，新增建设用地土地有偿使用费的征收情况，测算本次规划期内新增建设用地土地有偿使用费征收情况。

(2)耕地开垦费。

各地耕地开垦费的征收标准乘以规划期间内各地建设占用耕地的规模。

(3)用于农业土地开发的土地出让收入。

从土地出让金划出的农业土地开发资金＝土地出让面积×土地出让平均纯收益征收标准(对应所在地征收等别)×各地规定的土地出让金用于农业土地开发的比例(不低于 15%)。

8.4　土地整治资金需求测算

第一步：测算典型项目单位面积投资量。分地貌类型和项目类型在本地区或类似地区选择已经完成的典型项目，分别测算出典型项目单位面积投资量。

第二步：估算项目投资量。根据典型项目与规划确定的各个项目在地形、地貌、基础设施(水、电、路)、交通条件、物价水平、劳动力价格等方面的差异，对项目单位面积投资标准进行修正，再根据项目规模计算出项目投资量。

第三步：计算总投资量。

计算公式为

$$C=\left[C_0/\sum_{i=1}^{n}(S_i\times R_i)\right]\times G \quad (i=1,\cdots,n,\text{其中 } n \text{ 为项目个数}) \tag{8-4-1}$$

式中 C—— 总投资量(万元)；

C_0—— 项目总投资量(万元)；

S_i—— 项目规模(公顷)；

R_i—— 项目增地系数；

G—— 规划补充耕地总量(公顷)。

8.5 土地整治效益分析

1. 经济效益评价

经济效益评价的重点是对土地整治的投入产出进行分析，一般采用静态分析法，主要测算投入量、预期净产出和投资回收期等。

(1) 预计产出。

计算公式为

$$R=\Delta S\times r+S_0(r-r_0) \tag{8-5-1}$$

式中 R—— 土地整治增加的年纯收入(万元)；

ΔS—— 净增加耕地面积(公顷)；

S_0—— 整治前耕地面积(公顷)；

r—— 整治后单位耕地面积年纯收入(万元)；

r_0—— 整治前单位耕地面积年纯收入(万元)。

(2) 投资回收期，有

$$T=C/R \tag{8-5-2}$$

式中 T—— 投资回收期(年)；

C—— 土地整治投资(万元)；

R—— 土地整治增加的年纯收入(万元 / 年)。

2. 社会影响评价

规划实施的社会影响主要是指对社会生态系统的影响及其产生的宏观社会效应。应从增加耕地扩大农村剩余劳动力就业，提高耕地质量、增加粮食产能，农田集中连片便于规模经营、改善农业基础条件、利于推广现代农业技术、降低生产成本、增加农民收入，改造村庄建设布局、改善生活环境、实现农村居民点和村镇企业集约用地、促进农村现代化建设，优化城乡土地利用结构、提高土地利用水平等方面进行社会影响评价。

可依据评价内容，结合实际选择适当的评价指标，采用定量与定性分析相结合的方法进行评价。

3. 环境效益评价

分析和评价土地整治规划方案的实施对生态环境造成的影响及预期产生的效益等，提出预防或减轻不良环境影响的政策、管理或者技术等对策措施。

可依据评价内容，结合实际，选择适当的评价指标，采用定量与定性分析相结合的方法进行评价。

8.6　土地整治投资与效益分析示例

8.6.1　投资测算方法

1. 投资概算

土地整治投资状况根据区域差异而不同，在测算投资的过程中，参考了规划区 2010 年以前已实施土地整治项目的预算执行情况，同时也参考了现有《土地开发整理项目估算标准》和《土地开发整理项目投资控制标准》已有成果，取平均值后适当考虑物价上涨水平进行测算确定。

1)农用地整治投资额，平均水平 1 500 元/亩。

2)农村建设用地整治投资额，平均为 5 000 元/亩。

3)宜耕后备土地开发投资额，平均为 1 700 元/亩。

2. 预期投资测算的影响因素

1)同类项目、工程所处地形状况、地貌特征各不相同；

2)进行土地整治所需基础条件(水、电、路)、交通条件参差不齐，机械化、规模化作业技术难度各异；

3)各地区开展土地整治的程度和技术水平、开发整理方式存在较大差异；

4)整治区土地平整程度、连片程度及区域布局；

5)土层厚度、耕层有机质含量、土壤酸碱度和含盐量等对新增耕地质量影响明显。

3. 经济效益的测算

(1)新增耕地种植结构。

确定新增耕地的种植比例，在本次测算中，棉花占 60%；小麦占 24%；玉米占 16%。

(2)粮食作物、经济作物内部种植结构。

根据规划区 2011 年统计年鉴，确定种植结构为粮食作物占棉花占 60%；小麦占 24%；玉米占 16%。

(3)各作物生产成本。

根据规划区农用地分等项目调查统计结果测算，确定棉花成本 1600 元/亩，小麦成本 550 元/亩，玉米成本 750 元/亩。

(4)农产品价格。

根据规划区多年平均值测算,确定棉花(籽棉)价格 8.5 元/kg,小麦价格 2.2 元/kg,玉米成本 2 元/kg。

8.6.2 资金筹措的可行性

实施本规划目标需要投入资金 83 951.65 万元。从规划区近年来土地整治情况来看,各乡镇对土地整治的积极性较高,实际投入也较大,资金筹措多数能保证。对资金不足的部分可通过加大申请中央、自治区资金的力度,扩大资金筹集的渠道,引进非农公司参与土地整治,推进土地整治产业化进程,在运作方式上可以采用合资、合作、公共投资与私人投资相结合等多种方式,国家、自治区、地区、市自筹和社会筹资等共同解决,以保证规划目标的实现。

8.6.3 效益评价结论

8.6.3.1 社会效益

规划的实施,将对规划区的社会发展、稳定都将产生良好的影响,对推动规划区的社会主义新农村建设具有十分重要的意义。具体体现在以下几方面。

(1)增强农业生产综合能力,确保粮食安全。

土地整治工程将充分发挥农业生产潜能,为粮食生产安全做出重大贡献。通过实施整治将项目区域内的土地,通过调整沟渠布局,减少田坎等措施,可增加有效耕地面积 8 618.99 公顷,增加各类作物产量。

(2)改善农业生产条件,促进现代农业建设。

通过项目的实施,将完善农田灌溉体系,改善农业生产条件,使原有的中低产田成为高产稳产田,为高效高产的现代化农业创建发展平台,有利于农业机械化、规模化经营以及现代农业技术的推广,有利于调整农业产业结构。使得项目区内的基础设施、农业生产环境进一步完善,为促进农业产业化发展,实现农业现代化和农业的招商引资奠定良好的基础。

(3)促进农民增收和农村经济增长,实现城乡统筹发展。

土地整治工程将城镇化和工业化发展的部分土地收益用于提高农田产能,可大幅度提高当地农民的收入水平和生活水平,促进当地农村经济发展,有利于形成工业反哺农业、农业支持工业的良性循环,促进城乡互动,统筹城乡发展。第一,工程实施后,新增耕地和耕地质量的提高将实现增加各类作物产量,每年增加净收益 11 755.99 万元,每个劳动力管理 20 亩地计算新增耕地可解决 6 160 人就业。第二,工程的实施将促进农村劳动力向二、三产业转移,促进农村第二和第三产业的发展。工程实施期间,将带动当地建材、建筑、交通运输等相关产业的发展,为发展具有地方特色的观光农业、生态旅游等第三产业提供自然条件基础,大大节约农民的劳动时间,可使一部分劳动力从农业中解放出来,为二、三产业的发展提供人力基础。

(4)改善农村社会环境,促进社会和谐稳定。

通过土地整治,可充分发挥新疆的特色农业资源优势,不仅对特色农产品生产基地及优质小麦、棉花、玉米等优势农品的发展起到积极的推动作用，而且有利于优势资源转换战略，为稳定农业，促进新农村建设和社会和谐进步提供保障。

(5)提高资源利用效率，促进节约型社会建设。

规划区的水资源大部分由于农业灌溉，工业用水和生活用水以及城镇用水比例很小，常规灌溉方式用水浪费，利用率极低，灌溉定额一直居高不下，通过土地整治，大力提高高科技节水措施的实施，节出的水资源用于工业建设和资源开发，可大大提高水资源的利用效益，发挥新疆土地资源、光热资源优势，土地整治的实施有利于提高土地资源、水资源和光热资源的利用效率，促进节约集约型社会的建设。

(6)发挥示范和辐射作用。

土地整治的实施，一方面将使项目区的广大农民群众享受到土地整治的实惠，感受到土地整治是一项利国利己的实事，增进对土地整治工作的理解和支持；另一方面，集中资金进行成片实施，将对项目区周边的土地整治产生良好的示范作用，有利于提高农民的耕地保护意识，促进农民增加农业投入。

(7)充分发挥国土资源管理部门在新农村建设中的作用。

工程的实施将使农民实实在在感受到国土部门支农帮农富农的具体行动，发挥国土部门在促进“生产发展、生活富裕、乡风文明、村容整洁、管理民主”的新农村建设中的基础作用。

8.6.3.2　经济效益

(1)新增耕地及原有耕地质量提高后，增加了粮食生产能力。

一方面，土地整治实施通过削弱土地利用限制因素，配套完善农业基础实施，充分发挥水、肥、气、光、热的优势，提高耕地的生产能力，从而提高粮食生产能力。另一方面，整治实施后，土地权属清晰、田块大小与现状更适合耕作，有助于农户增加土地投入，提高生产效率。

(2)提高耕地利用率。

整治区部分田块小且分散，许多道路、沟渠在布设时缺乏科学规划，造成布设充分混乱，占地面积大，同时许多农业基础设施严重老化，利用效率低下。整治实施后，通过土地平整、田块规整、道路、沟渠、防护林的综合整治等措施，可增加有效耕地面积，提高耕地利用率。

(3)投入产出分析。

1)新增耕地的产出。整治区新增耕地 8 618.99 公顷，新增耕地年纯收益为 4 985.53 万元，平均每亩收益 385 元。

2)原有耕地质量提高可增加的产值。整治区原有耕地 27 052.11 公顷，原有耕地年新增纯收益 6 770.46 万元，平均每亩增收 167 元。

3)投入产出分析。土地整治总投资 83 951.65 万元，单位投资 2.35 万元/公顷，静态投资回收期为 7.14 年。因此，作为农业投资项目，经济效益比较显著。

8.6.3.3　生态效益

(1)提高植被覆盖率，形成合理的农田生态系统。

通过工程的实施，将在现有的田间道、生产路旁布置防护林，提高农田植被覆盖率，新增林地 1 426.84 公顷以上，林地质量明显改善，从而有利于美化环境、涵养水源、保持水土、减少污染、提高耕地质量，改善区域内的生态环境和农田小气候，有利于形成合理的农田生态系统。

(2)降低灾害。

通过对田、水、路、林的综合整治，特别是通过农田水利设施的建设，沟渠的重新布置，有利于增强耕地抗灾能力，降低区域内耕地盐碱化和干旱的威胁。

(3)减少水土污染。

工程的实施将通过土壤改良及其他生物工程措施，提高区域内耕地质量，使得整治区内可广泛推行先进实用的农业新技术，扩大无公害基地面积，增加有益生物种群的数量，从而减少化肥、农药的使用量，减轻化学污染，改善区域内的土壤生化环境。

(4)改善农村生产生活环境。

工程实施后，将在项目区形成田成方、林成行、渠相通、路相连的景观，提高该区域的自然景观价值和生活质量，改善农村生产和生活环境。

(5)保持水土、减少水土流失。

工程的实施将显著改善区域内的水土环境，减少区域内的水土流失：第一，土地整治，消除了规划区内的弃、裸、荒地，提高了区域内的复种指数，增加了整理区域内的植被覆盖率，表土流失将明显减少；第二，通过实施土地平整和灌溉水利工程，降低耕地坡度，完善灌溉系统，修建生物护坡等水土保持工程设施，将在一定程度上遏制水土流失。

(6)充分利用光热资源。

农用地整治过程中，在地形、耕作形状、防风要求等条件允许时，尽量将田块长边方向设计为南北向或接近南北方向，这样保证作物在一天当中能吸收尽可能多的光热，提高光能利用率。

(7)提高地力，合理利用土地资源。

农用地整治改善土地利用不充分的现象，消除土地利用中的障碍因素，提高土地利用率。第一，改善土质，提高土壤肥力。土地整治工程实施后，一方面可以促使腐殖质及生物残体加快腐化，加速土壤化学风化和生物风化作用，使土壤颗粒粗骨性降低，促进可溶性盐类的释放和各种元素的有效化利用，增加土壤养分的转化和积蓄；另一方面，将增厚土层，增大土壤的持水保墒能力。第二，采取各种生物、工程的措施，改造中低产田，提高土壤产出率。第三，改善微地貌，提高土地利用率。工程区域的微地貌如地形坡度、地面切割程度、地面高差等条件在很大程度上影响着土地利用方向与程度，从而间接影响土地生产潜力，农用地整治可以通过工程、生物、技术等措施对这些微地形地貌因素加以改变，使其对土地利用的限制性降低，提高工程区域的土地生产能力。

(8)有效和提高利用水资源，改善水环境。

农用地整治通过修建各种灌溉设施、完善蓄水设施，在干旱季节可以充分拦蓄天然降水，保证作物的需水。

复习思考题

(1)简述土地整治资金的来源。

(2)简述土地整治需求资金的测算方法。

(3)如何进行土地整治效益分析?

第 9 章　土地整治规划实施保障措施

9.1　实施保障措施的目标和意义

土地整治规划实施保障措施，就是按照法定程序编制和批准的土地整治规划，依据国家和各级政府颁布的土地管理有关法规和具体规定，采用法律的、社会的、经济的、行政的和技术的保障措施，对土地整理复垦开发和城乡建设用地增减挂钩工作以及田、水、路、林、村综合整治活动的用地进行统一的安排和控制，引导和调节地区的各项建设事业有计划有秩序地协调发展，更好地达到改善农村生产、生活条件和生态环境，促进农业规模经营、人口集中居住、产业聚集发展的整治目的。

9.1.1　目标

土地整治规划实施保障不仅是土地行政管理的重要内容，也是面向社会的管理活动，其根本目的是维护土地利用的社会整体利益，促进经济社会的可持续发展，其目标：一是保障土地整治规划管理法律、法规和政令的贯彻执行，维护土地整治规划的严肃性和权威性；二是统筹安排各业用地，保证城乡各项土地利用活动纳入土地整治规划的轨道；三是依照规划保护耕地、生态环境用地及其他基础性、公益性用地，维护公共利益，促进经济、社会、环境协调发展；四是规范规划调整与修改程序，结构与内容，以提升规划实施效果。

9.1.2　意义

土地整治规划实施保障直接影响着区域土地布局、生态环境和社会经济发展。现行规划从法律、行政、经济、技术等方面制定了一系列保障措施，对引导和规范城乡用地，遏制城镇和园区建设大量圈占土地、耕地，促进土地节约集约利用，加强耕地特别是基本农田保护等方面发挥了较大作用，但这些成效主要是依靠行政方法尤其是行政审批手段实现的，社会、经济手段没有得到充分运用，在一定程度上影响了规划目标的实现。

研究制定保障措施是土地整治规划编制的重要组成部分。土地整治规划本质上就是确定目标、制定措施并实施的过程。土地整治规划编制工作不仅包括确定规划目标和制定规划方案，同时还包括围绕规划目标和方案研究制定实施的机制和措施。规划方案与实施政策机制密切结合，才能确保规划的有效实施。其次，制定保障措施是保证规划实施的重要手段。经过依法、科学、民主决策确立的土地整治规划，建立起各方相互制约、共同遵守的规范，为规范和制约人们的土地整治活动提供了依据。因此，加强规划实施保障措施研究，完善规划实施保障机制具有重要的意义。

9.2　国内土地整治实施机制和管理体系建设

在规划实施保障方面，国家不仅建立了土地利用年度计划管理、建设项目用地预审、土地利用项目规划审查、规划公告、规划成果建档备案等规划实施制度，而且开展了规划管理信息系统、规划师制度、规划编制标准等与规划实施紧密联系的基础业务研究。许多地区从实际需要出发，建立了一系列管理制度，主要通过采取法律、行政、经济、社会和技术等方面的手段来促进规划的实施管理。

(1)法律手段。

为保证规划的实施，国家制定了保障规划实施的基本法律和相应的配套法规，不仅确立了规划实施的基本制度，也使其能够与其他涉及土地开发利用的各种规划相衔接，为保证规划的实施打下了很好的基础。

(2)行政手段。

各级政府在规划实施过程中逐步建立了规划实施责任制、土地利用年度计划、建设项目用地预审、建设用地报批规划审查、土地利用总体规划的监督检查等制度，在土地管理中发挥重要作用。

《湖北省土地整治管理办法》(2011年)对土地整治规划及年度计划公告、项目立项与设计、项目实施与工程管护、土地权属调整管理及资金管理等活动做了明确的规定，并要求发展改革、财政、环保、交通、水利、农业、林业等部门配合国土资源行政主管部门做好土地整治规划的实施工作，同时对违反土地整治规划行为的检举、控告、处罚等也做了明确规定，使规划管理有章可行。

(3)经济手段。

国家通过征收新增建设用地有偿使用费、耕地开垦费、复垦费，并对农业生产、基本农田建设、土地开发整理等方面进行资助等措施提高新增建设用地使用门槛加强对耕地的保护与建设；通过改革征地制度，严格征地程序，提高被安置农民的安置补偿标准，完善安置补偿措施，强化听证、论证、公告制度等提高违反规划用地的制度成本和经济成本；通过加强土地市场建设，强化市场配置资源的基础性地位，提高土地有偿使用比例和存量土地保有成本，按规划配置基础设施，调整土地利用结构优化产业布局，促进节约集约土地等措施，促进规划目标的实现。

浙江省在全国率先推行了土地整理折抵建设占用耕地指标和折抵指标在全省范围内易地有偿调剂使用政策，一定程度上促进了全省的土地整理和标准农田建设，也解决了经济建设需要用地与资源不足的矛盾。

山东省将土地出让金平均纯收益的20%用于农业土地开发部分和部分新增建设用地土

地有偿使用费，统筹用于村庄“腾空地”开发整理和复垦。

(4)社会手段。

全国规划在编制过程中，积极邀请各部门、各省(市、区)、科研机构和社会团体参与到规划编制中，充分发表意见，在协调一致的基础上形成规划方案；在规划实施过程中，通过编制和实施年度计划与各职能部门和各省(市、区)密切合作，保证社会各界广泛参与到规划实施中来。

在规划实施监督监察方面，江西省出台了《江西省国土资源监督检查条例》，根据该条例，江西省将建立国土资源动态巡查制度，重点对城乡接合部、基本农田保护区和矿产资源开发、利用情况进行巡查。

在公众参与方面，天津市通过展示、公布方式引导公众参与规划的编制与实施，在政府网站上，以问答题的形式向公众宣传规划的具体规定、规划管理的主要手续、市政府对土地管理的具体规定，这为公众参与规划、了解规划和遵守规划创造了有利条件，有力地支持了规划的贯彻实施。

(5)技术手段。

国土资源部在规划标准和信息化建设方面进行了大量的工作，国家规划管理信息系统在建设项目用地审批、项目用地规划审查中发挥了重要作用；遥感检测也在不断完善中，在城市规模审核、开发区清理整顿中得到了有效的应用。

上海市以嘉定区为试点，建立了土地利用总体规划管理信息系统，通过此系统将整个土地管理流程统一起来，包括征地、预审、供地、地籍管理等。在规划实施的过程中，还广泛应用遥感技术所具有的宏观性、实时性及动态性等特点，监督土地规划实施的动态过程，为土地管理提供基础数据。

浙江省通过强化人员培训加快新技术应用以确保规划实施。探索了规划编制机构的资质认证审查制度和规划师执业制度，并加强从业人员的培训，从根本上保障规划的质量和有效实施。

9.3 土地整治规划实施保障体系

规划实施保障措施是实现规划目标、调控土地利用的基本手段，也是土地管理工作的重要组成部分。为了加强土地整治规划的实施管理，发挥土地整治规划对土地资源配置的宏观引导与调控作用，协调好土地利用活动中的利益关系，解决人口增长、经济建设与资源利用日益突出的矛盾，需要建立健全的土地整治规划实施管理保障体系。

9.3.1 构建规划实施保障措施体系的总体思路

在总结现行规划实施经验的基础上，从制度层面、技术支撑层面和意识层面进行综合建设，从而制定出切实可行的、操作性强的土地整治规划实施保障措施。其总体思路主要体现在以下几点：

1)在制度层面上,从制度上刚性保证规划实施的制度环境;从技术层面上,力求加强基础支撑;在意识层面上,力求从意识上保障强化规划实施的全民意识,从而全面保障规划实施的效果及效力。

2)在实施策略上,应该突出重点,根据不同的实施阶段划分阶段性目标,并将目标层层分解落实至具体相关部门。

3)在体系设计上,要注重各个保障措施的可操作性以及体系之间的关联性。

9.3.2　保障规划实施的法律措施

规划实施的法律措施是指建立健全规划实施的法律体系,明确规划实施的法律地位,理顺与相关规划的关系,建立规划实施的基本制度,确立规划实施的基本原则。其主要功能在于为规划实施提供良好的环境,规范和约束土地管理者和用地单位的行为,通过建立以保障规划实施基本法律为主,专项法规和地方法规相配套的法律体系,保障规划的顺利实施。

9.3.3　保障规划实施的行政措施

行政措施作用主要体现在规范性管理上,要依法行政,不能违反有关法律、法规、行政规章和技术规范的规定。对规划的实施实行制度化的管理,通过计划的执行保证规划,从“源头”上控制不合理用地,这对于确保城乡建设、土地开发整理等各项土地利用活动符合规划起到了极为重要的作用。

9.3.4　保障规划实施的经济措施

在土地整治规划实施管理体系中,采用经济措施保障就是按照客观经济规律的要求,利用经济利益原则,通过经济杠杆,运用经济手段调节社会对土地资源的需求与供应,协调土地整治规划各个方面、各环节的利益关系,实现土地整治规划的目标。

9.3.5　保障规划实施的技术措施

在土地整治规划中使用先进的科学信息技术,加强数据库和网络建设,提高规划的管理效率和规划的实施效果,拓宽土地整治规划的功能和作用。利用遥感、地理信息系统等先进地理信息技术进行土地利用动态监测,及时发现不符合土地整治规划的土地利用行为,并给予处罚,以保证规划指标的完成。规划实施中需要扩大科技管理手段应用的范围和规模,同时还要构建相应的保障措施使科技管理手段更好地发挥作用。

第10章　土地整治项目概述

10.1　土地整治项目的概念与特点

1.土地整治项目概念

土地整治项目是指在一定的时间和空间限制范围内，运用资金、人力和物力等的投入，通过独立的业务单位组织开展的对项目区田、水、路、林、村的综合整治，以达到增加有效耕地面积、提高耕地质量、优化城乡用地布局、改善农业生产、生活条件和生态环境目标的过程。

2.土地整治项目的特点

土地整治项目的特点包括下述几方面。

(1)具有明确的整治区域。

土地整治项目必须具有明确的整治范围，即有明确的地点。项目应按土地利用总体规划、土地整治规划等合理划定具体的区域范围，用以明确项目的地理界限，确保项目落到具体地块，分期组织实施。

(2)具有明确的整治目标和内容。

土地整治项目必须有明确的整治目标，即通过项目实施，可达到的预期目标，如通过整治后新增的有效耕地面积和提高耕地质量等级状况，预期达到的经济效益、社会效益、生态效益等；同时必须具有明确的整治内容，如项目区内需修建哪些农田水利工程等。

(3)具有明确的整治建设期。

土地整治项目必须具有明确的建设起止时间，用以明确项目建设何时开始、何时结束，在确定的时间内保证项目顺利完工。按国家有关规定，土地整治项目的建设期一般为1～3年。

(4)必须有一定数量的资金投入作保障。

土地整治项目必须有明确的资金来源渠道，在制定投资计划时，应按资金来源逐一落实，不能留有缺口，以确保项目顺利实施。

(5)具有相对独立性。

土地整治项目是一个独立的执行单位，实行独立经济核算，应有明确的预期效益指标。

(6)具有组织保障。

土地整治项目必须有正式的项目管理机构和项目实施单位负责对项目进行组织、管理、实施、监督、检查。

10.2　土地整治项目的分类

根据不同的分类方法，土地整治项目具有不同的分类。

(1)按项目性质分类。

根据整治项目的性质，土地整治项目可以分为：重大工程项目、示范项目和一般项目。

重大工程项目是指国家支持省级人民政府实施《全国土地利用总体规划纲要》、《全国土地整治规划》或经国务院批准的，以落实重点区域内大规模耕地开发、大面积节水增地、大幅度提高基本农田产能为目的的土地整治项目。

示范项目是指以农村土地整治为载体，以行政村为基本单元，按照“全域规划、全域设计、全域整治”的要求，整合农用地、建设用地、未利用地整理复垦开发的，可以取得明显成效，发挥示范、引导和带动作用的整体推进农村综合整治项目。

一般项目是指除重大工程项目和示范项目以外的土地整治项目。

(2)项目内容分类。

根据整治项目的内容，土地整治项目可分为：土地整理项目、土地复垦项目、土地开发项目和综合整治项目。

土地整理项目是指以农用地整理为主要内容的项目。

土地复垦项目是指以村庄、工矿废弃地等低效利用土地复垦为主要内容的项目。

土地开发项目是指以宜农未利用地开发为主要内容的项目。

综合整治项目是按照城乡一体化发展的新要求，对区域内的田、水、路、林、村实行综合整治，统筹城乡土地利用，实现城乡协调发展的项目。

(3)按项目区地貌类型分类。

根据项目区地貌类型的不同，土地整治项目可分为：平原土地整治项目、丘陵山区土地整治项目和滩涂开发项目。

平原土地整治项目是指项目区内以平原为主要地貌类型的土地整治项目。

丘陵山区土地整治项目是指项目区内以丘陵山区为主要地貌类型的土地整治项目。

滩涂开发项目是指项目区内以滩涂资源为主要对象进行开发的项目。

10.3　土地整治工程的特点

土地整治工程具有基础设施属性、工程等级低、权属主体多重性等特点。

(1)基础设施属性。

土地整治的主要目的是改善农业生产条件，促进土地资源的高效利用和农业的持续发展。党中央国务院高度重视农业问题，近些年来不断加大农业的投入，以改善农业生产基础设施条件。因此，无论从土地整治的目的还是从政策层面上分析，土地整治工程都有明显的基础设施属性。

(2)工程等级低。

道路工程只限于田间道以下,灌溉渠道最大流量为 $3\sim5m^3/s$;调蓄水工程等级一般都在小型水库以下(即不大于 10 万 m^3)。

(3)权属主体多重性。

虽然土地整治工程规模小、等级低,但工程覆盖面涉及不同的乡(镇)、村、组等土地权属主体,这些工程建设后将移交各乡(镇)、村、组使用和管护。因此,土地整治工程在使用上具有权属主体多重性。

10.4 土地整治项目工程体系构成

土地整治项目工程体系是按照系统论和整体论的基本理论和方法,由三级项组成。一级主要按类型划分,共分为 5 项;二级主要按建设用途进行划分,一般按能够独立发挥一个专业层面的作用来划分,共分 14 项;三级主要按照能够相对二级建设项能够独立设计、独立施工及独立统计来划分,共分 37 项。具体见附录 2。

一级由封闭性和开放性的工程措施组成,前 4 项作为封闭性的工程措施,代表的类型相对固定,而最后一项“其他工程”作为开放性的工程措施,可根据生产实践来确定补充相应的内容。二级由半封闭半开放的工程措施组成,一般情况下,相对固定,但可根据实践进行补充完善。其中,田间道和生产路因其可独立设计、独立施工及独立统计,未做三级的划分。三级项由半开放性的工程措施组成,具体可根据实践应用来补充完善。

10.5 主要工程建设要求

1. 土地平整工程

土地平整工程是指为满足农田耕作、灌排需要而进行的田块修筑和地力保持措施。包括耕作田块修筑工程和耕作层地力保持工程。从田块布置、耕作田块规模、耕作层厚度、田块平整程度等方面进行了具体规定。

1)土地平整应实现田块集中、耕作田面平整,耕作层土壤理化指标满足作物高产稳产要求。

2)平原区以修建水平条田(方田)为主,丘陵区以修建水平梯田为主,并配套坡面防护设施。

3)平原区条田长度以 200~1 000m 为宜,南方平原区以 100~600m 为宜;条田宽度取决于机械作业宽度的倍数,以 50~300m 为宜。梯田田面长边宜平行等高线布置,长度以 100~200m 为宜。田面宽度便于中小型机械作业和田间管理。

4)应因地制宜进行田块布置,田块长边方向以南北方向为宜;在水蚀较强的地区,田块长边宜与等高线平行布置；在风蚀地区，田块长边与主害风向交角应大于 60°。

5）水田区耕作田块内部宜布置格田。格田长度以 30～120m 为宜，宽度以 20～40m 为宜；格田之间以田埂为界，埂高 20～40cm，埂顶宽 15～30cm 为宜；水田区格田内田面高差应小于±3cm；旱地区畦田内田面高差应小于±5cm；当采用喷、微灌时，畦、格田内田面高差应不大于 15cm。

6）梯田区土坎高度不宜超过 2m，石坎高度不宜超过 3m。在易造成冲刷的土石山区，应结合石块、砾石的清理，就地取材修筑石坎；在土质黏性较好的区域，宜采用土质埂坎；在土质稳定较差、易造成水土流失的地区，宜采用石质或土石混合埂坎。

2. 灌溉与排水工程

灌溉与排水工程是指为防治农田旱、涝、渍和盐碱等灾害而采取的各种措施。包括水源工程、输水工程、喷微灌工程、排水工程、渠系建筑物工程、泵站及输配电工程。

1）根据不同地形条件、水源特点等，合理配置各种水源；水资源利用应以地表水为主，地下水为辅，严格控制开采深层水和承压水，做到蓄、引、提、集相结合，中、小、微型工程并举；大力发展节水灌溉，提高水资源利用效率；灌溉水质应符合现行《农田灌溉水质标准》的规定。

2）按照整治规模、地形条件、交通与耕作要求，合理布局各级输配水渠道。各级渠道应配套完善的渠系建筑物，做到引水有门、分水有闸、过路有桥、运行安全、管理方便。积极开展用水计量、控制等自动化工作。

3）应采取多种节水措施减少输水损失。采用灌排合一渠沟时，宜采取全断面硬化；排水沟位于山地丘陵区及土质松软地区时，应根据土质、受力和地下水作用等进行基础处理。

4）灌溉设计保证率应根据水文气象、水土资源、作物类型、灌溉规模、灌水方法及经济效益等因素，参照表 10－5－1 确定。南方水稻区的灌溉设计保证率可按抗旱天数表示，单季稻项目区可取 30～50d，双季稻项目区可取 50～70d，经济较发达地区可按上述标准提高 10～20d。

表 10－5－1　灌溉设计保证率表

<table>
<tr><th>灌水方法</th><th>地　区</th><th>作物种类</th><th>灌溉设计保证率/(%)</th></tr>
<tr><td rowspan="6">地面灌溉</td><td rowspan="2">干旱地区或水资源紧缺地区</td><td>以旱作为主</td><td>50～75</td></tr>
<tr><td>以水稻为主</td><td>70～80</td></tr>
<tr><td rowspan="2">半干旱、半湿润地区或水资源不稳定地区</td><td>以旱作为主</td><td>70～80</td></tr>
<tr><td>以水稻为主</td><td>75～85</td></tr>
<tr><td rowspan="2">湿润地区或水资源丰富地区</td><td>以旱作为主</td><td>75～85</td></tr>
<tr><td>以水稻为主</td><td>80～95</td></tr>
<tr><td>喷灌、微灌</td><td>各类地区</td><td>各类作物</td><td>80～95</td></tr>
</table>

注：1. 作物经济价值较高的地区，宜选用表中较大值，作物经济价值不高的地区，可选用表中较小值；2. 引洪淤灌系统的灌溉设计保证率可取 30%～50%。

5）旱作区农田排水宜采用 10 年一遇 1～3d 暴雨从作物受淹起 1～3d 排至田面无积水；水

稻区农田排水宜采用10年一遇1～3d暴雨3～5d排至作物耐淹水深。

6)在干旱、半干旱或其他少雨地区，农田防洪采用20年一遇3～6h最大暴雨。与防洪堤或挡潮堤相关的建筑物，其防洪标准应不低于堤防的防洪标准。

7)季节性冻土深度大于10cm的衬砌渠道以及标准冻深大于30cm的建筑物工程应进行抗冻胀设计。暗渠(管)的埋置深度不应小于设计冻深，管道系统末端应布置泄水井，支渠以上渠道系统的末端应根据需要设置排水闸。

8)在水源地势低无自流灌溉条件或采用自流灌溉不经济时，可修建泵站。泵站、机井等工程宜采用专用直配输电线路供电。

9)灌排渠系建筑物布置应选在地形条件适宜和地质条件良好的地区，满足灌排系统水位、流量、泥沙处理、运行、管理的要求，适应交通和群众生产、生活的需要，并尽量采用联合建筑和装配式结构。建筑物基础底面应埋设在设计洪水冲刷线50cm以下。

3.田间道路工程

田间道路工程是指为满足农业物资运输、农业耕作和其他农业生产活动需要所采取的各种措施。包括田间道和生产路。

1)田间道路工程的布局应力求使居民点、生产经营中心、各轮作区和田块之间保持便捷的交通联系，力求线路笔直且往返路程最短，道路面积与路网密度达到合理的水平，确保农机具到达每一个耕作田块，促进田间生产作业效率的提高和耕作成本的降低。

2)田间道路工程在确定合理田间道路面积与田间道路密度情况下，应尽量减少道路占地面积，与沟渠、林带结合布置，避免或者减少道路跨越沟渠，减少桥涵闸等交叉工程，提高土地集约化利用率。

3)田间道路面宽度以3～6m为宜，在大型机械化作业区的田间道路面宽度可适当放宽，具有农产品运输和生产生活功能的田间道路面宜硬化；田间道路基高度以20～30cm为宜，常年积水区可适当提高；在暴雨集中区域，田间道应采用硬化路面，路面高度以25～50cm为宜。

4)生产路路面宽度宜为3m以下，在大型机械化作业区的生产路路面宽度可适当放宽，生产路路面宜高出地面30cm，生产路宜采用砂石、泥结石类路面、素土路面。

4.农田防护与生态环境保持工程

农田防护与生态环境保持工程是指为保障土地利用活动安全、保持和改善生态条件、防止或减少污染、自然灾害等所采取的各种措施。包括农田林网工程、岸坡防护工程、沟道治理工程和坡面防护工程。

1)结合整治区实际情况，应布置必要的农田防洪、防风、防沙、水土流失控制等农田防护措施，优化农田生态景观，配置生态廊道，维护农田生态系统安全。

2)根据因害设防原则，合理设置农田防护林。农田防护林走向应与田、路、渠、沟有机结合，采取以渠、路定林，渠、路、林平行；树种的选择和配置，应选择表现良好的乡土品种和适合当地条件的配置方式。

3)小流域为单元，采用谷坊、淤地坝、沟头防护等工程措施，进行全面规划、综合治理。

4)坡面防护工程布局要根据“高水、高蓄、高用”和“蓄、引、用、排”相结合原则，合理布设截水沟、排水沟、沉沙池等坡面水系工程，系统拦蓄和排泄坡面径流，构成完整的坡面灌排体系。

5. 其他工程

结合土地整治实践经验，除土地平整工程、灌溉与排水工程、田间道路工程、农田防护与生态环境保持工程以外的工程，其技术要求可参照有关规定执行。

10.6　建设程序

目前，土地整治工程的建设程序主要包括：项目可行性研究—项目规划设计—工程实施前准备—工程施工—工程验收。前一阶段都是后一阶段的基础和依据，必不可少。

(1)项目可行性研究。

土地整治项目可行性研究是对土地整治工程项目进行全面的、综合的技术经济研究的设计前期工作。其主要内容是论证土地整治项目建设的必要性，各种工程的标准、布局方案、设计方案和土地利用方案的技术可行性以及经济合理性。在可行性研究阶段，要对整治区进行系统的项目分析(包括土地整治潜力分析、土地适应性评价、水资源供需平衡分析等)，初步提出土地利用布局、工程布置方案和工程设计标准，并做出项目投资估算；分析工程建设本身存在的各种不确定性和风险，并提出相应的解决对策；对工程建设的社会、生态和经济效益进行客观评价。项目可行性研究的目的是为了计划和管理部门对该工程项目的决策提供科学依据。

(2)规划设计。

只有整个项目在技术经济可行的前提下才能够进行规划设计。土地整治项目规划设计包括以下内容：土地平整规划设计、灌溉与排水规划设计、田间道路规划设计、农田防护与生态环境保持规划设计等。灌溉与排水规划设计包括灌溉工程规划设计、排水工程规划设计、喷滴灌工程规划设计和电力工程规划设计以及相关施工组织设计等；田间道路规划设计包括线路规划设计、路基规划设计和路面规划设计以及相关施工组织设计等；农田防护与生态环境保持工程规划设计包括农田防护林规划设计、水土保持林规划设计、治坡工程规划设计、治沟工程规划设计和治滩工程规划设计以及相关施工组织设计等。

(3)工程实施前准备。

实施准备工作主要是建立工程实施的领导和协调机构，做好工程建设的宣传和动员工作，建立工程资金的“三专”(专款、专账和专户)管理制度，组织工程建设的招投标，组织落实工程监理和工程施工队伍。

(4)工程施工。

施工单位根据施工图，在工程监理单位的监督和管理下，按照工程质量标准和工程进度安排进行施工。

(5)工程验收。

工程竣工验收是对竣工项目工程的完成情况及效果的全面验收，在内容和范围上都比年度验收广，是工程验收的最后验收。工程验收内容主要包括项目建设位置和范围、工程等级和标准、工程质量、工程数量、工程效益、工程权属、工程设施管护措施以及工程建设档案材料管理等。

复习思考题

(1)简述土地整治项目的概念。

(2)论述土地整治项目的特点。

(3)简述土地整治项目的工程体系构成。

第11章 土地整治项目可行性研究

土地整治项目可行性研究是确定项目建设和编制设计文件的依据，土地整治项目可行性研究报告编制应贯彻国家方针政策，遵循有关规程和规范，在调查、勘测、土地清查和公众参与的基础上，进行方案比较，从技术、经济、社会、生态环境等方面全面分析论证，提出可行性研究结论。

11.1 土地整治项目可行性研究的作用

在项目投资决策前进行可行性研究，主要目的在于为投资决策从技术经济方面提供科学依据，是保证建设项目以最少的投资消耗取得最佳社会、经济和生态效益的科学手段。

土地整治项目可行性研究的作用主要体现在以下几方面。

1)项目决策的依据：一个项目的成功与否以及效益如何，通常受诸多因素影响，而土地整治项目的可行性研究有助于分析和认识这些影响因素，并通过分析论证提出可靠的或合理的建议，从而为土地整治项目的决策提供强有力的依据；

2)筹集资金的依据：国家在对土地整治项目进行投资前必须先审查此项目是否具有可行性以及能否带来较好收益，因此项目的可行性研究及评估意见通常作为审查依据；

3)开展规划设计的依据：在可行性研究报告中，对土地整治项目的建设地点、建设规模、建设方案等都有一个较为详细的说明，因此，在项目可行性研究得到审批后，即可以作为项目规划设计的依据；

4)签订有关合同、协议的依据：土地整治项目的可行性研究是项目投资者与其他单位签订项目规划设计合同、项目投资合同、工程承包合同、设备订货合同和原材料供应合同等的重要依据；

5)建立项目组织的依据：在项目可行性研究报告中，一般都必须对项目组织机构的设置、项目的组织管理、劳动定员的配备方案及其培训、工程技术及管理人员的素质和数量要求等做出明确的说明，因此，项目可行性研究可作为项目组织管理、机构设置及劳动定员的依据；

6)申请施工许可的依据：土地整治项目规模大，建设过程中往往涉及许多部门的业务范围，如电力、水利、林业、农业、交通、环境保护部门等。为确保项目施工的顺利进行，在准备阶段，可行性研究报告可以作为项目申请施工的重要依据。

11.2 土地整治项目可行性研究的步骤

土地整治项目可行性的研究一般按下面几个步骤进行。

(1)准备阶段。

在准备阶段,主要是提出项目建设的意向,讨论项目可行性研究的范围,熟悉国家有关政策的要求和项目业主的目标。

(2)实地调查与技术经济研究。

实地调查内容主要包括调查项目区土地利用状况、勘测项目区边界、清查农田基础设施和地上附着物状况。技术经济研究主要包括项目的建设依据、项目的地点、规模、项目的基础设施条件、新增耕地潜力、对实现耕地总量平衡的贡献率、亩均投资量和新增耕地的单位投资量等。

(3)提供可选方案。

通过分析项目的各个不同方面,设计成可供选择的不同方案。

(4)对最优方案进行详细研究。

对初选的最优方案应进行深入详细的分析,做出项目的经济财务分析和评价。

(5)编制可行性研究报告。

依据法律法规、相关政策、相关规划、技术标准和相关基础资料,按照工作深度(分为选定和基本选定),编制可行性研究报告。土地整治项目可行性研究报告应包括建设目标与标准、规划方案、资金筹措方案及效益分析。

11.3 土地整治项目主要内容的编制方法

11.3.1 水资源平衡分析示例分析

水资源平衡分析是可研报告较重要的部分,是确定项目区水土资源保障能力和灌排工程建设规模的依据。应根据项目区水土资源分析成果,根据作物灌溉制度、灌溉用水量,灌区内城乡生活、工矿企业和生态用水量等指标进行项目区水资源供需平衡分析。

1.水资源可利用量计算

水资源总量和水资源可利用量有本质的区别。水资源总量是指项目区内降水形成的地表径流量和地下产水量。其中地表径流量包括坡面流和壤中流,不包括河川基流量;地下产水量指降水入渗对地下的补给量,应为河川基流、潜水蒸发、河床潜流和山前侧渗等。而水资源可利用量是指在自然、技术、经济条件的限制下以及满足生态环境用水的基础上,可以利用的水资源量。项目区可利用水量主要由降雨产生的地表径流、渠首工程引水(过境水)、农业灌溉回归水以及取用的地下水四部分组成。

(1)降雨径流可利用量。

降雨径流可利用量指在流域的水资源未被作任何利用的情况下，在地表产生的地表径流量。可根据年降雨量资料用年降雨径流关系推求径流量。依据适配线法作水平频率分布线型，一般选用皮尔逊Ⅲ型，直接查出不同频率水平年份相应的径流量；或先查出不同频率水平年份的年降雨量，再计算出年径流量。

(2)过境水可利用量。

过境水就是利用各种建筑物引用项目区以外用来灌溉的水资源量。其引水量的大小受季节和年份影响，一方面受到可引河流水量和渠系建筑物引水能力的限制；另一方面还受到取水许可量及地方水资源平衡分配的限制。当引水能力大于取水许可量及水资源平衡分配量时，过境水可利用量为取水许可量和水资源平衡分配量中的较小量，当引水能力小于取水许可量及水资源平衡分配量时，过境水可利用量为实际可引量。取决于具体地区和季节年份。

(3)地下水资源可利用量。

地下水资源可利用量指在经济合理、技术可行且不引起生态环境恶化条件下的地下水资源可开采量。目前开采的大部分都是浅层地下水，地下水可利用量则可估算为地下水补给量。地下水资源在补给和消耗的作用下会形成一个不稳定的天然流场，在雨季时补给量大于消耗量，含水层内储存量增加、水位上升；旱季时消耗量增加，储存量就有可能减少，水位下降。这种发展过程具有一定的周期性，地下水有以丰补歉的特点，可以在干旱年适当超采一部分水量，利用丰水年予以补回，尤其是农业灌溉，干旱年和丰水年的灌溉用水量相差很大，丰水年时灌溉用水量很少甚至不用灌溉；从一个周期来看，这段时间内的补给量和消耗量基本上处于动态平衡状态。

地下水补给量主要包括大气降雨入渗、灌溉回归、水体渗漏补给量及地下水侧向径流补给四部分。

1)降雨入渗补给量。计算公式为

$$R_{降}=0.1\alpha PF \tag{11-3-1}$$

式中，$R_{降}$ 为降雨入渗补给量(万 m^3)；α 为年降雨补给系数；F 为项目区面积(km^2)；P 为年降雨量(mm)，取一定灌溉设计保证率下降雨量。

2)灌溉回归补给量。计算公式为

$$W_{归}=W_{毛}\lambda \tag{11-3-2}$$

式中，λ 为灌溉回归入渗系数；$W_{归}$ 为灌溉回归补给地下水量(万 m^3)；$W_{毛}$ 为灌溉毛水量(万 m^3)。

3)水体渗漏补给地下水量。计算公式为

$$W_{水体}=W_{d}m \tag{11-3-3}$$

式中，m 为水体渗漏补给模数；W_{d} 为沟渠等水体水量；$W_{水体}$ 为渗漏补给量。

4)侧向径流补给量。计算公式为

$$Q_{侧}=KIBMt \tag{11-3-4}$$

式中，t 为补给时间(d)；K 为渗透系数(m/d)；I 为地下水水力坡度；B 为垂直地下水流向过水断面长度(m)；M 为平均含水层厚度(m)；$Q_{侧}$ 为地下水径流侧向补给量(万 m^3)。

则在一定降雨保证率下，项目区内地下水总补给量为

$$W_{总}=R_{降}+W_{归}+W_{水体}+Q_{侧} \tag{11-3-5}$$

2.需水量总量计算

区域不同保证率需水量是指在某种生产条件下，遇到不同频率的雨情、水情、旱情下需要的水量。项目区需水量包括农业灌溉需水量和非农业灌溉需水量，其中以农业灌溉需水量为主。

(1) 农业灌溉需水量。

可由灌溉面积和灌溉定额计算。农田灌溉定额可选择具有代表性农作物的灌溉定额，结合农作物播种面积预测成果或复种指数加以综合确定。有关部门或研究单位大量的灌溉试验所取得的有关成果，可作为确定灌溉定额的基本依据。灌溉定额可分为充分灌溉和非充分灌溉两种类型。对于水资源较丰富的地区，一般采用充分灌溉定额；而对于水资源较紧缺的地区，可采用非充分灌溉定额。预测农田灌溉定额应充分考虑田间节水措施以及科技进步的影响。计算公式为

$$W=Am/\eta \tag{11-3-6}$$

式中，W 为需水量，万 m^3；A 为项目区灌溉面积，hm^2；m 为净灌溉定额，m^3/hm^2；η 为灌溉水利用系数。

(2)非农业灌溉需水量。

主要是灌区内的工业用水、环境用水、村镇居民生活用水及牲畜用水。工业用水的计算方法有趋势线法、万元产值指标法、相关法、重复利用率提高法、弹性系数法等。城镇居民生活用水及牲畜用水均以现状生活用水为基础，由人口增长率和未来用水定额预测未来用水量。根据生态环境状况，结合当地的生态环境要求，来决定环境用水量。

3.水资源供需分析

通过得到的可利用水量和项目区需水量对比分析，可知项目区在多年期间能否充分满足水源的采补平衡。

4.水资源平衡分析示例：以河南省某土地整治项目进行说明。

(1)项目区可利用水分析。

1)降雨。项目区降水量平均值约为 672.3mm，年降水量相对变率为 19.2%，降水量一般集中在 6～ 9 月份，占全年降水量的 60%以上，多为暴雨。考虑到项目区内以旱作物为主，对降雨的利用主要通过降雨入渗土壤包气带而被作物及其环境所利用，即有效降雨。根据项目区有关资料，该部分约占降雨量的 75%。根据项目所在区域 1969—2001 年系列降水量资料，可知保证率为 75% 的年份为 1981 年。因此，确定 1981 年为典型年，其降水量为649.9 mm。

2)地表径流。项目区可利用的径流量主要为涡河河水。由于近年来降水量偏少，涡河径

流量较小，加之缺乏必要的提水工程，基本上无法利用该部分水资源。另外项目区多年平均年径流深 75mm，由于区内缺乏拦蓄工程，亦无法利用这部分水资源。因此，不考虑对地表径流的利用。

3)地下水。项目区地下水储量大，补给充分，便于开发利用，水资源补给保障度较高，为富水区。地下水补给量包括大气降雨入渗、灌溉回归、水体渗漏补给及地下水侧向径流补给四部分。

降雨入渗补给量：按公式(11－3－1) 计算。α 取 0.24，P 取 75%灌溉设计保证率下降雨量 649.9 mm，则

$$R_{降}=0.1\alpha PF=0.1\times0.24\times649.9\times7.43=115.89\ 万\ m^3$$

灌溉回归补给量：按公式(11—3—2) 计算。λ 取 0.2，则

$$W_{归}=W_{毛}\lambda=188.58\times0.2=37.716\ 万\ m^3$$

水体渗漏补给地下水量：按公式(11－3－3)计算。项目区的水体渗漏补给模数为 3.9 万 m^3/km^2，则

$$W_{水体}=W_{d}m=3.9\times5.96=23.244\ 万\ m^3$$

侧向径流补给量计算：按公式(11－3－4) 计算。K 取 15 m/ d，含水层取 16 m，根据 A 片项目区周长，选取 B 为 12 000 m，则

$$Q_{侧}=KIBMt=15\times0.001\times12\ 000\times16\times365=105.12\ 万\ m^3$$

则在 75%降雨保证率下，规划区内的地下水总补给量按公式(11－3－5) 计算，有

$$W_{总}=R_{降}+W_{归}+W_{水体}+Q_{侧}=115.89+37.716+23.244+105.12=281.97\ 万\ m^3$$

根据以上分析，项目区以利用地下水为主，天然降水等作为补充水源。

(2)需水量计算。

1)作物灌溉定额的确定。需水量平衡是一个相对的概念，是指在一定保证率下的水量供需平衡。因此，在进行水资源平衡分析时，要首先确定灌溉设计保证率，灌溉设计保证率是指灌区用水量在多年期间能得到充分满足的比率，依据当地的气候特点和作物种植情况，并根据水利和农业等有关部门的资料，确定作物灌溉设计保证率为 75%。作物净灌溉定额见表 11－3－1。

表 11－3－1　项目区作物年灌水量

作物品种	净灌溉定额 m^3/hm^2	种植比例	综合净灌溉定额 m^3/hm^2	综合毛灌溉定额 m^3/hm^2
小麦	1 950	0.95	1 852.5	2 154.0
玉米	1 425	0.50	712.5	828.0
花生	1 500	0.45	675.0	784.5
合计	4 875	1.90	3 420.0	3 766.5

2)需水量计算。项目区用水量包括农作物需水和农村生活用水及畜牧用水三部分。其中农村生活用水及畜牧用水可利用浅井或深井供给,需水量分析时不再考虑,仅计算项目区内农作物需水量。

根据农业和水利部门资料,项目区代表作物为冬小麦、玉米、花生。计划采用打井配合低压管道灌溉,由于灌溉井组独立,灌溉水利用系数较高,灌溉水利用系数按 0.86 计。

项目区规划以后耕地面积(A)为 557.01hm^2,农业总需水量按公式(11-3-6)计算,有

$$W=Am/\eta=557.01\times3\ 420/0.86=221.51\text{ 万 m}^3$$

(3)水资源平衡分析。

根据分析,项目区作物灌溉需水量为 221.51 万 m^3,项目区浅层地下水动态补给量为 281.97 万 m^3,同时,该含水层为粗砾料,埋藏较浅,地处平原,越界泄流不太明显,总补给量基本为可开采量。项目区在多年期间能充分满足水源的采补平衡。

11.3.2 适宜性评价示例分析

土地整治项目中的土地适宜性评价主要是根据土地整治项目区土地的自然属性和经济属性,从土地利用的要求出发,全面衡量对于某种用途土地的适宜性及适宜程度。土地适宜性评价在土地整治可行性研究中有重要意义:一是可以确定项目区土地适宜利用的类型,即土地能生产什么,适宜什么用途,为科学调整用地结构提供科学依据。二是对未利用土地进行适宜性评价,其评价结果是进行土地潜力分析的基础和前提,为合理利用未利用土地提供依据。三是土地适宜性评价能有效地验证土地整治的可行性和必要性,为下一步的土地整治提供保障。以下结合河南某土地整治项目的适宜性评价进行论述。

1.评价原则

项目区土地适宜性定量评价参照中华人民共和国国土资源部行业标准 TD—T1007—2003《耕地后备资源调查与评价技术规程》的思路和体系进行。根据土地属性对耕地利用的适宜程度及其对土地整治可能产生限制的因子类型和强度,参考土地的形态,采取综合分析和主导因子(主导限制因子)相结合的方法进行评价。土地整治项目主要是对项目区现有耕地进行整理,因此评价以农用地分等定级规程为依据,着重针对项目区耕地是否适宜土地整治进行评价分析。

2.评价系统

土地适宜性评价是在对区域内需整治土地进行调查的基础上进行,采用土地适宜类、土地质量等、土地限制型三级划分的评价体系,详见表 11-3-2。

(1)土地适宜类。

分宜耕地和不宜耕地两类。宜耕地类是指按照规程定义的各相关地类评价指标和方法评定为宜耕种的土地。

(2)土地质量等。

对宜耕地类划分质量等级,按《耕地后备资源调查与评价技术规程》评价分等指标,将耕地资源划分为一等地、二等地和三等地。

表 11-3-2　待整治土地评价系统

适宜类	质量等	限制型
宜耕地(A)	一等地(A_1)	无限制(A_1^{00})
	二等地(A_2)	温度限制(A_2^{01})
		水源限制(A_2^{02})
		土层厚度限制(A_2^{03})
		土壤质地限制(A_2^{04})
		坡度限制(A_2^{05})
		水文与排水限制(A_2^{06})
		生态退化限制(A_2^{07})
		……
	三等地(A_3)	温度限制(A_3^{01})
		水源限制(A_3^{02})
		土层厚度限制(A_3^{03})
		土壤质地限制(A_3^{04})
		坡度限制(A_3^{05})
		水文与排水限制(A_2^{06})
		生态退化限制(A_3^{07})
		……
不宜耕地(N)	不续分	

一等地:条件好,无或有一种限制因素,且限制程度低,不需或略需改良,成本低;开发后作物产量高,供食用的农副产品能够达到国家食用卫生标准,非食用的作物产品质量合格;在正常利用下,不会产生土地退化和给邻近土地带来不良后果。

二等地:条件中等,有一、二种限制因素,限制强度中等,需要采取一定改良或保护措施,成本中等;开发后产量中等,供食用的农副产品能够达到国家食用卫生标准,非食用的作物产品质量合格;如利用不当,对生态环境有一定的不良影响。

三等地:条件差,有多种限制性因素,且限制强度大,改造困难,需要采取复杂的工程或生物措施,成本较高,开发后作物产量低,供食用的农副产品能够达到国家的食用卫生标准,非食用的作物产品质量合格;如利用不当,对土地质量和生态环境有较严重的不良影响。

(3)土地限制型。

在等级下设置限制型,按其限制因子的限制程度划分。同一型内具有相似的限制因素和强度以及相似的改造措施。

待整治土地采用:无限制(00)、温度限制(01)、水源限制(02)、土层厚度限制(03)、土壤质地限制(04)、坡度限制(05)、水文与排水限制(06)、生态退化限制(07)等。

3.评价指标

选择对土地质量有显著影响的,且较稳定的因素作为评价指标。项目区主要涉及的评价指标有温度条件、水分条件、有效土层厚度、土壤质地、坡度、水文与排水条件和生态退化可能性。

(1)温度条件。

按作物对积温的要求,以及是否受霜冻威胁,将温度条件划分为以下四级。

A_1:积温条件能满足大田作物要求,无霜冻威胁;

A_2:积温能满足大田作物的要求,偶尔受霜冻影响,造成减产<20%;

A_3:积温能满足大田作物的要求,经常有霜冻危害,造成产量减产 20%～40%;

N:积温不能满足大田作物的要求,有严重霜冻威胁,造成减产>40%。

(2)水分条件。

干旱区必须有灌溉水源才能开发,依据灌溉水源保证率划分水分限制级别。湿润区有较充足降雨,水分可做无限制处理。在半干旱和半湿润区,如旱作稳定,可不要求有灌溉水源,如有灌溉水源可做水分无限制处理(A_1),其他的做水分二级限制处理(A_2);如旱作不稳定,则需有灌溉水源,依据灌溉水源保证率划分水分限制级别。对干旱区和旱作不稳定的半干旱及半湿润区,依据灌溉水源保证率,将水分条件分为四级,具体见表 11-3-3。

表 11-3-3 水分条件限制等级

区 域	年降水量/mm	年湿润度(P/E)	灌溉水源保证率/%			
			A_1	A_2	A_3	N
干旱区	<250	<0.3	100	80～100	70～80	<70
半干旱区	250～500	0.3～0.6	>80	70～80	50～70	<50
半湿润区	500～1 000	0.6～1.0	>60	50～60	40～50	<40
湿润区	>1 000	>1.0				

(3)有效土层厚度。

有效土层厚度是指从自然地表到障碍层或石质接触面的土壤厚度。依据土壤下伏基岩或母岩类型,分 3 种情况将有效土层厚度划分为四级,具体见表 11-3-4。

(4)土壤质地。

以土壤表层 30cm 的平均质地为标准,将土壤质地分为黏质土(重壤、黏土)、壤土(轻壤、

中壤)、沙壤土、沙土和砾质土。土壤质地条件分为四级:

A_1:壤质;

A_2:沙壤质和黏质土;

A_3:沙土或石砾含量 15%～50%,且可以改良的砾质土;

N:石质及岩石露头面积>50%或石砾含量>50%(体积比)。

表 11-3-4　土层厚度限制等级

母岩(质)	有效土层厚度/cm			
	A_1	A_2	A_3	N
黄土性母质和易风化的泥质岩类	>100	50～100	30～50	<30
中性、酸性结晶岩类	>100	60～100	50～60	<50
石英岩类、碳酸岩类	>100	70～100	50～70	<50

(5)坡度。

一般坡度<2°情况下,无明显侵蚀发生;坡度 2°～6°有发生侵蚀的可能,开发时一般需采取一定的水土保持措施;坡度 6°～15°有土壤侵蚀,需采取水土保持措施才可开发。坡度>15°一般不宜开发,但在土层深厚的黄土地区和紫色地区,以及土层厚度大于 70cm 的其他山地丘陵区,建设水平梯田的条件较好,可放宽至 25°。坡度>25°的坡地严格禁止开发。坡度分级详见表 11-3-5。

表 11-3-5　坡度限制等级

地　区	坡　度			
	A_1	A_2	A_3	N
黄土和紫色土区以及土层厚度>70cm 的地区	<6°	6°～15°	15°～25°	>25°
其他地区	<7°	3°～6°	6°～15°	>15°

(6)水文与排水条件。

根据地表积水时间、排泄条件和改良措施复杂程度,可分为以下四级:

A_1:常年不引起洪涝,不积水,排水条件好,不需改良或只需简单改良;

A_2:季节性洪涝或季节性积水,可以采取防洪、排涝措施加以改良;

A_3:常年洪涝或长期积水,需采取比较复杂的防洪、排涝措施加以改良;

N:经常有洪涝威胁或长期被水淹没,排水条件差,改良困难。

(7)生态退化可能性。

生态退化可能性是衡量土地开发后,引起土地本身和异地生态质量退化可能性的一种定性综合量度。对土地本身生态质量退化评估主要集中于开发后是否存在次生盐渍化、土壤结构退化等可能性及其程度大小;对异地生态质量退化可能性评估,主要集中于是否造成或加重区域干旱化、水土流失,以及对周围或区域生态系统的生物多样性产生影响。依据生态退化的类型及其可能性大小,将生态退化可能性划分如下四级:

A_1:无或有较小潜在生态退化可能性,或对异地生态系统无或有轻微影响,不需或采取简单措施,可以防止;

A_2:有潜在生态退化可能性,或对异地生态系统有一定影响,需采取一定措施加以防止;

A_3:有较大的潜在生态退化可能性,或对异地生态有明显的影响,需采取复杂的措施加以防止;

N:潜在生态退化可能性大,或对异地生态有严重影响。

4.项目区土地适宜性评价分析

(1)评价方法。

本项目评价采用最小限制因子法。即在以上评价指标的分级中,以分级最低评价因子的分级作为该评价单元的等级,并在等级后加注其代号,作为其限制性因子类型。

(2)评价指标分析。

1)温度条件。

结合对项目区气候条件的分析,≥0℃的活动积温为5 196℃,无霜期约为337天,多年平均日照时数1 302.6小时,满足大田作物的基本要求,农作物可以达到两年三熟或一年两熟,仅有少量霜冻威胁。设计评定级别为A_2^{01}。

2)水分条件。

结合对项目区水文状况的分析,项目区属中亚热带湿润季风气候类型,项目区内年降雨量为1 047mm,地表径流深为601.37mm,设计评定级别为A_1^{02}。

3)有效土层厚度。

项目区土壤以水稻土和紫色土为主,土层厚度在60~80cm之间,平均土层厚度大于0.6m,设计评定级别为A_3^{03}。

4)土壤质地。

结合项目区土壤概况分析,项目区土壤以水稻土和紫色土为主,土质轻壤、微酸到中性反应,设计评定级别为A_2^{04}。

5)坡度。

结合文本土地利用现状分析,项目区耕地2°~6°的面积约占耕地总面积的21.53%,6°~15°的耕地面积占总面积的42.13%,15°~25°的耕地面积占总面积的36.34%,项目区耕地主要集中6°~15°,设计评定级别为A_3^{05}。

6)水文与排水条件。

项目排水通道包括天然冲沟和排水沟,现状均为土沟形式,利用状况较差,部分区段沟壁坍塌,导致排水沟淤积,无法畅流,需通过后续规划设计农田水利工程改善项目区排水条件。设计评定级别为A_2^{06}。

7)生态退化可能性。

结合文本分析,项目区整治后主要种植水稻、玉米、土豆和红薯,土地可以得到有效利用,无或有较小潜在生态退化可能性,对异地生态系统无影响,设计评定级别为 A_1^{07}。

(3)评价结果。

评价结果见表 11-3-6。

表 11-3-6 待整治土地评价结果一览表

评定等级	评价指标	评定等级	限制型
A_3	温度条件	A_2	A_3^{05}
	水分条件	A_1	
	有效土层厚度	A_3	
	土壤质地	A_2	
	坡度	A_3	
	水文与排水条件	A_2	
	生态退化可能性	A_1	

通过总体评价后,评价结果见表 11-3-7。

表 11-3-7 待整治土地最终评价结果

类	等	型
宜耕地(A)	三等地(A_3)	坡度限制(A_3^{05})

经分析,虽然项目区土地均在三等地及以上,部分耕地受坡度限制,但项目区土壤类型以水稻土和紫色土为主,且土层厚度均>60cm,建设坡式梯田的条件较好,所以本项目土地整治设计进行坡改梯工程,设计为坡式梯田。

11.3.3 新增耕地来源示例分析

新增耕地来源分析是土地整治可行性研究的主要内容,应根据土地利用总体规划、土地利用限制性因素分析和土地适宜性评价结果,确定新增耕地来源。

1. 新增耕地面积主要来源

现阶段土地整治项目主要为土地整理、土地开发和土地复垦等三类,地貌类型错综复杂,不同地貌新增耕地来源存在很大差异。

(1)土地整理项目新增耕地。

土地整理项目一般为农用地整理项目,依据土地利用类型划分,新增耕地主要来源可归纳为三类:

第一类：道路、沟渠等设施归并整理新增耕地、废弃谷场整理新增耕地、废弃沟渠或坑塘充填新增耕地、田坎系数降低新增耕地等；

第二类：零星建设用地（如特殊用地、居民点用地、工矿废弃地等）整理新增耕地、零星未利用地新增耕地等；

第三类：废弃园地、林地等整理新增耕地。

依据图斑表现形式划分，土地整理项目新增耕地来源可分为线状地物和面状地物。面状地物容易用图表示，验收时容易实地勘查和论证，能够比较准确地预测新增耕地面积，是早期土地整理项目新增耕地能够达到10%以上的主要因素；线状地物一般较难用图表示，新增耕地位置分散，一般很难准确测算新增耕地面积，也难以验收和检查，但其是土地整理项目新增耕地的发展趋势。

（2）土地复垦新增耕地。

土地复垦项目的对象是指废弃的建设用地，虽然其可分为矿山废弃地复垦、建设临时用地复垦、废弃工业用地复垦和城镇建设用地复垦等形式，但是新增耕地来源只是一级类的建设用地，涉及独立工矿用地、城市用地、建制镇用地、水工建筑用地等二级类。新增耕地来源在图斑上一般为面状，容易测算面积和进行实地勘查。

（3）土地开发新增耕地。

土地开发项目与土地复垦项目一样，其对象单一，即适宜农业利用的未利用地，所以，土地开发新增耕地来源是未利用土地，如荒草地、滩涂、盐碱地和沙荒地等。

2.新增耕地面积测算方法分析

根据调研资料综合分析，我国土地整治项目新增耕地面积测算方法繁多，主要有耕地整理系数法、综合平衡法、基础设施用地系数法、典型抽样法等。

（1）耕地整理系数法。

耕地整理系数法是土地整治规划（专项规划）土地整治潜力预测的主要方法，其在湖南、辽宁等省份的土地整治规划新增耕地预测中广泛应用。耕地整理系数法就是根据耕地净面积（ΔS）为耕地毛面积（S）与田坎扣除系数（K）的乘积，其中土地整治前田坎扣除系数按照地籍数据的田坎系数确定；土地整治后田坎扣除系数按照整治后项目区坡度，比照同等坡度类型的田坎系数确定。基本做法有：

1）项目区全部为土地开发或土地复垦（不含土地整理部分）。新增耕地面积（ΔS_1）为土地整治后测算出的耕地毛面积（S_1，扣除水利等工程设施占地）与田坎扣除系数（K_1）的乘积，则

$$\Delta S_1 = S_1 \times K_1 \qquad (11-3-7)$$

2）项目区全部为土地整理。新增耕地面积（ΔS_2）为土地整理后的耕地毛面积（S_2，扣除水利等工程设施占地）乘以整理后测算出的田坎扣除系数（K_2）与整理前耕地毛面积（S_0）乘以整理前田坎扣除系数（K）之差，即

$$\Delta S_2 = S_2 \times K_2 - S_0 \times K_0 \qquad (11-3-8)$$

3）项目为综合项目（既有土地开发又有土地整理部分）。新增耕地面积（ΔS）为土地整理

新增耕地面积(ΔS_1)与土地开发新增耕地面积(ΔS_2)之和,即

$$\Delta S = \Delta S_1 + \Delta S_2 \tag{11-3-9}$$

耕地整理系数法具有测算原理清晰和过程简单的优点,但其过程和结果无法与图形属性信息结合,结果也存在较大的偶然误差和必然误差,如整治后田坎扣除系数由统计和经验获取,不可能与所有项目完全吻合;有时甚至存在错误,如统计分析数量不够造成错误等。当在项目性质为土地开发或土地复垦时,该测算方法的误差一般较小,具有操作简单的优势。由于土地整理项目和综合项目新增耕地面积测算的复杂性,其过程涉及多项相乘和相加,根据误差传播定律分析显示其误差具有累积效益。

(2) 综合平衡法。

综合平衡法是土地整治项目工作开展早期最主要的新增耕地面积测算方法,在江苏、福建等省应用较为普遍。该方法是在项目区范围、规模等确定的前提下,按照项目区总面积和建设规模不变原则,土地整治工程只改变地类类型的现象,即土地整治项目区中各地类之间面积发生变化,并且通过表格可以反映项目区土地利用变化情况。

综合平衡法法测算新增耕地面积有以下两种形式。

1) 按照土地分类的二级类制表,反映项目实施前后各种地类面积和比例变化。其优点是直观反映土地利用变化结构,基本反映新增耕地来源,技术要求不高、操作简单等。但也存在缺陷,测算过程和结果不能与图件结合、一般无法确定地类变化过程或趋势。

2) 借鉴土地利用总体规划土地利用结构平衡表,建立项目区内土地利用现状与项目实施后地类之间的关系。这种方法可以局部反映地类之间变化关系,与图件结合反映部分地类变化,如用红色表示耕地增加来源、用蓝色表示耕地减少部分。但是,由于图形比例尺局限,部分线状地物新增耕地不能用图表示。同时,有预新增耕地测算缺少详细计算过程,有时会产生数据不准确现象,如有意增加来源于线性地物的耕地数量、地类面积确定上尽量减少沟渠或道路等占用土地等。

(3) 基础设施用地系数法。

基础设施用地系数法有详细计算过程,计算数据从施工或竣工验收测量中获取,计算结果与项目实施工程结合紧密,能将土地整治项目新增耕地面积纳入到项目验收体系,能让图件和数据更加有机结合,如图件无法表示的道路、沟渠等线性地物可以从测算过程反映。

该方法基本原理是新增耕地面积为整治前后耕地面积之差,即

$$\Delta S = S_2 - S_1 \tag{11-3-10}$$

其中　ΔS—— 新增耕地面积;

S_2—— 项目实施后耕地面积;

S_1—— 项目实施前耕地面积。

基本步骤:

第一步,由地籍数据获取项目实施前耕地数量(S_1)。

第二步,野外测量面积较大地块的非耕地面积,如园地面积($S_{园}$)、林地面积($S_{林}$)、牧草地

($S_{牧草}$)、建设用地($S_{建设}$)、未利用($S_{未利用}$)、养殖水面面积($S_{养殖}$)，测量过程可结合竣工验收测量同时进行。

第三步，确定线状地物(如道路、沟渠等)占地面积，测量获取线性地物长度和宽度，计算其占地面积。

道路(田间道、生产路、田埂)占地面积计算公式为

$$S_{路} = \sum D_i L_i \tag{11-3-11}$$

其中 $S_{路}$ —— 道路占地面积，单位 m^2；

D_i —— 道路路基宽度，m；

L_i —— 道路的长度，m。

沟渠占地面积计算公式为

$$S_{沟渠} = \sum D_j L_j \tag{11-3-12}$$

其中 $S_{沟渠}$ —— 沟渠占地面积，单位 m^2；

D_j —— 沟渠及其附属物总宽度，m；

L_j —— 沟渠长度，m。

第四步，计算项目实施后耕地面积(S_2)，有

$$S_2 = S_{规模} - S_{林} - S_{园} - S_{牧草} - S_{建设} - S_{未利用} - S_{路} - S_{沟渠} - S_{养殖} \tag{11-3-13}$$

其中 S_2 —— 项目实施后耕地面积；

$S_{规模}$ —— 项目建设总规模。

第五步，计算新增耕地面积(ΔS)，有

$$\Delta S = S_2 - S_1 \tag{11-3-14}$$

(4) 测量法。

测量法测算新增耕地面积根据测量过程分为局部测量法和全面测量法。

局部测量法是利用土地利用现状图为底图，主要测量项目实施后耕地面积和位置，并将其展绘到竣工验收图上，再汇总计算耕地面积。计算获取的耕地面积与土地利用现状耕地面积的差值就是土地整治项目新增耕地数量。同时，将竣工验收图与土地利用现状图叠加分析，可以获取新增耕地位置信息。

全面测量法是对项目区地形、地貌等情况进行整体测量，并绘制新的土地利用图，计算项目实施后各种地类的面积与新增耕地面积，全面更新了土地利用现状图，真正做到属性数据和空间数据的有机统一和结合。

虽然通过测量法测算的新增耕地准确以及能够表示新增耕地的来源和位置，但是全面测量法需要投入大量人力、物力和财力，如果所有土地整治项目都采用这种方法，是不现实的。但可以采用局部测量的改进方法，即利用项目申报时的测量费用进行 1∶2 000 土地利用现状图补充，尽量获取到详细的资料；在项目实施后，将施工建设内容在项目申报时补测图上表示，即利用补测的土地利用现状图作为底图。这样可以节约投入，也可以获得比较准确的数据。

(5) 典型抽样法。

典型抽样法是通过调查和计算典型区域土地开发、土地复垦或土地整理新增耕地率，利用抽样获取的新增耕地系数乘以项目区面积，其结果为项目区新增耕地面积。

抽样区域一般为纵横 100m 或其他规格的典型地块丈量测算，扣除典型区中的田坎、裸岩、道路等面积，计算其耕地面积和耕地系数。根据 10 块左右的抽样典型区计算出的耕地系数，这些系数算术平均值即为项目区耕地系数。利用抽样获取的耕地系数、项目区面积就可以计算出项目实施后的耕地面积，项目实施后的耕地面积减去项目申报时的耕地面积即为项目新增耕地面积。

1) 根据耕地整理区域特征测算典型样区各坡度级别的新增耕地系数，计算公式为

$$a_d = A_d - A_b \tag{11-3-15}$$

$$a = \sum a_d / t \quad (t\text{ 为第 } i \text{ 级坡度的样本数}) \tag{11-3-16}$$

式中　a_d—— 典型样区中某坡度级别的新增耕地系数；

A_d—— 典型样区某坡度级别中沟渠、道路、林网、田坎、坟地、零星建设用地和未利用地等面积之和占典型样区面积的比例；

A_b—— 典型样区同坡度级别集约水平较高的耕地中沟渠、道路、林网、田坎、坟地、零星建设用地和未利用地等面积之和占耕地区面积的比例；

a—— 某坡度级别的新增耕地系数。

2) 根据典型样区各坡度级别的新增耕地系数测算新增耕地系数，计算公式为

$$A = \sum a_i \times b \ (i = 1, 2, 3, \cdots, n) \tag{11-3-17}$$

式中　b—— 某坡度级别耕地所占系数；

a_i—— 某坡度级别耕地的新增耕地系数；

A—— 项目区新增耕地系数。

3) 根据新增耕地系数计算新增耕地面积，计算公式为

$$\Delta S = S \times A \tag{11-3-18}$$

式中　S—— 整理区面积；

A—— 新增耕地系数；

ΔS—— 新增耕地面积。

典型抽样法在许多省份应用，具有较强的可行性和操作性。但是，如果在抽样时存在人为因素，就会降低新增耕地测算结果的精度。

(6) 农民承包经营面积测算法。

在贵州省曾应用农民承包经营面积测算法测算土地开发整理项目新增耕地面积，其基本做法：当前我国耕地是由农民承包经营的，并且由村集体与农民签订承包合同，将项目实施前和项目实施后农民承包证中的耕地面积加总，就可以获得项目区实施前和实施后的耕地面积，这两个承包耕地面积之差就是新增耕地面积。

这是一种比较特殊的新增耕地面积测算方法，在一定程度上能够保证耕地数量。但是，国家要求项目申报时土地利用状况数据应使用地籍数据，项目实施后的数据也应以变更后的地籍数据为基础。所以，农民承包经营面积测算法在实践中可以尝试使用，但其合法性、合理性等方面需要进一步论证。

(7)新增耕地特殊情况处理。

在上轮土地详查时，对裸岩地调查和处理有特殊要求，即当裸岩地块中裸岩面积在30%以下时，该地块可作为耕地处理，而实际上该地块并非全部耕地。所以，在该土地进行土地整治时新增耕地面积测算时要进行特殊处理。

3. 土地整治项目新增耕地来源案例分析

项目区位于黄泛区的淤积平原。项目区形状为手掌形，东西最长约6.5km，南北最长约6.8km，整个地势较为平坦，由西北部向东南部倾斜，项目区内地面高程在30.5～45.5m左右(1956年黄海高程系)。从项目区现状土地利用结构分析中可以看出，一是农村道路占项目区建设面积的5.27%，由于农村道路大多属自然形成，断头路较多，而且未经统一规划，占地较多，且路况普遍较差，田块大小不均，有的较为零碎，不利于机械化耕作。按照《土地整治标准》的有关规定及项目区的规划要求布置田间道路，项目区道路整理能产生新增农用地30.90公顷；二是农田水利用地占项目区建设面积的5.04%，通过本次土地整理，可将废弃沟渠、水工建筑用地等整理为耕地，这部分整理后能产生新增农用地39.21公顷；三是未利用地占项目区建设面积的0.71%，长期闲置浪费了土地资源，所以通过土地整治项目实施，也对这部分进行开发，这部分共产生新增农用地1.25公顷。以上这些整治出来的农用地除了一部分要作为田埂外，大部分都可作为新增耕地，经过规划后，项目区新增耕地为69.64公顷。

因此，项目区新增耕地来源主要有两个途经，一是通过对现状农用地的整理，合理布置排灌系统和道路系统，使农用地中各类用地比例趋于合理性，从中可以新增一部分耕地；二是通过对项目区内不能起作用的水工建筑用地的整理，增加部分耕地；三是对区内零星未利用地进行开发，增加耕地数量。

复习思考题

(1)简述土地整治项目可行性研究的作用。

(2)在可行性评价时应如何进行项目分析?

(3)土地整治现状图和规划图上主要表现的项目有哪些?

第 12 章　土地整治项目规划设计

12.1　土地整治项目规划设计概述

1. 基本概念

土地整治项目规划设计是以批复的土地整治项目可行性研究报告为依据，按照有关技术标准、规范和规程，在施工前对项目土地平整、农田水利、田间道路、农田防护等工程的实施进行调查研究和科学分析，通过技术经济综合分析，阐明在既定地点、时间和投资内工程技术的可靠性和经济合理性，最后提出作为施工依据的设计文件及图纸的过程。

简单地讲，规划设计是应用科学的方法编制拟建项目的规划图、施工图、规划设计报告和预算书。具体地讲，规划设计应主要完成：项目的总体布局，灌排控制范围，沟渠、道路初步定线、断面设计，施工总体平面图，建筑物的平面、立面、剖面图及结构详图，设备安装详图，各种材料、设备明细表、施工说明等，土地平整、农田水利、田间道路、农田防护等各项工程的施工组织设计、工程量计算和统计，工程概算等。

2. 作用

土地整治项目规划设计是对土地整治项目进行全面布局和系统设计，其重要作用在于土地整治项目规划设计是土地整治项目实施的依据；是控制工程造价的依据；是工程招投标与施工监理工作的基础和依据；是项目检查、监督和竣工验收的依据。做好科学合理的规划设计是处理技术与经济关系的关键环节，是确定与控制工程造价的重点阶段，也是组织项目实施的依据。

3. 与可行性研究的关系

土地整治项目规划设计是土地整治项目可行性研究的优化与细化，必须与项目可行性研究保持衔接。按照土地整治项目管理程序，土地整治项目可行性研究报告批复后才能进行规划设计。土地整治项目可行性研究是规划设计的依据和基础，规划设计是对可行性研究中工程布局的深化。所谓深化，就是在可行性研究的基础上对各工程在设计上的深化，例如沟渠路的初步定线、断面设计，确定各项建筑物的位置、结构形式和尺寸，土地平整、农田水利、田间道路、农田防护等各项工程的施工组织设计，确定总预算，安排各工程施工进度等。

一般而言，规划设计不能改变已批复的项目可行性研究报告所确定的工程布局方案和设计标准。但是，根据土地整治工作的实际情况，规划设计还存在对土地整治项目可行性研究的一个优化过程。所谓优化，就是在规划设计阶段对可行性研究中的土地利用布局、工程布局进行调整，使土地利用更加合理，使工程在布局上更符合实际，在技术上更加可靠，在经济上更加合理。之所以发生优化调整，主要原因如下：

（1）基础图件的要求不同 。

土地整治项目可行性研究阶段所使用的地形图、土地利用现状图等基础图件比例尺一般不大于1∶10 000，且现势性一般相对较差。而规划设计阶段目前一般要求基础图件比例尺平原地区不小于1∶5 000，丘陵地区不小于1∶2 000，地形图一般都是实测，能够较好地反映现实。因此，与项目可行性研究阶段相比，建立在大比例尺和具有较强现势性图件基础上的规划设计阶段制定的工程布局和设计方案要更科学、合理。

（2）资料收集的广度和深度不同。

与可行性研究阶段相比，规划设计阶段更注重工程的可实施性，收集的资料针对性更强，计算精度和细致性进一步提高。

（3）论证细致程度不同。

就目前的实际情况来看，在土地整治项目可行性研究阶段，由于种种原因，对项目工程建设的经济性、合理性和可行性论述不够全面细致。在规划设计阶段，一般也就是项目立项之后，项目申报单位必须重视可操作性，组织当地村镇群众、土地、农业、林业、水利、电力等部门的有关专家对工程布局方案进行细致论证，从而就不可避免地对原可行性研究的相关方案做适当调整。

总体上讲，土地整治项目规划方案应与已批复的可行性研究报告基本一致，包括项目名称、项目区位置和范围、土地利用、基础设施、土地权属状况、项目建设基本方案（如土地利用、种植结构、土地平整、取水方案、灌溉和排水）等。项目建设规模和新增耕地率应控制在合理的变化范围内，而这个合理的变化范围指项目区测绘精度提高或设计合理性要求引起的合理变化范围。

与批复的可行性研究报告相比，规划设计阶段项目建设规模、新增耕地率和项目建设方案有较大变动者，规划设计单位应该及时向项目可行性研究报告批复单位报告，并听取项目可行性研究报告批复单位的处理意见。

12.2 土地整治项目规划设计的基础

12.2.1 立项依据

土地整治项目规划设计的最直接依据是土地整治项目可行性研究报告及其立项批复文件。批复文件规定了提交土地整治项目规划设计的内容、时间，指定了土地整治项目的名称、位置和范围、建设规模、整理性质、新增耕地面积和建设时间等。在进行规划设计时，一定要注意批复文件与工程可行性研究报告在具体参数方面的一致性，不一致者应以批复文件为准。

12.2.2 基础资料

1.法律法规和规定

国家和地方的土地、水利、环境、农业等部门有关土地整治项目规划设计及管理方面的法律、法规和规定。

2.标准和规范

国家和地方的水利、电力、建筑安装、道路、基本农田、林业、环境保护、土地整治等建设标准和规范。

3.项目区资料

(1)国土部门资料。

1)县、乡(镇)土地利用总体规划、土地整治专项规划。

2)项目区最新统计到村的土地台账。

3)地籍证明表。

4)农田土壤化验报告。

5)客土场土壤化验报告。

6)客土场证明,需说明客土场的位置、储量、运距、权属等。

7)土地整治区地形图,土地利用现状图,土地权属界限图,所在县、乡土地利用总体规划图,土地整治专项规划图等。

(2)水利部门资料。

1)项目区水文地质资料。

2)项目区水资源情况。

3)项目区取水许可。

(3)农业部门资料。

项目所在地区农业种植结构,耕作制度,农产品投入、产量、售价、收入等情况。

(4)电力部门资料。

项目区用电许可。

(5)林业部门资料。

项目所在地区适宜的防护林树种、树苗来源情况、种植方法等。

(6)物价部门资料。

沙、石、水泥、钢筋、树苗等主要材料工程造价。

(7)县、乡(镇)政府资料。

1)县、乡(镇)土地整治项目领导小组文件。

2)县、乡(镇)土地整治项目土地权属调整领导小组文件。

3)项目所在乡(镇)、村的社会经济统计报表。

4)项目所在村民座谈意见。

5)项目所在县、乡(镇)对项目规划方案的意见。

6)拆迁协议,涉及拆迁人签字盖章。

12.3 土地整治项目规划设计方案编制与选优

12.3.1 土地整治项目规划设计程序

土地整治项目规划设计工作的基本程序,一般分为以下8个阶段:前期工作、基础分析、拟定设计标准、工程布局、工程设计、施工组织设计、土地利用结构分析与工程量汇总以及成果整理。

1)前期工作主要包括:成立土地整治工程设计小组,熟悉项目可行性研究报告,对土地整治区域进行实地踏勘,收集工程设计的所需资料,以及提出工程布局的初步方案等。

前期工作首先要全面阅读项目可行性研究报告,熟悉项目情况,掌握项目可行性研究报告中的关键内容,如项目合法性、安全性、建设规模与土地利用结构、新增耕地比例、灌溉水源、排水方式、工程建设标准、工程建设内容与工程布局、投资结构等,尤其要注意专家评审对项目所提出的技术方面的意见。开展实地踏勘要根据从可行性研究报告所掌握的情况,踏勘人员必须全面熟悉项目的基本情况,并与项目区的农、林、水、土地等方面技术人员及村干部、村民代表进行全面深入的交流,初步形成规划设计方案设想。

2)基础分析主要是根据对项目区掌握的情况,深入分析项目区的自然、经济、社会条件、水资源、新增耕地潜力、土地利用问题等,明确项目区土地利用存在的主要矛盾和次要矛盾,并针对主、次要矛盾确定项目规划设计所需解决的主要问题,形成土地整治项目规划设计方案的主体框架。

3)拟定设计标准是土地整治项目规划设计的前提,主要涉及新增耕地率、灌溉标准、排涝标准、水工建筑物级别、道路标准等。

4)工程布局是对项目区内的土地平整工程、农田水利工程、田间道路工程以及农田防护工程进行全面的布置。由于土地整治项目涉及的工程内容较多,因此各工程布局应该有一个先后顺序。通常,首先应进行道路工程布局,其次进行灌溉排水工程布局,再次进行水工建筑物布局,然后进行农田防护工程布局,最后进行土地平整工程布局。但各工程布局并没有一个严格的先后顺序,在进行工程布局时,还应考虑各工程的布局要求以及各工程布局间的优化组合。一个项目工程布局应考虑多种可能方案,并对各工程布局方案从可行性、经济效益、生态效益、运行维护等多方面进行选优,以确定适宜项目区的最优方案。

5)工程设计就是对土地整治项目的各单项工程进行详细设计的过程。工程设计应着重注意各工程设计公式、设计参数选取的准确性,各单项工程设计的结构稳定性及安全性,确保各单项工程设计能够满足设计标准要求。

6)施工组织设计的主要任务是把工程项目在整个施工过程中所需用的人力、材料、机械、资金和时间等因素，按照客观的经济技术规律，科学地做出合理安排，使之达到耗工少、速度快、质量高、成本低、安全好、利润大的要求。土地整治项目施工组织设计的主要内容包括工程概况和施工条件分析、施工方案分析、施工进度计划和施工平面图等内容。

7)土地利用结构分析是对整治前后项目区内的土地利用结构进行分析，确定土地整治项目的新增耕地率，确定整治前后项目区内的耕地质量变化情况。

8)工程量汇总是土地整治项目预算编制的基础，直接决定了预算编制的准确与否，工程量汇总应遵循统一的工程量计算规则，各单项工程工程量计算应准确无误，确保不漏算、不重复计算。

土地整治项目规划设计成果包括规划设计文本、项目预算和项且设计图册三部分内容。

12.3.2　土地整治项目规划设计工程布局

12.3.2.1　工程布局原则

土地整治是实现耕地总量动态平衡、调整土地利用结构、提高土地利用效益、实现经济、社会与环境可持续发展而采取的一项重要措施。在土地整治项目规划设计工程布局时，应遵循以下原则：

1)符合有关法律、法规、政策规定，符合土地利用总体规划。

2)综合协调，与相关规划相统一。

3)保护与改善生态环境，经济、社会和生态效益相统一。

4)因地制宜，统筹安排，切实可行。

5)政府决策和公共参与相结合。

12.3.2.2　工程布局内容

土地整治项目规划设计工程布局是一项复杂而系统的工程，涉及农、水、路、林等多个学科，工程布局既要结合现行规范、行业标准的相关要求，又要考虑规划设计方案的可行性及适用性。

一、土地利用布局

土地整治工程从某种意义上说就是对项目区土地利用重新进行空间布局。土地利用布局必须符合项目区的国民经济发展要求，符合国家土地整治的政策方针，严格遵循项目区的自然生态条件，因地制宜的规划土地整治方案，确保有效提高项目区的土地利用率，改善项目区的自然生态环境。

1.田块布局基本要素

(1)耕作田块长度。

田块的长度不仅关系到田块平整工程量的大小与机械作业效率的发挥，还影响到灌排渠系的布设。同一条件下，对于土地平整而言，田块越长，平整工程量越大，平整技术要求也越高;而对于机械化作业而言,则有利于减少机组空行比重,提高机械化作业效率,促进土地的规模经营;对于田间灌排而言,田块越长,灌溉组织工作就越困难,灌水质量也难以保证。综合考虑各种因素的影响,田块长度一般为400～700m,具体数值可依具体情况来定,如机耕区可长些,非机耕区可短些,平原区可长些,丘陵区可短些,无灌溉条件的可长些,有灌溉条件的可短些等。

(2)耕作田块宽度。

田块宽度的确定与项目区机械作业所采用的机械类型、末级固定渠道的间距、地下水位情况、防护林的有效防护距离、田块面积的大小等因素有关,同时还应考虑地形的限制。在农业机械化水平较高的平原地区,考虑机组作业需要,通常将田块划分为若干作业小区,小区宽度以机组作业幅宽为标准,因此,田块宽度以作业小区宽度的整数倍为宜。但若田块过窄,机组转弯时间就多,行程率会下降;田块过宽,空行路程和时间增加,行程率也会下降。根据经验,满足机械作业要求的田块宽度在200～300m之间时较为合适。在灌排设施较好的地区,田块的规划宽度应以末级沟渠间距为标准进行确定,一般在100～300m;在盐碱化与地下水位较高的地区,考虑到排盐、排渍的需要,沟渠有效宽度变窄,田块规划宽度也应相应减小;在风害较为严重的地区,还应结合布置防护林的需要,由于主林带一般沿田块长边布置,因此为保证最佳的防风效果,规划田块宽度不应超过树高的25倍。根据经验,要满足防止风害的要求,田块规划宽度一般为200～300m。

(3)田块规模。

田块规模的大小与项目区农业种植习惯、耕作方式、地形地势条件、社会经济状况等因素密切相关。如种植蔬菜、瓜果或某些土特产品与种植水稻、小麦等粮食作物相比,田块规模就可以适当小一些;机械化耕作的田块比起依靠人畜耕作的田块规模要大得多;平原地区规模一般较大,而丘陵地区规模则较小;人均耕地面积较大,因而整理田块规模就应大些;人均耕地面积较少的,田块规模就应相应缩小。根据以上要求,田块规模一般确定在100～400亩。

(4)田块形状。

田块形状是否规则,直接影响着机械作业效率与田间管理的方便程度。田块越规整,则机械作业过程中重耕与漏耕面积就越少,有利于提高耕作质量,减少机械损耗。同时,规则的田块也方便水利水电设施、道路工程、防护林带等的设计与布局,降低整理成本,减少土地浪费。一般情况下,耕作田块的规则形状应尽量接近矩形或方形,其次是直角梯形或规则的四边形,避免出现三角形或不规则的多边形田块。对于因接近河流、沟渠、村界等导致形状弯曲的田块,不能机械分割或合并,应尽量将自然边界作为短边,同时保持长边的平行。

(5)田块方向。

田块方向一般以田块长边方向为准。从改善光照条件看,一般南北向布置的田块可显著提高作物对太阳能的利用率,从而有利于作物的光合作用与碳水化合物的积累。从机械作业、作物灌溉和水土保持的角度看,对于坡耕地,耕作田块应横坡布置较为恰当。在坡度大于1∶100的地方实行横坡种植,既可避免田面冲刷,也可实现自流灌溉。从排除地下水与防风要求看，保持田块方向与地下水水流方向垂直，可以达到利用排水沟截排地下水的目的。在风害较严重的地带，当田块方向与主害风方向垂直或接近 90°交角时，对于防止风害具有显著作用。除此之外，田块方向的布置还应考虑与居民点、主干道之间的位置关系，以缩短往返距离与时间，方便农业生产资料与农产品的运输。

(6)田块高程。

不同地区，田块平整高程的设计应该因地制宜，如地形起伏较小、土层深厚的旱涝保收田的田面设计高程应重点依据填挖土方量的要求来确定；地形起伏大、土层浅薄的坡耕地田面高程设计，在考虑平整工程量的同时，应根据地形特点，尽量满足灌排设施布置的要求；地势较低的低洼地，田面设计高程还应考虑到水位要求，平整后的高程应高于常年涝水位 0.2m 以上；地下水位较高的农田，田面设计高程应高于常年地下水位 0.8m 以上等。

2.田块布局

(1)平原区水稻格田布局。

水稻格田进行田块规划时必须重点考虑田间灌溉的要求。通常情况下要将种植水稻的田块进一步规划成面积较小的格田，以便于进行精细的土地平整，满足稻田灌溉排水和田间作业的要求(见图 12-3-1)。水稻格田的布局过程中要求通过土地平整，确保格田内部高差在±3cm 以内，格田之间以田埂为界，埂宽一般在 30～40cm，埂高 20～40cm 为宜，一般格田长度保持在 80～140m，宽度保持在 30～50m。

(2)沟洫畦田和台田规划。

沟洫畦田和台田主要出现在低洼易涝和盐碱化严重的地区。两者都是通过在田块四周开挖沟洫，将挖出的泥土修筑田埂，垫高田面，形成设计田块的过程。所不同的是，沟洫畦田的田面不垫土或者垫高不多，而台田田面则垫土较高，挖沟也较深。沟洫畦田又称为大地畦田，适用于旱涝交叉的平原洼地上游地区，但在雨量多且盐碱化严重的地区不宜采用，应该考虑将田块规划平整成台田形式，尽量抬高田面以降低地下水位，同时起到排涝的效果。

规划沟洫畦田时，应该重点考虑排水系统布置要求，田块长度由上一级排水沟的间距大小确定，一般在 300m 左右较为合适，而田块宽度则依末级固定排水沟的间距来定，一般在 50m～100m 之间。具体设计可根据地下水与项目区土壤质地等条件确定。

规划台田时，如果项目区降水较大，应考虑排涝洗盐。因此，规划过程中应该极力抬高田面，一般田面平整高程应该高于常年涝水位 0.2m 左右。土质轻的台田边坡可以缓些，土质黏的则可以陡些。一般田块周围挖沟取土以垫高田面，沟深和沟宽各地不一，主要由地下水位和项目区降水情况决定，同时与毛沟、支沟、干沟等组成排水系统，确保排水通畅(见图12-3-2)。

(3)丘陵山区梯田布局。

在山区和丘陵地区的坡耕地上，修建梯田是提高作物产量的一项重要措施。梯田主要有坡式梯田、水平梯田和隔坡梯田三种，以水平梯田为主，梯田布局主要应考虑以下要求。

梯田一般应布置在 25°以下的坡耕地上。25°度以上的坡地原则上应予以退耕，植树、种草，还林还牧，发展多种经营。

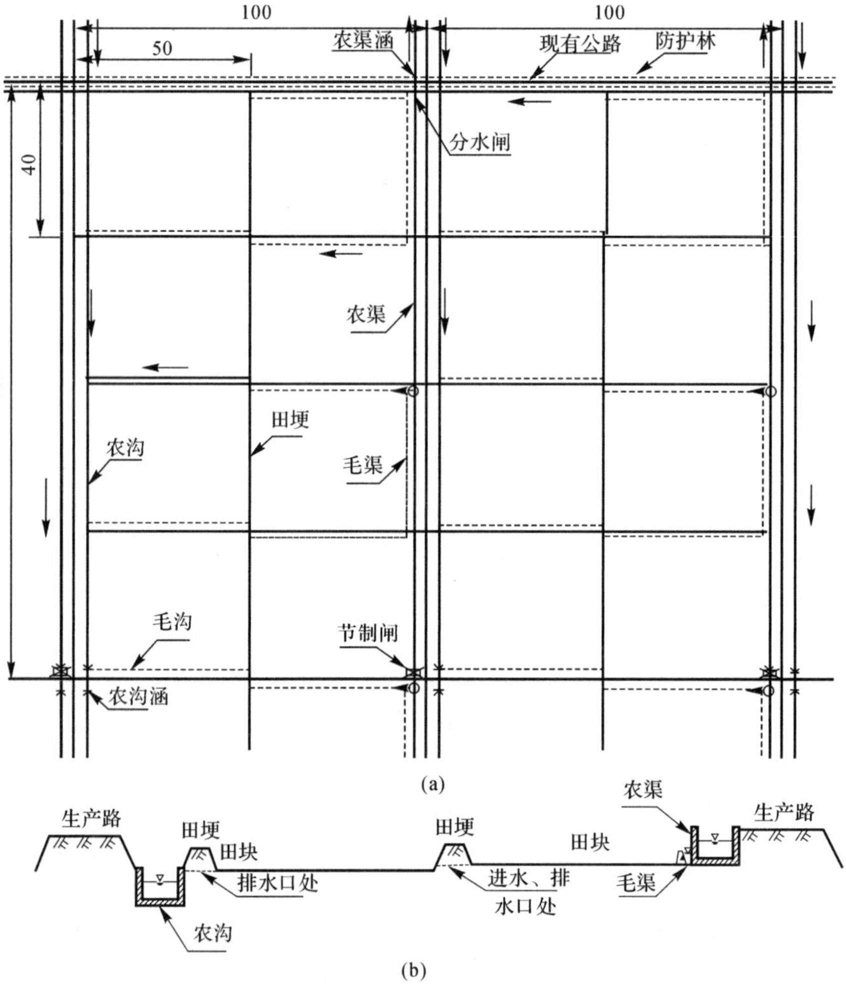

图 12-3-1　南方某治理区典型田块布置图

(a)平面图；(b)断面图

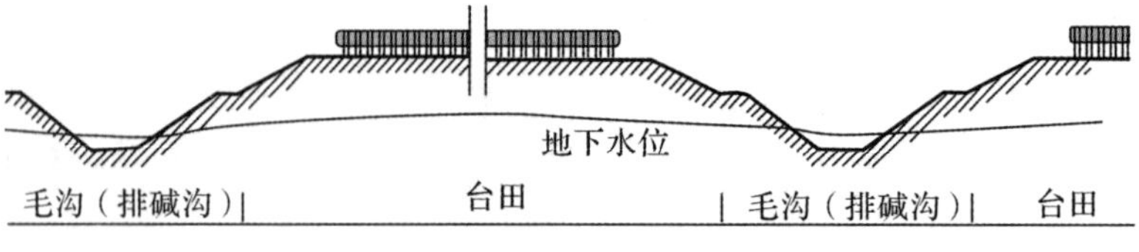

图 12-3-2　台田布置示意图(引自：案博“台田景观研究”)

田面长边应沿等高线布设，梯田形状呈长条形或带形，在基本上沿等高线的原则下，采取“大弯就势”“小弯取直”的原则布设田块。为方便灌溉，梯田的纵向还应保留 1/500～1/300 的比降(见图 12－3－3)。

要尽量适应机械作业和灌溉要求。在进行梯田设计时,要从梯田宽度、外形和道路设计等方面,注意使其适于小型机械的田间作业;要充分利用当地一切水源发展灌溉,并合理布置灌排系统。

图 12－3－3　梯田景观照片(引自:http://www.3lian.com/)

二、土地平整

土地平整工程应根据土地整治区的地形、地貌、土壤等自然因素制定土地平整方案。如在地形起伏不大的平原区,平整规模较大,应采用项目区内局部平整的方案,以减少填挖土方;而对于地势低洼易涝的地区,考虑排盐排渍的要求,平整田块规模应稍小些,且一般采用整体平整的方案适当抬高地面;对低山丘陵区,由于土层较薄,土层以下沙砾石较多,则不宜进行土地平整工程,如确实因地形起伏较大,不利于农业生产,需要进行土地平整,则仅需对局部地块进行挖高填低,防止破坏表层熟土。

三、灌溉与排水工程

1. 灌溉与排水工程规划原则

(1)纵观全局,科学规划。

灌排工程,尤其是田间渠道沟系,应该树立整体与全局的观念,科学规划,统筹布局。具体来讲,就是要综合考虑各地区、各部门、各类用地对排灌工程设施的布置要求,协调好各主体间的相互关系。如在低洼易涝且雨量较多的地区,容泄区兼有滞洪蓄洪任务时,在选择容泄区和进行排水系统规划时,不仅要考虑项目区本身的排水问题,还应该考虑到项目区所在区域的防洪排涝要求,防止地区蓄洪行洪能力受损而引起洪水泛滥,导致社会人财物的巨大损失等。不同地貌类型区田块规划设计标准见表 12－3－1。

表 12－3－1　不同地貌类型区田块规划设计参考标准

项　目		类　型				
		平原水田	平原旱地	丘陵水田	丘陵旱地	沟洫畦田、台田
田块设计	田块形状	依次为长方形、正方形、梯形、其他形状		长条形		长方形、长条形
	田块方向	长边宜南北向，与主害风夹角大于60°		顺等高线方向		南北向
				坡度	长度/m	
	田块长度/m	400～700	500～700	坡度＜10°	100～200	300m左右为宜
				10°～15°	30～100	
	田块宽度/m	200～300	200～300	＜10°	10～40	50～100
				10°～15°	5～20	
	田块规模/亩	100～400	100～400	＜10°	5～12	23～45
				10°～15°	0.2～3	
	相邻田块高差/m	0.2～0.3	0.2～0.3	以0.5～1.5为宜		0.2～0.3
	格田田块长度/m	100～140	80～120	100～140	80～120	50～100
	格田田块宽度/m	30～50	30～40	与梯田等宽	与梯田等宽	30～40
	格田田面平整度	凹凸高差		凹凸高差		凹凸高差
	格田田埂材料	＜30mm		＜30mm		＜30mm
		土质	土质	土质	土质	土质
	田埂宽度/cm	30～40	30～40	上底宽30，下底30～50		30～40
	田埂高度/cm	25～30	25～30	20～30		30～40
	田坎断面	——	——	直角梯型断面，土质或石质材料，顶宽0.3～0.5，高0.5～2.8；边坡≥1:0.5，埋深大于0.3；或采用护坡式，厚度为0.3		——
土地平整	土层厚度/cm	＞30	＞30	＞30	＞30	＞30
	耕作层剥离厚度/cm	20～30	20～30	20～30	20～30	20～30
	表土回填率/(%)	80%～90%	80%～90%	80%～90%	80%～90%	80%～90%
	土地翻耕遍数/次	1～3	1～3	1～3	1～3	1～3
	土壤有机质恢复程度/(%)	≥85	≥85	≥85	≥85	≥85

(2)因地制宜,讲求效益。

灌排工程规划具有很强的地区特点,因此,规划时必须紧密结合项目区实际情况,因地制宜地进行渠沟系统以及各水工建筑的规划布置,使工程量和工程费用最小。比如干、支渠道规划,一般来说,渠线应尽可能短直。但在山区、丘陵地区,岗、冲、溪、谷等地形障碍较多,地质条件比较复杂,若渠道沿等高线绕岗穿谷,可减少建筑物的数量或减小建筑物的规模,但渠线较长,土方量较大,占地较多;如果渠道直穿岗、谷,则渠线短直,工程量和占地较少,但建筑物投资较大。究竟采用哪种方案,要通过经济比较才能确定。

(3)充分利用现有灌排设施。

进行灌排工程规划时应该充分尊重现有基础设施条件,在充分利用现状的前提下进行灌排设施的规划布置。只有这样,才能避免重复建设,最大限度节约建设成本;同时,还有利于灌排设施的相互衔接,提高灌排设施的利用率与利用效率。

(4)节约用水。

水量时空分配不均是我国水资源的基本特点之一,而农业生产中水资源又是必不可少的重要生产要素之一。因此,在我国广大缺水地区,要协调水资源的供需矛盾,就应该本着节约用水的原则进行灌排工程规划。具体来说,包括使用节水灌溉技术,如喷灌、管灌、滴灌等。充分挖掘水资源潜力,如合理开采地下水资源等。具体规划时就应根据这些要求布置排灌系统,对管道的布设形式、机井的数量与分布、喷头的间距与布置等进行妥善安排。

2.灌排工程规划的主要内容

灌排工程规划主要包括骨干渠沟规划、田间渠沟规划、喷灌工程规划、低压管道输水工程规划和机井工程规划等。

(1)骨干渠沟规划。

1)骨干渠沟规划布置要求。

骨干渠沟是干、支级灌排渠沟,是整个排灌系统的骨架,在骨干渠沟规划布置过程中应该注意以下几点要求:

在容泄区和水源水位既定时,应该使排水和灌溉渠沟获得最大的自流排水与灌溉面积。排水干沟一般布置在地面较低的部位,灌溉干渠应尽可能布置在灌区的最高部位或者分水岭。在具体规划布置时,排水沟并非越低越好,如果过低可能导致沟内积水难以快速排入容泄区;而灌溉渠道也并非越高越好,如果过高可能导致水源引水困难,从而增加灌溉成本。

灌溉骨干渠道要与排水骨干沟统一考虑。一般情况下,灌溉与排水系统要分开布设,以便水利管理与降低地下水位,尽量避免相互干扰。在平原地区规划灌溉渠系时,应在原有河沟和排水设施基础上进行配置,避免沟渠与河沟交叉,保障排水通畅。在丘陵地区,还应重点考虑山坡来水与山洪排泄的要求,确保沟渠安全。

渠沟的布置要尽量减少工程量、水量损失,保证工程安全;对田块、道路、林带综合考虑,合理组合,尽量不占或者少占耕地,提高土地利用率与工程治理效果。

2)骨干灌排渠沟的布置方法。

骨干灌排渠沟的布置主要取决于地形条件，分为山丘区、平原区和圩垸区。由于规划时骨干灌溉渠道要与干沟排水沟道统一考虑，下面着重论述骨干灌溉渠道规划。

山丘型灌区。山丘区地形比较复杂，地面起伏大，岗冲交错，坡度较陡，河床切割较深，比降较大，农田分散，地高水低。一般需要从河流上游引水灌溉，输水距离较长。所以，这类灌区干、支渠道的特点是：渠道高程较高，比降平缓，渠线较长而且弯曲较多，深挖、高填渠段较多，沿渠交叉建筑物较多。渠道常和沿途的塘坝、水库相连，形成长藤结瓜式水利系统，以求增强水资源的调蓄利用能力和提高灌溉工程的利用率。山丘区的干渠一般沿灌区上部边缘布置，大体上和等高线平行，支渠沿两溪间的分水岭布置（见图 12－3－4）。在丘陵地区，如灌区内有主要岗岭横贯中部，干渠可布置在岗脊上，大体和等高线垂直，干渠比降视地面坡度而定，支渠由干渠两侧分出，控制岗岭两侧的坡地（见图 12－3－5）。

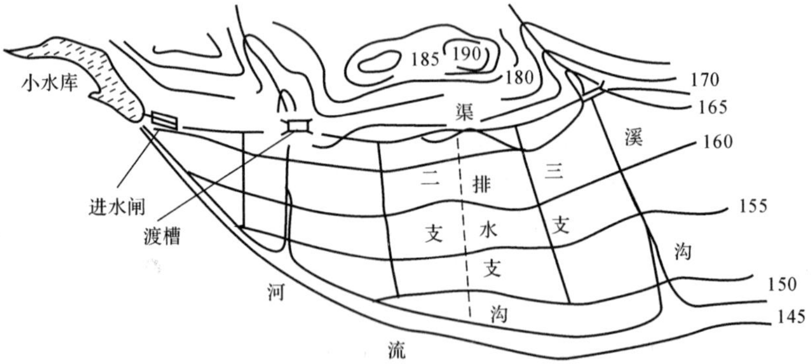

图 12－3－4　干渠沿等高线布置示意图（引自：王万茂《土地利用规划学》）

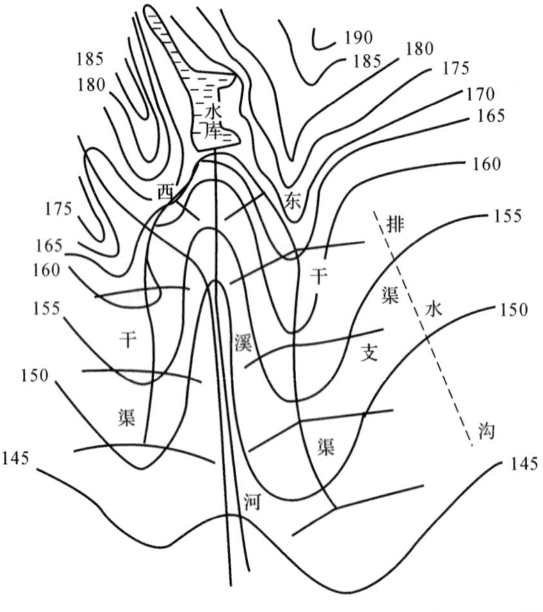

图 12－3－5　干渠垂直等高线布置示意图（引自：王万茂《土地利用规划学》）

平原型灌区。平原型灌区大多位于河流中、下游地区的冲积平原，地形平坦开阔，耕地集中连片。山前洪积冲积扇，除地面坡度较大外，也具有平原地区的其他特征。河谷阶地位于河流两侧，呈狭长地带，地面坡度倾向河流，高处地面坡度较大，河流附近坡度平缓，水文地质条件和土地利用等情况和平原地区相似。这些地区的渠系规划具有类似的特点，干渠多沿等高线布置，支渠垂直等高线(见图 12-3-6)。

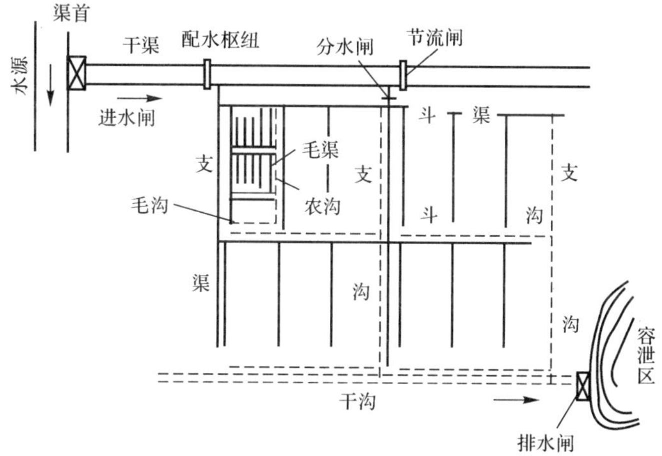

图 12-3-6　平原区骨干渠系布置示意图(引自:王万茂《土地利用规划学》)

圩垸型灌区。主要分布在沿江、滨湖的低洼地区，地势平坦，河湖港汊密布，洪水位高于地面，必须依靠筑堤圈圩才能保证正常的生产和生活，一般没有常年自流排灌的条件，普遍采用机电排灌站进行提排、提灌。面积较大的圩垸，往往一圩多站，分区灌溉或排涝。圩内地形一般是周围高、中间低。灌溉干渠多沿圩堤布置，灌溉渠系通常只有干、支两级(见图 12-3-7)。

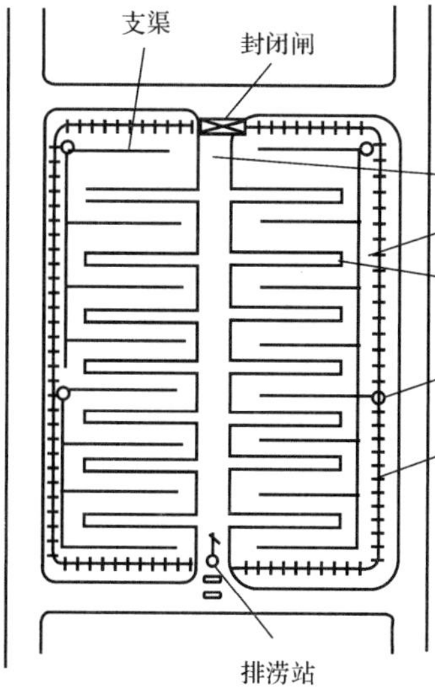

图 12-3-7　圩垸型灌区骨干渠系布置示意图(引自:王万茂《土地利用规划学》)

(2)田间灌排渠沟规划。

田间灌排渠沟规划主要是对田间斗、农两级固定渠沟以及田块内的临时渠沟进行布置。

1)平原地区田间灌排渠沟布置。

平原地区末级固定渠沟即农沟和农渠的规划布置主要有以下 3 种形式:

灌排相间布置。这种布置形式适用于地形有一定起伏的地区,一般采用农渠向两侧灌水、排水沟承泄两侧排水的形式。通常情况下农渠布设在高处,而排水沟则布设在低处,具体布置形式如图 12-3-8(a)所示。

灌排相邻布置。在地面向一侧倾斜的地区,渠道只能向一侧灌水且只能接纳一边的径流,灌溉渠道和排水沟道只能并行,灌溉渠道与排水沟系相互邻接,上灌下排,互相配合。具体布置情况如图 12-3-8(b)所示。

灌排合渠布置。采用灌溉渠道与排水沟系共用一条渠道的形式,该种布置形式有利于节约占地,提高土地利用效率,通常布设在沿江、滨湖地区,但在广大旱作地区由于不便于控制地下水位,一般不宜采用。

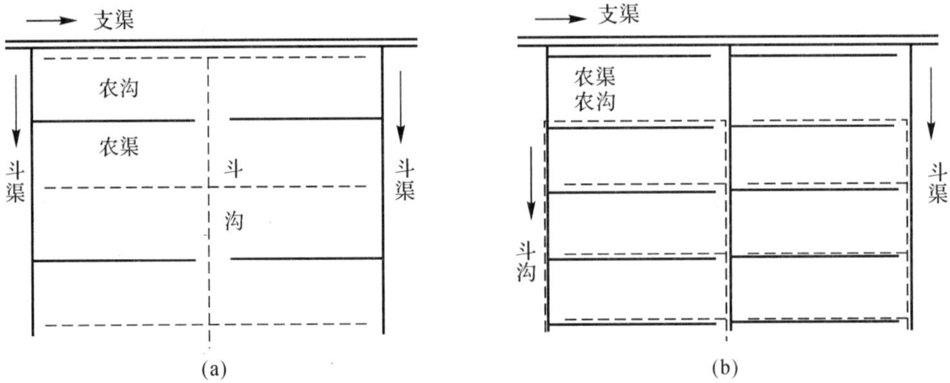

图 12-3-8　沟渠布置图(引自:付梅臣《土地整理与复垦》)

(a)灌排相间布置;　(b)灌排相邻布置

平原地区耕作田块内部田间临时渠系的配置形式主要有纵向布置与横向布置两种形式:

纵向布置。毛渠布置与灌水沟、畦的方向一致。当地面坡度较小,灌溉水从毛渠经输水沟,进入灌水沟、畦。布置毛渠时要注意利用有利地形,保证正常输水。按照地形条件,毛渠可以布置成双向控制,即沿毛渠两侧布设输水沟,或单向控制,即沿毛渠的一侧布置输水沟。毛渠一般垂直于等高线方向布置,使灌水方向与最大地面坡度一致,为灌水创造有利条件。如图 12-3-9(a)所示。在采用畦灌方式灌水,地面坡度大于 1%的地块,为避免冲刷,毛渠也可与等高线斜交,沿较小坡度方向布设。

横向布置。当地面坡度较大且农渠平行于等高线布置,或地面坡度较小而农渠垂直于等高线时,其灌水方向应与农渠平行。这种情况下,只需一级临时毛渠就可直接向沟(畦)灌水,灌水沟(畦)与临时毛渠垂直,因此称这种布置方式为横向布置,如图 12-3-9(b)所示。

2)丘陵山区田间灌排渠沟规划。

丘陵山区的田间渠沟,应该依据耕地的特点与其所处的部位加以布置,注意解决旱、洪、涝、渍等危害。山丘区的农田,按其所处的位置,可分为岗田、塝田和冲田三种类型。岗田是位于低丘或山岗顶部的田块,塝田是位于丘陵山地两侧坡地上的梯田,冲田是位于丘陵谷地间地势低洼处的农田。

在岗田区,一般采用沿丘陵的山脊方向在岗田中间布置斗渠,在斗渠两侧布设农渠,达到排灌结合。对于地块较宽的岗地,可采用垂直于等高线方向布设农渠,沿等高线呈水平方向布置毛渠,格田呈长方形;而对于地块较为狭长的岗田,则采用垂直于等高线方向布置农渠,沿等高线顺弯就势布置毛渠,格田成扇形。

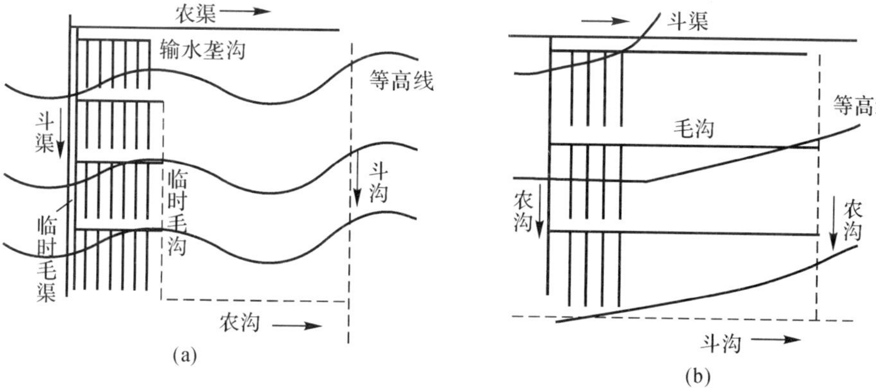

图 12-3-9　田间渠系布置形式(引自:付梅臣《土地整理与复垦》)

(a)纵向布置;　(b)纵向布置

在塝田区,田块多为等高梯田,存在缺水易旱问题,故田间渠沟的布置应以灌溉为主,结合排水。一般采用平行于等高线方向布置斗渠,农渠则垂直于等高线方向沿田块短边布置。因塝田的高差往往较大,故布置农渠时需考虑采用跌水相衔接,并采用双向控制,以防止灌溉水对农渠的冲刷而导致水土流失。

在冲田区,由于地势低洼,地下水位较高,土壤存在易渍易涝问题,故田间渠沟布置应以排水为主,结合灌溉。冲田田间渠系的布置一般依地形条件而异,在比较狭窄的冲田区(山垄宽小于 100m),通常在山坡来水较大的一侧,沿山脚布置排水沟,以排泄山坡径流、田面水和地下水;而在山坡来水较少、冲田地势较高的一侧,布置排灌两用渠,兼排山坡和塝田来水。在比较开阔的冲田区(山垄宽大于 100m),除在两侧山脚布设排水沟外,可在冲田的中间加开一条灌排两用的中心渠,控制两侧冲田的排灌水。

3)稻田区田间灌排渠沟规划。

水稻田一般都采用淹灌方法,需要在田间保持一定深度的水层。因此,在种稻地区,田间工程的一项主要内容就是修筑田埂,用田埂把平原地区的条田或山丘地区的梯田分隔成许多矩形或方形田块,称为格田。格田是平整土地、田间耕作和用水管理的独立单元。

格田的长边通常沿等高线方向布置，其长度一般为农渠到农沟之间的距离。沟、渠相间布置时，格田长度一般为100～150m；沟、渠相邻布置时，格田长度为200～300m，格田宽度根据田间管理要求而定，一般为15～20m。在山丘地区的坡地上，农渠垂直等高线布置，可灌排两用，格田长度根据机耕要求确定。格田宽度视地形坡度而定，坡度大的地方应选较小的格田宽度，以减少修筑梯田和平整土地的工程量。稻田区不需要修建田间临时渠网。在平原地区，农渠直接向格田供水，农沟接纳格田排出的水量，每块格田都应有独立的进、出水口(见图12-3-10)。

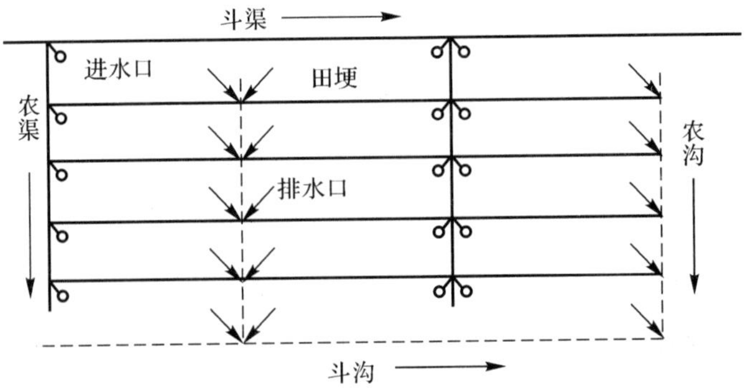

图12-3-10 稻田区田间灌排工程规划(引自：付梅臣《土地整理与复垦》)

(3)喷灌工程规划。

1)喷灌系统的选择：喷灌系统的类型很多，各种类型的喷灌系统都有其适用条件和特点，且投资造价、运行成本高低各异，生产效率、喷洒质量、对运行管理的要求也有区别。因此，应根据项目区的水源、地形、作物、能源及设备供应、管理体制、经济基础等条件，对可能适用的喷灌系统类型(一般要求2～3种)进行技术经济比较，从中择优选定。对于面积较大或地形条件复杂的灌区，亦可分区选用几种不同类型。通常，在灌水次数频繁、地面坡度陡、地形及地块复杂的丘陵山区，对于经济价值高的作物，可采用固定管道式喷灌系统。在地形平坦的大田作物区，可采用半固定管道式、移动管道式或小型机组式喷灌系统。在灌水次数较少情况下，对于适度规模经营的大田作物可采用卷盘式喷灌机。在有25m以上自然水头的地方，应尽量采用自压喷灌系统。

2)管道系统布置原则：根据喷灌区面积的大小，地形复杂的程度，管道系统可以分为两级(干管、支管)、三级(干管、分干管、支管)或四级(总干管、干管、分干管、支管)。通常以给水栓为界把管道系统分为两部分：给水栓到水源之间的管道称为输配水管道系统；给水栓以下到田间的管道称为田间管道系统。喷灌管道系统布置一般应遵循以下原则：①管线的布置应与道路、林带、排水系统、供电系统及居民点的规划相结合；②管道布置应使管道总长度尽量短；③安装给水栓的那一级管道布置是否合理，是输配水系统合理布置的关键。在山丘地区，应尽量使这级管道沿主坡向布置，若只能盘山(平行等高线)布置时，应走在田块的上方。在平原地区，应尽量使这级管道沿路旁、田边布置，以便于用水和管理。当地块形状不规则时，这级管道应布置在能使支管长度一致、规格统一的位置上。

3)管道系统布置形式。

树枝状布置。这是目前我国喷灌系统管道布置中应用最普遍的一种形式。这种布置形式管线总长度比较短，水力计算比较简单，适用于土地分散、地形起伏的地区。但管道利用率低，当运行中某一处管道出现故障时，常会影响到几条甚至全系统的运行。图 12-3-11(a)是树枝状布置示意图。

环状布置。这种布置在给水工程中应用较普遍，是由各级管道连接成的很多闭环组成的。它最大的优点是如果某一水流方向的管道出了故障，可由另一方向管道继续供水，使发生故障的那段管道之外的其他管道能够正常运行。这种布置形式，管道利用率高，且形成多路供水，流量分散，可减小管径，但管线总长度比较大，是否经济需经过分析比较确定，适用于地块连片面积上的固定管网。图 12-3-11(b)是环状布置的示意图。

鱼骨状布置。这种布置适用于山丘区的脊梁地形。一般骨干管道分为干管和分干管两级，干管沿山脊线布置，分干管在干管两侧顺坡布置。图 12-3-11(c)是鱼骨状布置的示意图。

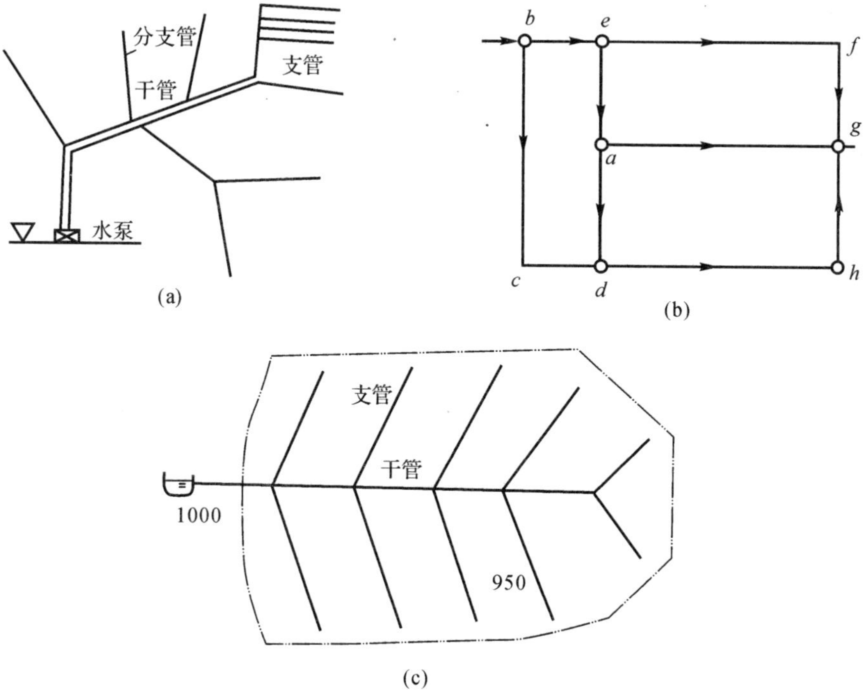

图 12-3-11　喷灌管道的布置形式(引自：付梅臣《土地整理与复垦》)

(a)树枝状；(b)环状；(c)鱼骨状

(4)低压管道输水工程规划。

1)管道输水工程规划原则:

①井灌区的管网宜以单井控制灌溉面积作为一个完整系统。渠灌区应根据作物布局、地形条件、地块形状等分区布置,尽量将压力接近的地块划分在同一分区;②规划时首先确定给水栓的位置。给水栓的位置应当考虑到灌水均匀。若不采用连接软管灌溉,向一侧灌溉时,给水栓纵向间距可在40~50m;横向间距一般按80~100m布置。在山丘区梯田中,应考虑在每个台地中设置给水栓以便于灌溉管理;③在已确定给水栓位置的前提下,力求管道总长度最短;④管线尽量平顺,减少起伏和折点;⑤最末一级固定管道的走向应与作物种植方向一致,移动软管或田间垄沟垂直于作物种植行。在山丘区,干管应尽量平行于等高线、支管垂直于等高线布置;⑥管网布置要尽量平行于沟、渠、路、林带,顺田间道路和地边布置,以利耕作和管理;⑦充分利用已有的水利工程,如穿路倒虹吸和涵管。充分考虑管路中量水、控制和保护等装置的适宜位置;⑧尽量利用地形落差实施重力输水,同时各级管道尽可能采用双向供水。

2)管道系统布置形式。

灌溉管道系统中的输配水管道,一般是指支管(或毛管)以上的管网。在布置时既要考虑路径的因素,又要考虑管网内压力的分布,以使支管(毛管)的出口压力一致,从而达到整个灌区灌水均匀的目的。当在支管进口安装压力调节器调节系统上的压力分布时,管道布置就可少受管内压力分布因素的影响。

对于由机井供水的低压管道输水灌溉系统,其管网布置常见有以下几种形式。

"工"字形布置。机井位于地块中间,设干、支两级固定管道。每隔40~50m设一给水栓,接软管两侧供水(见图12-3-12(a))。

"土"字形布置。机井位于地块短边一侧的中部,可采用两级固定管道布置成土字形或王字形(见图12-3-12(b))。

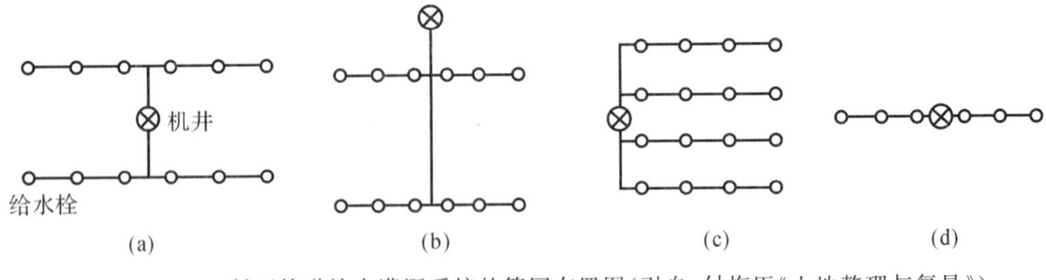

图12-3-12 低压管道输水灌溉系统的管网布置图(引自:付梅臣《土地整理与复垦》)

(a)"工"字形布置图; (b)"土"字形布置图; (c)梳子形布置图; (d)一字形布置图

梳子形布置。机井位于狭长地块长边一侧的中部,由干、支两级固定管道组成(图12-3-12(c))。

一字形布置。地块窄长,机井位于地块中间或短边一侧的中部,只要在地块中间沿窄长方向布置一级固定管道即可(图12-3-12(d))。

(5)机井工程规划。

机井工程规划的主要内容包括井数的确定、井的平面布置、井距、井位的确定等。

当浅层地下水多年平均补给量大于多年平均灌溉需水量，且以单井出水量控制灌溉面积布置的井距(L)大于井群抽水时单井的两倍影响半径 R(抽水时形成的降落漏斗边缘到井中心的距离)时，即 $L > 2R$ 时，按单井控制面积来进行布井。单井控制面积按以下公式计算：

$$F = \frac{QTt\eta(1-\eta_1)}{m} \tag{12-3-1}$$

式中　F—— 单井控制灌溉面积，hm^2；

Q—— 单井出水量，m^3/h；

T—— 灌溉周期，d，一般为 7 ～ 10d；

t—— 每日抽水时间，h，一般为 16 ～ 20h；

m—— 灌水定额，m^3/hm^2；

η—— 渠系水利用系数，一般在 0.6 ～ 0.8 之间；

η_1—— 干扰抽水的水量削减系数。

对于方形布置，井间距 L 用下式计算：

$$L = 100\sqrt{F} \tag{12-3-2}$$

梅花形布置，井间距 L 用下式计算：

$$L = 107.6\sqrt{F} \tag{12-3-3}$$

根据各含水层地下水允许开采的模数 ε 和每个井的出水量 Q，可按以下公式计算单位面积上的井数，有

$$N = \varepsilon / QTt \tag{12-3-4}$$

式中　N—— 某含水层每 km^2 的开采井数；

ε—— 开采模数，$m^3/(km^2 \cdot a^{-1})$；

t, T—— 单井每日工作时数与每年工作天数，h，d。

进行井群平面布置时，在确定井数与井距后，考虑地形与地下水流向以及灌溉方式等因素，并与沟、渠、田、路、林相配合，尽量按直线排列成行，做到灌排顺当，并使实际井距在计算井距与二倍影响半径之间，以便充分发挥井灌、井排效益，节约基建与运行管理费用。水力坡度较大的地区，应沿等水位线交错布井。水力坡度较小的地区，应采用梅花形或方形网格布井。地面坡度大或起伏不平的地区，井应布置于高处，以便于输水和控制最大的灌溉面积。地面坡度平缓地区，井应布置在其控制区的中央。沿河地带，井应平行于河流布置(见图 12 - 3 - 13)。此外，还要充分考虑井位与输变电线路、道路、井带、排灌渠道等的合理结合。

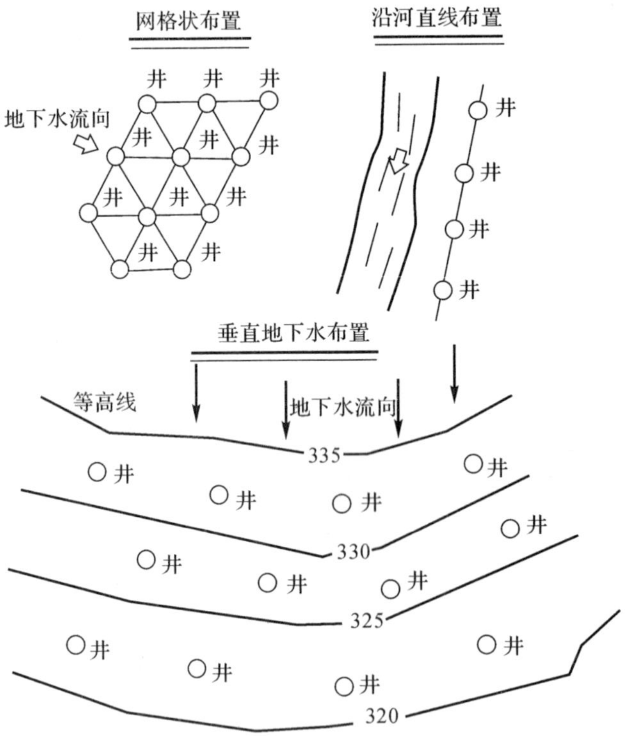

图 12-3-13　井网布置示意图

(6)渠系建筑物规划布置。

渠系建筑物按其用途可分为控制建筑物、交叉建筑物、泄水建筑物、衔接建筑物和输水建筑物等，现分述如下。

1)控制建筑物：其作用在于控制渠道的流量和水位，如进水闸、分水闸、节制闸等。

进水闸和分水闸。进水闸是从灌溉水源引水的控制建筑物，分水闸是上级渠道向下级渠道配水的控制建筑物。进水闸布置在干渠的首端，分水闸布置在其他各级渠道的引水口处(见图 12-3-14)。斗、农渠上的分水闸常叫斗门、农门。

节制闸。节制闸的主要作用有三：一是抬高渠中水位，便于下级渠道引水；二是截断渠道水流，保护下游建筑物和渠道的安全；三是为了实行轮灌。节制闸应布置在下列地点：上级渠道水位低于下级渠道引水要求水位的地方；下级渠道引水流量大于上级渠道流量的 1/3 处；重要建筑物、大填方段和险工渠段的上游；轮灌组分界处。

2)交叉建筑物：渠道穿越河流、沟谷、洼地、道路或排水沟时，需要修建交叉建筑物。常见的交叉建筑物有渡槽、倒虹吸、涵洞和桥梁等。

渡槽。渡槽又称过水桥(见图 12-3-15)，是用明槽代替渠道穿越障碍的一种交叉建筑物，具有水头损失小，淤积泥沙易于消除，维修方便等优点。其适用条件是：渠道与道路相交，渠底高于路面，而且高差大于行驶车辆要求的安全净空时；渠道与河沟相交，渠底高于河沟最高洪水位时；渠道与洼地相交，为避免高填方，或洼地中有大片良田时。

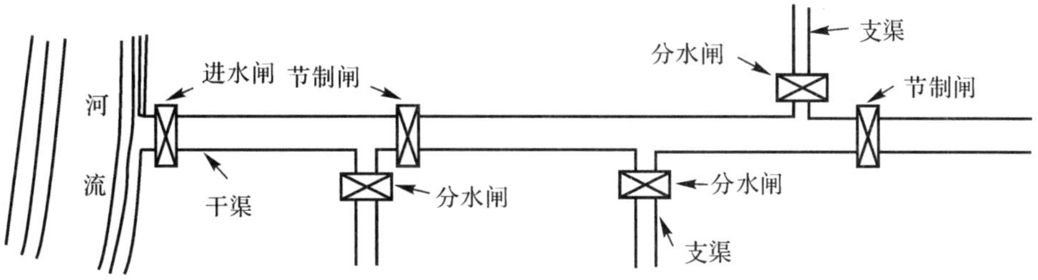

图 12－3－14　控制建筑物位置布置示意图(引自：《基本农田建设设计规范》)

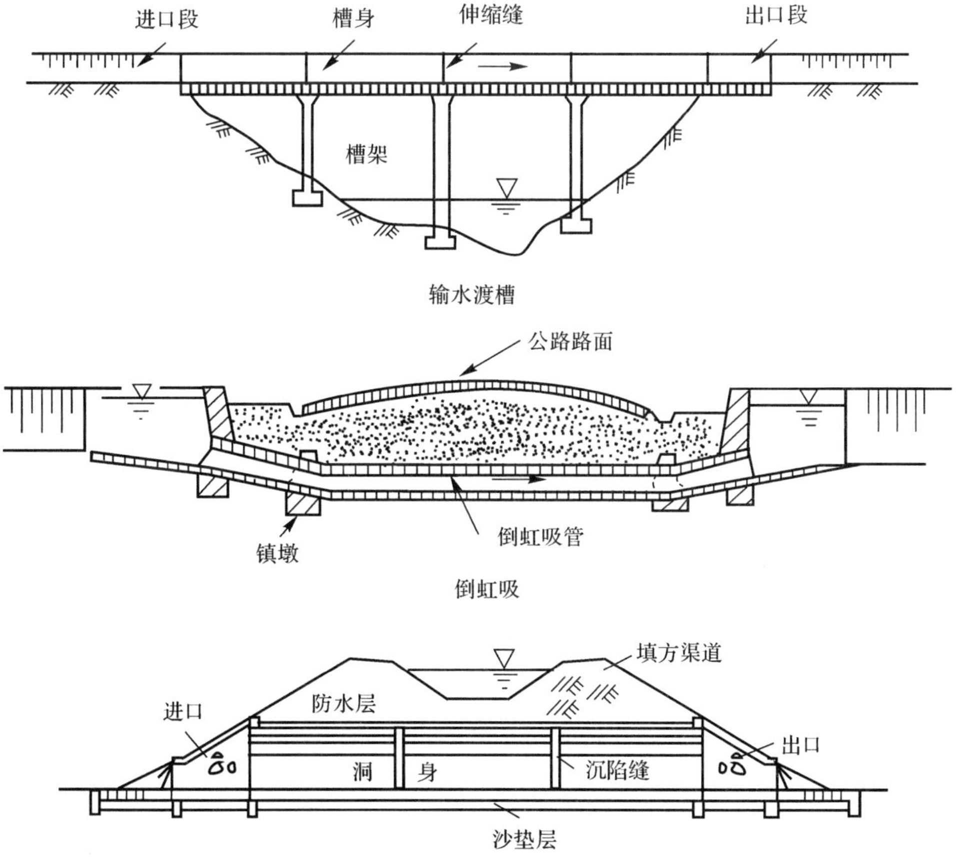

图 12－3－15　交叉建筑物位置示意图(引自：付梅臣《土地整理与复垦》)

倒虹吸。倒虹吸是用敷设在地面或地下的压力管道输送水流穿越障碍的一种交叉建筑物。其适用条件是：渠道穿过河沟、道路时，如果渠道水位高出路面或河沟洪水位，但渠底高程却低于路面或河沟洪水位时；或渠底高程虽高于路面，但净空不能满足交通要求时，就要用压力管道代替渠道，从河沟、道路下面通过，压力管道的轴线向下弯曲，形似倒虹。

涵洞。涵洞是渠道穿越障碍时常用的一种交叉建筑物。当渠道与道路相交，渠道水位低于路面，而且流量较小时，常在路面下面埋设涵洞。当渠道与河沟相交，河沟洪水位低于渠底高程，而且河沟洪水流量小于渠道流量时，可用填方渠道跨越河沟，在填方渠道下面埋设排洪涵洞。

3)泄水建筑物：为了防止由于沿渠坡面径流汇入渠道或因下级(游)渠道事故停水而使渠道水位突然升高，威胁渠道的安全运行，必须在重要建筑物和大填方段的上游及山洪入渠处的下游修建泄水建筑物，泄放多余的水量。常见的泄水建筑物有泄水闸、溢流堰、退水闸等。当渠道水位超过加大水位时，多余水量即自动溢出或通过泄水闸宣泄出去，确保了渠道的安全运行。泄水建筑物具体位置应根据地形条件确定，选在能利用天然河沟、洼地等作为泄水出路的地方，以减少开挖泄水沟道的工程量。

泄水闸是保证渠道和建筑物安全的水闸，一般应设在重要建筑物和大填方段的上游，渠首选水闸和大量山洪入渠处的下游。泄水闸常和节制闸联合修建，配合使用。为了退泄灌溉余水，需要在干、支、斗渠的末端设置退水闸和退水渠。溢流堰应设在大量洪水汇入的渠段，其堰顶高程与渠道的设计水位相平，当洪水汇入渠道的设计水位超过堰顶高程时即自动溢流泄走以保证渠道安全。

4)衔接建筑物：当渠道通过地势陡峻或地面坡度较大的地段时，为了保持渠道的设计比降和设计流速，防止渠道冲刷，避免深挖高填，减少渠道工程量，在不影响自流灌溉控制水位的原则下，可修建跌水、陡坡等衔接建筑物，见图 12-3-16。跌水不应布置在填方渠段，而应建在挖方地基上。在丘陵山区，跌水应布置在梯田的堰坎处，并与梯田的进水建筑物联合修建(见图 12-3-16)。

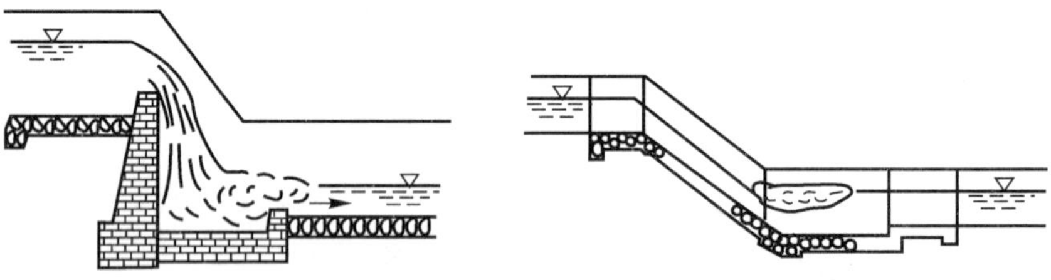

图 12-3-16　跌水和陡坡(引自：付梅臣《土地整理与复垦》)

5)输水建筑物：当渠道遇到山岗，绕行或深挖工程量大，不经济时；或地质条件较差，开挖明渠施工和管理困难，影响渠道安全时，可修建隧洞。隧洞和涵洞的主要区别在于施工方法不同，隧洞是在山体中直接开凿衬砌而成；涵洞则是先明挖，后砌筑，再回填。在灌溉工程中，多采用无压输水隧洞，且洞底纵坡宜平缓，水流流速宜低。修建时，尽量布置在地形条件有利、地质条件较好的地段，要选择合理的进出口位置，隧洞轴线应力求短直，尽量少转弯，以减少工程量和取得良好的水流条件。

四、农田防护与生态环境保持工程

1.农田防护林

农田防护林是布置在农田四周，以降低风速、阻滞风沙、涵养水源以及改善农田生态小气候等为目的的林网或者林带。农田防护林布局的主要内容包括：林带结构、林带方向、林带间距、林带宽度的确定以及树种的选择与搭配等(见图12-3-17)。

图12-3-17　三北防护林网照片(引自：http://www.eku.cc/zj/xzy/sctx/120811.htm)

(1)林带结构选择。

根据林带透风系数可以将林带结构划分为3种类型，紧密型(透风系数小于0.35)、疏透型(透风系数为0.35～0.60)和透风型(透风系数大于0.60)。

紧密型结构由乔木、亚乔木和灌木组成，是一种多行宽林带结构，一般由三层树冠组成，上下枝叶稠密，几乎不透风，该结构相对有效防风距离较短(仅为树高的10倍)，且风积物易沉积于林带前和林带内，不适宜于田间防护林带所采用。

疏透型是由数行乔木、两侧各配置一行灌木所组成，在乔木和灌木的树干层间有不同程度的透风空隙，林带上下透风均匀，相对有效防风距离较大(为树高的25倍)，防风效果较好，且不会在林带内和林缘造成风积物的沉积。因此，该结构适宜于风害较为严重地区的农田防护林带采用。

透风型结构是指由乔木组成不搭配灌木的窄林带结构，一般由单层或两层林冠所组成。林冠部分适度透风，而林干部分大量透风，风害较轻地区的防护林可以采用该种结构。

(2)林带方向确定。

林带方向一般根据项目区主要风害方向和地形条件来决定，一般要求主林带方向垂直于主要风害方向并沿田块长边布设。在地形较为复杂的地区，当主林带无法与主害风方向垂直时，可与主害风方向呈30°夹角布置，最大时夹角不应超过45°，否则将严重削弱防风效果。土地整治项目农田防护林一般均沿田间道路布置，为防止农田防护林影响农业生产，南北向田间道路宜在路南单侧布置防护林带，东西向田间道路则可双侧布置防护林带。

(3)林带间距确定。

林带间距的确定主要取决于林带的有效防风距离，而林带的有效防风距离与树高成正比例关系，同时与林带结构密切相关。一般林带的防风距离为树高的20～25倍，最多不超过30倍。因此，林带间距通常以当地树种的成林高度为主要依据，结合林带结构综合确定。

(4)林带宽度确定。

林带宽度一般应在节约用地的基础上，根据当地的环境条件和防风要求加以综合分析确定。对于一般地区，田间防护林带以5～9行树木组成的林宽为宜，具体林带宽度可根据以下公式计算：

林带宽度=(植树行数－1)×行距＋田边到林缘的距离×2

式中，行距一般为1.5m，从田边到林缘的距离一般为1～2m。

(5)树种选择。

树种的选择应该按照“适地适种”的原则，选择最适宜当地土壤、气候和地形条件，且成林速度快、枝叶繁茂、不窜根、干形端直、不易使农作物感染病虫害的树种。

2.水土保持

水土保持工程主要是应用工程原理，防治山区、丘陵区、风沙区水土流失，保护、改良与合理利用水土资源，以利于充分发挥水土资源的经济效益和社会效益，建立良好生态环境的科学。水土保持工程措施与生物措施之间是相辅相成、互相促进的。我国根据兴修目的及应用条件，水土保持工程可以分为4种类型：山坡防护工程；山沟治理工程；山洪排导工程；小型蓄水用水工程。

(1)山坡防护工程。

山坡防护工程是指为防治山坡水土流失而修筑的工程，主要有：梯田、拦水沟埂、水平沟、鱼鳞坑、水窖(旱井)、蓄水池以及稳定边坡下部的挡土墙等(见图12-3-18)。

坡面在山区生产中占有重要地位，同时又是泥沙和径流的策源地，水土保持要坡、沟兼治，其中坡面治理是基础。坡面治理工程包括斜坡固定工程、山坡截流工程和沟头防护工程等。

(2)梯田工程。

我国规定，坡度25°以下的坡耕地一般可修成梯田，种植农作物；坡度25°以上的坡则应退耕植树种草。梯田可分为水平梯田、隔坡梯田和坡式梯田；对坡耕地上土层深厚，当地劳力充裕的地区，尽可能一次性修成水平梯田；对坡耕地土层较薄或当地劳力较少的地区，可以先修筑坡式梯田，经逐年向下方翻耕，减缓田面坡度，逐渐变成水平梯田；在地多人少、劳力缺乏，同时年降雨量较少，耕地坡度在15°～20°的地方，可以采用复式梯田，平台部分种庄稼，斜坡部分种牧草。

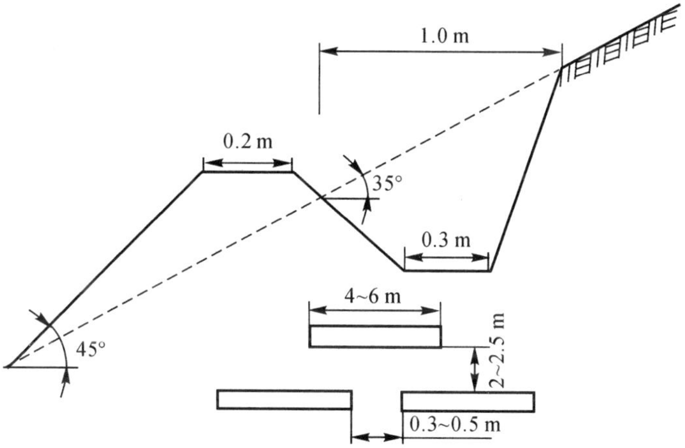

水平沟整地示意图

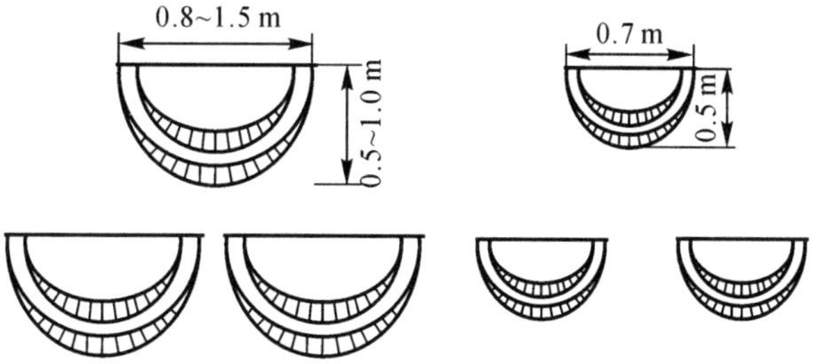

鱼鳞坑整地示意图

图 12－3－18　水平沟及鱼鳞坑整地

(3)沟头防护工程。

沟头防护工程是斜坡固定工程的一个组成部分。根据沟头防护工程的作用,可将其分为蓄水式沟头防护工程和排水式沟头防护工程两类。

当沟头上部来水较少时,可采用蓄水式沟头防护工程,即沿沟边修筑一道或数道水平半圆环形沟埂,拦蓄上游坡面径流,防止径流排入沟道。沟埂的长度、高度和蓄水容量按设计来水量而定。沟头防护应以蓄为主,做好坡面与沟头的蓄水工程,变害为利(见图 12－3－19)。

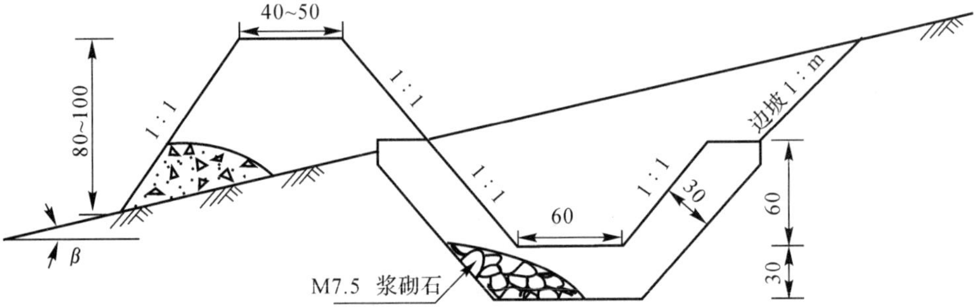

图 12-3-19 沟头防护工程示意图

五、道路工程

道路工程是土地整治中的重要组成部分，是完成农业生产运输必备的条件。土地整治项目区的道路工程可分为田间道和生产路。

1.田间道

田间道是由居民点通往田间作业的主要道路。除用于运输外，还起田间作业供应线的作用，应能通行农业机械，一般设置路宽为3～4m，田间道又可分为主要田间道和横向田间道。

主要田间道是由农村居民点到各耕作田区的道路。它服务于一个或几个耕作田区，如有可能应尽量结合干、支道布置，在其旁设偏道或直接利用干、支道；如需另行配置时，应尽量设计成直线，并考虑使其能为大多数田区服务。当同其他田间道相交时，应采用正交，以方便畜力车转弯。

横向田间道亦可称为下地拖拉机道，供拖拉机等农机直接下地作业之用，一般应沿田块的短边布设。在旱作地区，横向田间道也可布设在作业区的中间，沿田块的长边布设，使拖拉机两边均可进入工作小区以减少空行。在有渠系的地区，要结合渠系布置。常用方案有：

1)田—路—沟—林—渠：这种布置形式可利用挖排水斗沟的土方填筑路基，节省土方量，并且拖拉机组可以直接下地作业，道路以后也有拓宽的余地。但是，如果横向田间道要穿越农沟，须在农沟与斗沟连接处埋设涵管或修建桥梁、涵洞等建筑物。埋设涵管时，如果孔径不足，势必影响排水，在雨季田块易积水受淹。并且在这种情况下，道路位置较低，为避免被淹，必须在路旁修筑良好的截水路沟。如果居民点靠斗沟一侧，可用该形式(见图12-3-20(a))。

2)田—沟—路—渠—林：这种布置形式便于渠沟的维修管理，道路与末级固定沟渠都不相交。但今后拓展有困难。拖拉机组进入田间必须跨越排水斗沟，需要修建较多的交叉建筑物。在降水较多的地区，排水斗沟断面较大，如采用这种形式基建投资大。在降雨量较小的北方地区，可以采用这种形式(见图12-3-20(b))。

3)沟—林—渠—路—田：这种布置形式对于农业机械如田耕作比较有利，而且拓宽比较容易，但田间路要跨过所有的农渠，必须修建较多的交叉建筑物(见图12-3-10(c))。同时还要在渠路之间植树两三行或开挖路沟，以便截排渠边渗水，保证路面干燥。

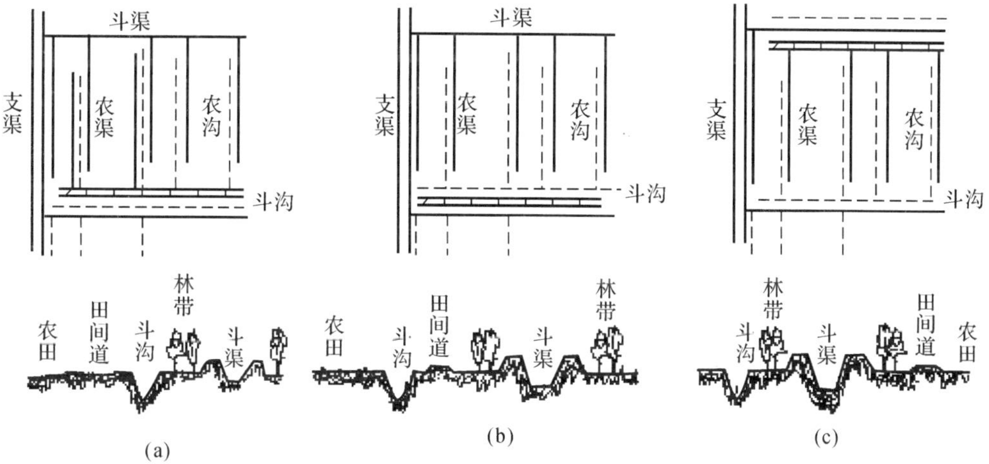

图 12－3－20　田间道路与沟、渠布置结合形式(引自：付梅臣《土地整理与复垦》)

(a)田—路—沟—林—渠；(b)田—沟—路—渠—林；(c)沟—林—渠—路—田

2. 生产路

生产路的规划应根据生产与田间管理工作的实际需要确定。生产路一般设在田块的长边，其主要作用是为下地生产与田间管理工作服务。

1)旱地生产路规划：平原区旱地田块宽度一般为 400～600m，宽的可达 1 000m。在这种情况下，每个田块可设一条生产路。如果田块宽度较小，为 200～300m，可考虑每两个田块设一条生产路，以节约用地，如图 12－3－21 所示。

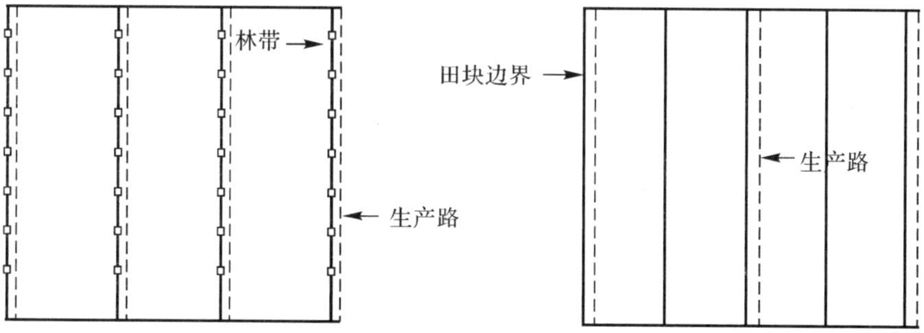

图 12－3－21　旱地生产路的布置形式(引自：付梅臣《土地整理与复垦》)

2)灌溉区生产路规划：生产路设置在农沟的外侧与田块直接相连。在这种情况下，农民下地生产与田间管理工作和运输都较为方便。一般适用于生长季节较长、田间管理工作较多、尤其以种植经济作物为主的地区；生产路设置在农渠与农沟之间。这样可以节省土地，因为农沟与农渠之间有一定间距。田块与农沟直接相连有利于排除地下水与地表径流，同时可以实现两面管理，各管理田块的一半，缩短了运输活动距离。一般适用于生产季节短、一年只有一季作物且以经营谷类为主的地区。

3)梯田的田间道与生产路：梯田田间道路的布局应按照具体地形，采取通梁联峁、沿沟走边的方法布设。田间道多设置在沟边、沟底或山峁的脊梁上，宽 2m，转弯半径不小于 8m。为防止流水汇集冲毁田坎，沟边的路应修成里低外高的路面，并每隔一段筑一小土埂，将流水引入梯田。生产路也应考虑到通行小型农机具的要求，如山底坡缓，路呈斜线形；如山高坡陡，路可成“S”形、“之”字形或者螺旋形迂回上山（见图 12-3-22）。

图 12-3-22　梯田田间道路布置图（引自：付梅臣《土地整理与复垦》）

12.3.3　土地整治项目规划设计方案选优的基本思路和做法

土地整治是指采用工程技术措施，对土地利用现状进行调整、整治和改造，提高农地质量，增加土地有效供给量，提高土地利用率和产出率的活动。它是国家为了贯彻“十分珍惜，合理利用每寸土地，切实保护耕地的基本国策”，实现耕地总量动态平衡，调整土地利用结构，提高土地利用效益，实现经济、社会与环境可持续发展而采取的一项重要措施。然而由于被整治的土地除受到项目区地形地貌、气候、土壤、植被、水文等自然条件的制约外，还受到项目建设的投资额、新增耕地数量、项目区环境改善程度等条件的制约。要实现土地整治的社会、经济和环境“三效益”最优化，必须对规划设计方案进行择优。本节在提出土地整治项目规划设计方案选优思路的基础上，结合项目规划设计方案的选优过程进行说明。

土地整治涉及的土地类型多，地形地貌复杂，气候、土壤、植被等条件各不相同，但在整治过程中，都必须遵照国家的政策，实现社会、经济和环境“三效益”最优化。为此，在土地整治项目规划时，必须进行规划设计方案选优。

12.3.3.1　土地整治项目规划设计方案选优的基本思路

为确保工程规划设计方案的最优化，规划人员应做到“一踏、二核、三校、四请”，具体包括以下内容。

1)“一踏”。即规划人员与当地的农业、水利、土地管理部门工作人员，以及当地的领导一起，到项目区进行实地踏勘，结合当地的地形地貌以及已有的基础设施（道路、水利）等初步形成规划草案。

2)“二核”。即根据踏勘的结果，核查项目的可行性研究报告，主要内容包括项目建设目标、项目区基本情况、现有基础设施是否符合项目区的实际；同时核查国家、省、市等主管单位的审批意见，尤其是项目建设的目标、投资项目类型（重点项目、示范项目、补助项目）、出资人（中央承担项目、地方承担项目、合作项目）等内容。

3)“三校”。即校核项目区土地利用现状报告与现状图、土地利用总体规划报告与现状图（尤其是土地的适宜性评价资料）、土地整治规划报告与图件的吻合情况。

4)“四请”。即请教当地农业、水利、土地管理部门的专家以及当地有经验的农民，了解项目区的土壤理化性质、作物种植制度、灌溉制度、水源、水质及水利设施、当地农民的耕作习惯、现有的机械化使用情况等，收集项目工程规划所必需的基础资料。

因地制宜，确保规划的实施。在进行项目规划时，要综合考虑项目规划的各方面限制因素，尽量做到因地制宜、量体裁衣，保证在资金紧张的条件下项目工程的合理性、完备性和可操作性。

12.3.3.2　土地整治项目规划设计方案选优的做法

1. 土地平整工程的选择

土地平整工程是规划其他工程的基础，通常在进行土地平整工程规划中，首先要考虑土地平整方案。在确定土地平整方案时，要考虑以下几个问题。

(1)考虑项目区的地形地貌。

若项目区是开发的河滩地可采用全部平整；若项目区为整理的丘陵区，有两种方案可供选择，即完全平整和局部平整。完全平整是将整个项目区作为一个平整单元，按某一设计高程进行土地平整。这种方案的优点是：能够最大限度地挖掘土地利用潜力，增加耕地面积，便于布置各项工程项目，方便农业生产。其缺点是：挖填方工程量大，投资量大，对表土造成极大的破坏。局部平整是以耕作田块为平整单元，在每个平整单元内部，保持土地的挖填方平衡，不需要从区外大量取土或将区内的土大量运往区外，最终的地面高程是在挖填方平衡高程的基础上，根据所布置的沟渠水流方向来确定，各单元之间允许有一定的高差。局部平整的优点是：挖填方工程量和工程投资大大降低，有利于保护表土层。其缺点是：土方量计算较复杂，耕地新增量有所降低，沟渠布置的难度增大。所以，在具体的项目中，应因地制宜，在充分比较的基础上选取平整方案，尽量减少土地平整工程中开挖和运输土石方的工程量。

(2)考虑方便项目区的农田灌排等水利工程设施。

土地平整最好保证灌水处位于高地，实现项目区自流灌溉；容泄区处于最低位置，保证水能自流排出，从而节省灌排的人力、物力和运行费用。

(3)考虑整理后的田块适宜种植作物的特性。

若作物是喜水作物，如水稻、耕作田块或格田要求基本平整，水田格田田面高差应在±3cm 以内，保证处处灌得到；若作物为旱作物，如玉米、小麦、谷子、棉花等，则其格田坡度在1∶500以内皆可。

(4)项目区土地平整方案填挖方平衡。

在项目区内最好能实现项目区土方挖填内部找平。若项目区需要客土回填时，应考虑到以下几点。

1)客土的土源要“舍远求近”,尽量接近项目区,减少运输距离,节约运输费用。

2)土壤质地较好,尤其是耕作田块的表土应没有污染、避免大的砂砾,能够保墒保水保肥。

3)取土区的安全问题,即防止土源地接近铁路、公路路基,大江大河及水库堰塘的堤岸,避免事故发生。

4)应与当地的生产生活需要有机结合。即取土与当地的塘堰清淤、河流清障等水利兴修、道路修建、鱼池开挖等结合起来,做到一举两得。若项目区需要挖方,外运土石方时,也应考虑到当地的生产和生活,就近运输,降低外运成本。

2.农田水利工程的选择

农田水利工程是土地整治项目规划的重要组成部分,一般指在对洪、涝、旱、渍、盐、碱等进行综合治理和合理利用水资源的原则下,对水土资源、灌排渠系及其建(构)筑物等进行的统筹安排。

在进行农田水利工程规划时,不仅要考虑灌溉水源、灌溉渠系布置、排水沟系布置及容泄区等灌排本身因素,还要避免沟渠之间的交叉,沟渠与道路的交叉以及水工建(构)筑物与道路等工程的交叉问题,做到既经济,又合理。

(1)灌溉水源。

规划方案中,一要考虑水源地的位置,尽量位于项目区的最近最高的地方,最好能够实现自流灌溉,减少抽水灌溉;二要考虑水源没有污染源,如没有化工厂、造纸厂或其他排污口,远离重金属等污染源,保证水质能够灌溉;三要尽量利用地表径流,慎用地下水;四要充分利用现有的水源,如已有的水库、堰塘、河流等,减少打井,节约费用;五要收集必需开采地下水的井灌区的水文、地质资料以及试验数据,减少风险,降低成本。

(2)灌排渠系布置。

灌排渠系布置包括以下要求:

1)尽量实现自流灌排;

2)尽量缩短灌溉渠系的长度和减少渗漏与水头损失;

3)尽量减少灌排渠系及其建(构)筑物的数量,并尽可能避免与道路等其他农田设施的交叉,保证流态稳定,水流通畅;

4)若是提水灌溉,则应注意有可靠的水源和提水距离;

5)灌排渠系布置不影响机耕和交通要求。

(3)灌溉渠道。

灌溉渠道可以为U形槽,也可为矩形渠或梯形渠。U形槽渠道输水能力强,但施工技术要求高;矩形渠节约土地,但对其材质要求较高,单位造价高;梯形渠道占地面积大,土壤较好的质地可直接修土质渠道,造价低。规划时,可在综合考虑地方灌溉制度、资金与出地率约束的基础上选择。

(4)灌溉方式。

灌溉可采用续灌与轮灌。续灌要求输水斗渠的横断面较大,农渠的横断面较小;轮灌要求输水斗渠的横断面较小，农渠的横断面较大。在进行方案选优时，考虑作物灌溉制度和灌溉定额的同时，主要考虑斗渠与农渠的总投资额。若要实行喷滴灌，则可在方便施工、有利生产的条件下，考虑半固定式喷滴轮灌及干管与支管的变径问题，降低投资。

(5)沟渠布置方式。

平原地区田间沟渠系，可以采用灌排相邻、相间或沟渠兼用布置；丘陵地区田间沟渠系、岗田间农渠垂直于等高线沿田面短边布置，可为双向控制和灌排兼用。田面沟渠系布置可随地形在山坡来水较大的一侧沿山脚布置排水沟；山坡来水较小，地势较高的一侧，布置灌排两用渠，兼排山坡或田面来水。在开阔的地区，可在两侧山脚布置排水沟，在田中间布置灌排两用渠，控制两侧田面。若是重盐碱地区，灌溉渠系最好位于高处，排水沟位于低处，这样可以充分地洗盐洗碱。

3. 田间道路工程的选择

项目区道路分干道、支道、田间道和生产路。其中田间道路是连接居民点与项目区的道路，一般路面宽 2～4m。在设计中，注意以下几点。

1)尽量利用已有的等级公路或乡镇公路；

2)设计的路面宽度满足当地农业生产的机械作业和出行的要求；

3)保证项目区的机械设备的运输和当地的防洪排涝工作顺利开展；

4)要节约土地，提高土地利用率。

道路工程规划时，尽量遵循“路行田块间，田在路两边”，节约道路用地。道路路基与路面，可“就地取材”，利用当地的石材、土材，或者砂砾石作道路垫层或路面。

4. 田块规划的选择

田块的规划内容，应注意以下两个问题。

1)田块的大小。田块大小应符合生产习惯；应满足机械化耕作需要；应满足当地农民承包耕种的需要。

2)田块的方向。田块方向应充分利用光照；减少风害与冻害；应根据当地的地形情况，长边一般与等高线方向一致。

5. 农田防护工程的选择

农田防护工程规划包括生态环境保护规划和农田防护林规划。生态环境保护规划要根据当地的地形地貌和其他条件因地制宜、综合考虑。

防护林规划，主要是指防护林的布局、规模、结构、树种、数量等。在规划时要考虑以下几点。

1)防护林防风的大小与方向。

2)林种选择可与当地的生产与生活相结合。如在旱坡地或梯田的田间道路两旁或生产路一旁可以适当栽植沙棘树，既可防风固土，又可获得一定的经济效益。

3)防护林不能妨碍交通。一般田间道 2～4m，其两旁可以种植灌木，生产路较窄，一般不栽或只在路一旁栽种灌木。

4)防护林不妨碍作物生长。即防护林不能与田间作物争光、争水、争肥,更不能争地。

5)防护林要与大江、大河与大湖的堤防工程相结合。

6)防护林要与水土保持工程相统一。

至于水土保持林、护岸固滩林、固砂林、海防林、防岸林、护路林等其他防护林规划及保护草规划,应遵照林业行政管理部门颁布的相应标准、规范进行。

6.土地整治项目规划设计方案选优注意事项

土地整治项目规划内容通常包括土地平整工程、农田水利工程、田间道路工程和农田防护工程等内容。在进行土地整治项目规划时,首先应注意以下几方面。

1)抓住项目区土地整治中需要解决的主要矛盾。

2)确保增加有效耕地面积(新增加的耕地不低于国家、省批准的比率)。

3)尽量利用项目区现有的基础设施,如灌排系统、道路、电力设施等。

4)注重经济效益,尤其是在工程规划中要估算项目的投资回报率,确保各项工程投资最经济。

5)土地整治以后的田块要能够适宜多种经营,为农业内部结构调整服务。

6)要考虑适宜机械化耕作,为农地的规模经营服务。

7)防止片面追求有效耕地面积的增加,提高出地率,或者单一追求"规模"成片,忽视生态环境,避免工程规划设计方案中通常出现的"毁林造林"现象(即将项目区小规模林地整理为耕地,而在异地再造林)。

8)"拆村并点"时,要考虑拆迁的劳动力安置补助费、拆迁补偿费等费用,同时与农村城镇化相结合。

9)要与当地的土地利用总体规划、村镇规划、土地整治规划相衔接,同时考虑道路、电力工程、防洪抗灾等规划内容要求。

复习思考题

(1)论述土地整治项目规划设计与可行性研究的关系。

(2)简述土地整治项目规划设计的程序。

(3)简述土地整治项目规划设计方案选优的基本思路。

(4)如何进行土地平整工程的布局?

(5)简述田间道路的布设方法。

第13章 土地整治项目工程设计

13.1 土地平整工程设计

土地平整是土地整治工程中的一项重要内容，土地平整的精度不但影响到整理后的土地质量，而且关系到投资大小与效益问题。土地平整的中心任务是平整土地，使土地更适合种植或其他用途的需要。在进行土地平整工程设计时，应在满足灌排要求的基础上，合理调配土方，尽量做到挖填平衡；同时，土地平整要与水土保持、土壤改良措施相结合。搞好土地平整，对合理灌排，节约用水，提高劳动生产率，发挥机械作业效率，以及改良土壤，保水、保土、保肥等方面都有着重要的作用。

13.1.1 土地平整方案与程序

13.1.1.1 土地平整方案

(1)根据治理区平整工程量及地形变化幅度的大小，农田平整方案可分为局部平整与完全平整两种。

局部平整即结合地形地势进行平整，允许田块有一定坡度，以耕作田块为平整单元，在每个平整单元内部，保持土方的挖填方平衡，不需要从区外大量取土或将土方大量外运，最终的田面高程是在挖填方平衡的基础上，根据所布置的沟渠水流方向来确定，各田块之间允许有一定的高差，即考虑渠道的布设要求，采取中高式或一面坡式两种形式，以满足自流灌排，如梯田、条田。局部平整的优点是大幅降低了填挖方工程量和工程投资，有利于保护表土层。局部平整的缺点是土方量计算较复杂，耕地新增量有所降低，增大沟渠布置的难度。

全面平整是在地形平坦地区，将整个项目区作为一个平整单元，设立一个平整高程，以平整高程为基准面对整理区进行全面平整。全面平整的优点是能够最大限度地挖掘土地利用潜力，增加耕地面积；便于布置各项工程项目，方便农业生产；易于机械化作业和沟渠、道路、防护林的规划设计。全面平整的缺点是：填挖方工程量大，投资量大，极易对表土造成破坏，在土地整治的土地平整工程中一般不常用。

(2)根据地形纵向变化情况，农田平整方案可分为平面法、斜面法和修改局部地形面法3种。

平面法是将设计地块平整成一近似水平面。这种方法挖填土方量较大，一般多用于地形坡度不大的项目区和水稻田的平整。

斜面法是将设计地段平整成具有一定纵坡的斜面。坡度方向与灌水方向一致，并达到灌水技术要求。对沟、畦灌有利，土方量也较大。

修改局部地形面法是对设计地块进行局部的适当修改，而不是全部改变其原有地形面貌，只是将过于凸凹的局部修平，把阻碍灌水的高地削除，低地填平，倒坡取削，对灌水无阻碍就可以。这种方法适用于面积较大，地形变化较多，如果大范围挖填工作量太大的地区。优点是大大减少土方量。

(3)根据平整的精度，农田平整方案又可分为大平、粗平、细平 3 种。

大平就是常说的"大平大整"，这是平整土地当中用工最多，动土方量最大的一项工程，往往需要几年的时间才能完成。诸如削平土岗、填沟补洼等。

粗平是平整土地最广，范围较大的一项工程。可分为：取高垫低，合并地块、改田埂等多项内容，从而完成平整土地的基础。

细平就是在粗平的基础上对土地进行精细平整，细平是建设高标准园田化农田的基础工程。

13.1.1.2　土地平整程序

(1)平整准备工作。

整地前的准备工作包括确定耕作田块类型、耕作田块规划、确定平整方案、进行平整工程设计、土方量计算、制定土方调配方案和施工准备。

在重型机械进场前先要做好转移或除去障碍等作业。土地平整涉及土地经营户，平整前地面杂物的清理必须取得有关农户同意，采取妥善的处理办法。地面及地内杂物的处理以不影响土地平整作业和后续排水工程施工为原则。进行整地作业之前，要把原有道路、田埂和沟渠中的石块以及作业区内的树枝等杂物用人力或机械清理到作业区外。废弃沟渠的填埋应尽量与整地作业一起连续施工，要注意将原有道路上的土、砂、碎石用于计划修建的农道。填埋废弃沟渠时，需要考虑其作为临时排水沟的可能性，安排好合理的整地作业计划。

(2)表土剥离处理。

在土地平整中，应尽量保留表土，熟化层土壤特别是其中的耕作层土壤的利用是土地平整地力保持的一项重要措施。但是，由于表土处理的费用在整地工程中所占比例较大，因此，对是否需要处理表土、表土剥离的范围、面积和厚度应作具体分析。

根据土地平整设计，如果需动土地块上层为熟土层，不管是挖方地块还是填方地块都要进行表土剥离，留用处理。如在农用地整理中，需动土地块为耕地，平整前就要将耕作层土壤予以剥离留用。对于开发、复垦工程，如果动土地块土层较薄或表土熟化程度较好，也要将表土剥离留用。比如土层较薄的丘陵地、表土熟化程度较好的河滩地、苇地的平整；如果动土地块土层较厚，且表土和下层土壤的理化性状差别不大，就无需表土剥离处理。对于南方平原水网地区，常采用河沟清淤水力充填土方填埋坑塘洼地，这种情况也不需要表土剥离处理。

表土剥离的范围、面积应该与需要动土地块的范围、面积对应一致，即与需要挖方和填方地块的范围、面积对应一致。表土剥离厚度一般根据整治前的耕作层和土层厚度、整治后的耕地类型和覆土前的地基情况而定。

1)如果整治成水田且种植单季稻,则要求耕层厚度不低于15cm。但是,如果下层有砾石或泥炭层时,则需要耕层厚度不低于20cm。

2)如果整治成水旱轮作田和旱地,则要求耕作层或表土层厚度不低于20cm。若平整覆土前地基情况较差,如地基粗砂和砾石含量较高、土壤紧实或含有泥炭层及黑泥层时,则需要保持25cm厚的耕作土层或表土层。

3)土地复垦成耕地时,一般覆土厚度不低于60cm。

(3)平整土方工程。

平整土方工程是在表土剥离后,进行挖高填低、土方调配、去凸补凹,也称为农田地基平整。土地平整工程中的地基平整是整地作业的一个关键环节。农地的透水性和承载力等均与地基平整有很大关系。如果地基平整工作没有做好,对表土回填后进行修改作业也会带来一定困难。

在进行农田地基平整时,原则上在平整单元内部实现土方挖填平衡,如果平整单元内有坑塘或高地而难以实现土方挖填平衡时,可考虑在项目区范围内进行土方调配平衡。如果在项目区内还不能实现挖填内部平衡,比如项目区内有大面积的坑塘洼地或采矿塌陷地的复垦,可以考虑客土回填。若需要客土回填时,应考虑到:

1)客土土源要"舍远求近",尽量接近项目区,减少运输距离,节约运输费用;

2)土壤质地较好,尤其是耕作田块的表土应没有污染、避免大的砂砾,能够保墒保水保肥;

3)保证取土区的安全,防止土源地接近铁路、公路路基,大江大河及水库堰塘的堤岸,避免事故发生;

4)应与当地的生产生活需要有机结合。取土应与当地的塘堰清淤、河流清障等水利兴修、道路修建、鱼池开挖等结合起来,做到一举两得,但应避免采用含有污染的清淤土。若项目区需要挖方,外运土石方时,也应考虑到当地的生产和生活,就近运输,降低外运成本。

(4)表土回填整理。

地基平整工序完成后经检查合格,就可进行表土回填覆盖作业,通过机械或人工将整地前剥离的表土按照设计铺设厚度均匀地覆盖在地基上。表土整理是表土回填作业完成后平整表土的作业。表土整理的好坏对田面干燥、耕层厚度以及机械作业有很大影响。所以,有必要精心组织施工。表土整理的施工方法有干土平整法和灌水平整法,采用哪种方法则取决于土质条件和施工期。

(5)田坎田埂工程。

梯田土方施工的工程中需要修筑田坎,条田平整过程中需要根据灌水要求和经营承包的要求在其内部修筑田埂,田坎和田埂原则上用土修筑,土料多就近从田间采取。

条田内部的田埂比较简单,田埂从地基面以下开始碾压修筑,并与其附近的地基一起压实。

梯田田坎的设计和施工要注意边坡稳定问题,当田坎高度较大时,应该根据地形、土质状况采取适当的边坡加固措施。

13.1.2 土地平整工程量计算方法

13.1.2.1 断面法

1.适用范围

断面法适用于下面 3 种情况:①高差变化比较大、地形起伏变化较大,自然地面复杂的地区。②垂直挖深度较大,截面又不规则的地区。③带状地形。

2.计算原理

断面法的工作原理是在地形图上或碎部测量的平面图上,按一定的间距将场地划分为若干个相互平行的横截面,量出各横断面之间的距离,按照设计高程与地面线所组成的断面图,计算每条断面线所围成的面积,再由两端横断面的平均面积乘以两端横断面之间的距离求出土方量。用公式表示为

$$V = \frac{A_1 + A_2}{2} \times L \tag{13-1-1}$$

式中 V—— 相邻两截面间土方量,m^3;

A_1,A_2—— 相邻两截面的截面积,m^2;

L—— 相邻两截面间的间距,m。

此公式的运用条件是 A_1、A_2 的性质必须是相同的,即都为填方(—) 或挖方(+),且 A_1、A_2 面积不应相差很大。若 A_1、A_2 性质不同,即一端为挖方,另一端为填方,计算的结果就会失真。此外,应用断面法时还应注意所取两横断面尽可能平行,若两断面不平行,计算的结果就会产生较大的误差,因此在划分断面时应充分考虑。

3.计算步骤

(1) 划分横截面。

根据地形图、竖向布置图或现场勘测,将要计算的场地划分为若干个横截面 AA′,BB′,CC′,……,划分原则为垂直等高线或垂直主要建筑物边长,各断面间的间距可以不等,一般取 20 ～ 50m,在相对平坦地区可取大值,但最大不大于 100 m(见图 13-1-1)。

(2) 绘制横截面。按比例绘制每个横截面的自然地面和设计地面的轮廓线。自然地面轮廓线与设计地面轮廓线之间的面积,即为挖方或填方的截面。

(3) 计算横截面面积。

1) 积距法:按表 13-1-1 中面积计算公式,计算横截面的面积。

2) 求积仪法:用方格纸绘出横断面图后,用求积仪量出横断面的面积。

3) 计算机法:利用计算机辅助设计软件(如 AutoCAD) 绘制横断面图后,利用软件计算面积的功能求出横截面的面积。

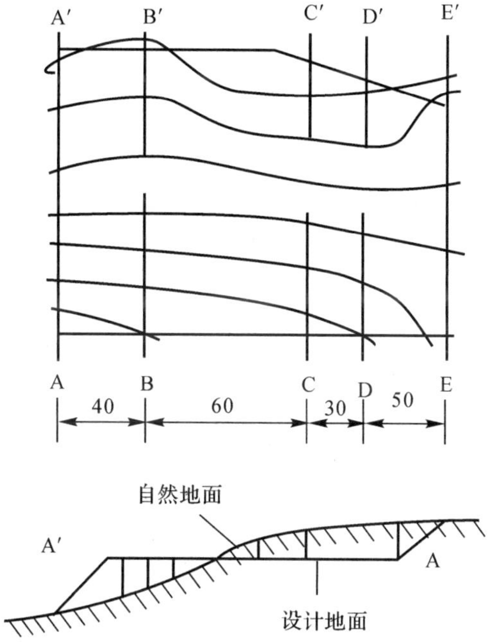

图 13-1-1　横截面划分及绘制

表 13-1-1　常用横断面计算公式

横断面图式	横断面计算公式
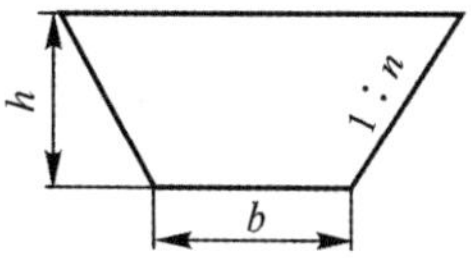	$A=h(b+nb)$
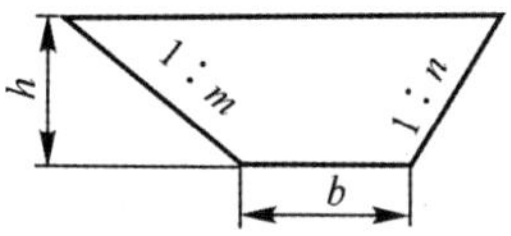	$A=h[b+\frac{h(m+n)}{2}]$
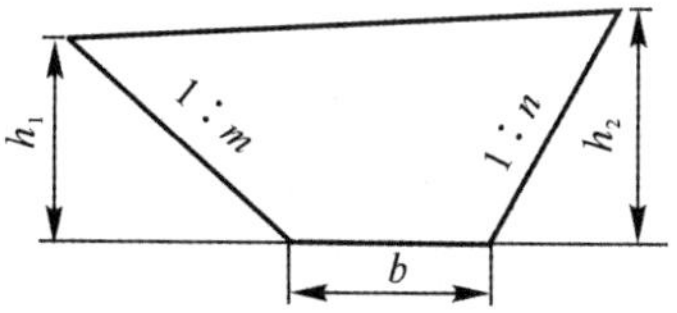	$A=b\frac{h_1+h_2}{2}+nh_1h_2$

续表

横断面图式	横断面计算公式
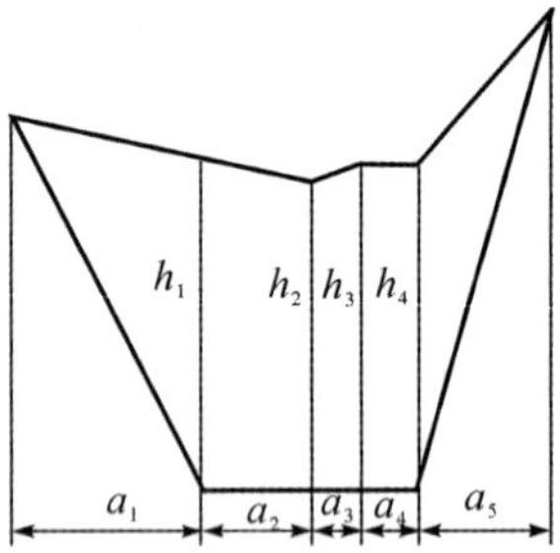	$A = h_1 \frac{a_1+a_2}{2} + h_2 \frac{a_2+a_3}{2} + h_3 \frac{a_3+a_4}{2} + h_4 \frac{a_4+a_5}{2}$
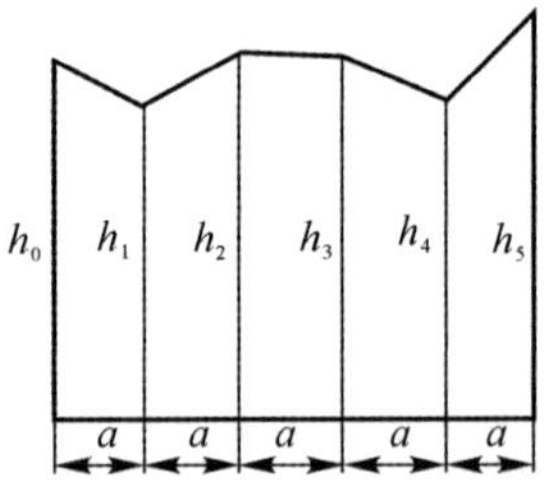	$A = \frac{a}{2}(h_0 + 2h + h_5)$ $h = h_1 + h_2 + h_3 + h_4 + h_5$

注：A 为断面面积，m^2；h、b 为断面高、宽，m；m、n 为边坡比；h_1，h_2，h_3，h_4，h_5 为高，m。

4）特征点法：根据量取的特征点坐标值计算横截面面积。用水平仪或全站仪通过坐标系测得各断面的特征点坐标值，测量时，先建立好断面的坐标系，以高程为 X 轴，水平距离为 Y 轴，且选 X 轴通过起始点。测量是顺时针方向，从起始点最后回到起始点。其面积计算公式为

$$S=\frac{1}{2}\sum_{i=1}^{n}(x_i y_{i+1} - x_{i+1} y_i) \tag{13-1-2}$$

式中 S—— 横截面面积；

x_i，y_i—— 为多边形顶点坐标，即测量的特征点坐标，$i=1,2,3,\cdots,n$。当 $i=n$ 时，$x_{n+1}=x_1$，$y_{n+1}=y_1$。

（4）计算土方工程量。

根据横截面面积计算土方工程量，按公式（13－1－1）计算，由两端横断面面积的平均面积乘以两端横断面之间的距离。

（5）汇总。

按表 13－1－2 汇总土方工程量。

表 13－1－2　土方量汇总表

<table>
<tr><th>截面</th><th>填方面积 /m²</th><th>挖方面积 /m²</th><th>截面间距 /m</th><th>填方体积 /m³</th><th>挖方体积 /m³</th></tr>
<tr><td>A—A′</td><td></td><td></td><td rowspan="2"></td><td rowspan="2"></td><td rowspan="2"></td></tr>
<tr><td rowspan="2">B—B′</td><td rowspan="2"></td><td rowspan="2"></td></tr>
<tr><td rowspan="2"></td><td rowspan="2"></td><td rowspan="2"></td></tr>
<tr><td rowspan="2">C—C′</td><td rowspan="2"></td><td rowspan="2"></td></tr>
<tr><td rowspan="2"></td><td rowspan="2"></td><td rowspan="2"></td></tr>
<tr><td></td><td></td><td></td></tr>
<tr><td colspan="3">合　计</td><td colspan="3"></td></tr>
</table>

13.1.2.2　方格网法

1. 适用范围

方格网法通常适用于平坦及高差不太大、地形比较平缓的地区。其特点是在田块平面形状比较方正的情况下，计算精度较高。

2. 计算原理

方格网法的基本原理是将项目区地块，根据地形复杂程度、地形图比例尺以及精度要求划分成边长为 10 ～ 100m 的方格，在水平面上形成方格网，分别测出各方格网 4 个顶点的高程，根据地面高程和设计高程计算各个格网挖填深度及土方量，最后汇总格网挖填土方量。其中，地形图比例尺、施工高度、地形坡度、方格网边长及场地平整总面积都与土方量计算相对误差有直接的联系。当方格网边长越短，场地平整总面积及施工高度越大，地形坡度越缓，地形图比例尺越大时，土方计算精度越高，反之越低。

3. 方格网零点及零线的确定

零线即方格网内挖方区与填方区的交线，在该线上，施工高度为 0。在一个方格网内有填方和挖方时，要先算出方格网的零点位置，并标于方格网上，将零点连接起来就是零线，零线是该方格内填方区和挖方区的分界线。

零点的计算公式为

$$x_1 = \frac{h_1}{h_1 + h_2} a \qquad (13-1-3)$$

式中　x_1, x_2—— 方格网角至零点距离，m；

h_1, h_2—— 方格网两端点的施工高度，均用绝对值，m；

a—— 方格网的边长，m。

在实际工作中常采用图解法直接绘出零线。方法是：在相邻角点用相同比例标出 h_1, h_2 值，连接两端点交方格边线即得零点的位置，如图 13－1－2 所示。

将各相邻的零点连接起来即为零线。如不需计算零线的确切位置，则绘出零线的大致走向即可。

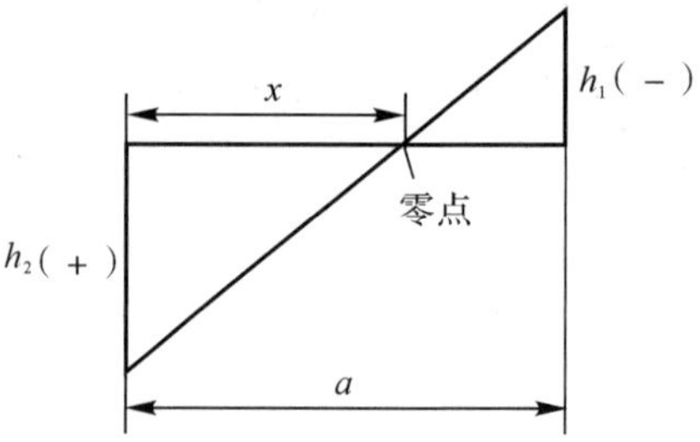

图 13－1－2　零点图解法

根据各方格划分为四边形和三角形的不同，方格网法又分为四方棱柱体法和三角棱柱体法，分述如下。

(1) 四方棱柱体法计算步骤。

1) 根据已有的地形图，划分方格网，其方位尽量与测量纵横坐标网重合(见表 13－1－3)。方格的大小，根据自然地面或设计地面的复杂程度而定。由于地形图的比例一般也取决于地形的复杂程度，建议地形图比例为 1∶500 时用 20×20m 方格网；比例为 1∶1 000 时可采用 40×40m 方格网；面积较大而地形简单、坡度平缓时，可采用 100×100m 方格网；地形特别复杂的个别地段，也可采取局部加密方格网的措施，如可采用 10×10m 方格网。

表 13－1－3　方格网计算公式(四方棱柱法)

挖填类型	图　示	计算公式
四点全挖(全填)	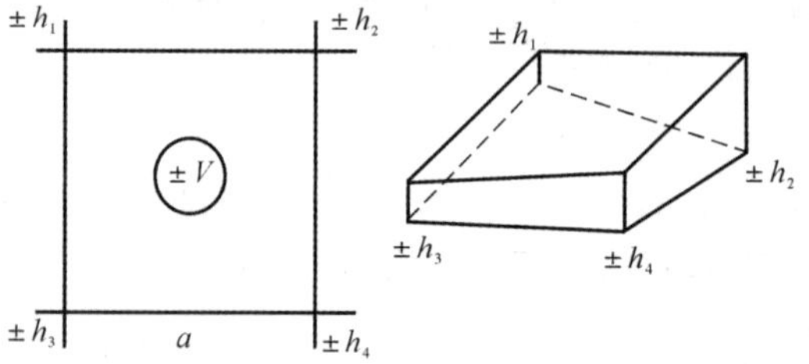	$V=\frac{a^2}{4}\sum h$ $V=\frac{a^2}{4}(h_1+h_2+h_3+h_4)$
二挖二填	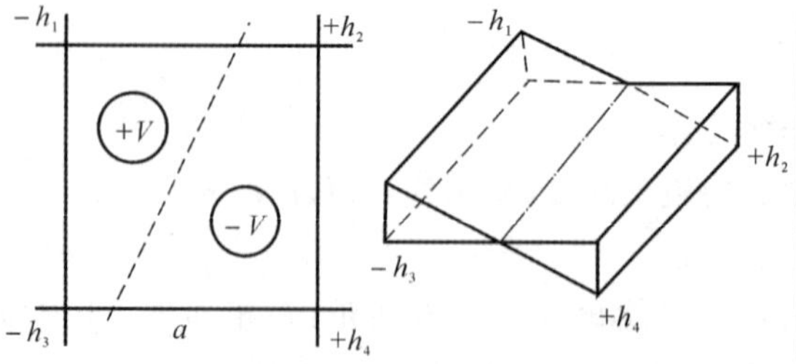	$V_-=\frac{a^2(h_1+h_3)^2}{4(h_1+h_2+h_3+h_4)}$ $V_+=\frac{a^2(h_2+h_4)^2}{4(h_1+h_2+h_3+h_4)}$

续 表

挖填类型	图　示	计算公式
一点填方（挖方）、另三点挖方（填方）	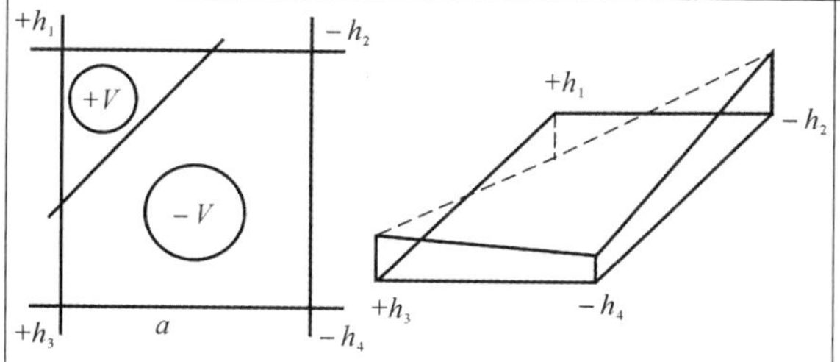	$V_{+}=\dfrac{a^2h_1^3}{6(h_1+h_2)(h_1+h_3)}$ $V_{-}=\dfrac{a^2}{6}(2h_2+2h_3+h_4)$
相对两点填方（挖方）	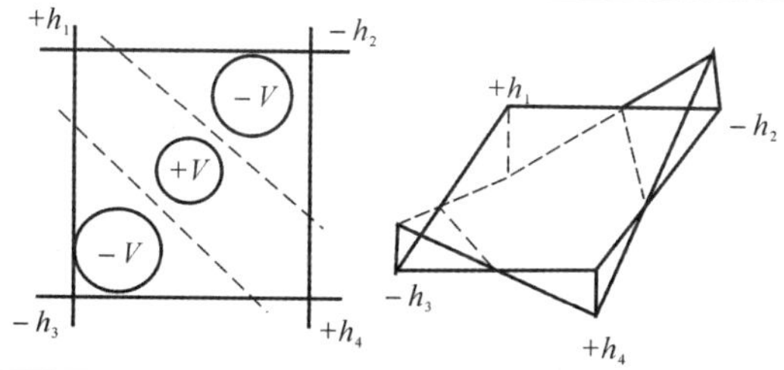	$V_{1-}=\dfrac{a^2h_2^3}{6(h_2+h_1)(h_2+h_4)}$ $V_{2-}=\dfrac{a^2h_3^3}{6(h_3+h_1)(h_3+h_4)}$ $V_{+}=\dfrac{a^2}{6}(2h_1+2h_4-h_2-h_3)$

2）测量各方格角点的自然地面高程 H_1（m），或者根据地形图上的等高线插值求出方格角点的自然地面高程 H_1（m）。

3）按项目区田块规划设计标明各方格角点的设计地面标高 H_2（m）。

4）计算自然地面高程与设计地面标高的差值，即得出各方格角点的施工高度 $H_s=(H_1-H_2)$（m），也就是该角点的挖（或填）方向高度（“+”为填方，“−”为挖方）。

5）确定零点及零线。

6）计算方格角点的挖、填土方量情况，按方格网计算公式表（表 13-1-3）中所列的公式计算。求出各方格的挖（填）方土方量，把挖（填）方土方量分别加起来，汇总。

（2）三角棱柱体法计算步骤。

三角棱柱体法是将场地平面划成方格网后，再沿地形等高线方向连接各方格的对角线，将方格划分成两个等腰直角三角形，形成三角形网格，如图 13-1-3 所示。

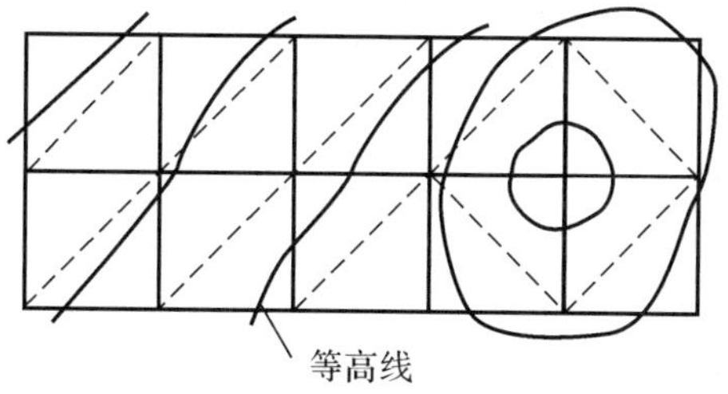

图 13-1-3　三角形网格划分

在相同的条件下，与四棱柱体方法相比，三角棱柱体法的计算精度较高。计算步骤同四方棱柱体法。

三角棱柱体的体积计算方法也分两种情况，如图 13-1-4 所示。

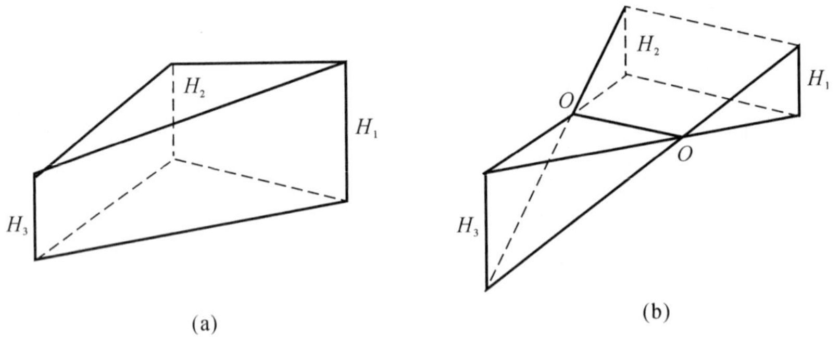

图 13-1-4　三角棱柱体的体积计算

(a) 全填或全挖；(b) 锥体部分为填方

1) 当三角形 3 个角点全部为挖或全部为填时，有

$$V=\frac{a^2}{6}(H_1+H_2+H_3) \tag{13-1-4}$$

式中　V—— 体积，m^3；

a—— 方格边长，m；

H_1,H_2,H_3—— 三角形各角点的施工高度，m，用绝对值代入。

2) 当三角形 3 个角点有填有挖时，零线将三角形分成两部分，一个是底面为三角形的锥体，一个是底面为四边形的楔体。其中锥体部分的体积为

$$V_{锥}=\frac{a^2}{6}\frac{H_3^3}{6(H_1+H_3)(H_2+H_3)} \tag{13-1-5}$$

楔体部分的体积为

$$V_{楔}=\frac{a^2}{6}\left[\frac{H_3^3}{(H_1+H_3)(H_2+H_3)}-H_3+H_2+H_1\right] \tag{13-1-6}$$

式中符号含义同上。

13.1.2.3　散点法

(1) 适用范围。

散点法又称为算术平均法，适用于虽有起伏但变化比较均匀、不太复杂的地形。

(2) 计算步骤。

1) 平均高程计算：根据地形情况布置测量点，考虑到计算的精确程度，应在田面四角四边、最高点、最低点、次高点、次低点以及一切能代表不同高程的各个位置上都均匀布置测点，将测点高程求算术平均值，此平均值即为设计的地面平均高程。计算公式为

$$H_a = \frac{1}{n}\sum_{i=1}^{n} H_i \tag{13-1-7}$$

式中　H_a——田面平均高程，m；

H_i——实测的各点高程，m；

n——测点总数。

2）平均挖填深度计算：将各实测点高程与平均高程相比较，大于平均高程的为挖方，小于平均高程的为填方，等于平均高程的表示不挖不填。算出各点高程与平均高程的差值，将其中的正值求平均，可算出平均挖深，负值求平均即为平均填高。计算公式为

平均挖深：

$$h_c = \frac{1}{m_1}\sum_{i=1}^{m_1}(H_d - H_a) \tag{13-1-8}$$

平均填高：

$$h_f = \frac{1}{m_2}\sum_{i=1}^{m_2}(H_a - H_x) \tag{13-1-9}$$

式中　h_c——挖方区平均挖深，m；

H_d——大于设计高程的各实测点高程，m；

m_1——大于设计高程的测点数；

h_f——填方区平均填高，m；

H_x——小于设计高程的各实测点高程，m；

m_2——小于设计高程的测点数。

3）挖填方面积及土方量计算：在平整单元无土方进出（一般指各平整单元之间无土方调剂）的条件下，根据挖填平衡，由下面的方程组可分别求得挖填方面积及相应的挖填土方量：

$$S_c h_c = V_c = V_f = S_f h_f \tag{13-1-10}$$

$$S_a = S_c + S_f + S_0 \tag{13-1-11}$$

挖方面积：

$$S_c = \frac{(S_a - S_0)h_f}{h_f + h_c} \tag{13-1-12}$$

填方面积：

$$S_f = \frac{(S_a - S_0)h}{h_f + h_c} \tag{13-1-13}$$

挖填方量：

$$V_c = V_f = \frac{(S_a - S_0)h_f h_c}{h_f + h_c} \tag{13-1-14}$$

式中　S_c——挖方面积，m^2；

S_f——填方面积，m^2；

S_0—— 不填不挖面积，m^2；

V_c—— 挖方量，m^3；

V_f—— 填方量，m^3；

S_a—— 土地平整总面积，m^2。

13.1.2.4 利用 DEM 计算土方量

1. DEM 介绍

DEM(Digital Elevation Model) 即数字高程模型。它是一种用 X,Y,Z 坐标描述地球表面起伏状况的离散数字表达。是表示区域 D 上的三维向量有限系列，用函数的形式表述为

$$F_i = (X_i, Y_i, Z_i) \quad i = 1, 2, \cdots, n \tag{13-1-15}$$

式中，X_i,Y_i 为平面坐标，Z_i 是(X_i,Y_i) 所对应的高程值。

2. 建模方法

建立 DEM 的方法有多种，根据数据源及采集方式：

1) 直接从地面测量，例如用 GPS、全站仪、野外测量等；

2) 根据航空或航天影像，通过摄影测量途径获取，如立体坐标仪观测、解析测图、数字摄影测量等；

3) 从现有地形图上采集，如格网读点法、数字化仪手扶跟踪及扫描仪半自动采集然后通过内插生成 DEM 等方法。DEM 内插方法很多，主要有分块内插、部分内插和单点移面内插三种。常用的建模软件有 Mapgis、Surfer、ArcGIS 等。

3. 模型数据精度

根据 GB/T 17941.1－2000，对 DEM 数据精度要求包括三方面，即：网格单元间距、高程精度和接边精度。网格单元间距按表 13－1－4 执行。

表 13－1－4 数字高程模型网格间距

比例尺	网格单元间距 /m
1∶5 000	6.25/2.5
1∶2 000	2.5
1∶1 000	2.5
1∶500	2.5

高程精度要求用摄影测量方法和用野外实测方法生成的 DEM，其格网点高程误差不大于相应比例尺地形图测量规范或编绘规范中规定的等高线高程误差；以地形图数字化方法生成的 DEM，其格网点高程误差不大于相应比例尺地形图的 2/3 等高距。

接边精度要求相邻 DEM 接边不应出现漏洞，两 DEM 间相邻行(列) 格网点平面坐标连续且符合格网间距要求，高程应符合地形连续的总体特征，即使出现跳变，也应符合地貌特征。

4. 适用范围

适用于平原地区和丘陵地区土地平整土方量计算。

5. 计算原理

以规则网格形式建立 DEM，则任一地块可以分解为一系列柱状体，如图 13－1－5 所示。

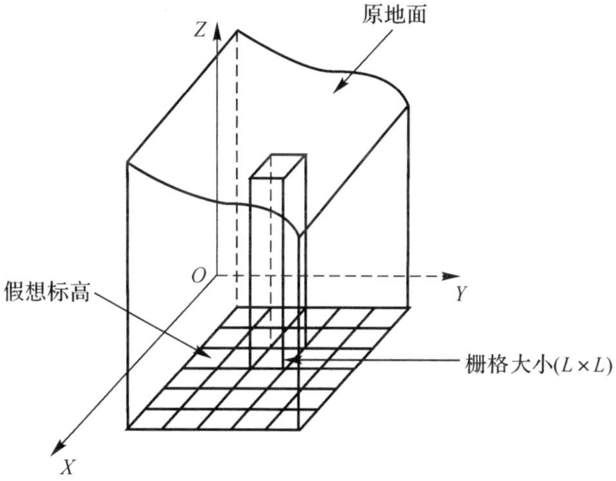

图 13－1－5　DEM 示意图

（1）假定地块网格单元数为 $m\times n$，网格单元大小为 $\Delta\sigma$。$\Delta\sigma=L\times L$，L 为 DEM 网格单元间距。则曲面柱体可分成 $m\times n$ 个小曲顶柱，记小曲顶柱的体积为 ΔV_{ij}，$i=1,2,\cdots,m;j=1,2,\cdots,n$。

（2）当网格单元很小时，这时小曲顶柱的顶面可近似看作平面。

（3）求和。$m\times n$ 个小曲顶柱体积之和即为整个曲面柱体体积 V 的近似值，有

$$V=\sum\Delta V_{ij}\approx\Delta\sigma\sum H_{ij}\quad i=1,2,\cdots,m;j=1,2,\cdots,n \tag{13-1-16}$$

（4）地块挖填平衡高程 H_p。

如果地块内要求挖填平衡，在不考虑松实系数的情况下 H_p 为

$$H_p=\frac{\sum H_{ij}}{m\times n}\quad i=1,2,\cdots,m;j=1,2,\cdots,n \tag{13-1-17}$$

如果考虑松实系数，则

$$V_{填}=\Delta\sigma\sum(H_p-H_{ij}),\quad 其中\ H_p>H_{ij},\quad i=1,2,\cdots,m;j=1,2,\cdots,n \tag{13-1-18}$$

$$V_{挖}=\Delta\sigma\sum(H_{ij}-H_p)\quad 其中\ H_{ij}>H_p,\quad i=1,2,\cdots,m;j=1,2,\cdots,n \tag{13-1-19}$$

$$V_{填}/V_{挖}=1.08 \tag{13-1-20}$$

一般情况下土的松实系数可取1.08,也可由试验确定。

H_p 需经搜索算法才能算出。

(5) 挖填方量计算。

假设设计地块的标高为 H,则

$$V_{填} = \Delta\sigma \sum (H - H_{ij}),\quad 其中\ H > H_{ij},\quad i=1,2,\cdots,m;j=1,2,\cdots,n \tag{13-1-21}$$

$$V_{挖} = \Delta\sigma \sum (H_{ij} - H),\quad 其中\ H_{ij} > H,\quad i=1,2,\cdots,m;j=1,2,\cdots,n \tag{13-1-22}$$

6. 考虑田面坡度对土方量的影响

一般情况下,耕地地面通常分为无坡田面(如水田)和有坡田面(除水田以外)。由于田面坡度的存在,对土方的计算存在比较大的影响,以上所述DEM计算土方量方法用于水田区的计算没有问题,但用于水田以外的区域,计算结果会存在相当的误差,因此,对于有坡田面的土方计算,须如下进行:

(1) 确定坡面方程 $z=f(x,y)$。

坡面方程确定有以下两种方法。

1) 根据地形图和设计地块大小,确定可以表征地块坡度的3个特征点,利用3点共面特性求得坡面方程 $z=f(x,y)$;

2) 根据设计地块的DEM数据,通过最小二乘法回归出坡面方程 $z=f(x\ ,y)$。

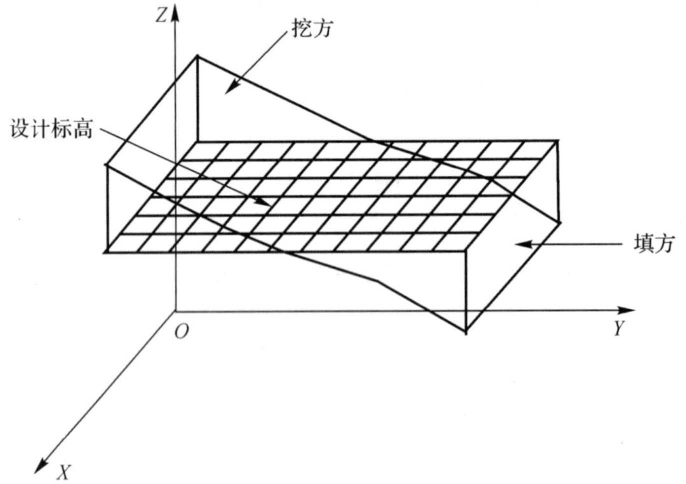

图 13-1-6　地块土方量计算图示

(2) 挖填土方量计算(见图13-1-6)。

$$V_{填}=\Delta\sigma\sum[f(x_i,y_i)-H_{ij}],\quad 其中\ f>H_{ij},i=1,2,\cdots,m;j=1,2,\cdots,n \tag{13-1-23}$$

$$V_{挖}=\Delta\sigma\sum[H_{ij}-f(x_i,y_i)],\quad 其中\ H_{ij}>f,i=1,2,\cdots,m;j=1,2,\cdots,n \tag{13-1-24}$$

7. 软件自动计算土方量示例

首先将平整的区域的数据（含高程信息）导入 cass 程序，利用测量数据生成 DTM 模型，用闭合的复合线指定出所要计算土方的区域，然后根据土地平整的设计要求给出设计标高，如图 13-1-7 所示。按照软件自动提示从而计算出土方量，包含平场面积、最大高程、最小高程、平场标高、填方量、挖方量和图形，如图 13-1-8 所示。

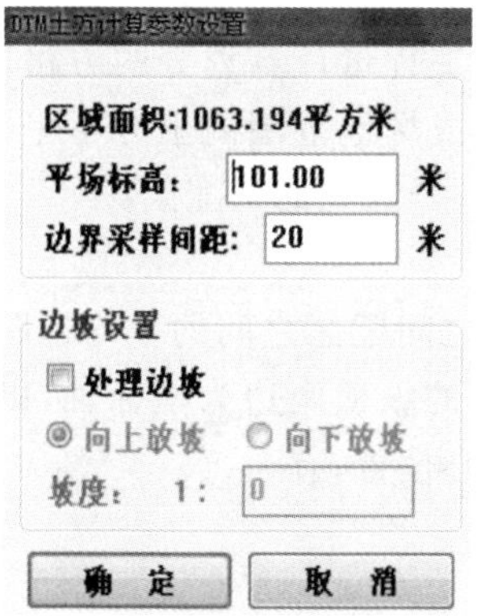

图 13-1-7　DTM 参数设置

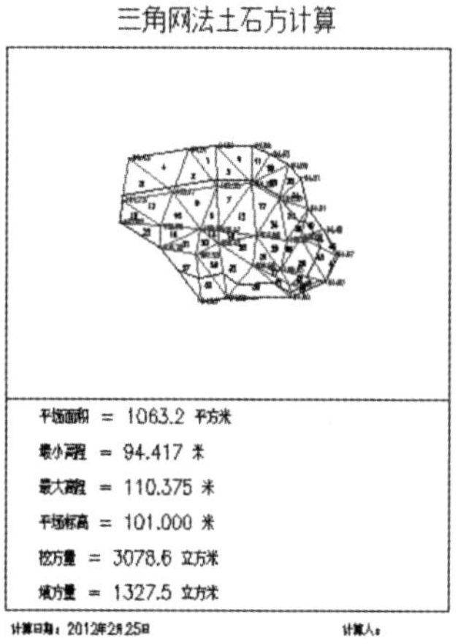

图 13-1-8　DTM 土方计算

13.1.3　土方调配

在土方的施工标高、挖填区面积、挖填区土方量算出后，应考虑各种变更因素（如土的松散率、压缩率、沉降量等），对土方进行综合平衡调配。它的目的是在土方运输量或土方运输成本最低的条件下，确定填、挖方区土方的调配方向和数量，从而达到缩短工期和提高经济效益的目的。

进行土方平衡调配，必须综合考虑工程和现场情况、有关技术资料、进度要求和土方施工方法以及分期分批施工工程的土方堆放和调运等问题，经过全面分析后，才可着手进行土方平衡调配工作。

13.1.3.1　土方的平衡调配原则

土方的平衡调配原则有以下几方面。

1）挖方与填方基本达到平衡，在挖方的同时进行填方，减少重复倒运；

2）挖（填）方量与运距的乘积之和尽可能为最小，即运输路线和路程合理，运距最短，总土方运输量或运输费用最小；

3）取土或弃土应尽量不占农田或少占农田；

4）分区调配应与全场调配相协调、相结合，避免只顾局部平衡，任意挖填而破坏全局平衡；

5）调配应与地下构筑物的施工相结合，有地下设施需要填土，应留土后填；

6）选择恰当的调配方向、运输路线。做到施工顺序合理，土方运输无对流和乱流现象，同时便于机械化施工。

13.1.3.2 土方平衡调配方法与土方调配图的编制

1）划分调配区：在平面图上先划出挖填区的分界线，并在挖方区和填方区适当划出若干调配区，确定调配区的大小和位置。划分时应注意：① 调配区的划分应与房屋和构筑物的平面位置相协调，并考虑它们的开工顺序，工程的分期施工顺序；② 调配区的大小应满足土方施工主导机械的行驶操作要求；③ 调配区的范围应和土方工程量计算划分的方格网相协调，通常可由若干个方格组成一个调配区；④ 当土方运距较大或场地范围内土方不平衡时，可考虑就近借土或弃土，此时一个借土区或一个弃土区可作为一个独立的调配区。

2）计算各调配区的土方量并标明在图上。

3）计算各挖、填方调配区之间的平均运距：挖、填方之间配区之间的平均运距就是挖方区土方重心至填方区土方重心的距离。取场地或方格网中的纵横两边为坐标轴，以一个角作为坐标原点（见图 13－1－9），按下式求出各调配区土方重心位置，有

$$X_0 = \frac{\sum (x_i V_i)}{\sum V_i} \tag{13-1-25}$$

$$Y_0 = \frac{\sum (y_i V_i)}{\sum V_i} \tag{13-1-26}$$

式中 X_0, Y_0—— 挖方调配区或填方调配区重心坐标；

x_i, y_i——i 块方格重心坐标；

V_i——i 块方格的土方量。

填、挖区之间的平均运距 L_0 为

$$L_0 = \sqrt{(x_{0T} - x_{0W})^2 + (y_{0T} - y_{0W})^2} \tag{13-1-27}$$

式中 x_{0T}, y_{0T}—— 填方区的重心坐标；

x_{0W}, y_{0W}—— 挖方区的重心坐标。

一般情况下，可用作图法近似地求出调配区的几何中心（即形心位置）以代替重心位置。重心求出后，标于图上，用比例尺量出每对调配区的平均运输距离（$L_1, L_2, L_3, \cdots$）。

当填、挖方调配区之间的距离较远，采用自行式铲运机或其他运土工具沿现场道路或规定路线运土时，其运距应按实际情况进行计算。

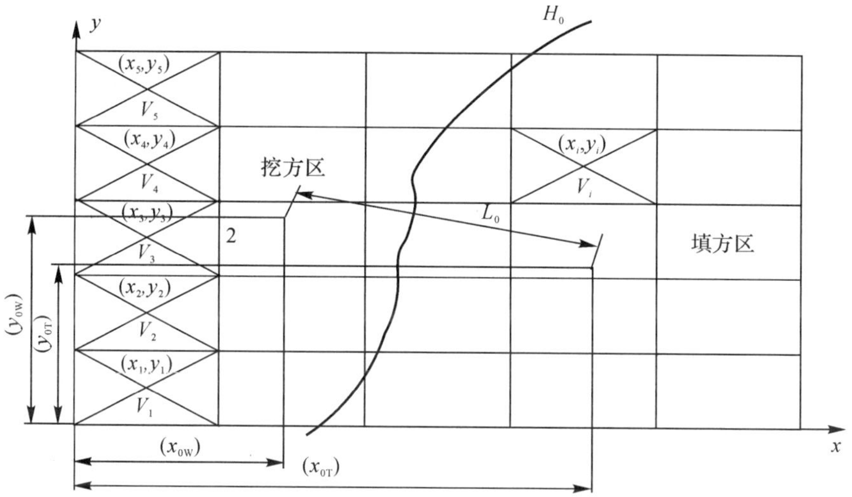

图 13-1-9　土方调配区间的平均运距

所有填挖方调配区之间的平均运距都需一一计算，并将计算后的结果列于表 13-1-5 内。

表 13-1-5　填挖方平衡及运距表

填方区 挖方区	B_1		B_2		B_3		挖方量 /m^3
A_1							
A_2							
填方量 /m^3							

4）确定土方最优调配方案：对于线性规划中的运输问题，可以用“表上作业法”来求解，使总土方运输量 $V=\sum_{i=1}^{m}\sum_{j=1}^{n}L_{ij}V_{ij}$ 为最小值，即为最优调配方案。

5）绘出土方调配图：根据以上计算，标出土方调配方向、土方数量及运距（平均运距再加施工机械前进、倒退和转弯必需的最短长度）。

13.1.4　土地平整施工应该注意的问题

土地平整施工应该注意的问题有以下几方面。

1）整地作业必须在土壤比较干燥的条件下进行。施工前要尽量阻断外来水进入作业区，同时也要解决好工作区域内的排水问题。对排水不良的农田，作业前必须先开临时性沟道排除地表水和地下水，为施工创造良好的条件。

2）整地用的工程机械要根据施工区域大小、地形情况和农田承载力合理选择。其他专用施工机械如挖沟、暗管埋设等机械也需要慎重选择。

3）土地平整过程中土方搬运应安排在田间排水沟开挖之前进行，二次运土计划一般在不穿越排水沟的区内安排。

4）土地平整中对开沟挖渠土方的利用要合理。对砂砾层地基而言，沟渠开挖中的剩余土方不能作为耕层用土，如果散落在田面还会妨碍农田耕整作业，一定要将这种土处理在农田地基以下。

5）必须保留一定厚度的表土。平整土地的施工中，能否保留一定的表土层，是保证当年能否增产的重要一环。但保留表土越厚，倒土工作量越大，用工量越多，从增产要求与省工结合起来考虑，保留表土的厚度一般约 15 ～ 25cm 左右即可。

6）必须留有一定的虚高。进行平整的田块，其填土部分，由于所填虚土将会有一定的沉陷，因此，在填土处一般留有相当于填土厚度 20% 左右的虚高，保证虚土沉实后达到田面的标准要求。

13.2 梯田设计

13.2.1 原则

梯田应规划在 25° 以下的坡地上，梯田的设计应根据地形、坡度、土质等具体情况，以方便耕作，节省用工、保证田坎安全为原则，上下左右兼顾，采取大弯就势，小弯取直的办法，尽量集中整片。

13.2.2 梯田的分类

1）根据地面坡度不同，分陡坡区梯田与缓坡区梯田。

2）根据梯田的断面形式，有水平梯田、坡式梯田、隔坡梯田和波浪式梯田。

3）根据梯田田坎的建筑材料不同，分土坎梯田与石坎梯田。

4）根据梯田的用途不同，分为旱作物梯田、水稻梯田、果园梯田、茶园梯田等。

13.2.3 梯田类型的选取

梯田类型的选取，应综合考虑地形、土壤、气候和生产基础等因素，因地制宜。

13.2.4 水平梯田设计与计算

（1）梯田断面设计。

梯田田面宽度、田坎高度、田坎占地宽、田坎占地各要素(见图 13-2-1)可通过下列公式计算：

田面宽度：
$$B=H(\cot\alpha-\cot\beta) \tag{13-2-1}$$

田坎高度：
$$H=L\cdot\sin\alpha=\frac{B}{\cot\alpha-\cot\beta} \tag{13-2-2}$$

田坎占地宽：
$$2b=H\cdot\cot\beta \tag{13-2-3}$$

田坎占地(%)：
$$田坎占地(\%)=\frac{2b}{B+2b}\times100\% \tag{13-2-4}$$

式中　L——斜坡距离，m；

B——田面宽，m；

b——田坎占地宽，m；

d——田埂顶宽，m；

D——田埂底宽，m；

H——田坎高，m；

h——田埂高，m；

α——地面坡度(°)；

β——田坎侧度(°)。

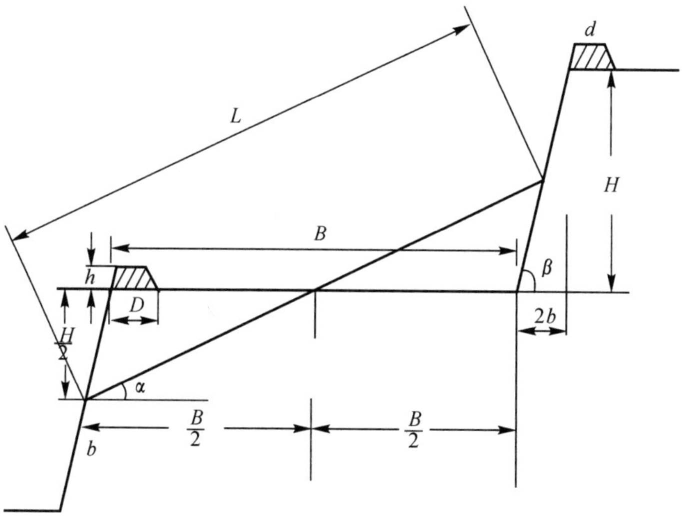

图 13-2-1　水平梯田断面要素示意图

(2) 梯田田坎设计。

土质黏着力愈小或田坎愈高，田坎外侧应愈缓，水平梯田断面尺寸可参考表 13-2-1。田坎稳定性要求按力学方法计算。

表 13-2-1　水平梯田断面尺寸参考值表

地面坡度 θ/(°)	田面净宽 B/m	田坎高度 H/m	田坎坡度 α/(°)
1° ～ 5°	10 ～ 15	0.5 ～ 1.2	90° ～ 85°
6° ～ 10°	8 ～ 10	0.7 ～ 1.8	90° ～ 80°
10° ～ 15°	7 ～ 8	1.2 ～ 2.2	85° ～ 75°
15° ～ 20°	6 ～ 7	1.6 ～ 2.6	75° ～ 70°
20° ～ 25°	5 ～ 6	1.8 ～ 2.8	70° ～ 65°

注：本表中的田面宽度和田坎坡度适用于土层较厚地区和土质田坎，土层较薄地区其田面宽度应根据土层厚度适当减少。

田边蓄水埂可设计为高 0.3 ～ 0.5m，顶宽 0.3 ～ 0.5m，内外坡比约 1∶1；在多雨地区，梯田内侧应有排水沟，其具体尺寸根据各地降雨、土质、地表径流情况而定。

(3) 水平梯田土方量计算。

挖填土方相等时单位面积水平梯田土方量为

$$V = 1\,249.5H \tag{13-2-5}$$

式中　V—— 每公顷梯田的平整土方量，m^3；

H—— 田坎高，m。

13.2.5　坡式梯田设计

(1) 确定等高沟埂间距。

每两条沟埂之间的斜坡田面(B_X) 应有足够的宽度，以满足耕作的需要。

根据地面坡度情况，一般是地面坡度越陡，沟埂间距越小；地面坡度越缓，沟埂间距越大。

根据地区降雨情况，一般是雨量和强度大的地区沟埂间距应小些，雨量和强度小的地区沟埂间距应大些。

根据耕地土质情况，一般是土壤颗粒中含砂粒较多、渗透性较强的，沟埂间距应大些；土质黏重、渗透性较差的，沟埂间距应小些。

具体设计时，根据以上几方面不同条件，经综合分析，确定沟埂间距。同时可参考当地水平梯田断面设计的 B_X 值，并考虑坡式梯田经过逐年加高土埂，最终变成水平梯田时的断面，应与一次修成水平梯田的断面相近。

(2) 等高沟埂断面尺寸的确定。

沟埂的基本形式应采取埂在上、沟在下，从埂下方开沟取土，在沟上方筑埂，以有利于通过逐年加高土埂，使田面坡度不断减缓，最终变成水平梯田。

埂顶宽 30 ～ 40cm，埂高 50 ～ 60cm，外坡 1∶0.5，内坡 1∶1。

土埂应能拦截两埂坡面所产生的地表径流与泥沙，多雨地区土埂不能全部拦蓄的，应结合坡面小型蓄排工程，妥善处理多余的径流与泥沙。

当土埂上方由于泥沙淤积导致容量减少时,应及时从下方取土加高土埂,保持初修的尺寸和容量。

13.2.6　土坎梯田的施工

土坎梯田施工包括定线、清基、筑埂、保留表土、修平田面等 5 道工序。

13.2.6.1　梯田定线

1) 根据梯田规划确定为梯田区的坡面,在其正中(距左右两端大致相等) 从上到下划一中轴线。

2) 根据梯田断面设计的田面斜宽 B_x,在中轴线上划出各台梯田的 B_x 基点。

3) 从各台梯田的 B_x 基点出发,用手水准向左右两端分别测定其等高点;连各等高点成线,即为各台梯田的施工线。

4) 定线过程中,遇局部地形复杂处,应根据大弯就势,小弯取直原则处理,有的为保持田面等宽,需适当调整埂线位置。

13.2.6.2　田坎清基

1) 以各台梯田的施工线为中心,上下各划出 50 ～ 60cm 宽,作为清基线。

2) 在清基线范围内清除表土厚约 20cm,暂时堆在清基线下方,施工中与整个田面保留表土结合处理。

3) 将清基线内的地面翻松约 10cm,清除石砾等杂物(如有洞穴,及时填塞),整平,夯实。

13.2.6.3　修筑田坎

1) 田坎必须用生土填筑,土中不能夹有石砾、树根、草皮等杂物。

2) 修筑时应分层夯实,每层虚土厚约 20cm,夯实后厚约 15cm。

3) 修筑中每道埂坎应全面均匀地同时升高,不应出现各段参差不齐,影响接茬处质量。

4) 田坎升高过程中根据设计的田坎坡度,逐层向内收缩,并将坎面拍光。

5) 随着田坎升高,坎后的田面也相应升高,将坎后填实,使田面与田坎紧密结合在一起。

13.2.6.4　保留表土

表土剥离与堆放应当根据地形及设计条件,选用以下适宜的方法进行施工。

(1) 表土逐台下移法。

适用于坡度较陡,田面较窄(10m 以下) 的梯田。步骤见图 13 - 2 - 2。

1) 整个坡面梯田逐台从下向上修,先将最下面一台梯田修平,不保 留表土。

2) 将第二台拟修梯田田面的表土取起,推到第一台田面上,均匀铺好。

3) 第二台梯田修平后,将第三台拟修梯田田面的表土取起,推到第二台田面上,均匀铺好。

4) 如此逐台进行,直到各台修平。

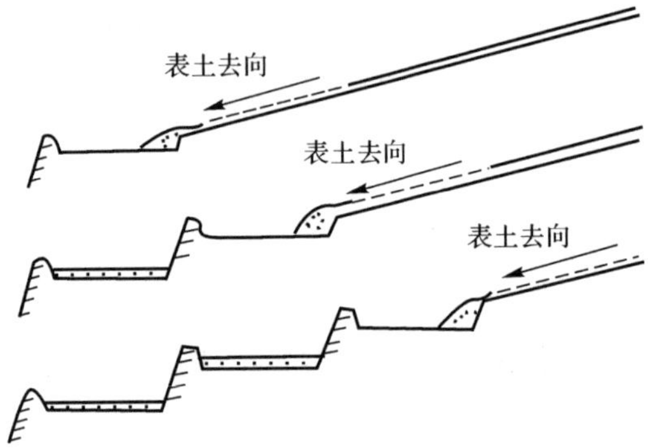

图 13-2-2　表土逐台下移法(引自:《水土保持综合治理技术规范》)

(2)表土逐行置换法。

适用于坡面坡度较缓,梯田田面较宽(20～30m)的情况。步骤见图 13-2-3。

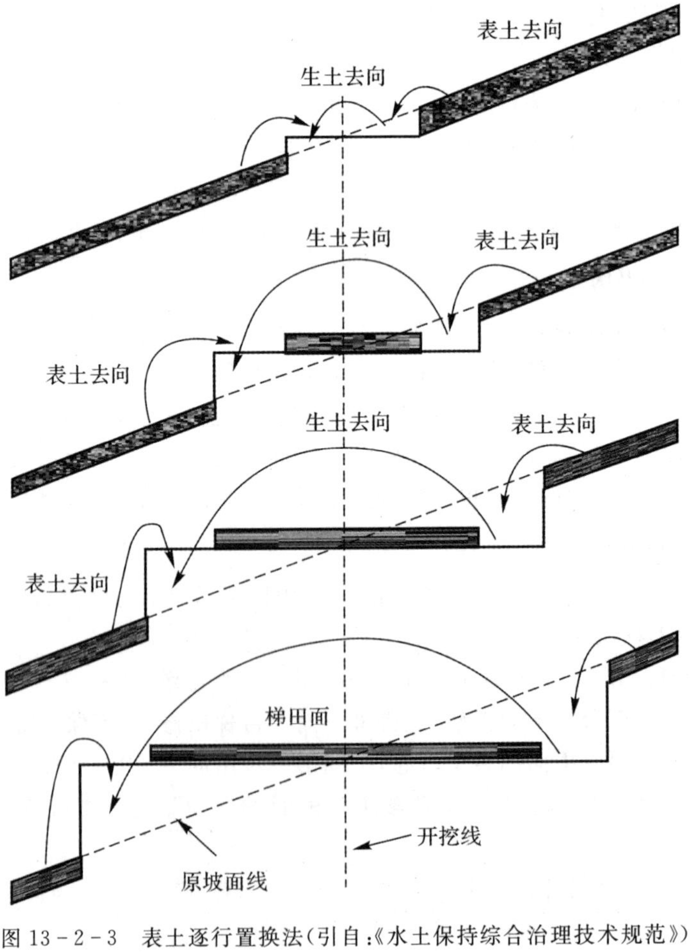

图 13-2-3　表土逐行置换法(引自:《水土保持综合治理技术规范》)

1)先将田面中部约 2m 宽修平，将其上下两侧各约 1m 宽表土取来铺上。

2)挖上侧 1m 宽田面，填下侧 1m 宽田面，将平台扩大为 4m 宽。

3)按照前述方法，再向上下两端各发展 1m 宽，将平台扩大为 6m 。

4)如此继续进行下去，直到把整个田面修平。

(3)表土中间堆置法。

适用于田面宽 10～15m 的情况。步骤见图 13－2－4。

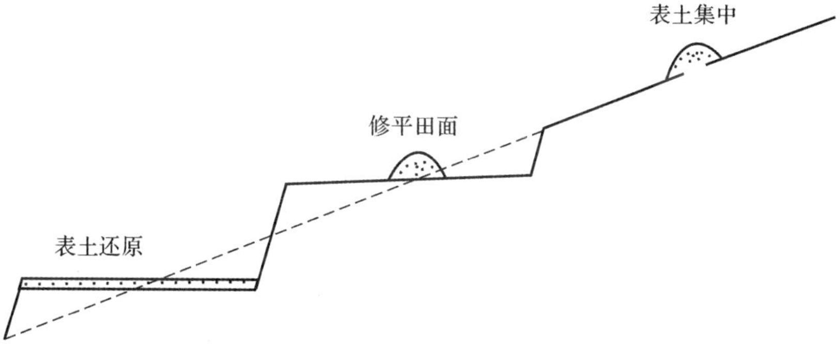

图 13－2－4　表土中间堆置法(引自:《水土保持综合治理技术规范》)

1)将拟修田面的表土，全部取起，堆置在田面中心线位置，堆宽约 2m 左右。

2)将中心线上方田面生土取起，填于下方田面，把整个田面修平。

3)将堆置在中心线的表土，均匀铺运到整个田面上。

13.2.6.5　修平田面

1)将田面分成下挖上填与上挖下填两部分。田坎线上下各 1.5m 范围，采取下挖上填法，从田坎下方取土，填到田坎上方。其余田面采取上挖下填法，从田面中心线以上取土，填到中心线以下。这样可提高工效，节省劳工，见图 13－2－5。

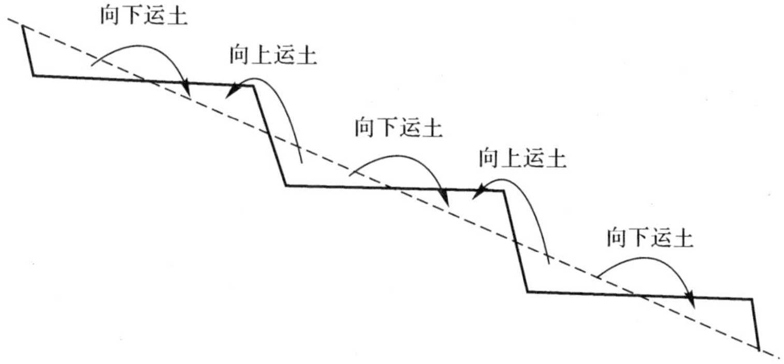

图 13－2－5　上挖下填与下挖上填(引自:《水土保持综合治理技术规范》)

2)田面挖、填任务基本完成后,应用手水准检查是否达到水平(或按 设计要求的纵向比降)。要求误差不超过1%。

3)田边1m左右,保留10°左右反坡,地中原有浅沟部位,填方应比水平面高出10cm左右,以备填土最深部位沉陷后田面仍能保持水平。

13.3 田间道路工程设计

田间道路一般由行车路基、路面、路肩和路沟组成。行车路面是指铺筑在道路路基上供车辆行驶的结构层,具有承受车辆重量、抵抗车辆磨损和保持道路表面平整的功能。路肩是道路两边没有铺筑路面的部分,用作路面的侧向支承和行车停歇的地带。路沟为道路两边的排水沟。

13.3.1 路基设计

13.3.1.1 路基结构

路基是在原地面上挖或填成的一定规格的横断面,通常把堆填的路基称路堤,把挖成的路基称路堑。路基宽度为行车道与路肩宽度之和。土地整治项目区干道的路面宽一般为6~8m,路基宽一般为10~12m;支道的路面宽为3~6m,路基宽为5~8m;田间道的路面宽为3~4m,路基宽为4~5m;生产路的路面宽为1~2m,路基宽为1.5~3m。路基的高度应使路肩边缘高出路面两侧地面积水高度,同时要考虑地下水、毛细管水和冰冻作用,不致影响路基的强度和稳定性。路基设计标高一般为路基边缘高度。路基的边坡取决于土石方经过填挖后能达到自然稳定状态的坡度,路堤的边坡坡度一般采用1∶1,受水浸淹的路堤的边坡应放缓为1∶2。路基横向坡度,一般按比路面横向坡度大1%或2%的值设置,最大不超过5%。为使路基有足够的强度和稳定性,必须进行压实使其呈密实状态,压实度随路面等级及路基填挖类别而异。图13-3-1和图13-3-2为某土地整治项目田间路道路断面示意图。

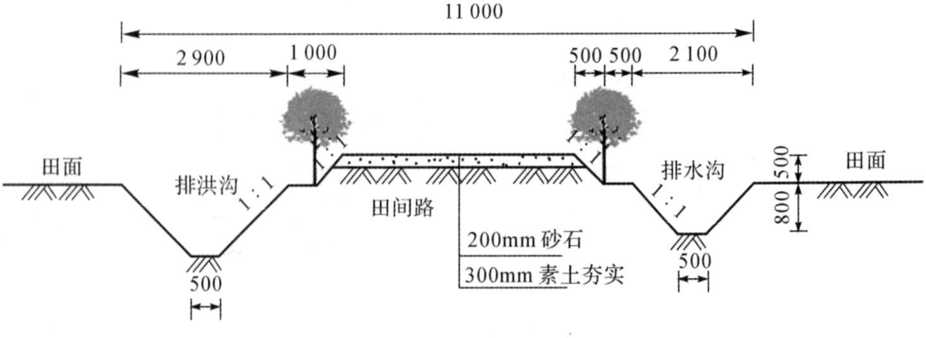

图13-3-1 土地整治项目田间路断面示意图(路堤式)

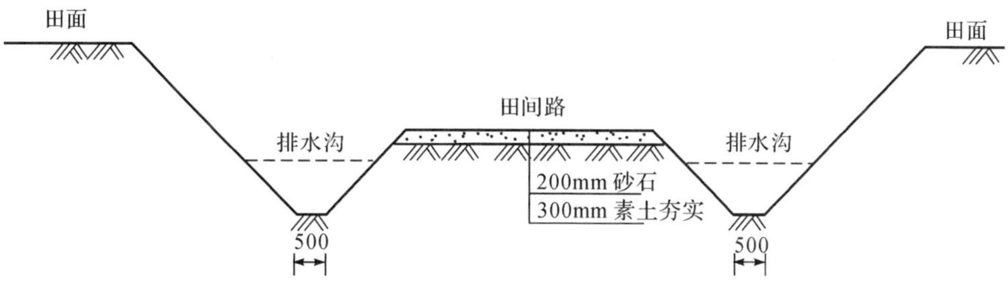

图 13－3－2　土地整治项目田间路断面示意图(路堑式)

13.3.1.2　填土材料

土基的强度、抗变形能力和稳定性因填筑路基所用土的物理力学性质与当地自然环境影响程度不同而改变,也与填土高度和施工技术有关,所以要慎重选择路基填土用料。

1)沙土:沙土无塑性,具有良好的透水性,遇水后毛细上升高度很小(0.2m～0.3m),具有较大的摩擦系数。用砂土筑路基,强度高、抗变形能力和水稳定性好,但由于其黏性小易散,对于流水冲刷和风蚀抵抗能力很弱,有条件时应适当掺加一些黏性大的土,或将表面加固提高路基稳定性。

2)沙性土:沙性土既含有一定数量的粗颗粒,使之具有一定的强度和水稳性,又含有一定数量的细颗粒,使之具有一定的黏结性,不至过分松散。沙性土是修筑路基的良好填料。

3)粉性土:粉性土含有较多的粉土颗粒,干时稍有黏性,遇水很快被湿透,易成稀泥,毛细作用强烈,在季节性冰冻区,水分积聚现象严重,春融期间极易翻浆和冻胀,粉性土是最差的筑路材料。

4)黏性土:黏性土的黏聚力大,透水性大,干燥时坚硬,浸湿后不易干燥,强度急剧下降。具有较大的可塑性、黏结性和膨胀性,毛细现象也很显著,干湿循环所引起的体积变化很大。黏性土不是理想的路基材料,当给予充分压实处理并结合良好排水设施时,可作为路基材料。

5)碎石质土:其颗粒较粗,含细粒成分不多时,具有足够的强度、抗变形能力和水稳性,是修筑路基的良好材料。使用时要注意填方的密实度,以防止由于空隙过大而造成路基积水、不均匀沉陷或表面松散。

6)砾石、不易风化的石块。透水性很强,水稳定性好,强度高,施工季节不受影响,是最好的路基填筑材料。

13.3.2　路面设计

13.3.2.1　路面结构

铺筑在路基顶面上的路面结构是用各种材料分层铺筑而成,按所处层位和作用的不同,路面结构层主要由面层、基层、垫层等组成(见图 13－3－3)。

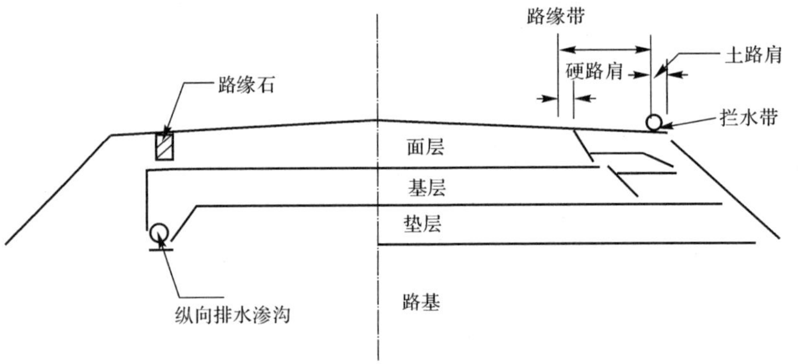

图 13-3-3 公路路面典型结构示意图

1)面层:面层是直接承受自然条件影响和行车作用的层次。通常以面层的材料定路面名称和划分路面等级。面层可根据需要分成二层或三层,修筑面层的材料主要有——水泥混凝土、沥青与矿料组成的混合料、砂砾或碎石掺土(不掺土)的混合料、块石及混凝土预制块等。

2)基层:位于面层之下,承受来自面层传来的承重,以减小面层的厚度,并加强路面的整体性,防止路面滑动、位移和裂缝。修筑基层的主要材料有:碎石、天然沙砾、石灰、水泥或沥青处置的土、用石灰和水泥或沥青处置的碎石、各种工业废渣及其与土、沙、石所组成的混合料、以及水泥混凝土等。

3)垫层:设置在基层与土基之间的层次,起着排水及防冻胀的作用,同时可以加强土基层的承重能力。修筑垫层的材料常用的有两种类型,一种是由松散颗粒材料组成,如沙、砾石、炉渣、片石、锥形块石等修成的透水性垫层;一种是由整体性材料组成,如石灰土、炉渣石灰土类修筑的稳定性垫层。

13.3.2.2 路面类型

项目区的干、支道一般采用中级路面和低级路面,常见的铺筑路面方式有粒料加固土路面、级配路面、泥结碎石路面,要根据就地取材的原则选用。

1)粒料加固土路面:用当地的砾石、沙、风化碎石、礓石、炉渣、碎砖瓦等粒料与当地的黏性土壤掺和以后铺成的路面。用做改善土路的砾石其最大尺寸不宜超过 4cm,沙的颗粒越粗越好。风化碎石太软的不能使用。炉渣以块状为最佳,炉渣中的炉灰应刷除。碎砖瓦的尺寸不宜太小。泥料加固土路面小雨一般能通车,但当大雨后路面变软应禁止通车。

2)级配路面:用颗粒大小不一的砾石、沙材料逐级填充空隙,并借用黏土的黏结作用,经过压实得到的一定密度的路面。其密度大,透水性小,不宜松散。应选用粗沙或中沙,如用细沙必须同时采用黏性较大的土,以保证混合料具有规定的塑性指数。

3)泥结碎石路面:以碎石或轧碎的卵石为骨料,以泥浆为黏结料,经碾压后,以碎石相互嵌固而稳定成型的路面。石料颗粒应多为棱角块体,并不得含有其他杂质,其最大粒径不宜超过 35～40mm。黏土不得含有腐殖质或其他杂物,其用量不宜超过 20%(黏土干重与石料干重之比),以灌满为止,土与水的比例一般按 1∶1～1∶0.8 为宜。为了防止雨天泥泞及晴天尘土飞扬，并抵抗行车切向力的作用，当要求较高时，一般应加铺磨耗层。磨耗层可采用砾（碎）石混合料，厚度以 2cm～3cm 为宜；或采用沙土混合料，厚度以 1～1.5cm 为宜。图 13－3－4 为某土地整治项目田间道路路面结构。

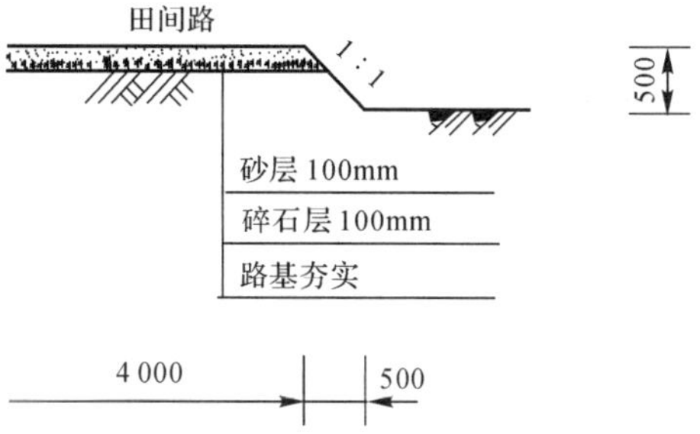

图 13－3－4　田间道路面面层结构图

13.3.3　路肩、边坡与边沟

路肩的作用主要是保护路面结构的稳定、供发生故障的车辆临时停车、进行养护操作等。对于土地整治项目的道路系统，在满足路肩功能最低需要的前提下，尽量采取较窄的路肩。对于田间道和生产路，一般采用土路肩，宽度控制在 0.5～1.0m 之间。

边坡是路基的一个重要组成部分，它的陡缓程度直接影响到路基的稳定和路基土石方的数量。对于土地整治项目所涉及的田间道和生产路，可以参照一般土质的稳定性确定边坡即可。

边沟的作用是排除由边坡及路面汇集的地表水，确保路基与边坡的稳定，边沟的形式主要有梯形和三角形两类（见图 13－3－5）。一般渗透性良好的土壤可以用梯形或三角形边沟，渗透性不良的土壤宜采用梯形边沟；排水量小的边沟可采用三角形的，反之采用梯形或矩形；机械化施工时一般采用三角形边沟。边沟的边坡内侧一般规定为 1∶1～1∶1.5，边沟的底宽与深度一般不应低于 0.4m，纵坡一般不小于 0.5％。

13.3.4　纵断面设计

纵断面设计中纵坡设计是主要方面，设计是要结合布线的意图进行综合分析、比较，确定合理的纵坡及坡长。主要技术指标有最大纵坡、最小纵坡、最小坡长及最大坡长等。《土地开发整理项目规划设计规范》中规定干支道的纵坡在平原地区一般应小于 6％，在丘陵山区应小于 8％，个别大纵坡地段以不超过 11％为宜；田间道和生产路最大纵坡宜取 6％～8％，最小纵坡以满足雨雪水排除要求为准，一般宜取 0.3％～0.4％，多雨地区宜取 0.4％～0.5％。

道路纵断图反映了道路中线原地面的起伏情况以及路线设计的纵坡情况。纵断图上主要反映两条线，一条是地面线，是根据道路中线上各桩的高程点绘成的一条不规则折线，反映了原地面的起伏变化情况；另一条是路面线，它是经过技术研究后确定出来的一条具有规则形状的几何线形，反映了道路路线的起伏变化情况，如图 13－3－6 和图 13－3－7 所示。

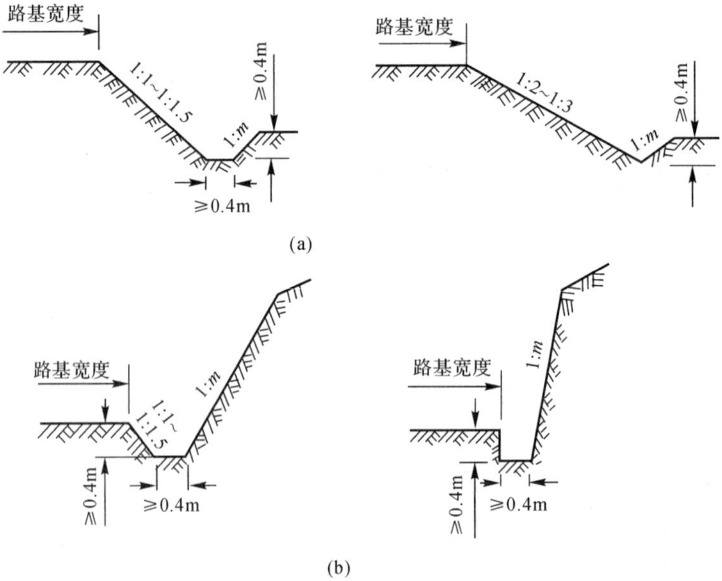

图 13-3-5　边沟横断面图

(a)填方；(b)挖方

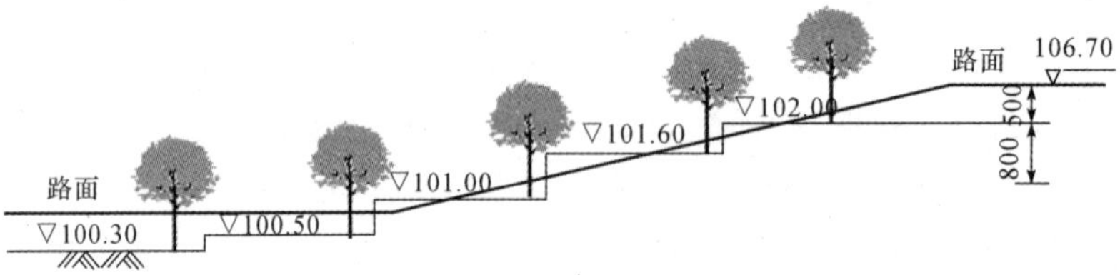

图 13-3-6　道路纵断面设计图

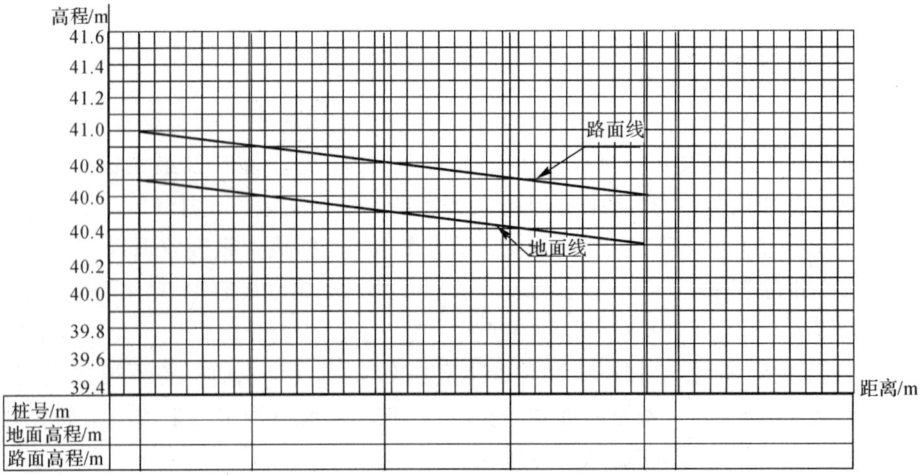

图 13-3-7　道路纵断面示意图

13.4　灌溉与排水工程设计

13.4.1　农田土壤水分状况

农田水分状况是农田灌排系统规划、设计和管理的基础。农田水分状况是指农田地面水、土壤水和地下水数量的多少、存在的形式及其在时空上的变化。农田土壤水与作物生长关系最为密切，它直接影响到作物生长的水、气、热、养分等状况。而地面水和地下水只有通过一定的转化关系变为土壤水分，才能为作物直接吸收利用。因此，农田土壤水分状况是作物生长环境的核心。

(1)农田土壤水分存在的基本形式。

农田水分状况是指农田地面水、土壤水和地下水数量的多少、存在的形式及其在时空上的分布规律与变化情况。

土壤水分存在的基本形式可分为固态、液态和气态三种形态。固态水只有在土壤冻结时才存在；气态水是存在于土壤孔隙中的水汽，含量很少；液态水是土壤水分的主要形态，与作物生长发育最为密切。

液态水按其运动特性又可分为吸着水、毛管水和重力水三类。吸着水紧附于土壤表面，一般不能被作物所利用，因此吸着水的上限(最大分子持水率)以下的水分常称为无效水。重力水在无地下水顶托的情况下，作物根系还来不及吸收就很快排出根系层；在地下水位高的地区，停留在根系层内的重力水，会影响土壤正常的通气状况，因此这部分水称为过剩水。在田间持水率和无效水之间的毛管水，容易为作物吸收利用，属于有效水。一般常将田间持水率作为重力水和毛管水以及有效水分和过剩水分的分界线。对于质地不同的土壤，田间持水率也显示出一定的差异(见图 13－4－1)。

(2)土壤水分对作物生长的有效性。

土壤水分对作物生长的有效性是指土壤水分是否可被作物利用及其被利用的难易程度。

土壤水分对作物生长有效性主要取决于其存在的形态、性质和数量、土水之间的吸力，以及作物根系吸水力与土粒吸水力之差。

当土壤中的水分不能满足作物需水时，作物蒸腾大于根系吸水，作物便会呈现缺水状态，缺水严重时会呈现凋萎。

不同作物及同一作物不同的生育阶段，对土壤含水量都有不同的要求。旱地土壤所能保持水分的最大量为田间持水量，当土壤水分处于凋萎系数时，土壤的持水力与作物根系吸水力大致相当，作物不能从土壤中吸收水分。介于田间持水量(所对应的土壤水吸力基本介于 10～50 kPa 之间)与凋萎系数(所对应的土壤水吸力在 1 500kPa 左右)之间的土壤水分都可以被作物吸收。一般认为田间持水量是土壤有效水分的上限，凋萎系数是土壤有效水分的下限。当土壤含水量为田间持水量的 60％～80％时最适于旱地作物生长。

由于作物所需的水分是通过根系吸收土壤中的水分而得到的，对于不同的作物而言，其对农田水分状况的要求是不一样的。旱作物要求农田具有适宜的含水率，对水稻而言则要求农田具有适宜的淹灌水层。

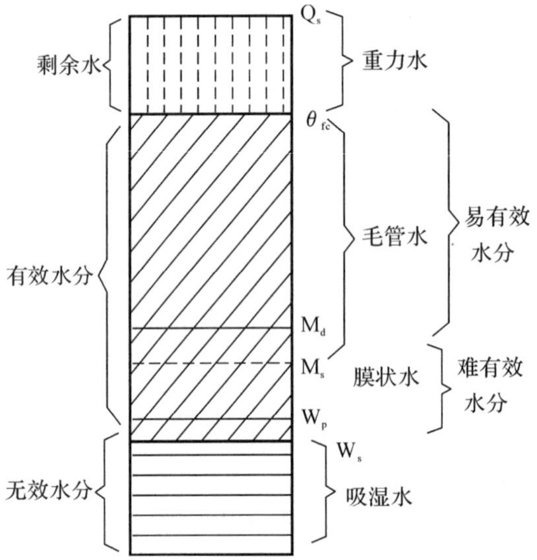

图 13－4－1　土壤水形态类型示意图

13.4.2　作物需水量和灌溉用水量

13.4.2.1　作物需水量与灌溉制度

(1)作物需水量。

农田水分的消耗主要由三部分组成。一是作物根系吸水，这部分水分的绝大部分(99%以上)是通过叶面不断散失到大气中去，这种现象称为植株蒸腾，另有不到1%的水分留在植株体内，成为作物组织的组成部分；二是作物植株间土壤或田间的水分蒸发，又称为棵间蒸发；第三部分水量消耗是深层渗漏或田间渗漏。对于旱田而言，由于降雨或灌溉太多，使土壤水分超过了田间持水率的水量(见图 13－4－2)。

作物需水量是指在适宜的外界环境条件(包括土壤水分、养分的充分供应)下，作物正常生长发育达到或接近该作物品种的最高产量水平时所需要的水量。作物需水量是作物整个生长期叶面蒸腾和棵间土面蒸发的总和，对于水田则是叶面蒸腾与棵间水面蒸发以及田间深层渗漏量的总和。作物需水量除与作物种类及品种有关外，还与气象、土壤条件、农业生产技术和产量水平有关。

影响作物需水量的因素很多，但归结起来可分为自然和人为因素两类。自然因素包括气象条件(辐射、温度、湿度、风速等)、土壤特性、作物性状 3 种。

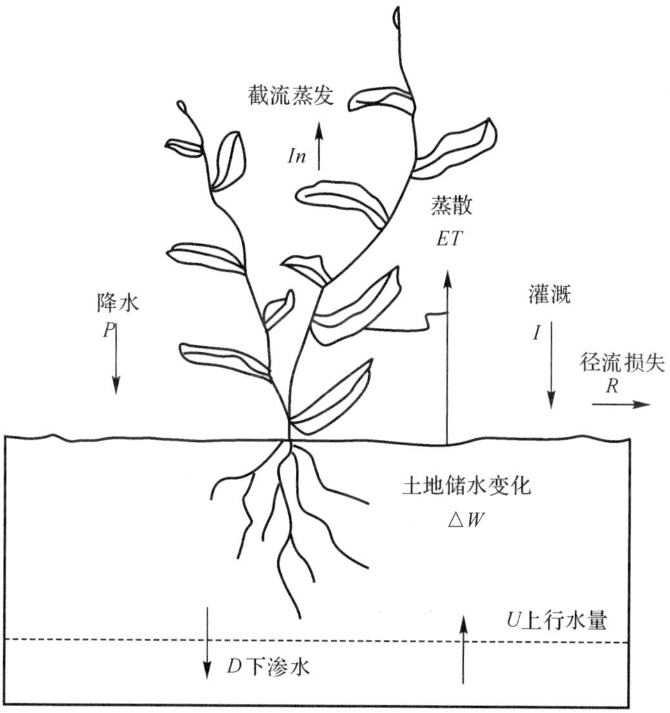

图 13-4-2　田间土壤水分收支示意图

作物需水量的确定是区域水资源的合理开发利用，灌溉工程的规划、设计和管理必不可少的依据。世界各国在作物需水量的研究方面作了大量的工作。确定作物需水量可以通过田间试验或以气象因素为主的计算方法。在田间试验方面，我国已经通过试验获取了几乎所有作物的需水量系列资料(见表 13-4-1)。

表 13-4-1　中国几种主要农作物的需水量($m^3 \cdot hm^{-2}$)

作物种类	地　区	年　份		
		干旱年	中等年	湿润年
双季稻(每季)	华中、华东	5 250～6 000	3 750～6 000	3 000～4 500
	华南	4 500～6 000	3 750～5 250	3 000～4 500
中稻	华东、华中	6 000～8 250	4 500～7 500	3 000～6 750
一季晚稻	华东、华中	7 500～10 500	6 750～9 750	6 000～9 000
冬小麦	华北、北部	4 500～7 500	3 750～6 000	3 000～5 250
	华北、南部	3 750～6 750	3 000～6 000	2 400～4 500
	华东、华中	3 750～6 750	3 000～5 400	2 250～4 200

续表

作物种类	地区	年份		
		干旱年	中等年	湿润年
春小麦	西北	3 750～5 250	3 000～4 500	
	东北	3 000～4 500	2 700～4 200	2 250～3 750
玉米	西北	3 750～5 250	3 000～3 750	
	东北	3 000～3 750	2 250～3 000	1 950～2 700
棉花	西北	5 250～7 500	4 500～6 750	
	华北	6 000～9 000	5 250～7 500	4 500～6 750
	华中、华东	6 000～9 750	4 500～7 500	3 750～6 000

作物需水量计算方法可分为两类：一类是根据田间试验直接测定的作物需水量与其影响因素之间经验关系，直接计算出作物需水量的方法，作物需水量的田间测定方法主要包括器测法、田测法、坑测法等；另一类是先计算参照作物的蒸发蒸腾量或潜在蒸发蒸腾量，再根据不同作物的实际情况及土壤实际含水率状况计算实际作物的需水量的半经验方法。

(2)农作物的灌溉制度。

农作物的灌溉制度是指作物播种前(或水稻栽秧前)及全生育期内的灌水次数，每次灌水的灌水日期、灌水定额以及灌溉定额。灌水定额是指一次灌水单位面积上的灌水量。作物全生育期各次灌水定额之和，叫灌溉定额。灌水定额及灌溉定额常以 m^3/hm^2 或 mm 表示。

灌溉制度随作物种类、品种和自然条件及农业技术措施的不同而变化。由于拟建灌区规划设计或已建灌区管理工作的需要，灌溉制度一般都需在灌水季节之前加以确定，带有部分估算性质，因此，必须以作物需水规律和气象条件(特别是降水)为主要依据，从当地具体条件出发，针对不同水文年份，拟定湿润年(频率为 25%)、一般年(频率为 50%)和中等干旱年(频率为 75%)及特旱年(频率为 95%)四种类型的灌溉制度。一般在灌溉工程规划、设计中多采用中等干旱年的灌溉制度作为标准。

在灌区规划、设计或管理中，常采用以下 4 种方法来确定灌溉制度。

1)根据群众丰产灌水经验确定作物灌溉制度：经过多年的实践、摸索，各地群众都积累了不少确定灌溉制度的方法。这些经验是制定灌溉制度的重要依据。灌溉制度调查应根据设计要求的水文年份，仔细调查这些年份的不同生育期的作物田间耗水强度(mm/d)及灌水次数、灌水时间间隔、灌水定额及灌溉定额，并由此确定这些年份的灌溉制度。一些实际调查的灌溉制度见表 13－4－2。

表 13-4-2　我国北方地区几种主要旱作物的灌溉制度

作物	生育期灌溉制度			备　注
	灌水次数	灌水定额/($m^3 \cdot hm^{-2}$)	灌溉定额/($m^3 \cdot hm^{-2}$)	
小麦	3～6	600～1 200	3 000～4 500	干旱年份
棉花	2～4	450～600	1 200～2 250	
玉米	3～4	600～900	2 250～3 750	

2)根据灌溉试验资料制定灌溉制度：长期以来，我国各地的灌溉试验站已进行了多年灌溉试验工作，积累了一大批相关的试验观测资料，这些资料为制定灌溉制度提供了重要的依据。见表 13-4-3。

表 13-4-3　冬小麦生育期需水量与模系数

项　目	生育阶段					
	播种—越冬	越冬—返青	返青—拔节	拔节—抽穗	抽穗—成熟	全　期
阶段需水量(mm)	79.10	34.10	76.30	135.10	20.19	526.50
日需水强度(mm/d)	1.03	0.94	1.95	4.23	4.57	
模系数	15.04	6.47	14.51	25.71	38.27	

3)根据作物的生理指标制定灌溉制度：作物对水分的生理反应可从多方面反映出来，利用作物各种水分生理特征和变化规律作为灌溉的指标，能更合理地保证作物的正常生长发育和它对水分的需要。目前可用于确定灌水时间的生理指标包括：冠层一空气温度差、细胞液浓度、叶组织吸水力、气孔开张度、气孔阻力等。当然，有关作物对土壤水分响应的生理特征与变化规律仍处于积极的探索之中，相信在不久的将来，这部分研究成果将会对灌溉制度的合理制定提供更为可靠的科学依据。

4)按水量平衡原理分析制定灌溉制度：水量平衡法以作物各生育期内水层变化(水田)或土壤水分变化(旱田)为依据，从对作物充分供水的观点出发，要求在作物各生育期内水层变化(水田)或计划湿润层内的土壤含水量维持在作物适宜水层深度或土壤含水量的上限和下限之间，降至下限时则应进行灌水，以保作物充分供水。应用时一定要参考、结合前几种方法的结果，这样才能使得所制定的灌溉制度更为合理与完善。

13.4.2.2　灌溉用水量与灌水率

(1)灌溉用水量。

灌溉用水量是指某一灌溉面积上需要水源供给的总灌溉水量。其大小及其在多年和年内的变化情况可以根据作物的灌溉制度、灌溉面积、作物种植结构、土壤、水文地质、气象条件以及渠系输水工作制度和田间灌水的水量损失等直接推算出。

1)某一具体年份灌区灌溉用水量及用水过程线的确定。

对于所研究灌区而言，某种作物的某次灌水，田间的净灌溉用水量 $M_{净i}$ 可直接用下式计算：

$$M_{净i} = m_i \omega_i (\mathrm{m}^3) \qquad (13-4-1)$$

式中，ω_i 为第 i 种作物的灌溉面积(hm^2)；m_i 为第 i 种作物某次灌水的灌水定额($\mathrm{m}^3/\mathrm{hm}^2$)。

全灌区任何一个时段内的净灌溉用水量($M_{净}$)，是该时段内各种作物净灌溉用水量之和，$M_{净} = \sum M_{净i}$，据此可求得典型年全灌区净灌溉用水量过程线。

灌溉用水量过程线还可用间接法(综合灌水定额)推求。根据综合净灌水定额，全灌区某时段内的净灌溉用水量，可用下式求得：

$$M_{净} = m_{综,净} \omega \qquad (13-4-2)$$

式中，$M_{净}$ 为全灌区某时段内的净灌溉用水量(m^3)；ω 为全灌区的总灌溉面积(hm^2)；$m_{综,净}$ 为全灌区某时段内综合净灌水定额($\mathrm{m}^3/\mathrm{hm}^2$)，它是该时段内各种作物灌水定额的面积加权平均值，有

$$m_{综,净} = \sum \alpha_i m_i \qquad (13-4-3)$$

式中：m_i 为第 i 种作物在该时段内的灌水定额($\mathrm{m}^3/\mathrm{hm}^2$)；$\alpha$ 为第 i 种作物的灌溉面积 ω_i 占全灌区总灌溉面积 ω 的比值。

计入水量损失后，全灌区某时段的毛灌溉用水量为

$$M_{毛} = m_{综,毛} \omega \qquad (13-4-4)$$

式中，$M_{毛}$ 为全灌区某时段毛灌溉用水量，$m_{综,毛}$ 为全灌区该时段相应的综合毛灌水定额($\mathrm{m}^3/\mathrm{hm}^2$)，有

$$M_{综,毛} = m_{综,净} / \eta_{水} \qquad (13-4-5)$$

$$\omega = M_{源} / M_{综,毛} \qquad (13-4-6)$$

式中，$M_{源}$ 为水源每年能提供的灌溉水量(m^3)；$M_{综,毛}$ 为综合毛灌溉定额($\mathrm{m}^3/\mathrm{hm}^2$)。

对于小型已成灌区一般可用直接推算法计算。对于一些大型灌区应分区求各区的灌溉用水量，而后再汇总成为全区的灌溉用水量。

2) 多年灌溉用水量的确定。

以上是某一具体年份(或典型年份) 灌溉用水量及年灌溉用水过程的计算方法，在用长系列法进行大、中型灌溉水源工程的规划设计或作多年调节水库的规划及控制运用计划时，必须求得多年的灌溉用水量系列。常按典型年法或逐年推求法推求多年灌溉用水量，当多年的灌溉用水量系列确定之后，可以应用数理统计原理求得年灌溉用水量的理论频率曲线。

(2) 灌水率。

灌水率是指灌区单位面积上所需灌溉的净流量 q_d，它是计算灌区内渠首的引水流量和灌溉渠道的设计流量的重要参数。灌水率 q_d 应根据灌区各种作物的每次灌水定额，分别进行计算。设灌区内种有各种作物，某一作物 i 的种植面积占灌区总种植面积的百分数为 α_i，各次灌水定额分别为 $m_{ki}(k=1,2,\cdots)(\mathrm{m}^3/\mathrm{hm}^2)$，要求各次灌水在 $T_{ki}(k=1,2,\cdots)$ 昼夜内完成，则其各次灌水率为

$$q_{k,\mathrm{d}i}=\alpha m_{ki}/(864T_{ki})\quad (k=1,2,\cdots) \qquad (13-4-7)$$

式中，$q_{k,\mathrm{d}i}$，T_{ki}，m_{ki} 分别为第 i 种作物第 k 次灌水的灌水率[$m^3/(s\cdot 100hm^2)$]、灌水延续时间(d)、灌水定额(m^3/hm^2)。

灌水延续时间直接影响着灌水率的大小，也影响着渠道的设计流量和渠道及渠系建筑物的造价。灌水率必须综合考虑灌水延续时间、作物种类、灌区土壤类型、气候条件、灌溉面积大小及农业措施综合分析确定。

13.4.3　灌水方法

地面灌溉是通过灌溉水在田面上的流动与向土壤中下渗同时完成的。灌溉水由田间渠沟或管道连续进入田块后，迅速沿田面的纵方向推进，并形成一个明显的湿润前锋，水流边向前推进，边向土壤中下渗，即灌溉水流在继续向前推进的同时就伴随有向土壤中的下渗。

根据灌溉水向田间输送与湿润土壤的方式不同，一般把灌水方法分为四大类：①地面灌水方法；②喷灌灌水方法；③微灌灌水方法；④渗灌灌水方法。

(1)地面灌水方法。

地面灌水方法是使灌溉水通过田间渠沟或管道输入田间，水流呈连续薄水层或细小水流沿田面流动，主要借重力作用兼有毛细管作用下渗湿润土壤的灌水方法，又称重力灌水法(见图13-4-3)。

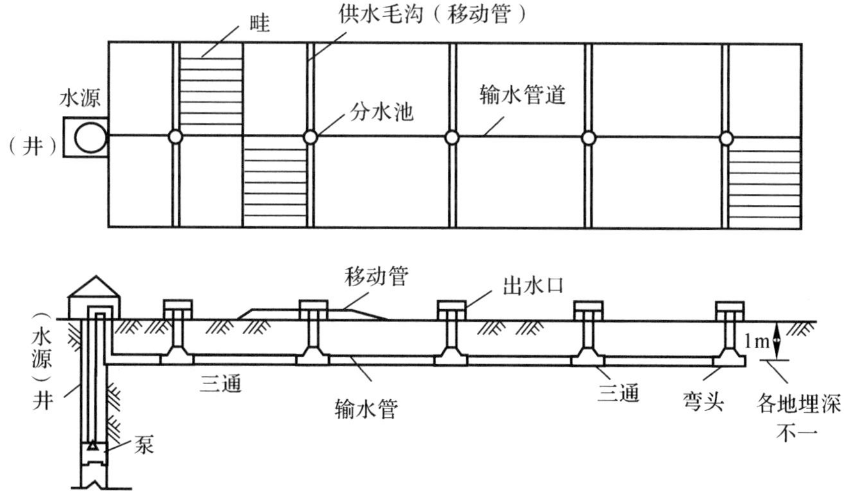

图13-4-3　地面灌溉示意图

(2)喷灌灌水方法。

喷灌，是利用一套专门的设备将灌溉水加压或利用地形高差自压，并通过管道系统输送压力水至喷洒装置(即喷头)喷射到空中分散成细小的水滴，像天然降雨一样降落到地面，随后主要借毛细管力和重力作用渗入土壤灌溉作物的灌水方法(见图13-4-4)。

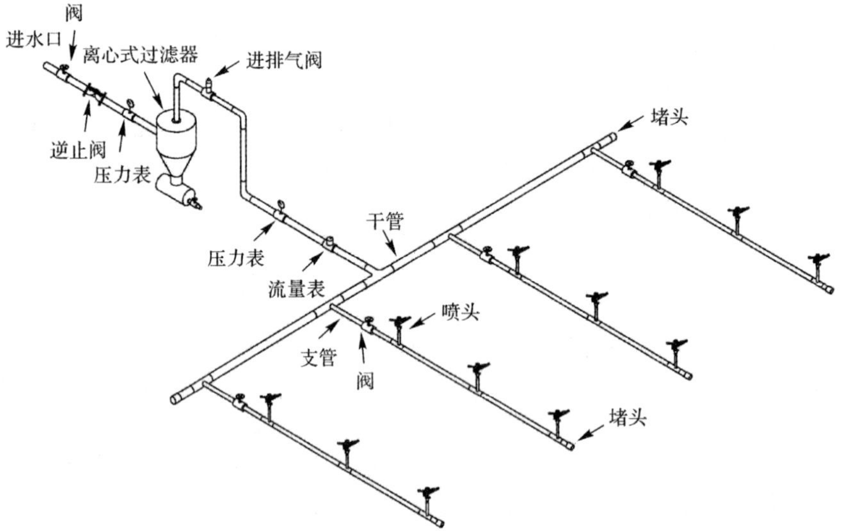

图 13-4-4　固定式喷灌系统示意图

(3)微灌灌水方法。

微灌灌水方法是通过一套专门设备,将灌溉水加低压或利用地形落差自压、过滤,并通过管道系统输水至末级管道上的特殊灌水器,使水和溶于水中的化肥以较小的流量均匀而又经常地、缓慢地湿润作物根系区附近的土壤表面或地表下土壤。微灌法主要借毛细管作用,也有部分重力作用湿润根系区附近局部范围的土体,所以又称局部灌溉法。微灌法依细小水流由灌水器流出的方式不同,可分为滴灌法、微喷灌法和涌泉灌法等多种类型(见图 13-4-5)。

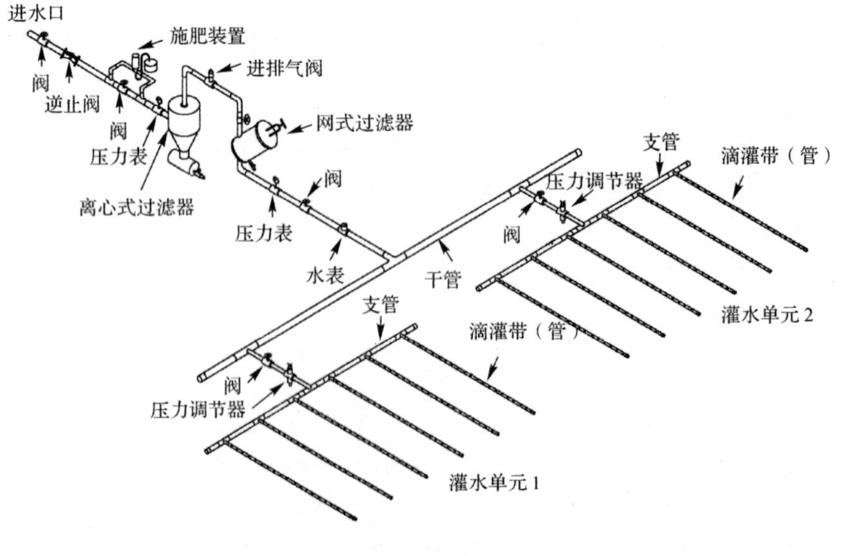

图 13-4-5　微灌系统示意图

(4)渗灌灌水方法。

渗灌法又称浸灌法、地下灌水方法。它是利用修筑在地下的专门设施(管道或鼠洞等)将灌溉水引入田间耕作层,借毛细管作用自下而上湿润土壤灌溉作物的灌水方法(见图 13-4-6)。

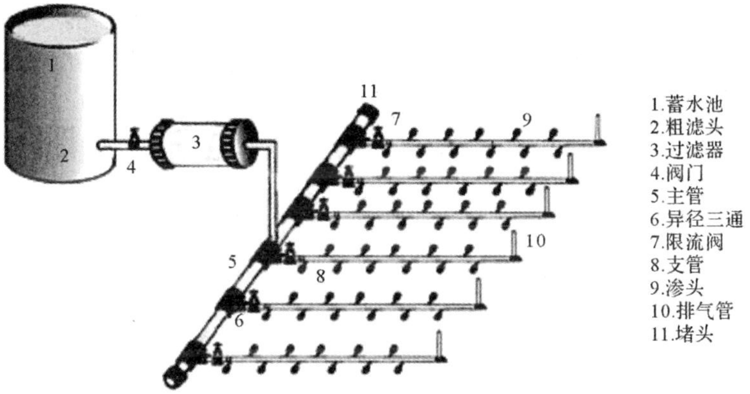

图 13-4-6　渗灌布置示意图

13.4.4　田间灌排系统组成与分类

13.4.4.1　灌排系统组成

灌排系统主要包括取水枢纽、输水配水系统、田间调节系统和排水泄水系统等几个部分(见图 13-4-7)。

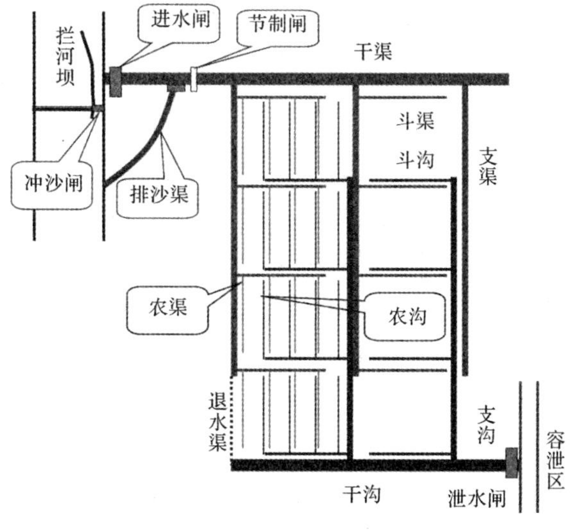

图 13-4-7　灌排系统构成

1)取水枢纽:取水枢纽是根据田间作物生长的需要,将水引入渠(管)道的工程设施,如具有调节能力的闸坝与抽水站等。在丘陵山区的主要取水枢纽一般为塘堰工程,平原低洼地区一般是提灌站,用于取水。

2)输水配水系统:输水配水系统是从水源把水按计划输送分配到各个田块的各级渠(管)道系统,这类渠(管)道是常年存在的,称为固定渠道。按照等级不同,输配水的灌溉渠道可分为干渠、支渠、斗渠、农渠四类渠道,输配水的管道系统可分为干管、支管、毛管等几级。各级渠道上一般还筑有调节、控制水流的建筑物如水闸、跌水、倒虹吸、涵洞、渡槽等来完成输水和配水任务,而管道系统上则是通过阀门、水表、三通等来完成输水和配水任务。

3)田间调节系统:田间调节工程又称为田间工程,包括毛渠、毛沟、输水垄沟、灌水沟等田间临时灌溉渠道,其主要任务是将来自末级灌溉渠(管)道的灌溉用水输送至田间,以满足作物需要的水分供应,保证作物的正常生长。田间多余的水量也要通过田间调节系统排除,保证作物免受渍害。田间调节系统一般依据农业生产和机械作业的需要随时填挖。

4)排水泄水系统:排水泄水系统是由将田间积水排至容泄区的排水沟道以及相应排水工程建筑物所组成的系统,其主要功能有排除田间多余渍水与降低地下水位等。排水泄水系统一般包括排水区内的排水沟系和蓄水设施(如湖泊、河沟、坑塘等)、排水区外的承泄区以及排水枢纽(如排水闸、抽排站等)三大部分所组成。排水沟系和灌溉沟系相类似,按照等级不同可以将排水系统分为干沟、支沟、斗沟、农沟和毛沟。

13.4.4.2 田间灌溉系统分类

田间灌溉系统主要有渠道灌溉系统和管道灌溉系统两类。灌溉水源有地面水和地下水两种形式,其中地面水是主要的灌溉水源。地面水包括河川、湖泊径流及在汇流过程中拦蓄起来的地面径流。地下水一般是指潜水和层间水,前者又称为浅层地下水,其补给来源是大气降水,由于补给容易,埋藏较浅,便于开采,是灌溉水源之一。

(1)地面取水方式

灌溉取水方式随着水源的类型、水位和水量状况而定。利用地面径流灌溉,可以有各种不同的取水方式,包括无坝引水、有坝引水、抽水取水和水库取水等。

1)无坝引水。项目区附近河流水位、流量均能满足灌溉要求时,即可选择适宜的位置作为取水口,修建进水闸引水自流灌溉,形成无坝引水。在丘陵山区,灌区位置较高,可自河流上游水位较高的地点引水,借修筑较长的引水渠,取得自流灌溉的水头。这种方式的引水口一般距灌区较远,引水干渠常有可能遇到难工险段。无坝引水渠首一般由进水闸、冲沙闸和导流堤三部分组成。进水闸的作用是控制进入渠道的流量,冲沙闸是冲走淤积在进水闸前的泥沙,导流堤发挥导流引水和防沙作用,枯水期可以截断河流,保证引水。

2)有坝引水。河流水源虽然比较丰富,但是水位比较低,这时需要在河道上修建壅水建筑物来抬高水位,以便能够自流引水灌溉,形成有坝引水的方式。有坝引水枢纽主要由拦河坝、进水闸、冲沙闸及防洪堤等建筑物组成。此方式与无坝引水相比，增加了拦河坝工程，但是可以缩短干渠线路，减少工程量。

3)抽水引水。河流水资源丰富，但水位低，采取其他自流引水工程困难或不经济时，可以修建泵站提水。采用抽水取水方式，干渠工程量小，但增加了机电设备及管理费用。

4)水库取水。河流的流量和水位均不能满足要求时，必须在河流的适当地点修建水库进行径流调节，以解决来水和用水之间的矛盾。水库取水必须修建大坝、溢洪道和进水闸等建筑物，工程量和投资均较大，但是其调节能力大，能充分利用河流水资源。

上述 4 种取水方式不但可以单独适用，而且可以综合使用，形成蓄、引、提结合的灌溉系统(见图 13－4－8)。

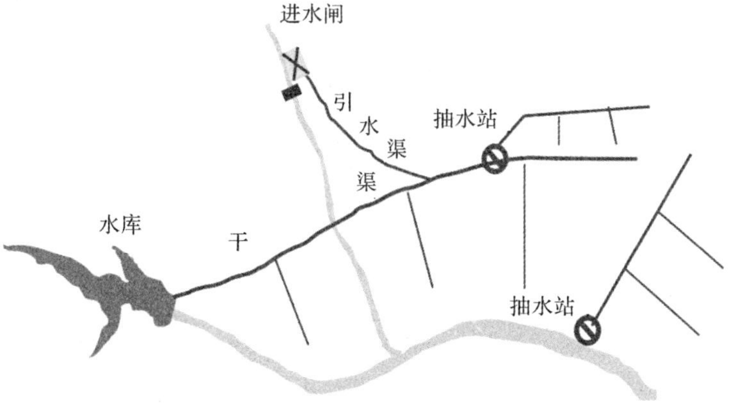

图 13－4－8　多水源联合取水示意图

(2)地下水取水方式

利用地下水灌溉，需要打井或修筑其他的集水工程，不同地区的水文地质、地貌条件不同，地下水的开采利用方式和取水建筑物的形式也不相同。土地整治工程中常见的地下取水建筑物主要有管井和筒井。

1)管井。管井是利用地下水时最常用的建筑物，不但适用于深层承压水，也是开采浅层水的好方式。由于井结构主要是由一系列井管组成，故称为管井。据经验，井深在 60m 以内，井径一般 500mm 或以上；60～150m 深的管井，井径一般为 300～400mm；150m 以上的深井，井径一般取 200～300mm。管井由井台、井壁管、滤水管和沉淀管等部分组成(见图 13－4－9)。

2)筒井。筒井是一种大口径的取水建筑物，由于其直径较大(一般为 1～2m)形似圆桶而得名。有的地区井径达到 3～4m，甚至 12m，这种筒井又称为大口井。筒井具有结构简单，检修容易和能够就地取材等优点，但要注意筒井不宜过深(施工、建筑和用料等有困难)。筒井多用于开采浅层地下水，其深度一般为 6～20m(见图 13－4－10)。

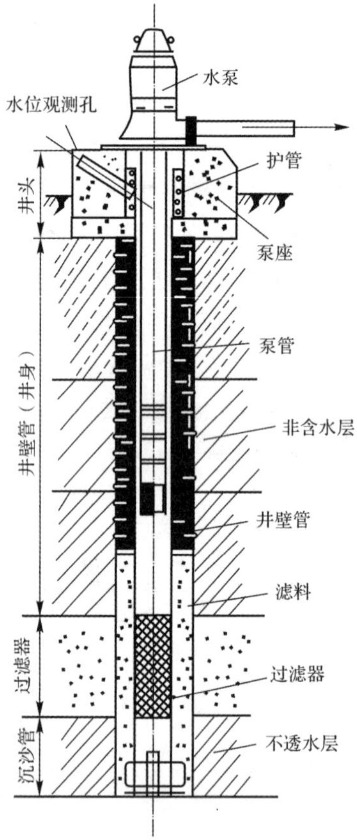

图 13-4-9　管井结构设计示意图

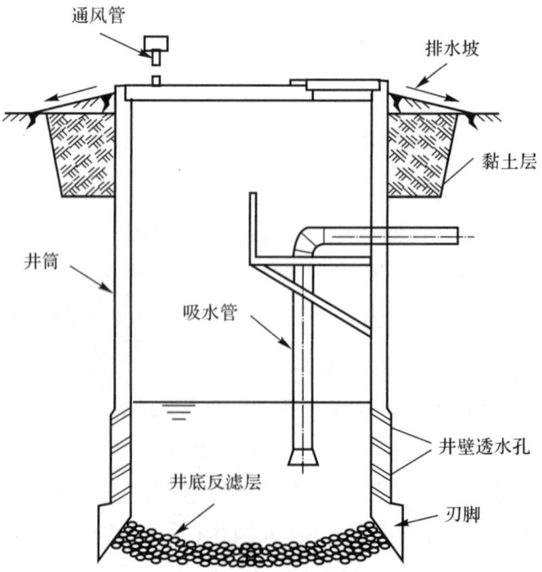

图 13-4-10　大口井结构示意图

13.4.4.3　田间排水系统分类

控制地下水位的田间工程，有水平排水和垂直排水两种形式。水平排水又可分为明沟和暗管两种。明沟排水是在地面上开挖沟道进行排水，它具有适应性强、排水量大，降低地下水位效果好，容易开挖、施工方便，造价低廉等优点，是一种历史悠久，应用广泛的排水方式。暗管排水是在地面下适当的深度埋设管道或修建暗沟进行排水，是一种很有发展前途的排水方式。其主要优点是：排除地下水和过多土壤水以及控制稻田渗漏水效果好，增产显著，土方工程量少，便于耕作和田间交通；便于机械化施工，管护省力等。缺点是需要大量管材、一次投资费用大，施工技术要求严格，清淤困难（见图13-4-11，图13-4-12）。

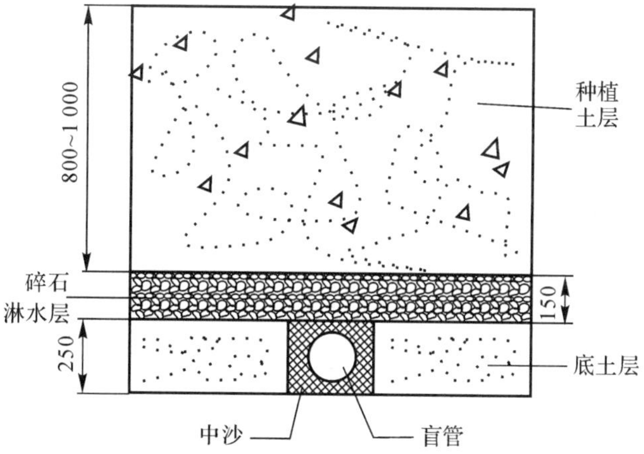

图13-4-11　暗管排水断面示意图

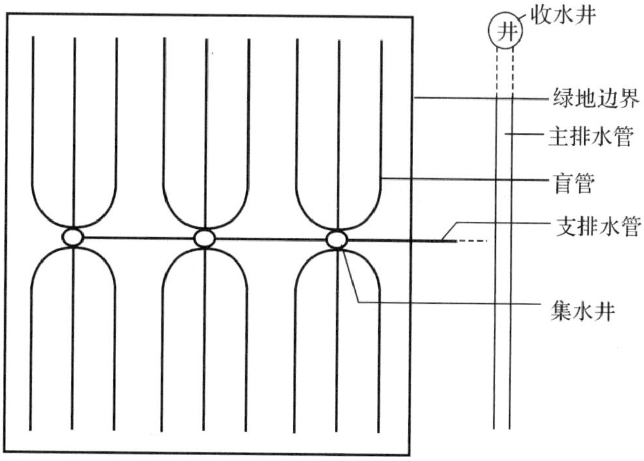

图13-4-12　暗管排水平面布置示意图

13.4.5 灌排设计

13.4.5.1 灌溉设计标准

进行灌溉工程水利计算以前,必须首先确定灌溉工程的设计标准。在实际工作中多采用灌溉设计保证率作为灌溉工程的设计标准。

灌溉设计保证率是指灌区用水量在多年期间能够得到充分满足的机率。一般以正常供水的年数或供水不破坏的年数占总年数的百分数来表示,即

$$P=\frac{m}{n+1}\times 100\% \tag{13-4-8}$$

式中 P—— 灌溉设计保证率;

m—— 灌溉设施能保证正常供水的年数;

n—— 灌溉设施供水的总年数。

灌溉设计保证率具体可参考GB50288—99《灌溉与排水工程设计规范》所规定的数值。

13.4.5.2 排水设计标准

除涝标准:除涝设计标准包括暴雨重现区、暴雨历时和除涝时间三方面内容,一般可用5a～10a一遇标准,或者参照国家或地区标准。我国部分地区的暴雨历时和排除时间见表13-4-4。

排渍标准:排渍深度、耐渍深度和时间可根据当地试验资料或调查资料分析确定,旱田设计排渍深度可取0.8～1.3m,水田可取0.4～0.6m。

表13-4-4 我国各地区的排涝标准

地 区	设计暴雨 重现期/a	设计暴雨历时和排除时间
上海郊县(区)	10～20	1d暴雨(200mm),1～2d排出
江苏水网圩区	5～10	1d暴雨,1d排至作物耐淹深度
天津郊县(区)	10	1d暴雨(130～160mm),2d排出
浙江杭嘉湖地区	10	1d暴雨,2d排出 3d暴雨(276mm),4d排至作物耐淹深度
湖北平原地区	10	1d暴雨(190～210mm),3d排至作物耐淹深度
湖南洞庭湖地区	10	3d暴雨(200～280mm),3d排至作物耐淹深度
广东珠江三角洲	10	1d暴雨,4d排至作物耐淹深度
广西平原区	10	1d暴雨,3d排至作物耐淹深度
陕西东方红抽水灌区	10	1d暴雨,1d排出

续表

地　区	设计暴雨重现期/a	设计暴雨历时和排除时间
辽宁中部平原区	5～10	3d暴雨(150～220mm),3d排至作物耐淹深度
吉林丰满以下第二松花江流域	5～10	1d暴雨(118mm),1～2d排出
黑龙江三江平原	5～10	ld暴雨,2d排出
安徽巢湖、芜湖、安庆地区	5～10	3d暴雨(190～260mm),3d排至作物耐淹深度
福建闽江、九龙江下游地区	5～10	3d暴雨,3d排至作物耐淹深度
江西鄱阳湖地区	5～10	3d暴雨,3～5d排至作物耐淹深度
河北白洋淀地区	5	1d暴雨(114mm),3d排出
河南安阳、信阳地区	3～5	3d暴雨(140～170mm),旱作区雨后1～2d排出

注:表中数据引自《土地开发整理标准》TD/T 1001－1013。

13.4.6　田间灌排工程设计

13.4.6.1　渠道灌溉工程设计示例

一、基本资料

某项目区位于一黄河流域提水灌区下游,面积2 900亩,主要种植作物为小麦、玉米、豆类等。项目区属河流滩地地貌,地面相对高差小,地势平坦开阔,地面海拔高程332～334m之间,相对高差1m左右,总体地势西高东低。土壤主要为潮土和淤土,土壤容重1.4g/cm^3,田间持水量22%(重量比),土层深厚,质地良好,适种作物广泛。

项目区属暖温带半干旱季风气候,四季冷暖、干湿分明,光热资源丰富,降水偏少,干旱是影响农业生产的主要自然灾害。年日照时数2 385.2小时,年总辐射量125.8千卡/平方厘米,年平均气温13.4℃,最冷月(1月)平均气温－1.4℃,最热月(7月)平均气温26.8℃,极端最高气温42.8℃,极端最低气温－16.5℃,最大冻土层深度35cm。平均早霜始于10月27日,晚霜终于3月27日,无霜期212天。多年平均年降水量514mm,降水多集中于7、8、9三个月,占全年降水量的51.2%。项目区地下水埋深15m左右,地下水质主要为Cl·HCO_3^- Na型,苦咸,矿化度一般大于2g/L,最大可达5g/L以上,不能用于农业灌溉。项目区属于提水灌区灌溉供水范围,灌区干渠从项目区西侧经过,田间原有灌溉与排水渠道布置基本完善,干渠为混凝土衬砌渠道,支渠、斗渠和农渠均为土渠,干渠和支渠上的混凝土分水闸和节制闸基本完好。灌区干渠在该地段的设计流量为2.1m^3/s,加大流量为2.8 m^3/s,原支渠设计供水流量为0.32m^3/s。渠水为多泥沙水源,悬沙平均粒径为0.036mm,最大含沙量为12%(重量比)。

项目区自然条件较好，交通便利，土壤肥沃，但由于地处灌区下游，加之田间工程设施差，灌水技术落后，灌溉用水渗漏损失大，用水浪费严重，灌溉保证率低，作物产量低而不稳，严重制约了项目区农业生产的发展。同时，由于地下水矿化度高，地下水位逐年上升，对农业生产和生态环境将产生不利影响。根据这一实际情况，决定对项目区的支渠及以下渠道进行续建配套与更新改造，在原渠系规划布置的基础上，对支渠和斗渠进行混凝土衬砌防渗，减少渠道渗漏损失，有效地控制地下水位，提高渠道输水效率，以满足农作物高产稳产的需水要求。

二、工程总体布置

根据项目区水源、地形、田间生产路、作物种植等具体情况，计划充分利用已有的渠道及渠系建筑物，在复核原土渠相关水力参数的基础上，进行支渠、斗渠和农渠规划布置。支渠利用干渠已有的节制闸和分水闸引水，支渠沿程比降为 1∶2 000；支渠两侧结合 2m 宽生产路修建 10 条斗渠，斗渠沿程比降为 1∶1 500，斗渠上修建配水闸与农渠连接，农渠沿程比降 1∶800。斗渠垂直于支渠，沿生产路东侧布置，斗渠间距 400m 左右。农渠垂直于斗渠，结合田间生产路和田块边界布置，农渠间距 200m 左右。根据项目区田间道路、排水沟道布置情况，为减小田间跨越建筑物的数量，降低工程投资，便于机械化作业，斗渠均采用单向控制。项目区规划总控制灌溉面积 2 900 亩。

支渠和斗渠均采用 U 型混凝土衬砌结构型式。工程总体布置详见图 13－4－13 渠系工程平面布置图。

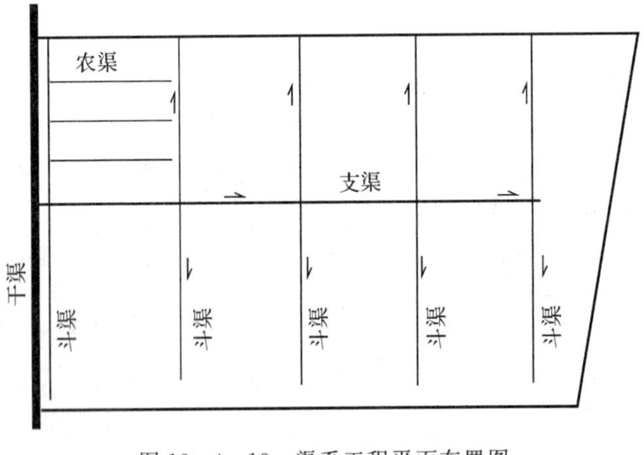

图 13－4－13　渠系工程平面布置图

三、渠道纵横断面设计

1. 设计参数

田间持水量：$\beta_{田}=22\%$；

土壤干容重：$\gamma = 1.4 t/m^3$；

灌溉保证率：$P = 75\%$；

渠系（支渠及以下固定渠道）水有效利用系数：$\eta_{渠} = 0.80$；

田间水有效利用系数：$\eta_{田} = 0.90$；

灌溉水有效利用系数：$\eta = 0.72$；

U 形混凝土衬砌渠道糙率：$n = 0.013$；

渠底比降：支渠 $i = 1/2000$，斗渠 $i = 1/1\ 500$，农渠 $i = 1/800$。

2. 渠道设计流量计算

(1) 灌水定额的确定。

项目区主要种植作物为小麦、玉米、豆类，小麦与玉米或小麦与豆类间作，一年两熟，玉米生长期正逢雨季，当地豆类种植一般不灌溉，小麦是灌溉需水量最大的作物。因此，该区以满足冬小麦生长为依据，确定设计灌水定额。其设计灌水定额计算如下：

$$m = 1\ 000 \gamma h (\beta_1 - \beta_2) \tag{13-4-9}$$

式中，m 为设计灌水定额，mm；γ 为土壤干容重，t/m^3；h 为土壤计划湿润层深度，m；β_1、β_2 分别为土壤适宜含水量（重量含水量）的上、下限，%。

取适宜土壤含水量上、下限分别为田间持水量的 60% ～ 95%，土壤计划湿润层深度为 0.6m。则设计灌水定额为：

$$m = 1\ 000 \gamma h \beta_{田} (0.95 - 0.60) = 1\ 000 \times 1.4 \times 0.6 \times 0.22 \times (0.95 - 0.60) = 64.68\ \text{mm} = 43.12(m^3/亩)$$

取设计灌水定额 $m = 45(m^3/亩)$。

(2) 支渠设计流量的确定。

项目区现状复种指数为 1.2，工程实施完成后，根据水源条件，作物种植比例可适当调整，复种指数调整为 1.6，种植比例为小麦：玉米：豆类比例为 8：6：2。根据作物的设计灌水定额，各种作物种植比例及灌水时间，由式(13－4－10)计算支渠设计流量。

$$Q_{支} = \frac{\partial A m}{3\ 600 t T \eta} \tag{13-4-10}$$

式中，$Q_{支}$ 为支渠设计流量，m^3/h；∂ 排涝为作物种植比例；A 为设计灌溉面积，亩；η 为灌溉水有效利用系数；T 为设计灌水周期，d；t 为渠道每天工作时间，h。

根据项目区的实际情况，小麦的种植比例为 80%，设计灌溉面积为 2 900 亩，灌溉水有效利用系数（支渠以下及田间）为 0.72，设计灌水周期取 $6d$，渠道每天工作时间为 24h，则支渠设计流量为：

$$Q_{支} = \frac{0.8 \times 2\ 900 \times 45}{3\ 600 \times 24 \times 6 \times 0.72} = 0.28(m^3/s)$$

取支渠设计流量 $Q_{支} = 0.30(m^3/s)$。

(3) 轮灌制度及斗渠设计流量的推算。

根据渠系布置及各级渠道控制面积，推算流量分配和轮灌方式，进而确定轮灌制度和各级渠道设计流量。根据项目区渠系布置及各级渠道控制面积，拟定支渠续灌，斗渠及其以下渠道轮灌，分两个轮灌组，每轮灌组 5 条斗渠，斗渠设计流量为 0.06m³/s。

3. 渠道横断面尺寸计算

(1) 渠道横断面尺寸的计算。

当渠道设计流量已确定的情况下，渠道断面的尺寸应该满足设计流量的要求。即应符合式(13－4－11) 要求。

$$Q=\omega \frac{1}{n}R^{\frac{2}{3}}i^{\frac{1}{2}} \tag{13-4-11}$$

式中　Q—— 渠道设计流量，m³/s；

ω—— 过水断面面积，m²；

n—— 渠道糙率；

R—— 渠道水力半径，m；

i—— 渠道比降。

渠道水力半径 R 采用下式计算：

$$R=\frac{\omega}{\chi} \tag{13-4-12}$$

式中，χ 为湿周，m。

根据工程总体规划布置方案，支渠和斗渠混凝土衬砌均采用 U 形断面，如图 13－4－14 所示。U 形断面尺寸及各主要参数按式(13－4－13) ～ 式(13－4－16) 进行计算：

$$\omega=\left(\frac{\theta}{2}+2m-2\sqrt{1+m^2}\right)K_r^2H^2+2(\sqrt{1+m^2}-m)K_rH^2+mH^2 \tag{13-4-13}$$

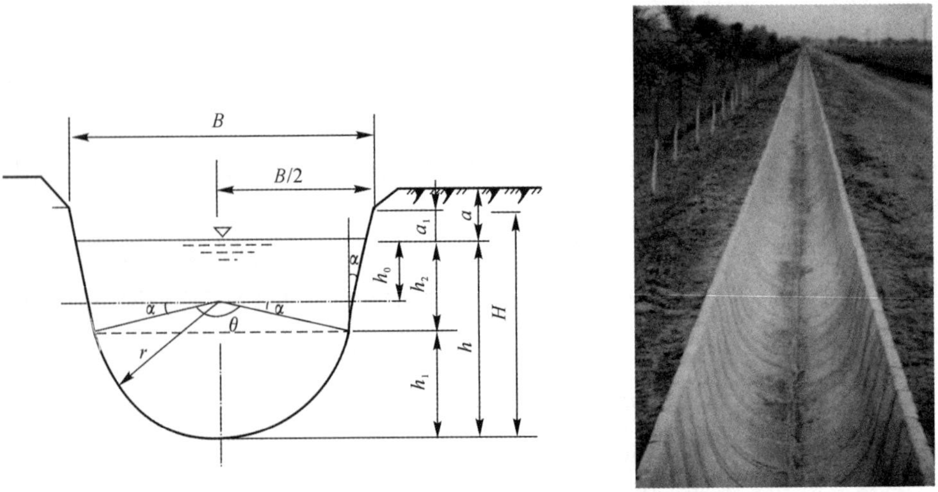

图 13－4－14　U 型渠断面示意图

$$\chi=2\left(\frac{\theta}{2}+m-\sqrt{1+m^{2}}\right)K_{r}H+2H\sqrt{1+m^{2}} \tag{13-4-14}$$

$$K_{r}=\frac{r}{H} \tag{13-4-15}$$

$$b=2r/\sqrt{1+m^{2}} \tag{13-4-16}$$

式中　A——渠底圆弧的圆心角，rad；

H——断面水深，m；

r——渠底圆弧半径，m；

b——弧形底的弦长，m；

m——渠道上部直线段的边坡系数，$m=\cot\frac{\theta}{2}$。

已知道支渠设计流量为 0.30m^3/s，支渠的渠道比降 i 为 1/2 000，渠道糙率 n 为 0.013，根据参考资料，选取 K_r 为 0.65，取 $r=40cm$，$R=151°56'$，$m=0.25$，通过式(13－4－13)～式(13－4－15)试算得支渠横断面尺寸，结果见表 13－4－5。

与支渠横断面尺寸计算方法相同，已知道斗渠设计流量为 0.06m^3/s，斗渠的渠道比降 i 为 1/1 500，渠道糙率 n 为 0.013，选定 K_r 为 0.50，取 $r=20mm$，$m=151°56'$，$m=0.25$，通过式(13－4－13)～式(13－4－15)试算得斗渠横断面尺寸，结果见表 13－4－5。

表 13－4－5　渠道横断面尺寸计算结果

渠道	设计流量 $Q/(m^3\cdot s^{-1})$	圆弧半径 r/m	设计水深 H/m	过水断面面积 ω/m^2	湿周 χ/m	水力半径 R/m	弧底弦长 b/m	计算流量 $Q_1/(m^3\cdot s^{-1})$
支渠	0.30	0.40	0.60	0.427	1.673	0.255	0.776	0.296
斗渠	0.06	0.20	0.32	0.116	0.878	0.132	0.388	0.060

(2) 流速校核。

渠道设计流速采用下式计算：

$$v=\frac{Q}{\omega} \tag{13-4-17}$$

计算得支渠设计流速 $v_{支}=0.692(m/s)$，斗渠设计流速 $v_{斗}=0.517(m/s)$。

1) 不冲流速校核。

该支、斗渠设计均采用 U 形混凝土衬砌渠道，混凝土现场浇筑施工渠道允许不冲流速为 3.0～5.0 m/s，因此，渠道设计流速小于不冲流速，满足渠道不冲流速要求。

2) 不淤流速校核。

该灌区地处黄河中游，灌溉水源为多泥沙水源，因此，渠道设计流速必须大于不淤流速。渠道不淤流速采用下式计算：

$$v_0=C_0Q^{0.5} \tag{13-4-18}$$

式中 v_0—— 渠道不淤流速，m/s；

C_0—— 不淤流速系数，取 0.4。

将设计流量及不淤流速系数代入式(13－4－18)，计算得支渠不淤流速为 0.23 m/s，斗渠不淤流速为 0.10 m/s。

从以上计算可知，渠道设计流速均大于不淤流速，满足渠道不淤流速要求。

(3) 渠道横断面结构设计。

1) 衬砌结构形式和厚度。

根据工程总体方案，支渠和斗渠均采用 U 形断面，目前，小型混凝土 U 形渠道一般都采用现场浇筑法施工或工厂化预制构件现场砌筑施工，其衬砌结构形式均采用等厚板，根据规范要求，支渠衬砌板厚度取 7cm，斗渠衬砌板厚度取 5cm。

2) 超高的确定。

该项目区支、斗渠设计流量均小于 $1m^3/s$，衬砌层超高均取 0.15m。

3) 堤顶宽度的确定。

混凝土衬砌渠道的堤顶宽度根据渠道设计流量选取，支渠和斗渠设计流量分别为 $0.30m^3/s$、$0.06m^3/s$，支渠堤顶宽度取 100cm，斗渠堤顶宽度取 80cm。

4) 边坡系数的确定。

该项目区支、斗渠均为填方渠道，并采用 U 形混凝土衬砌结构，其衬砌断面形式前面已确定，这里只需要确定外坡的边坡系数。填方渠道外坡的边坡系数可根据填方渠道最小边坡系数的要求选用，该支、斗渠外坡的边坡系数均取 1。

5) 伸缩缝的确定。

支、斗渠采用 U 形混凝土衬砌结构，因此均应设置伸缩缝。伸缩缝间距确定为 4m，宽度为 2cm，用弹塑性止水材料填充。

6) 渠道横断面结构的确定。

根据前面渠道横断面尺寸计算结果以及确定的衬砌结构形式、衬砌层超高、衬砌板厚度、堤顶宽度、边坡系数和渠道外坡的边坡系数，结合当地小型 U 形混凝土衬砌渠道的施工机械，最终确定的渠道横断面结构见表 13－4－6 和图 13－4－15。混凝土标号采用 15MPa。

表 13－4－6 渠道横断面结构尺寸及流量

渠 道	横断面尺寸 /cm								流量 /($m^3 \cdot s^{-1}$)
	r	H	θ	H_1	B	δ	a	D	
支渠	40	60	151°56′	75	100	7	10	100	0.30
斗渠	20	40	151°56′	50	56	5	10	80	0.06

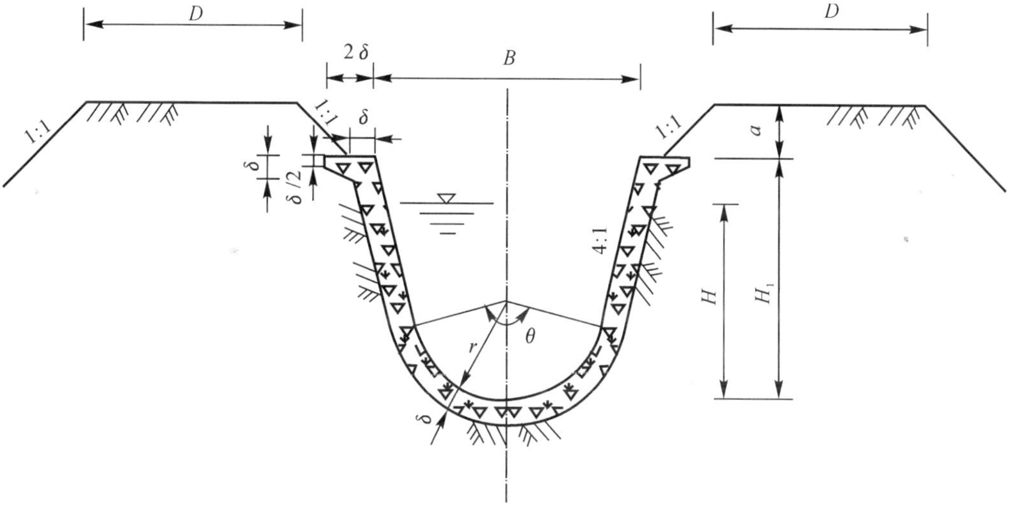

图 13-4-15　渠道横断面结构设计图

渠道横断面结构设计时应注意，小型 U 形混凝土衬砌渠道目前一般都采用现场浇筑法施工或工厂化预制构件现场砌筑施工，在计算渠道横断面尺寸时应结合当地常用施工机械性能参数确定。另外，对于小型 U 形混凝土衬砌渠道，如果当地有标准的工程图集，也可以根据工程实际要求，直接选用相应的渠道衬砌结构型式和横断面尺寸。

4. 渠道纵断面设计

灌溉渠道不仅应满足输送流量的要求，还应满足自流灌溉对水位控制的要求，保证渠道控制面积内都能进行灌溉。渠道纵断面设计时，先确定不同桩号处的设计水位高程，再根据设计水位确定渠底高程和堤顶高程，标出建筑物类型等。

(1) 渠道水位的推算。

为了满足自流灌溉的要求，支渠和斗渠取水口或分水口都应具有足够的水位高程。该水位高程是根据项目区灌溉范围内控制点的地面高程，加上各种水头损失，自下而上逐级推算出来的。水位高程采用下式计算：

$$H_r = A_0 + h_1 + \sum Li + \sum f \qquad (13-4-19)$$

式中 H_r—— 渠道进水口的设计水位，m；

A_0—— 灌溉范围内控制点的地面高程，m；

h_1—— 控制点地面与附近末级固定渠道设计水位的高差，一般取 0.1～0.2m，本工程设计取 0.2m；

L—— 渠道的长度，m；

i—— 渠道的比降；

f—— 水流通过渠系建筑物的水头损失，m。

(2) 渠底高程。

设计水位减去设计水深即为该断面渠底高程。即：$\Delta_{底} = H_n - h$。

(3) 堤顶高程。

渠道堤顶高程为设计水位加安全超高。

渠道纵断面设计中应保证水位平稳衔接，当不能满足时，可设置节制闸抬高水位。渠道纵断面设计见图 13-4-16 斗渠纵断面设计图。

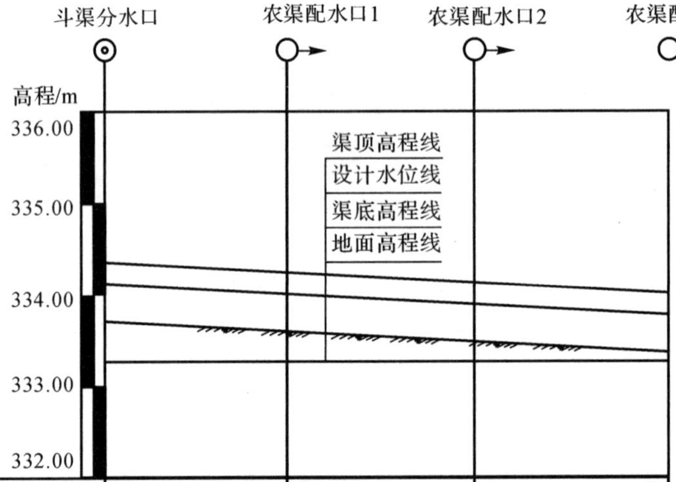

桩号	0+000	0+167	0+334	0+500
渠顶高程	334.33	334.22	334.11	334.00
渠底高程	333.73	333.62	333.51	333.40
设计水位	334.13	334.02	333.91	333.80
地面高程	333.30	333.30	333.25	333.20
比降	1/1 500			

图 13-4-16　某斗渠纵断面设计图

13.4.6.2　低压管道灌溉工程设计示例

低压管道输水灌溉系统是指以管道代替明渠将低压水流输配到田间灌水沟、畦的灌溉系统。与传统的渠道灌溉系统比较，管灌系统具有占耕地面积少(7% ~ 13%)、降低输水损失、满足多种灌水方法的优点。

1. 研究区概况

本工程所在区域属于寒温带夏雨炎热型气候，多年平均降雨量为 370mm 左右，年内降雨量变化较大，且分配不均，降雨量多集中在 6 ～ 8 月份，占全年总降雨量的 70%，多年平均蒸发量为 2 200mm，多年平均气温 10℃ 左右，平均无霜期 125 天，最大冻层深度为 1.7m。灌区内耕作层土壤为壤土和沙壤土，土壤容重为 1.4g/cm³，田间最大持水率 21%，土质肥沃，地下水水质符合农田灌溉标准。适合大面积种植小麦、玉米等作物。

该工程计划新打机电井 1 眼，通过调查，结合附近农灌井测试资料分析，单井出水量在 100m³/h 以上。动水位 60 ～ 65m 之间，井深 65 ～ 80m，水质符合 GB5084《农田灌溉用水水质标准》，满足灌溉要求。

土地经改良后全部种植粮谷作物，开发成高产稳产农田。根据项目区试验资料，确定平均灌水定额 40 m³/ 亩。

2. 灌水周期计算

$$T = m/E_P \qquad (13-4-20)$$

式中　T—— 灌水周期(d)；

m—— 设计灌水定额(m³/ 亩)，40m³/ 亩；

E_P—— 作物日需水量。查《农田节水灌溉技术手册》，$E_P = 4.44$mm/d。

代入公式得：$T = 40/4.44 = 9$(d)。

3. 设计流量计算

$$Q = mA/(Tt\eta) \qquad (13-4-21)$$

式中　Q—— 灌溉系统设计流量(m³/h)；

m—— 综合平均灌水定额(m³/ 亩)；

A—— 灌溉系统设计灌溉面积(亩)，取 $A = 200$ 亩；

T—— 灌水周期(d)，由上面计算得 $T = 9$d；

t—— 日工作小时数，取 13h；

η—— 灌溉水利用系数 $\eta = \eta_{管}\eta_{毛}$。

根据已建成管灌工程测试，$\eta_{管} = 0.95$，该灌区全部为沙壤土，据初步分析 $\eta_{毛} = 0.9$。

具体计算成果如下表：

表 13－4－7　设计流量计算表

$Q_{设}$ /(m³ · h⁻¹)	M/(m³ · 亩⁻¹)	A/ 亩	T/d	t/h	η
79.9	40	200	9	13	0.855

4. 管材选择

管材选用地埋低压薄壁 PVC 管。

5. 管径确定

(1) 经济流速：

根据研究区《农田节水灌溉技术手册》，PVC 管输水适宜流速：$V_{管} = 1.0 \sim 1.5$m/s。

（2）管径确定：

$$D = 1.13\sqrt{Q_{设}/V} \qquad (13-4-22)$$

式中 D—— 输水管道设计内径(m)；

$Q_{设}$—— 管道设计流量(m^3/s)，干管设计流量取 $80m^3/h$，支管设计流量取 $40\ m^3/h$；

V—— 管道内适宜流速(m/s)，取 $V_{干}=1.35m/s$，$V_{支}=1.41m/s$。

计算得：干管 $D_{干}=145mm$，$D_{支}=100mm$。

依据计算成果并参考生产厂家产品规格尺寸确定各管段管径。

6. 布置形式

采用树枝状管网布置形式，干支两级固定管路，毛渠临时修筑土渠，单井形成干支毛三级渠道灌溉系统。

7. 管道水力计算

（1）沿程水头损失

$$h_f = f\frac{LQ^m}{D^b} \qquad (13-4-23)$$

式中 h_f—— 沿程水头损失(m)；

L—— 管长(m)；

D—— 管道内径(mm)；

f、m、b—— 分别为：管材摩阻系数、流量指数、管径指数，根据《农田节水灌溉技术手册》，确定：$f=0.948\times10^5$，$m=1.77$，$b=4.77$。

依据管网布置图，确定最不利管线，逐段计算沿程水头损失，累加总沿程损失，详见水头损失计算表 13-4-8。

（2）局部水头损失。

取沿程水头损失 10% 作为局部水头损失，即 $h_j=0.1\ h_f$，详见水头损失计算表 13-4-8。

表 13-4-8　管路输水水头损失计算表

管段	0～1	1～7
流量 $Q/(m^3 \cdot h^{-1})$	80	40
管道内径 D/mm	145	100
管长 L/m	100	500
摩阻系数 f	94 800	94 800
流量指数 m	1.77	1.77
管径指数 b	4.77	4.77
沿程水头损失 h_f/m	1.08	9.23
局部水头损失 h_j/m	0.11	0.92
管道输水损失 h/m	1.19	10.15
管路总输水水头损失 H/m	11.34	

8. 设计扬程计算

$$H_p = Z_d + H + Z + \Delta H \qquad (13-4-24)$$

式中　H_p 管网设计总扬程(m)；

Z_d—— 水源动水位与管网首部管道中心线之间高差，取 $Z_d = 63.2$m；

H—— 管路总输水损失，由前面计算得 $H = 10.27$m；

Z—— 管道首部中心线水平面与灌地最高处之间高差，经测定 $Z = 3.2$m；

ΔH—— 出水口富余水头(m)，取 0.3m。

经初步测算　　$H_p = 63.2 + 11.34 + 3.2 + 0.3 = 78.04$m

9. 水泵选型

根据以上计算，管网设计流量 $Q = 80m^3/h$，设计总扬程 $H_p = 78.04$m，选择水泵型号为：250QJ80－80/4 型潜水泵，配套功率为 28kW。

13.4.6.3　农田排水工程设计示例

1. 项目区概况

项目区多年平均降水量 805.8mm，最大降水量 1323mm，最小降水量 420mm。年降水量相对变率为 19.2%。降水一般集中在 6～9 月份，占全年总降水量的 60% 以上，且多为暴雨。每年的 1 月、2 月、12 月份，降水量仅占全年总降水量的 4.6%。多年平均相对湿度 71%，为半湿润气候。

2. 排水沟断面设计

(1) 排涝流量的计算。

根据研究区水利部门提供的资料，设计排涝模数为 $q = 1.05m^3/(S \cdot km^2)$。据当地实际情况选取梯形断面，浆砌块石砌筑的明沟排水，排水沟的排涝流量可用式(13－4－25) 计算：

$$Q_{排涝} = qA \qquad (13-4-25)$$

式中　$Q_{排涝}$—— 排涝流量，m^3/s；

q—— 设计排涝模数，$m^3/(s \cdot km^2)$；

A—— 控制面积，km^2。

根据沟的控制面积对排水沟进行分类见表 13－4－9。

表 13－4－9　排水沟设计流量分类表表

类　型	设计流量 /m^3	控制面积 / 亩
农沟一	0.11	157
农沟二	0.13	186
农沟三	0.15	214
斗沟一	0.4	571
斗沟二	0.7	1 000

(2) 排水沟横断面设计。

排水沟采用梯形断面。边坡系数的大小关系到沟道的稳定，要根据沟道土壤质地和沟道深度等条件选择适宜的数值。本次设计属于中小型的沟道。本次设计中，排水沟道为浆砌块石砌筑的明沟，且流量小于 $1m^3/s$，定为 $n=0.025$。根据控制地下水水位的要求，农沟水位低于田面 0.3m，农沟与斗沟交汇处水位跌差均取 0.1m，则斗沟水位应低于地面 0.4m。

本规划设计中，各级沟道断面形式均选取梯形断面。结合当地实际情况，农沟和斗沟采用养护良好的土沟排水；支沟采用浆砌块石衬砌的沟道排水。排水沟的断面设计与排水沟的底坡 i、边坡系数 m 及糙率 n 的确定有关，应根据排水的特点进行具体分析确定。

底坡 i。通常应与沟道所经的地面坡降相接近。平原地区一般可采用：干沟 1/10 000 ～ 1/30 000；支沟 1/5 000 ～ 1/10 000；斗沟 1/2 000 ～ 1/5 000；农沟 1/800 ～ 1/2 000。本规划设计中选取：斗沟 1/2 000、农沟 1/1 000。为了减少工程量，应该尽可能选用和地面坡度相近的沟底比降。本次设计斗沟采用 1/2 000，农沟采用 1/1 000。

边坡系数 m。梯形渠道的边坡系数可参考表 13－4－10，当排水沟挖方深度小于 5m，且校核水深不超够 3m 时，最小的边坡系数可参考表 13－4－11。

表 13－4－10　梯形渠道的边坡系数

土壤种类		边坡系数 m
粉砂		3.0 ～ 3.5
细砂、中砂和粗砂	疏松的和中等密实的	2.0 ～ 2.5
	密实的	1.5 ～ 2.0
沙壤土	1.5 ～ 2.0	
黏壤土、黄土或黏土	1.25 ～ 1.5	
卵石和砌石	1.25 ～ 1.5	
半岩性的抗水的土壤	0.5 ～ 1.0	
风化的岩石	0.25 ～ 0.5	
未风化的岩石	0 ～ 0.25	

表 13－4－11　土质沟道的最小边坡系数

沟道土质	开挖深度 /m			
	＜1.5	1.5 ～ 3.0	3.0 ～ 4.0	＞4.0
黏土、重壤土	1.0	1.2 ～ 1.5	1.5 ～ 2.0	＞2.0
中壤土	1.5	2.0 ～ 2.5	2.5 ～ 3.0	＞3.0
轻壤土、砂壤土	2.0	2.5 ～ 3.0	3.0 ～ 4.0	＞4.0
砂土	2.5	3.0 ～ 4.0	4.0 ～ 5.0	＞5.0

根据表 13-4-10 和表 13-4-11，最终选取各级土沟和浆砌块石沟道的边坡系数均为1.2。

糙率 n。新挖的排水沟道，其糙率约为 0.02 ～ 0.025，排水沟除排涝时流量较大外，排渍及降低地下水位时流量小，所以容易滋生杂草，使糙率增大，一般可达 0.025 ～ 0.03。本规划设计中最终选取农沟和斗沟为 0.025，在排水沟横断面设计时，把控制面积相近的排水沟归为一类，采用同一尺寸。最终把项目区排水沟分为 5 类，见表 13-4-12。

沟道的水力计算任务是根据上述设计依据，通过计算，确定沟道过水断面的水深 h 和底宽 b。比较广泛采用的是试算法求解沟道的断面尺寸，具体步骤如下：

1) 设 b,h 值。

2) 根据假设的 b,h 值计算相应的过水断面面积 A、湿周 P、水力半径 R 和谢才系数 C，计算公式如下：

$$A=(b+mh)h \tag{13-4-26}$$

$$P=b+2h\sqrt{1+m^2} \tag{13-4-27}$$

$$R=\frac{A}{P} \tag{13-4-28}$$

$$C=\frac{1}{n}R^{\frac{1}{6}} \tag{13-4-29}$$

式中　A—— 过水断面面积，m；

R—— 水力半径，m；

P—— 湿周，m；

h—— 水深，m；

b—— 底宽，m；

C—— 谢才系数，$m^{\frac{1}{2}}/s$；

i—— 比降；

n—— 糙率系数；

m—— 边坡系数。

3) 计算沟道流量 Q：

$$Q=AC\sqrt{Ri} \tag{13-4-30}$$

式中代码含义同前。

4) 校核沟道输水能力。

上面计算出来的沟道流量($Q_{计算}$)是假设的 b,h 值相应的输水能力，一般不等于沟道的设计流量(Q)，通过计算，反复修改 b,h 值，直到沟道计算流量等于或接近沟道设计流量为止。要求误差不超过 5%，即设计沟道断面应该满足的校核条件是：

$$\left|\frac{Q-Q_{计算}}{Q}\right|\leqslant 0.05 \tag{13-4-31}$$

在试算过程中，如果计算流量和设计流量相差不大时，只需要修改 h 值，再进行计算；如果两个相差很大时，就要修改 b，h 值，再进行计算。

本次设计中共分三类农沟和两类斗沟，共进行五次试算。最后试算得农沟、斗沟的横断面尺寸，计算结果见表 13－4－12。

表 13－4－12　排水沟断面设计成果表

渠道类型	底宽 b	水深 h	渠深 H	边坡系数 m	糙率 n	坡度 i	流量 Q	设计流量
农一	0.4	0.34	0.64	1.2	0.025	0.001	0.114	0.11
农二	0.4	0.36	0.66	1.2	0.025	0.001	0.128	0.13
农三	0.4	0.38	0.68	1.2	0.025	0.001	0.143	0.15
斗一	1.1	0.54	0.94	1.2	0.025	0.000 5	0.41	0.4
斗二	1.1	0.7	1.1	1.2	0.025	0.000 5	0.673	0.7

3. 排水沟纵断面设计

排水沟纵断面应根据沿沟地形条件、排水沟水位推算结果和横断面设计成果进行水位衔接，以保证沿程排水通畅。

纵断面设计时，各级沟道的沟底应满足下列要求：下级沟道沟底不得高于上级沟道的沟底；上、下级沟道在通过日常流量时水位衔接应有一定的水面落差，一般取 0.1 ～ 0.2m；在通过排涝流量时允许沟道之间产生短时的壅水现象，但是一般的沟道应尽可能低于沟道两侧的地面高程 0.3 ～ 0.4m。故只根据排涝流量进行断面计算，无须用排渍流量进行校核。

13.5　农田防护及生态保持工程设计

13.5.1　谷坊设计示例

为了控制项目区水土流失，拟在沟道内修建谷坊工程。治理区汇水面积 0.13km^2，沟底比降 7.3%，两岸边坡比约 25 度，沟口宽 50m。

1. 设计标准

由于当地暴雨具有短历时、高强度的特点，因此本项目设计标准按拦截 20 年一遇 24 小时最大暴雨量设计。

2. 谷坊类型

根据当地地形、地质及土壤状况确定采用土谷坊形式。

3. 工程设计

(1) 设计洪水总量。

根据治理区的的水文气象资料，并参考《水文手册》中的有关经验公式和参数进行计算。

$$W = 1\,000KRF \tag{13-5-1}$$

式中　W—— 洪水总量，m^3；

K—— 径流系数；

F—— 流域面积，km^2；

R—— 设计暴雨量，mm；$R = K_P H_{24}$。

查《水文手册》得：$H_{24} = 60mm$，$C_V = 0.85$，$C_S = 3.5C_V$，$K_5 = 2.70$，则20年一遇24小时最大降雨量 $H_{24 \cdot P=5\%} = 60 \times 2.70 = 162mm$，其对应暴雨径流系数为 $K = 0.30$。

设计洪水总量为：　$W_{总} = 1\,000K \cdot H_{24 \cdot P=5\%} \cdot F = 6\,318\ m^3$

(2) 谷坊库容。

根据西北大学出版的《水土保持原理及规划》，对于沟道近似弧形或半圆形时，沟道体积采用公式为

$$V_{单} = BHL/4.5 \tag{13-5-2}$$

式中　$V_{单}$—— 单个谷坊库容，m^3；

B—— 沟宽，为50m；

H—— 相应坝高，m；

L—— 回水长度，m。

经试算得：当拦洪坝高为3.5m时，$L = 50.73m$，$V_{单} = 1\,973m^3$。

(3) 谷坊座数，有

$$n = W_{总}/V_{单} = 6\,318/1\,973 \approx 3\ 座$$

(4) 谷坊断面：

谷坊坝高确定为4.0m(拦洪坝高3.5m)，坝顶宽3.0m，坝底宽14.2m，迎水坡1∶1.5，背水坡1∶1.3。

(5) 谷坊间距，有

$$L = H/(i - i') = 4.0/(0.073 - 0.005) = 59m$$

式中　L—— 谷坊间距，m；

H—— 谷坊底到溢水口底高度，m；

i—— 原沟床比降，%；

i'—— 谷坊淤满后比降，%。

(6) 谷坊工程设计图式。

具体详见图13-5-1，图13-5-2。

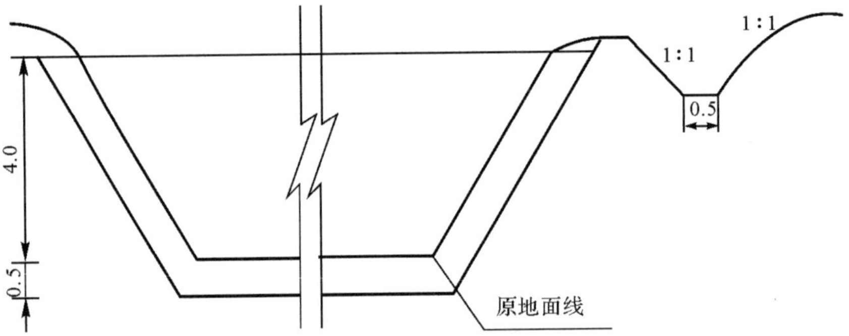

图 13－5－1　谷坊纵断面设计图(单位:m)

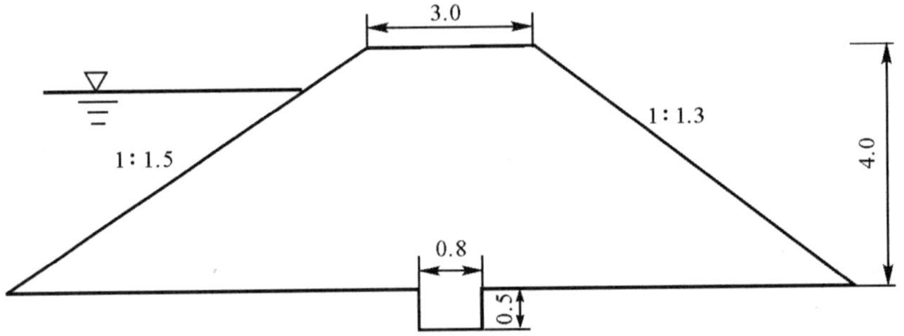

图 13－5－2　谷坊横断面设计图(单位:m)

13.5.2　水土保持林造林设计示例

(1) 分水岭防护林。

分水岭是土壤侵蚀严重地段,又是产生径流的发源地。所以要严肃对待分水岭的水土保持。通常分水岭的水土保持措施以营造防护林为主。根据分水岭的地形、土壤、土壤利用状况营造不同的防护林。地形起着决定作用,例如,浑圆而开阔的分水岭可以在坡度陡段设置防护林,而尖削的分水岭,其林带最好设在分水岭的附近。带宽一般不小于6m。

由于条件恶劣,林带设计的树种选择、造林技术都要保证林带自身保护要求。为了使林带正常生长,可以乔、灌、草相结合的方式造林。条件最恶劣的分水岭,可以只采用灌草或纯灌木形式,分水岭常有道路通过,分水岭下部又有农田分布。所以分水岭防护林布置与道路、农田防护林三者相结合。乔、灌、草;田、林、路、全面考虑,综合安排。并不是所有的分水岭都要造防护林,根据侵蚀状况分段布置。

分水岭防护林示意图见图13－5－3 。

(2) 侵蚀沟防护林。

沟头防护工程一般开挖分沟埂、连续围埝、断续围埝,这样的工程一方面拦截径流不进入沟头，另一方面可以改善沟头土壤水分情况，提高造林成活率。

沟头防护林与沟头防护工程相结合，效果显著提高。使造林初期可以防止土壤侵蚀，工程措施为树木生长创造条件，树木一旦成活就能保护工程措施安全。树木生长发育到一定阶段时，其经济和防护效益都进入协调的良性循环过程。

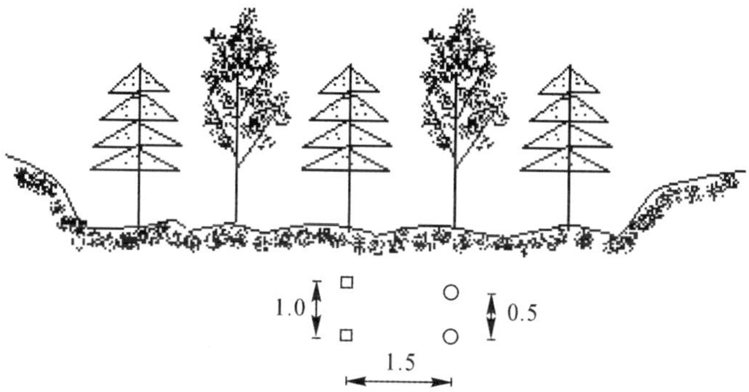

图 13-5-3　分水岭防护林示意图

沟头进水凹地防护林示意图见图 13-5-4。

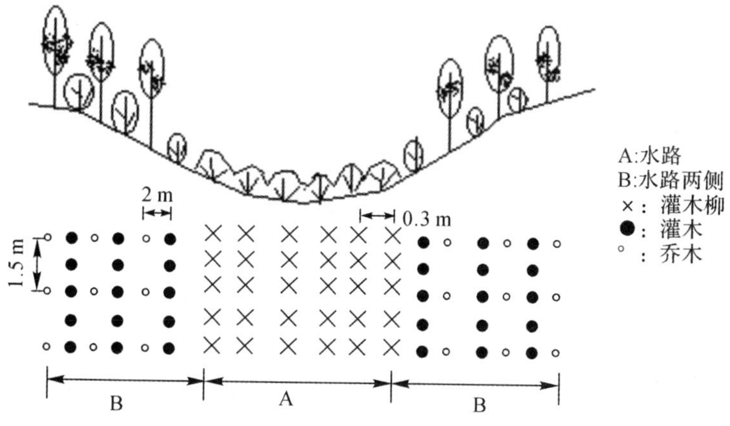

图 13-5-4　沟头进水凹地防护林示意图

复习思考题

(1) 论述土地平整工程量计算方法。

(2) 简述灌溉制度的含义。

(3) 简述田间道路路面设计的主要内容。

(4) 简述灌溉渠道设计的主要内容。

(5) 如何进行梯田设计？

第 14 章　土地整治项目造价管理

14.1　土地整治项目费用构成

14.1.1　概述

土地整治项目费用由工程施工费、设备购置费、其他费用和不可预见费组成，具体内容见图 14-1-1。

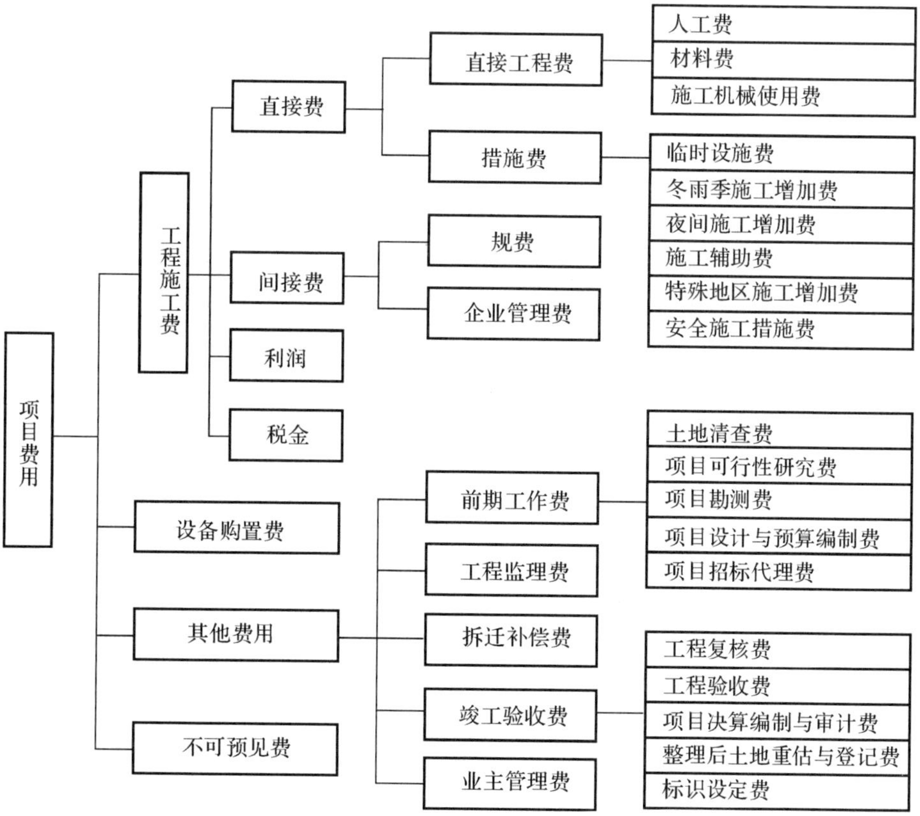

图 14-1-1　土地整治项目费用构成

14.1.2 工程施工费

工程施工费包括直接费、间接费、利润和税金。

14.1.2.1 直接费

直接费指工程施工过程中直接消耗在工程项目上的活劳动和物化劳动。它由直接工程费、措施费组成。

1. 直接工程费

直接工程费包括人工费、材料费和施工机械使用费。

(1)人工费:直接从事工程施工的生产工人开支的各项费用。包括基本工资、辅助工资和工资附加费。

1)基本工资。包括岗位工资、年功工资以及年应工作天数内非作业天数的工资。

岗位工资:按照职工所在岗位各项劳动要素测评结果确定的工资。

年功工资:按照职工工作年限确定的工资,随工作年限增加而逐年累加。

年应工作天数内非作业天数的工资:职工开会学习、培训期间的工资,调动工作、探亲、休假期间的工资,因气候影响停工的工资,女工哺乳期间的工资,病假在 6 个月以内的工资及产、婚、丧假期的工资。

2)辅助工资:在基本工资之外,以其他形式支付给职工的工资性收入。包括根据国家有关规定属于工资性质的各种津贴:地区津贴、施工津贴、夜餐津贴、节日加班津贴等。

3)工资附加费:按照国家规定提取的职工福利基金、工会经费、养老保险费、医疗保险费、工伤保险费、职工失业保险基金、住房公积金。

(2)材料费:指用于工程项目上的消耗性材料费、装置性材料费和周转性材料摊销费。材料预算价格一般包括材料原价、包装费、运杂费、运输保险费和采购及保管费 5 项。

1)材料原价:材料指定交货地点的价格。

2)包装费:材料在运输和保管过程中的包装费和包装材料的折旧摊销费。

3)运杂费:材料从指定交货地点至工地分仓库或材料堆放场所发生的全部费用。包括运输费、装卸费、调车费及其他杂费。

4)运输保险费:材料在运输途中的保险费。

5)采购及保管费:材料在采购、供应和保管过程中所发生的各项费用。包括材料的采购、供应和保管部门工作人员的基本工资、辅助工资、工资附加费、教育经费、办公费、差旅交通费及工具用具使用费;仓库、转运站等设施的检修费、固定资产折旧费、技术安全措施费和材料检验费;材料在运输、保管过程中发生的损耗等。

(3)施工机械使用费:消耗在工程项目上的机械磨损、维修和动力燃料费用等。包括折旧费、修理及替换设备费、安装拆卸费、机上人工费和动力燃料费。

1)折旧费:施工机械在规定使用年限内回收原值的台班折旧摊销费用。

2)修理及替换设备费:修理费指施工机械使用过程中,为了使机械保持正常功能而进行修理所需的摊销费用和机械正常运转及日常保养所需的润滑油料、擦拭用品的费用，以及保管机械所需的费用；替换设备费指施工机械正常运转时所耗用的替换设备及随机使用的工具用具等摊销费用。

3)安装拆卸费：施工机械进出工地的安装、拆卸、试运转和场内转移及辅助设施的摊销费用。部分大型施工机械的安装拆卸费不在其施工机械使用费中计列，包含在企业管理费中。

4)机上人工费：施工机械使用时机上操作人员的人工费用。

5)动力燃料费：施工机械正常运转时所耗用的风、水、电、油和煤等费用。

2. 措施费

指为完成工程项目施工，发生于该工程施工前和施工过程中非工程实体项目的费用。措施费包括临时设施费、冬雨季施工增加费、夜间施工增加费、施工辅助费、特殊地区施工增加费和安全施工措施费。

(1)临时设施费：施工企业为进行工程施工所必需的生活和生产用的临时建筑物、构筑物和其他临时设施费用等。

(2)冬雨季施工增加费：在冬雨季施工期间为保证工程质量所需增加的费用。

(3)夜间施工增加费：在夜间施工而增加的费用。如：农用井工程需连续工作部分计取此项费用。

(4)施工辅助费：包括已完工程及设备保护费、施工排水及降水费、检验试验费、工程定位复测费、工程点交等费用。

1)已完工程及设备保护费：竣工验收前，对已完工程及设备进行保护所需费用。

2)施工排水及降水费：为确保工程在正常条件下施工，采取各种排水、降水措施所发生的各种费用。

3)检验试验费：对建筑材料、构件和建筑安装物进行一般鉴定、检查所发生的费用。包括自设试验室进行试验所耗用的材料和化学药品费用等，以及技术革新和研究试验费。不包括新结构、新材料的试验费和建设单位要求对具有出厂合格证明的材料进行检验，对构件进行破坏性试验及其他特殊要求检验试验的费用。

4)工程定位复测费：对单项工程的坐标、标高、走线等按照建设单位提供的施工图纸进行复测所发生的费用。

5)工程点交：因工程交工所发生的费用。

(5)特殊地区施工增加费：在高海拔、酷热、风沙等特殊地区施工而增加的费用。

(6)安全施工措施费：指根据国家现行的施工安全、施工现场环境与卫生标准和有关规定，购置和更新施工安全防护用具及设施，改善安全生产条件和作业环境所需要的费用。

14.1.2.2　间接费

间接费由规费和企业管理费组成。

1. 规费

指施工现场发生并按政府和有关权力部门规定必须缴纳的费用。如：工程排污费。

2.企业管理费

指施工企业组织施工生产和经营活动所需费用。包括管理人员工资、差旅交通费、办公费、固定资产使用费、工具用具使用费、劳动保险费、工会经费、职工教育经费、财产保险费、财务费和税金等。

1)管理人员工资:管理人员的基本工资、辅助工资、工资附加费和劳动保护费。

2)差旅交通费:施工企业管理人员因公出差、工作调动的差旅费、误餐补助费,职工探亲路费,劳动力招募费,离退休职工一次性路费及交通工具油料、燃料、牌照、养路费等。

3)办公费:企业办公用具、印刷、邮电、书报、会议、水电、燃煤(气)等费用。

4)固定资产使用费:管理和试验部门及附属生产单位使用的属于固定资产的房屋、设备仪器等的折旧、大修、维修或租赁费。

5)工具用具使用费:企业管理使用的不属于固定资产的生产工具、器具、家具、交通工具和检验、试验、测绘、消防用具等的购置、维修和摊销费用。

6)劳动保险费:由企业支付离退休职工的易地安家补助费、职工退职金、六个月以上的病假人员工资、职工死亡丧葬补助费、抚恤费、按规定支付给离休干部的各项经费。

7)工会经费:企业按职工工资总额计提的工会经费。

8)职工教育经费:企业为职工学习先进技术和提高文化水平,按职工工资总额计提的费用。

9)财产保险费:施工管理所用财产、车辆的保险费。

10)财务费:企业为筹集资金而发生的各种费用。

11)税金:企业按规定缴纳的房产税、车船使用税、土地使用税、印花税等。

12)其他:包括技术转让费、技术开发费、业务招待费、广告费、公证费、法律顾问费、审计费、咨询费等。

14.1.2.3 利润

利润指施工企业完成所承包工程获得的盈利。

14.1.2.4 税金

税金指国家税法规定的应计入工程造价内的营业税、城乡维护建设税和教育费附加等。

1)营业税:对在我国境内提供应税劳务、转让无形资产或销售不动产的单位和个人,就其所取得的营业额征收的一种税。按营业额乘以营业税税率确定,税率按3%计取。

2)城乡维护建设税:国家为了加强城乡的维护建设,稳定和扩大城市、乡镇维护建设的资金来源,而对有经营收入的单位和个人征收的一种税。按应纳营业税税额乘以城乡维护建设税税率确定,纳税人所在地为市区的,其适用税率按7%计取;所在地为县镇的,其适用税率按5%计取;所在地为农村的,其适用税率按1%计取。

3)教育费附加:按应纳营业税税额乘以教育费附加税率确定。

14.1.3 设备购置费

设备购置费包括设备原价、运杂费、运输保险费和采购及保管费。

14.1.3.1　设备原价

1)国产设备,其原价指出厂价。

2)拆装设备分瓣运至工地后的组装费用,应包括在设备原价内。

14.1.3.2　运杂费

运杂费指设备由厂家运至工地安装现场所发生的一切运杂费用。包括运输费、调车费、装卸费、包装绑扎费及可能发生的其他杂费。

14.1.3.3　运输保险费

运输保险费指设备在运输过程中的保险费用。

14.1.3.4　采购及保管费

采购及保管费指项目实施单位和施工企业在负责设备的采购、保管过程中发生的各项费用。包括:

1)采购及保管部门工作人员的基本工资、辅助工资、工资附加费、劳动保护费、教育经费、办公费、差旅交通费、工具用具使用费等。

2)临时仓库、转运站等设施的运行费、维修费、固定资产折旧费、技术安全措施费和设备的检验、试验费等。

14.1.4　其他费用

其他费用包括前期工作费、工程监理费、拆迁补偿费、竣工验收费和业主管理费。

14.1.4.1　前期工作费

前期工作费指土地整治项目在工程施工前所发生的各项支出。包括土地清查费、项目可行性研究费、项目勘测费、项目设计与预算编制费和项目招标代理费。

1)土地清查费:项目承担单位组织有关单位或人员对土地整治项目区进行权属调查、地籍测绘、耕地质量等级评定所发生的费用。

2)项目可行性研究费:项目承担单位委托具有相关资质的单位对土地整治项目进行可行性研究时,按规定应支付的费用。

3)项目勘测费:项目承担单位委托具有相关资质的单位对土地整治项目区进行地形测量、工程勘察所发生的费用。

4)项目设计与预算编制费:项目承担单位委托具有相关资质的单位对土地整治项目进行规划设计与预算编制时,按规定应支付的费用。

5)项目招标代理费:项目承担单位委托具有相关资质的单位对土地整治项目进行招标时,按规定应支付的费用。

14.1.4.2　工程监理费

工程监理费指项目承担单位委托具有工程监理资质的单位,按国家有关规定对工程质量、进度、安全和投资进行全过程监督与管理所发生的费用。

14.1.4.3 拆迁补偿费

拆迁补偿费指土地整治项目实施过程中，针对零星房屋拆迁、林木及青苗损毁等所发生的适当补偿费用。

14.1.4.4 竣工验收费

竣工验收费指土地整治项目工程完工后，因项目竣工验收、决算、成果的管理等发生的各项支出。包括工程复核费、工程验收费、项目决算编制与审计费、整理后土地重估与登记费和标识设定费。

1)工程复核费：项目承担单位完成土地整治项目实施任务并向项目批准部门提出验收申请后，由项目批准部门指定的土地整治专业机构(第三方)对工程任务的完成情况，如净增耕地面积、工程数量、质量等，进行复核并编制相应报告所发生的费用。

2)工程验收费：项目中期验收及竣工验收所发生的会议费、资料整理费、印刷费等。

3)项目决算编制与审计费：按现行项目管理办法及竣工验收规范要求编制竣工报告和决算以及审计所需要的费用。

4)整理后土地重估与登记费：项目建成后，主管部门对耕地质量等级再评定与登记费用。

5)标识设定费：设立土地整治项目标志牌及标识农田水利设施等所发生的费用。

14.1.4.5 业主管理费

业主管理费指项目承担单位为项目的立项、筹建、建设等工作所发生的费用，包括工作人员的工资、工资性补贴、施工现场津贴、社会保障费用、住房公积金、职工福利费、工会经费、劳动保护费；办公费、会议费、差旅交通费、工具用具使用费、固定资产使用费、零星购置费；乡镇协调费、宣传费、培训费、咨询费、业务招待费、技术资料费、印花税和其他管理性开支等。

14.1.5 不可预见费

不可预见费指在施工过程中因自然灾害、设计变更及其他不可预见因素的变化而增加的费用。

14.2 编制方法及计算标准

14.2.1 基础单价编制

14.2.1.1 人工预算单价

1.人工预算单价计算方法

人工工日预算单价(元/工日)＝基本工资＋辅助工资＋工资附加费

(1)基本工资。

基本工资(元/工日)＝基本工资标准(元/月)×地区工资系数×

12 月÷(年应工作天数－年非工作天数)

(2)辅助工资。

地区津贴(元/工日)＝津贴标准(元/月)×12 月÷(年应工作天数－年非工作天数)

施工津贴(元/工日)＝津贴标准(元/天)×365 天×K_1÷(年应工作天数－年非工作天数)

夜餐津贴(元/工日)＝(中班津贴标准＋夜班津贴标准)÷2×K_2

节日加班津贴(元/工日)＝基本工资(元/工日)×(3－1)×法定假天数÷年应工作天数×K_3

(3)工资附加费。

职工福利基金(元/工日)＝[基本工资(元/工日)＋辅助工资(元/工日)]×费率标准(%)

工会经费(元/工日)＝[基本工资(元/工日)＋辅助工资(元/工日)]×费率标准(%)

养老保险费(元/工日)＝[基本工资(元/工日)＋辅助工资(元/工日)]×费率标准(%)

医疗保险费(元/工日)＝[基本工资(元/工日)＋辅助工资(元/工日)]×费率标准(%)

工伤保险费(元/工日)＝[基本工资(元/工日)＋辅助工资(元/工日)]×费率标准(%)

职工失业保险基金(元/工日)＝[基本工资(元/工日)＋辅助工资(元/工日)]×费率标准(%)

住房公积金(元/工日)＝[基本工资(元/工日)＋辅助工资(元/工日)]×费率标准(%)

2.人工预算单价计算标准

(1)有效工作时间。

年应工作天数:250 天(年日历日 365 天减法定假 11 天,再减 52 周双休日 104 天)。

年非工作天数:指探亲假、气候影响停工、学习培训、6 个月以内病假等在年应工作天数之内而未工作的天数。甲类、乙类平均按 10 天计。

(2)基本工资。

基本工资标准(六类工资区):甲类:540 元/月,乙类:445 元/月。

地区工资系数:根据劳动部规定,六类以上工资区的工资系数为:

七类工资区:1.026 1;

八类工资区:1.052 2;

九类工资区:1.078 3;

十类工资区:1.104 3;

十一类工资区:1.130 4。

(3)辅助工资。

1)辅助工资标准(见表 14－2－1)。

表 14-2-1 辅助工资标准表

序 号	项 目	甲 类	乙 类
1	地区津贴	按国家、省、自治区、直辖市的规定	
2	施工津贴	3.5 元/d	2.0 元/d
3	夜餐津贴	4.5 元/夜班,3.5 元/中班	

2)辅助工资系数(见表 14-2-2)。

表 14-2-2 辅助工资系数表

项 目	甲 类	乙 类
K_1	0.95	0.95
K_2	0.20	0.05
K_3	0.35	0.15

(4)工资附加费标准(见表 14-2-3)。

表 14-2-3 工资附加费标准表

序号	项 目	费率标准/(%)
		甲(乙)类
1	职工福利基金	14
2	工会经费	2
3	养老保险费	按各省、自治区、直辖市规定
4	医疗保险费	按各省、自治区、直辖市规定
5	工伤保险费	1.5
6	职工失业保险基金	2
7	住房公积金	按各省、自治区、直辖市规定

14.2.1.2 材料预算价格

(1)主要材料预算价格。

对于用量多、影响工程投资大的主要材料,如钢材、木材、水泥、砂石料等,需编制材料预算价格。

计算公式为:

材料预算价格=(材料原价+包装费+运杂费)×(1+采购及保管费率)+运输保险费

1)材料原价:按工程所在地区就近大的物资供应公司、材料交易中心的市场成交价或设计选定的生产厂家的出厂价计算。

2)包装费:按工程所在地区的实际资料及有关规定计算。

3)运杂费:铁路运输按铁道部现行《铁路货物运价规则》及有关规定计算;公路及水路运输按工程所在省、自治区、直辖市交通部门现行规定计算。

4)运输保险费:按工程所在省、自治区、直辖市或中国人民保险公司的有关规定计算。

5)采购及保管费:按材料运到工地仓库价格(不包括运输保险费)的2%计算。

(2)其他材料预算价格。

可参考工程所在地区的工业与民用建筑安装工程材料预算价格或信息价格。

(3)对块石、水泥及钢筋等十一类主要材料进行限价。

当上述材料预算价格等于或小于表14-2-4中所列的规定价格时,直接计入工程施工费单价;当材料预算价格大于表14-2-4中所列的规定价格时,超出限价部分单独计算材料价差(只计取材料费和税金),不参与取费。

表14-2-4　主材规定价格表

序　号	材料名称	单　位	限　价/元
1	块石、片石	m^3	40
2	砂子、石子	m^3	60
3	条石、料石	m^3	70
4	水泥	t	300
5	标砖	千块	240
6	钢筋	t	3 500
7	柴油	t	4 500
8	汽油	t	5 000
9	锯材	m^3	1 200
10	生石灰	t	180
11	树苗	株	5

(4)电缆和管道安装工程中的管材、管件、闸阀、法兰、出水栓等只计取材料费和税金,其材料费直接计入工程施工费单价计算表中的"未计价材料费",不参与其他取费。

14.2.1.3　电、风、水预算价格

(1)施工用电价格。

由基本电价、电能损耗摊销费和供电设施维修摊销费组成,根据施工组织设计确定的供电

方式以及不同电源的电量所占比例，按国家或工程所在省、自治区、直辖市规定的电网电价和规定的加价进行计算。计算公式为：

电网供电价格＝基本电价÷(1－高压输电线路损耗率)÷(1－变配电设备及配电线路损耗率)＋供电设施维修摊销费

柴油发电机供电，电价计算公式为：

柴油发电机供电价格＝[柴油发电机组(台)班总费用÷(柴油发电机额定容量之和×8小时×K_1×K_2)]÷(1－厂用电率)÷(1－变配电设备及配电线路损耗率)＋单位循环冷却水费＋供电设施维修摊销费

式中　K_1——时间利用系数，一般取0.7～0.8；

K_2——发电机出力系数，一般取0.8～0.85；

厂用电率取4％～6％；

高压输电线路损耗率取4％～6％；

变配电设备及配电线路损耗率取5％～8％；

供电设施维修摊销费取0.02～0.03元/(kW·h)；

单位循环冷却水费取0.03～0.05元/(kW·h)。

(2)施工用水价格。

由基本水价、供水损耗和供水设施维修摊销费组成，根据施工组织设计所配置的供水系统设备组(台)班总费用和组(台)班总有效供水量计算。计算公式为：

施工用水价格＝[水泵组(台)班总费用÷(水泵额定容量之和×8小时×K_1×K_2)]÷(1－供水损耗率)＋供水设施维修摊销费

式中　K_1——时间利用系数，一般取0.7～0.8；

K_2——能量利用系数，一般取0.75～0.85；

供水损耗率取5％～8％；

供水设施维修摊销费取0.02～0.03元/m^3。

(3)施工用风价格。

由基本风价、供风损耗和供风设施维修摊销费组成，根据施工组织设计所配置的空气压缩机系统设备组(台)班总费用和组(台)班总有效供风量计算。计算公式为：

施工用风价格＝{[空气压缩机组(台)班总费用]/(空气压缩机额定容量之和×60min×8h×K_1×K_2)}÷(1－供风损耗率)＋单位循环冷却水费＋供风设施维修摊销费

式中：K_1——时间利用系数，一般取0.7～0.8；

K_2——能量利用系数，一般取0.7～0.85；

供风损耗率取8％～12％；

单位循环冷却水费取0.005元/m^3；

供风设施维修摊销费取0.002～0.003元/m^3。

14.2.1.4　施工机械使用费

施工机械使用费应根据《土地开发整理项目施工机械台班费定额》及有关规定计算。对于定额缺项的施工机械，可补充编制台班费定额。

14.2.2　工程施工费单价编制

工程施工费单价＝直接费＋间接费＋利润＋税金

14.2.2.1　直接费

直接费＝直接工程费＋措施费

(1)直接工程费。

由人工费、材料费和机械使用费组成，则

人工费＝定额劳动量(工日)×人工预算单价(元/工日)

材料费＝定额材料用量×材料预算单价

施工机械使用费＝定额机械使用量(台班)×施工机械台班费(元/台班)

(2)措施费。

措施费＝直接工程费×措施费率

1)临时设施费：不同工程类别的临时设施费费率见表 14－2－5。

表 14－2－5　临时设施费费率表

序　号	工程类别	计算基础	临时设施费费率/(%)
1	土方工程	直接工程费	2
2	石方工程	直接工程费	2
3	砌体工程	直接工程费	2
4	混凝土工程	直接工程费	3
5	农用井工程	直接工程费	3
6	其他工程	直接工程费	2
7	安装工程	直接工程费	3

注：1.其他工程：指除上述工程以外的工程，如防渗、架线工程及 PVC 管、混凝土管安装等；

2.安装工程：包括设备及金属结构件(钢管、铸铁管等)安装工程等。

2)冬雨季施工增加费。

按直接工程费的百分率计算，费率为 0.7%～1.5%。其中：不在冬雨季施工的项目取小值，部分工程在冬雨季施工的项目取中值，全部工程在冬雨季施工的项目取大值。

3)夜间施工增加费。

按直接工程费的百分率计算：安装工程为 0.5%，建筑工程为 0.2%。

4)施工辅助费。

按直接工程费的百分率计算：安装工程为1.0%，建筑工程为0.7%。

5)特殊地区施工增加费。

高海拔地区的高程增加费，按规定直接计入定额；其他特殊增加费(如酷热、风沙等)，按工程所在地区规定的标准计算，地方没有规定的不得计算此项费用。

6)安全施工措施费。

按直接工程费的百分率计算，其中：安装工程为0.3%，建筑工程为0.2%。

14.2.2.2 间接费

间接费＝直接费(或人工费)×间接费率

不同工程类别的间接费费率见表14-2-6。

表14-2-6 间接费费率表

序　号	工程类别	计算基础	间接费费率/(%)
1	土方工程	直接费	5
2	石方工程	直接费	6
3	砌体工程	直接费	5
4	混凝土工程	直接费	6
5	农用井工程	直接费	8
6	其他工程	直接费	5
7	安装工程	人工费	65

14.2.2.3 利润

按直接费和间接费之和计算，利润率取3%。计算公式为

$$利润=(直接费+间接费)\times 利润率$$

14.2.2.4 税金

按营业税、城乡维护建设税和教育费附加之和计算。计算公式为

$$税金=(直接费+间接费+利润)\times 综合税率$$

$$综合税率=\frac{营业税税率\times(1+城乡维护建设税税率+教育费附加税率)}{1-营业税税率\times(1+城乡维护建设税税率+教育费附加税率)}$$

综合税率取值见表14-2-7。

表14-2-7 综合税率取值表

项目所在地	农　村	县　镇	市　区
综合税率	3.22%	3.35%	3.41%

注：表中教育附加税率按3%计取，可按各地实际制定征收的教育附加税标准计取。

14.3　土地整治项目预算编制

14.3.1　工程施工费预算

项目工程预算按土地平整工程、灌溉与排水工程、田间道路工程、农田防护与生态环境保持工程和其他工程分别采用不同的方法编制预算。

工程施工费按设计工程量乘以工程单价进行编制。其中，安装工程预算按设备数量乘以安装单价进行计算。

设计工程量应根据《土地开发整理项目预算定额》的规定，按项目划分要求计算到四级项目。

14.3.2　设备购置费预算

设备预算主要由设备原价、运杂费、运输保险费、采购及保管费等组成。

1)设备原价。以出厂价或设计单位分析论证后的询价为设备原价。

2)运杂费。分主要设备运杂费和其他设备运杂费，均按占设备原价的百分率计算(见表 14－3－1)。

表 14－3－1　设备运杂费率表

类　别	适用地区	费率/(%)
Ⅰ	北京、天津、上海、江苏、浙江、江西、安徽、湖北、湖南、河南、广东、山西、山东、河北、陕西、辽宁、吉林、黑龙江等省、直辖市	4～6
Ⅱ	甘肃、云南、贵州、广西、四川、重庆、福建、海南、宁夏、内蒙古、青海、新疆、西藏等省、自治区、直辖市	6～8

3)运输保险费。以设备原价为计费基数，按工程所在省、自治区、直辖市有关规定计算。

4)采购及保管费。按设备原价、运杂费之和的 0.7%计算。

如果采用综合费率法计算设备购置费，计算公式为

设备购置费＝设备原价 ×(1＋综合费率)

综合费率＝运杂费率＋(1＋运杂费率)×采购及保管费率＋运输保险费率

14.3.3　其他费用预算

(1)前期工作费。

1)土地清查费。

按不超过工程施工费的 0.5%计算。计算公式为

土地清查费=工程施工费 × 费率

2)项目可行性研究费。

以工程施工费与设备购置费之和作为计费基数,采用分档定额计费方式计算,各区间按内插法确定(见表 14-3-2)。

表 14-3-2 项目可行性研究费计费标准 单位:万元

序 号	计费基数	项目可行性研究费
1	≤500	5
2	1 000	6.5
3	3 000	13
4	5 000	18
5	8 000	26
6	10 000	31
7	20 000	44
8	40 000	69
9	60 000	90
10	80 000	106
11	100 000	121

注:计费基数大于 10 亿元时,按计费基数的 0.121%计取。

3)项目勘测费。

按不超过工程施工费的 1.5%计算(项目地貌类型为丘陵/山区的可乘以 1.1 的调整系数)。计算公式为

项目勘测费=工程施工费×费率

4)项目设计及预算编制费。

以工程施工费与设备购置费之和作为计费基数,采用分档定额计费方式计算(项目地貌类型为丘陵/山区的可乘以 1.1 的调整系数),各区间按内插法确定(见表 14-3-3)。

表 14-3-3 项目设计及预算编制费计费标准 单位:万元

序 号	计费基数	设计及预算编制费
1	≤500	14
2	1 000	27
3	3 000	51
4	5 000	76

续 表

序　号	计费基数	设计及预算编制费
5	8 000	115
6	10 000	141
7	20 000	262
8	40 000	487
9	60 000	701
10	80 000	906
11	100 000	1 107

注:计费基数大于 10 亿元时,按计费基数的 1.107%计取。

5)项目招标代理费。

以工程施工费与设备购置费之和作为计费基数,采用差额定率累进法计算(见表 14－3－4)。

表 14－3－4　项目招标代理费计费标准

序　号	计费基数/万元	费率/(%)	算例(单位:万元)	
			计费基数	项目招标代理费
1	≤1 000	0.5	1 000	1 000×0.5%＝5
2	1 000～3 000	0.3	3 000	5＋(3 000－1 000)×0.3%＝11
3	3 000～5 000	0.2	5 000	11＋(5 000－3 000)×0.2%＝15
4	5 000～10 000	0.1	10 000	15＋(10 000－5 000)×0.1%＝20
5	10 000～100 000	0.05	100 000	20＋(100 000－10 000)×0.05%＝65
6	100 000 以上	0.01	150 000	65＋(150 000－100 000)×0.01%＝70

(2)工程监理费。

以工程施工费与设备购置费之和作为计费基数,采用分档定额计费方式计算,各区间按内插法确定(见表 14－3－5)。

表 14－3－5　工程监理费费计费标准　　单位:万元

序　号	计费基数	工程监理费
1	≤500	12
2	1 000	22
3	3 000	56
4	5 000	87

续 表

序 号	计费基数	工程监理费
5	8 000	130
6	10 000	157
7	20 000	283
8	40 000	510
9	60 000	714
10	80 000	904
11	100 000	1 085

注:计费基数大于10亿元时,按计费基数的1.085%计取。

(3)拆迁补偿费。

拆迁补偿费采取适量一次补偿方式编制预算。拆迁工程涉及的施工费用可列计在工程施工费中,补偿标准应结合项目所在地实际情况确定。

(4)竣工验收费。

竣工验收费=工程复核费+工程验收费+项目决算编制与审计费+整理后土地的重估与登记费+标识设定费

1)工程复核费。

以工程施工费与设备购置费之和作为计费基数,采用差额定率累进法计算(见表14-3-6)。

表14-3-6 工程复核费计费标准

序 号	计费基数/万元	费率/(%)	算例/万元	
			计费基数	工程复核费
1	≤500	0.70	500	500×0.70%=3.5
2	500～1 000	0.65	1 000	3.5+(1 000-500)×0.65%=6.75
3	1 000～3 000	0.60	3 000	6.75+(3 000-1 000)×0.60%=18.75
4	3 000～5 000	0.55	5 000	18.75+(5 000-3 000)×0.55%=29.75
5	5 000～10 000	0.50	10 000	29.75+(10 000-5 000)×0.50%=54.75
6	10 000～50 000	0.45	50 000	54.75+(50 000-10 000)×0.45%=234.75
7	50 000～100 000	0.40	100 000	234.75+(100 000-50 000)×0.40%=434.75
8	100 000以上	0.35	150 000	434.75+(150 000-100 000)×0.35%=609.75

2)工程验收费。

以工程施工费与设备购置费之和作为计费基数,采用差额定率累进法计算(见表14-3-7)。

表 14－3－7　工程验收费计费标准

序　号	计费基数/万元	费率/(%)	算例/万元	
			计费基数	工程验收费
1	≤500	1.4	500	500×1.4%=7
2	500～1 000	1.3	1 000	7+(1 000－500)×1.3%=13.75
3	1 000～3 000	1.2	3 000	13.75+(3 000－1 000)×1.2%=37.75
4	3 000～5 000	1.1	5 000	37.75+(5 000－3 000)×1.1%=59.75
5	5 000～10 000	1.0	10 000	59.75+(10 000－5 000)×1.0%=109.75
6	10 000～50 000	0.9	50 000	109.75+(50 000－10 000)×0.9%=469.75
7	50 000～100 000	0.8	100 000	469.75+(100 000－50 000)×0.8%=869.75
8	100 000 以上	0.7	150 000	869.75+(150 000－100 000)×0.7%=1 219.75

3)项目决算编制与审计费。

以工程施工费与设备购置费之和作为计费基数，采用差额定率累进法计算(见表 14－3－8)。

表 14－3－8　项目决算编制与审计费计费标准

序　号	计费基数/万元	费率/(%)	算例/万元	
			计费基数	项目决算编制与审计费
1	≤500	1.0	500	500×1.0%=5
2	500～1 000	0.9	1 000	5+(1 000－500)×0.9%=9.5
3	1 000～3 000	0.8	3 000	9.5+(3 000－1 000)×0.8%=25.5
4	3 000～5 000	0.7	5 000	25.5+(5 000－3 000)×0.7%=39.5
5	5 000～10 000	0.6	10 000	39.5+(10 000－5 000)×0.6%=69.5
6	10 000～50 000	0.5	50 000	69.5+(50 000－10 000)×0.5%=269.5
7	50 000～100 000	0.4	100 000	269.5+(100 000－50 000)×0.4%=469.5
8	100 000 以上	0.3	150 000	469.5+(150 000－100 000)×0.3%=619.5

4)整治后土地重估与登记费。

以工程施工费与设备购置费之和作为计费基数，采用差额定率累进法计算(见表 14－3－9)。

表 14-3-9 整治后土地重估与登记费计费标准

序号	计费基数/万元	费率/(%)	算例/万元	
			计费基数	整理后土地重估与登记费
1	≤500	0.65	500	500×0.65%=3.25
2	500～1 000	0.60	1 000	3.25+(1 000−500)×0.60%=6.25
3	1 000～3 000	0.55	3 000	6.25+(3 000−1 000)×0.55%=17.25
4	3 000～5 000	0.50	5 000	17.25+(5 000−3 000)×0.50%=27.25
5	5 000～10 000	0.45	10 000	27.25+(10 000−5 000)×0.45%=49.75
6	10 000～50 000	0.40	50 000	49.75+(50 000−10 000)×0.40%=209.75
7	50 000～100 000	0.35	100 000	209.75+(100 000−50 000)×0.35%=384.75
8	100 000 以上	0.30	150 000	384.75+(150 000−100 000)×0.30%=534.75

5)标识设定费。

以工程施工费与设备购置费之和作为计费基数，采用差额定率累进法计算(见表 14-3-10)。

表 14-3-10 标识设定费计费标准

序号	计费基数/万元	费率/(%)	算例/万元	
			计费基数	标识设定费
1	≤500	0.11	500	500×0.11%=0.55
2	500～1 000	0.10	1 000	0.55+(1 000−500)×0.10%=1.05
3	1 000～3 000	0.09	3 000	1.05+(3 000−1 000)×0.09%=2.85
4	3 000～5 000	0.08	5 000	2.85+(5 000−3 000)×0.08%=4.45
5	5 000～10 000	0.07	10 000	4.45+(10 000−5 000)×0.07%=7.95
6	10 000～50 000	0.06	50 000	7.95+(50 000−10 000)×0.06%=31.95
7	50 000～100 000	0.05	100 000	31.95+(100 000−50 000)×0.05%=56.95
8	100 000 以上	0.04	150 000	56.95+(150 000−100 000)×0.04%=76.95

(5)业主管理费。

业主管理费以工程施工费、设备购置费、前期工作费、工程监理费、拆迁补偿费和竣工验收费之和作为计费基数，采用差额定率累进法计算(见表14-3-11)。

表14-3-11　业主管理费计费标准

序　号	计费基数/万元	费率/(%)	算例/万元	
			计费基数	业主管理费
1	≤500	2.8	500	500×2.8%=14
2	500～1 000	2.6	1 000	14+(1 000-500)×2.6%=27
3	1 000～3 000	2.4	3 000	27+(3 000-1 000)×2.4%=75
4	3 000～5 000	2.2	5 000	75+(5 000-3 000)×2.2%=119
5	5 000～10 000	1.9	10 000	119+(10 000-5 000)×1.9%=214
6	10 000～50 000	1.6	50 000	214+(50 000-10 000)×1.6%=854
7	50 000～100 000	1.2	100 000	854+(100 000-50 000)×1.2%=1 454
8	100 000以上	0.8	150 000	1 454+(150 000-100 000)×0.8%=1 854

14.3.4　不可预见费预算

不可预见费按不超过工程施工费、设备购置费和其他费用之和的3%计算。计算公式为：

不可预见费=(工程施工费+设备购置费+其他费用)× 费率

14.4　土地整治项目预算编制实务

14.4.1　项目工程划分

(1)单项工程：是指具有独立的设计文件，建成后能够独立发挥生产能力或效益的工程。主要有：

1)土地平整工程；

2)灌溉与排水工程；

3)田间道路工程；

4)农田防护与生态环境保持工程；

5)其他工程。

(2)单位工程：指在单项工程中具有单独设计文件和独立的施工图，并且单独作为一个施工对象的工程。主要有：

1)耕作田块修筑工程、耕作层地力保持工程等；

2)水源工程、输水工程、喷微灌工程、排水工程、渠系建筑物工程、泵站及输配电工程等；

3)田间道和生产路等；

4)农田林网工程、岸坡防护工程、沟道治理工程、坡面防护工程等。

(3)分部工程：将单位工程按工程结构、所用工种、材料和施工方法的不同而划分为若干部分，其中的每一部分称为分部工程，对应土地开发整理工程的三级项目，如耕作田块修筑工程下设的条田修筑和梯田修筑、其他田块工程，输水工程下设的明渠、管道等。

(4)分项工程：是指通过较为单纯的施工过程就能生产出来，并且可以用适当计量单位计算的建筑或设备安装工程。土地开发整理工程中最末一级子目，即预算定额中多数子目，如土(石)方开挖和回填及运输、砼、砌石、垫层、砂砾石铺筑、PVC管、水泵和电动机安装等为分项工程。

14.4.2 项目预算编制的基本程序

1.编写项目预算编制大纲

主要内容包括：

1)确定编制依据、定额和计费标准；

2)划分工程科目，校核分部或分项工程量；

3)列出人工、主材等基础单价或计算条件；

4)明确设备的价格和拆迁工作量及补偿标准依据；

5)确定有关费用的取费标准和费率；

6)列出本工程预算编制的难点、重点及其对策和其他应说明的问题。

2.确定工程项目，计算工程量

工程量是计算直接工程费的基础，工程量计算精确程度、是否重算或漏算、多算或少算，直接影响到工程造价的准确程度。因此，列项计量是项目预算编制过程中工作量最大、最繁重、最费时，要求最具体、最细致的重要工作。为了准确列项计量，必须根据设计图纸和说明书及标准图提供的工程类型、工程结构、设计尺寸和作法要求，结合施工现场的施工条件、土质、水文、气候和平面布置等具体情况，按照《标准》中的项目划分、工程量计算规则和计量单位等规定，确定每个分项工程，计算其工程量。

3.了解工程的工序内涵，确定可套用的定额

每项工程的工序是编制项目预算的基础，只有了解工序才能保证在编制预算时不漏项、有条理，并有助于套用合理的定额。例如：田间道路工程的工序一般为路基工程(土石方、碾压、整修等)和路面工程(垫层和面层等)。按照工序的分类情况，准确选定定额子目，并注意子目计量单位与工程量计算结果的单位换算关系。

4.编制项目预算表

工程量计算并经复核无误后，应严格按照《标准》中有关子目的内容及顺序，认真填写预算表，使预算表中所列每一个分项工程的定额编号、工程项目名称、规格、计量单位、单位基价及人工消耗量等均与定额的口径一致、要求相符。项目预算表编制程序如下。

(1)分析计算基础单价。

基础单价是计算工程定额单价的依据,包括人工预算单价、材料预算价格和施工机械台班费等。基础单价按照工程所在地现场条件和编制年的价格水平,根据施工组织设计和现行规定进行编制。切忌生搬硬套定额或取费标准,与施工组织设计脱节的做法。对于次要的、投资小的、计算繁杂的非主体工程项目,可根据类似工程实例采用经济指标,也可直接估算费用,但应针对此类情况进行特殊说明。

(2)选套定额编制工程施工费单价。

项目预算编制人员根据设计提供的工程项目和施工方法,按照工程项目划分的分项工程内容,在基础单价计算的基础上,结合施工方法正确套用预算定额子目,按照《编规》要求确定相关费用的取费标准,计算工程施工费单价。具体计算步骤如下:

首先确定直接工程费(包括人工费、材料费和施工机械使用费),以直接工程费为基数,计算措施费;汇总直接工程费和措施费,得到直接费。

1)以直接费为基数,按取费标准计算间接费;

2)以直接费和间接费之和为基数,按取费标准计算利润;

3)以直接费、间接费和利润之和为基数,按取费标准计算税金;

4)最后汇总直接费、间接费、利润和税金得出工程施工费单价。

由于工程施工技术的不断发展,新材料、新技术、新工艺的不断出现,《标准》中可能会出现个别工程内容不能满足实际需要的情况。如果出现此种情况,项目预算编制人员可以根据土地开发整理项目工程的具体要求,按照新材料的价格及新技术和新工艺所需的人工、材料、机械台班,依照预算单价的编制规定与程序,编制补充单价或换算单价,作为预算附表附于预算书后。

(3)汇总工程施工费。

工程施工费是计算其他费用和不可预见费的基础。土地开发整理项目工程施工费应按分项工程、分部工程、单位工程、单项工程的顺序由小到大逐级计算并汇总。

(4)汇总人工及主要材料用量。

人工及主要材料用量不仅是项目预算中人工、材料和机械使用费调差及计算其他各种费用的基数,还是项目承担单位和施工企业进行经济核算的重要依据。人工及主要材料用量的汇总是根据分项工程的工程量和相应定额中所列用工、用料的数量,计算出各分项工程所需的人工及主要材料数量,然后分类汇总,得出分部或单位工程所需的人工和主要材料数量,逐级汇总,最后得到单项工程所需人工和主要材料数量。

(5)计算设备购置费等相关费用,汇总项目总预算。

根据项目设计的有关内容,按照《编规》的要求编制设备购置费预算。按照相应的费用标准和计算方法,分项据实编制前期工作费、工程监理费、拆迁补偿费、竣工验收费、业主管理费和不可预见费。最后,汇总各项费用形成项目总预算。

5.编写预算编制说明

预算编制说明是对土地开发整理项目预算编制相关内容进行的分析和说明。预算编制说明主要包括:项目概况,预算编制的依据,编制方法、计算方法及定额标准换算关系,主要经济指标分析,其他需要说明的问题等内容。预算编制说明应做到简明扼要,经济指标分析科学合理。

6.编制分年度投资预算

根据施工组织设计总进度、单项工程分年度完成的工程量和相应的预算单价合理安排并编制分年度投资预算。

7.预算复核、装订、签章与审批

项目预算编制单位和项目承担单位应及时组织有关人员对项目预算的主要内容、主要工程项目、工程量、预算单价、费用标准、补充单价和换算表等内容进行检查和复核,发现问题及时纠正,确保项目预算的科学性与合理性。经审核无误后,土地开发整理项目预算应按规定签字、盖章并顺序装订成册,按规定程序报有关部门审批。

14.4.3 基础单价的编制

14.4.3.1 人工预算单价示例

某土地开发整理项目所在地为六类地区,无地区津贴,养老保险费率标准为20%,医疗保险费率标准为4%,住房公积金费率标准为8%,试计算生产工人的人工预算单价。计算过程见表14-4-1。

表14-4-1 人工预算单价计算表(六类工资区)

序 号	项 目	公式计算	工种类别
1	基本工资	445×12×1÷(250−10)=22.250	乙类
		540×12×1÷(250−10)=27.000	甲类
2	辅助工资	3.384	乙类
		6.689	甲类
(1)	地区津贴	0	乙类、甲类
(2)	施工津贴	2.0×365×0.95÷(250−10)=2.890	乙类
		3.5×365×0.95÷(250−10)=5.057	甲类
(3)	夜餐津贴	(3.5+4.5)÷2×0.05=0.200	乙类
		(3.5+4.5)÷2×0.20=0.800	甲类
(4)	节日加班津贴	22.25×(3−1)×11÷250×0.15=0.294	乙类
		27.00×(3−1)×11÷250×0.35=0.832	甲类

续 表

序　号	项　目	公式计算	工种类别
3	工资附加费	13.203	乙类
		17.351	甲类
(1)	职工福利基金	(22.25+3.384)×14%=3.589	乙类
		(27.00+6.689)×14%=4.717	甲类
(2)	工会经费	(22.25+3.384)×2%=0.513	乙类
		(27.00+6.689)×2%=0.674	甲类
(3)	养老保险	(22.25+3.384)×20%=5.127	乙类
		(27.00+6.689)×20%=6.738	甲类
(4)	医疗保险	(22.25+3.384)×4%=1.025	乙类
		(27.00+6.689)×4%=1.348	甲类
(5)	工伤保险	(22.25+3.384)×1.5%=0.385	
		(27.00+6.689)×1.5%=0.505	
(6)	职工失业保险基金	(22.25+3.384)×2%=0.513	乙类
		(27.00+6.689)×2%=0.674	甲类
(7)	住房公积金	(22.25+3.384)×8%=2.051	乙类
		(27.00+6.689)×8%=2.695	甲类
人工费单价			
甲　类		27.000+6.689+17.351=51.04	
乙　类		22.250+3.384+13.203=38.837≈38.84	

14.4.3.2　材料预算价格示例

(1)分析确定材料原价。

材料原价确定,指材料指定交货地点的价格,采用以下公式计算:

$$材料加权平均原价=(A_1\times B_1+A_2\times B_2+A_3\times B_3+\cdots+A_n\times B_n)/(A_1+A_2+A_3+\cdots+A_n)$$

式中,$A_1,A_2,\cdots,A_n$为各不同供应地点的供应量或各不同使用地点的需要量;$B_1,B_2,\cdots,B_n$为各不同供应地点的原价。

(2)分析确定包装费。

包装费是指材料在运输和保管过程中的包装费和包装材料的折旧摊销费。

(3)分析确定运杂费。

运杂费指材料从指定交货地点至工地分仓库或材料堆放场发生的费用。包括运输费、装卸费、调车费及其他杂费。

同一品种材料有若干个来源地，应采用加权平均方法计算运杂费。计算公式为

材料加权平均运杂费＝$(A_1 \times C_1 + A_2 \times C_2 + A_3 \times C_3 + \cdots + A_n \times C_n)/(A_1 + A_2 + A_3 + \cdots + A_n)$

式中，$A_1, A_2, \cdots, A_n$为各不同供应地点的供应量或各不同使用地点的需要量；$C_1, C_2, \cdots, C_n$为各不同运价的运杂费。

(4)分析确定运输保险费。

材料运输保险费是指材料在运输途中的保险费。可按工程所在省、自治区、直辖市或中国人民保险公司的有关规定计算。

计算公式为：材料运输保险费＝材料原价×材料运输保险费率

(5)分析确定采购及保管费。

材料采购及保管费是指材料在采购、供应和保管过程中所发生的各项费用。计算公式为：

材料采购保管费＝(材料原价＋包装费＋材料运杂费)×采购及保管费率

(6)材料预算价格计算。计算公式为

主要材料预算价格＝材料原价＋包装费＋运杂费＋运输保险费＋采购保管费＝(材料原价＋包装费＋运杂费)×(1＋采购保管费率)＋运输保险费

例：钢材费用＝(2 400＋5＋40)×(1＋0.02)＋2 400×0.3%＝2 457 元

14.4.3.3 施工机械使用费预算单价示例

施工机械台班费由第一类费用和第二类费用组成。

(1)第一类费用。

第一类费用包括折旧费、修理及替换设备费(含大修理费、经常性修理费)、安装拆卸费。

1)折旧费。指施工机械在规定使用年限(寿命期)内收回原值的台时(1 台班＝8 台时)折旧摊销费用。

2)修理及替换设备费。机械使用过程中为保持机械正常功能而进行修理所需摊销费用和机械正常运转及日常保养所需润滑油料费、擦拭用品费以及机械保管费。

3)安装拆卸费。安装拆卸费指施工机械进出工地的安装、拆卸、试运转和场内转移及辅助设施的摊销费用。不需要安装拆卸的施工机械、台班费中不计列此项费用。

(2)第二类费用。

分为人工、动力、燃料或消耗材料等费用。现行施工机械台班费定额中的第二类费用以工日数量和实物消耗量表示。

1)人工。指机械使用时机上操作人员的工日消耗。包括机械运转时间、辅助时间、用餐、交接班以及必要的机械正常中断时间。台班费中人工费按甲类工计算。

2)动力、燃料或消耗材料。指机械正常运转所需的风(压缩空气)、水、电、油及煤等。其中，机械消耗电量包括机械本身和最后一级降压变压器低压侧至施工用电点之间的线路损耗，

风、水消耗包括机械本身和移动支管的损耗。即

施工机械台班费=第一类费用+第二类费用

第一类费用可根据施工机械的型号和规格，直接查阅土地开发整理项目施工机械台班费定额获取。该费用为不变费用，可直接使用参与施工机械台班费计算。

第二类费用可根据施工机械的型号和规格，通过查阅土地开发整理项目施工机械台班费定额获得人工工日、燃料、动力消耗量。

第二类费用=定额人工日时×甲类工人工预算单价+ $\sum$ (定额材料消耗量×材料预算单价)

(3)计算示例。

计算示例见表 14-4-2。

表 14-4-2 施工机械台班费计算表

编号	机械名称	机械规格		费用构成										合计
				(一)				(二)						
				折旧费	修理及替换设备费	安装拆卸费	小计	人工	汽油	柴油	电	风	水	
				元	元	元	元	工日	kg	kg	kW·h	m^3	m^3	
1013	推土机	功率/kW	59	33.52	40.42	1.52	75.46	2		44				
1014			74	92.39	110.92	4.18	207.49	2		55				
1017			118	161.72	164.67	6.39	332.78	2		88				

推土机(74kW)的台班费=207.49+2×51.04+55×5=584.57 元

14.4.3.4 施工用电、水、风单价

(1)电价计算。

施工用电的价格由基本电价、电能损耗摊销费和供电设施维修摊销费等三大部分组成，即：

电价=基本电价+供电设施维修摊销费+电能损耗摊销费

1)电网供电价格计算，有

电网供电价格=基本电价÷(1- 高压输电线路损耗率)÷(1- 变配电设备及配电线路损耗率)+供电设施维修摊销费

式中：高压输电线路损耗率取 4%~6%；变配电设备及配电线路损耗率 5%~8%；供电设施维修摊销费取 0.02~0.03 元/(kW·h)

案例：某土地开发整理项目工程施工采用电网供电，基本电价为 0.58 元/(kW·h)，试计算电网供电的预算价格。其他资料：高压输电线路损耗率取 5%；变配电设备及配电线路损耗率 7%；供电设施维修摊销费取 0.03 元/(kW·h)

解 电网供电价格＝0.58÷(1－5%)÷(1－7%)＋0.03 ＝0.686 元/(kW·h)

2)柴油机发电价格计算。

柴油发电机供电价格＝[柴油发电机组(台)班总费用÷(柴油发电机额定容量之和×8h×K_1× K_2)]÷(1－ 厂用电率)÷(1－ 变配电设备及配电线路损耗率)＋单位循环冷却水费＋供电设施维修摊销费

式中 K_1——时间利用系数,一般取 0.7～0.8;

K_2——发电机出力系数,一般取 0.8～0.85;厂用电率取 4%～6%;

变配电设备及配电线路损耗率 5%～8%;

单位循环冷却水费 0.03～0.05 元/(kW·h)

供电设施维修摊销费 0.02～0.03 元/(kW·h)

案例:某土地开发整理项目部分工程的施工采用柴油机组发电供电,一台容量为 80kW,另一台容量为 50kW ,试计算自供电的施工用电预算价格。其他条件:K_1时间利用系数取 0.75;K_2发电机出力系数 0.80;厂用电率 取 5%;变配电设备及配电线路损耗率 7%;单位循环冷却水费 0.04 元/(kW·h);供电设施摊销费 0.03 元/(kW·h)。

解 参照相关水利工程预算定额计算得,80kW·h 柴油机台班费为 1 192 元/台班,50kW·h 柴油机台班费为 971 元/台班。

将台班费及已知的相关参数代入公式得

柴油发电机供电价格＝(1 192＋971)÷[(80＋50)×8×0.75×0.8]÷(1－5%)÷(1－7%)＋0.04＋0.03＝3.993 元/(kW·h)

(2)水价计算。

水价由基本水价、供水损耗摊销费和供水设施维修摊销费组成,即:施工用水价格＝基本水价＋供水损耗摊销费＋供水设施维修摊销费

基本水价＝水泵组(台)班总费用÷水泵台班总出水量

水泵台班总出水量＝水泵额定容量之和×8h×K_1×K_2

因此,施工用水价格＝[水泵组(台)班总费用÷(水泵额定容量之和×8h×K_1×K_2)]÷(1－ 供水损耗率)＋供水设施维修摊销费

式中,K_1为时间利用系数,取 0.7～0.8;K_2为能量利用系数,取 0.75～0.85;供水损耗率取 5%～8%;供水设施维修摊销费取 0.02～0.03 元/m^3。

(3)风价计算。

施工用风价格＝{[空气压缩机组(台)班总费用]÷(空气压缩机额定容量之和×60min×8h×K_1× K_2)}÷(1－ 供风损耗率)＋单位循环冷却水费＋供风设施维修摊销费

式中,K_1为时间利用系数,取 0.7～0.8;K_2为能量利用系数,取 0.70～0.85;供风损耗率取 8%～12%;单位循环冷却水费取 0.005 元/m^3;供风设施维修摊销费取 0.002～0.003 元/m^3。

案例:某土地开发整理项目工程施工用风,设计配置 6m^3/min 的移动式空压机 3 台,试计算施工用风风价。其他资料:压气系统台班时间利用系数 0.75,空气压缩机能量利用系数

0.80，供风损耗率 10%，单位循环冷却水费取 0.005 元/m^3，供风设施维修摊销费取 0.002 元/m^3。

解　3 台空压机用电分配，考虑其中 2 台采用柴油机发电，1 台依靠电网供电，依据《预算定额》计算得出 6m^3/min 的移动式空压机台班预算价格为 238.09 元/台班。

依据风价计算公式，将相关数据代入得

施工用风价格＝[(238.09×3)÷(6×3×60×8×0.75×0.8)]÷(1－10%)＋0.005＋0.002＝0.160(元/m^3)

取定综合风价为 0.16 元/m^3。

14.4.4　设备安装工程费示例

安装工程单价由直接费(包括直接工程费、措施费)、间接费、利润和税金组成(见表 14－4－3)。

表 14－4－3　安装工程单价计算过程

序号	费用名称	计算方法
一	直接费	(一)＋(二)
(一)	直接工程费	1＋2＋3
1	人工费	Σ(定额人工工日数×人工预算单价)
2	材料费	Σ(定额材料用量×材料预算价格)
3	机械使用费	Σ(定额机械台班用量×机械台班费)
(二)	措施费	(一)×临时设施费费率
二	间接费	1×间接费费率
三	利润	(一＋二)×3%
四	材料价差	Σ[限价材料用量×(材料预算价格－材料限价)]
五	税金	(一＋二＋三＋四)×税率
六	安装工程单价	一＋二＋三＋四＋五

14.4.5　工程施工费预算示例

14.4.5.1　工程施工费单价分析

工程施工费预算单价：指完成工程单位工程量(如 1 000m^2，100m^3，1t 等)所耗用的直接费、间接费、利润和税金四部分的总和。

编制程序：

1)套用相应定额子目计算直接工程费，直接工程费＝人工费＋材料费＋机械使用费。

2)计算及汇总其他费税。包括措施费、间接费、利润、税金等。

3)编制单价分析表(见表14－4－4)。

表14－4－4 工程施工费单价分析表

序 号	项目名称	单 位	数 量	单 价	小 计
一	直接费				直接工程费＋措施费
(一)	直接工程费				人工费＋材料费＋机械费
1	人工费		定额中的消耗量	人工预算单价	
	甲类工				
	乙类工				
	……				
2	材料费		定额中的消耗量	材料预算单价/材料限价	
	……				
3	机械费		定额中的消耗量	机械台班预算单价	
	……				
(二)	措施费	%		直接工程费	
二	间接费	%		直接费	
三	利 润	%		直接费＋间接费	
四	材料价差			材料预算单价－材料限价	
	块石	m^3			
	汽油90#	kg			
	……			……	
五	未计价材料费				
	PE管	m			
	……				
六	税金	%			
合 计	—	—	—		

注:1.材料价差＝∑(材料预算价格－限价)×定额数量;

2.未计价材料费是指安装工程中只计取材料费和税金的管材、管件、闸阀、法兰、出水栓等构件的材料费;

3.税金＝综合税率×(一～五项费用之和)。

14.4.5.2　土地平整工程施工费预算编制示例

(1)土地平整工程类型。

土地平整工程包括耕作田块修筑工程和耕作层地力保持工程。耕作田块修筑有条田修筑、梯田修筑和其他田块工程三种类型,耕作层地力保持工程有客土回填和表土保护两种类型。土地平整工程主要由土石方开挖、土石方回填、土石方运输、平整土地、表土剥离和回填等施工工序组成。

(2)土地平整工程施工费预算编制示例。

项目区处于山前洪积扇上,有一定的地势起伏,但起伏不大,在比例尺为 1∶10 000,等高距为 10m 的地形图上,相邻等高线的水平距离约为 3cm,设计水平梯田田面宽度为 30m,田坎高 1m,标准田块长 L 为 100m,如图 14-4-1 所示,采用半挖半填法施工,计算土方工程的工程施工费。图 14-4-1 中虚线代表设计整理后水平梯田的田面;B 为设计田块宽度,在本例中 $B=30$m;H 为设计田坎高度,在本例中 $H=1$m。项目区人工及主要材料价格如前文所示。

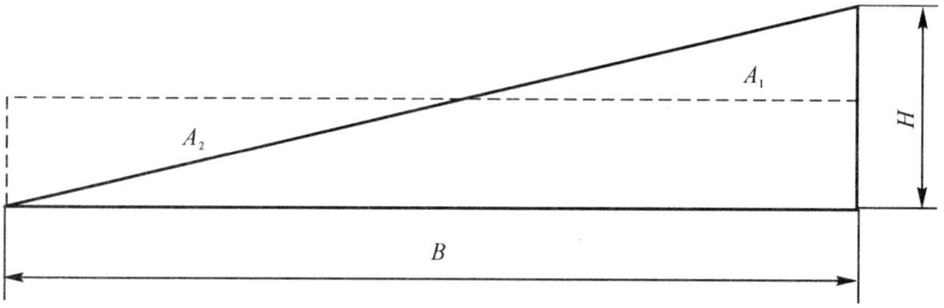

图 14-4-1　梯田断面图

1)确定工程量计算项目。通过对《标准》的总说明及土石方工程说明的了解,根据定额规定的适用范围,确定本例土地平整工程的工程量计算项目为:人工挖装双胶轮车运土、回填压实。

2)计算各分项工程的工程量。利用截面法计算土方量,则

挖土方截面积:$A_1=(H\times B)/8=(30\times 1)/8=3.75\text{m}^2$

挖土方工程量:$V_1=A_1\times S/2=3.75\times 100/2=187.5\text{m}^3$

填土方截面积:$A_2=-(H\times B)/8=-(30\times 1)/8=-3.75\text{m}^2$

填土方工程量:$V_2=-(A_2\times S/2)=-3.75\times 100/2=-187.5\text{m}^3$

运土方量:$V=(A_1+A_2)S/2=(3.75-3.75)\times 100/2=0\text{m}^3$

因采用半挖半填法,故填挖土方量大致相当。但需要指出的是,上例是在一种理想状态下计算的土方量。在实际工作中,坡面不会如此平滑,因而造成填挖土方量是不尽相同的,故存在项目区田块间的土方运输。项目区田块间的土方运输工程量依据确定的土方调配图计算。

如果项目区存在土层太薄、砂石含量大、保水保肥性低等农业生产条件较差的问题,需要

客土外运，此时也存在土方运输，需要对项目区土层状况、挖填区相对高程、客土区位等条件细加分析以得到准确的土方运输量。土方运输常采用人工挖装拖拉机运土、汽车运输等方式进行，因工程量较大，预算费用较高，在实际编制预算中应加以注意。

措施费＝临时设施费(土方工程 2)＋冬雨季施工增加费(0.7)＋施工辅助费(建筑工程 0.7)＋安全施工措施费(建筑工程 0.2)＝3.6

由于不是农用井工程且不在夜间施工，不计取夜间施工增加费；假设该项目不位于高海拔地区，不计取特殊地区施工增加费。

间接费：土方工程 5%；

税金：农村地区 3.22%。

项目预算所涉及的计算见表 14－4－5～表 14－4－10。

表 14－4－5　项目区人工及主要材料价格表

名　称	单　位	单价/元
甲类工	工日	51.04
乙类工	工日	38.84
电	kW·h	0.98

表 14－4－6　机械台班预算单价表

定额编号	机械名称及规格	台班费/元	一类费用小计/元	二类费用												
				二类费合计/元	人工费/(元/日)		汽油/(元/kg)		柴油/(元/kg)		电/(元/kW·h)		水/(元/m³)		风/(元/m³)	
					工日	金额	数量	金额	数量	金额	数量	金额	数量	金额	数量	金额
1039	蛙式打夯机(功率2.8kW)	126.61	6.89	119.72	2	51.04					18	0.98				
4040	双胶轮车	3.22	3.22	0.00												

表 14－4－7　人工装双胶轮车运土　　单位：100m³

使用范围：一般土方。

工作内容：挖装、运输、卸除、空回。

定额编号				10111	10112	10113	10114
顺序号	名称		单位	人工挖双胶车运土 50m 内			每增运 50m
				一、二类土	三类土	四类土	
1	人工	甲类工	工日	0.9	1.3	1.8	
2		乙类工	工日	17.6	25.1	34.1	2.3
3		合计	工日	18.5	26.4	35.9	2.3
4	机械	双胶轮车	台班	13.60	15.90	18.00	2.60
5	其他费用		%	4.7	3.5	2.6	

表 14－4－8　建筑物土方回填　　单位：100m³

工作内容：夯填土：包括 5m 内取土、倒土、平土、洒水、夯实

定额编号				10332	10333	10334
顺序号	名称		单位	土方回填		
				松填不夯实	人工夯实	机械夯填
1	人工	甲类工	工日	0.5	2.5	1.3
2		乙类工	工日	8.6	48.0	25.1
3		合计	工日	9.1	50.5	26.4
4	机械	蛙式打夯机 2.8kW	台班			2.20
5	其他费用		%	5.0	3.0	4.5

表 14－4－9　人工挖双胶轮车运土50m 内

定额编号：10112　　单位：100m³

序　号	项目名称	单　位	数　量	单　价	小计(元)
一	直接费				1 171.36
(一)	直接工程费				1 130.66
1	人工费				1 077.67
	甲类工	工日	1.3	51.04	66.35

续表

序　号	项目名称	单　位	数　量	单　价	小计(元)
	乙类工	工日	25.1	38.84	974.88
	其他费用(以定额 10112 子目人工费为计费基础)	%	3.5	1 041.23	36.44
2	材料费				0.00
3	机械费				52.99
	双胶轮车	台班	15.9	3.22	51.20
	其他费用(以定额编号 10112 子目机械使用费为计费基础)	%	3.5	51.20	1.79
(二)	措施费	%	3.6	1 130.66	40.70
二	间接费	%	5	1 171.36	58.57
三	利润	%	3	1 229.93	36.90
四	材料价差				
五	未计价材料费				
六	税金	%	3.22	1 266.83	40.79
合计	—	—	—	—	1 307.62

表 14-4-10　土方回填

定额编号:10334　　　　单位:100m^3

序　号	项目名称	单位	数　量	单　价	小计/元
一	直接费				1 428.82
(一)	直接工程费				1 379.17
1	人工费				1 088.09
	甲类工	工日	1.3	51.04	66.35
	乙类工	工日	25.1	38.84	974.88
	其他费用(以定额 10334 子目人工费为计费基础)	%	4.5	1 041.23	46.86
2	材料费				0.00
3	机械费				291.08
	蛙式打夯机	台班	2.2	126.61	278.54

续 表

序　号	项目名称	单位	数　量	单　价	小计/元
	其他费用(以定额编号 10334 子目机械使用费为计费基础)	%	4.5	278.54	12.53
(二)	措施费	%	3.6	1 379.17	49.65
二	间接费	%	5	1 428.82	71.44
三	利润	%	3	1 500.26	45.01
四	材料价差				
五	未计价材料费				
六	税金	%	3.22	1 545.27	49.76
合计	—	—	—	—	1 595.03

14.4.5.3　灌溉与排水工程施工费预算编制示例

灌溉与排水工程包括的分项工程类型众多,无法一一穷举,但不管哪种类型的分项工程,计算原理均一致。以灌溉与排水工程中最为常见的新修斗渠为例,说明灌溉与排水工程施工费的计算过程。本次选取某土地综合整治项目为例,分析新修斗渠工程施工费的编制过程。斗渠设计断面如图 14-4-2 所示,项目预算所涉及的计算见表 14-4-11～表 14-4-24。

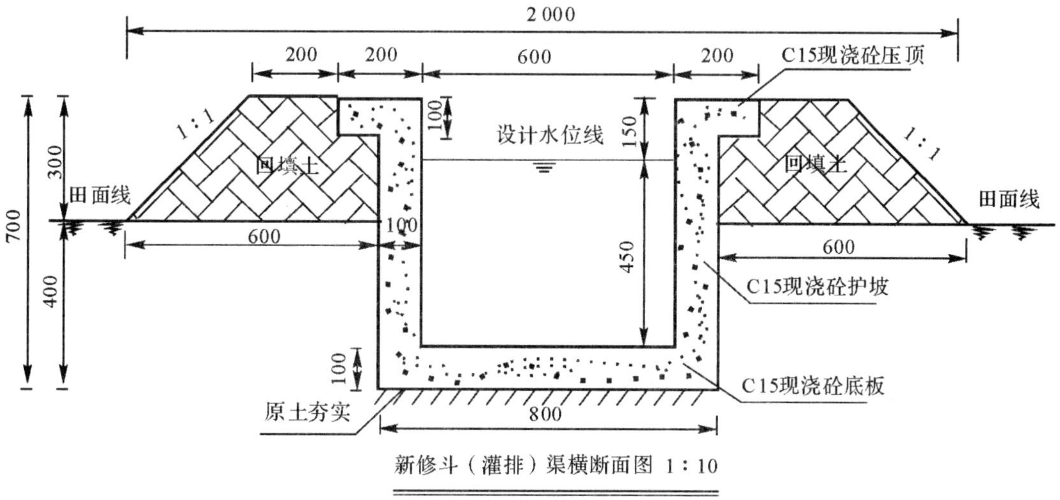

图 14-4-2　斗渠设计断面图

表 14－4－11　工程施工费单价汇总表(1)

金额单位:元

序号	定额编号	单项名称	单位	直接费						间接费	利润	材料价差	未计价材料费	税金	综合单价
				人工费	材料费	机械使用费	直接工程费	措施费	合计						
	(1)	(2)	(3)	(4)	(5)	(6)	(7)	(8)	(9)	(10)	(11)	(12)	(13)	(14)	(15)
一		土地平整工程													
1		耕作田块修筑工程													
(1)	10112	人工挖双胶轮车运土 50m 内	100m^3	1 077.67	0.00	52.99	1 130.67	40.70	1 171.37	58.57	36.90	0.00	0.00	40.79	1 307.62
(2)	10334	土方回填	100m^3	1 088.09	0.00	291.08	1 379.17	49.65	1 428.82	71.44	45.01	0.00	0.00	49.76	1 595.03

表 14－4－12　土地平整工程施工费预算表

金额单位:元

序号	定额编号	单项名称	单　位	工程量	综合单价	合　计
一		土地平整工程				
1		耕作田块修筑工程				
(1)		条田修筑				
	10112	人工挖双胶轮车运土 50m 内	m^3	187.5	13.08	2452.5
	10334	土方回填	m^3	187.5	15.95	2 990.63
总计		—				5 443.13

表 14-4-13　新修斗渠明细工程量计算表

工程名称	分部工程量描述				分项工程量描述			
	单位	数量	单位	数量	工程名称	单位	单位工程量	工程量合计
新修斗渠	米	1 702.42	条	3	土方开挖	m^3	0.32	544.77
					土方回填	m^3	0.25	425.60
					原土夯实	m^2	0.80	1 361.93
					C15 现浇砼压顶	m^3	0.04	68.10
					C15 现浇砼护坡	m^3	0.10	170.24
					C15 现浇砼底板	m^3	0.08	136.19
					沥青木板伸缩缝	m^2	0.06	93.63

表 14-4-14　纯混凝土材料配合比及材料用量表

编号	混凝土强度等级	级配	水泥标号	水　泥		粗　砂		卵　石		水		单价/元
				预算量/kg	限价	预算量/m^3	限价	预算量/m^3	限价	预算量/m^3	单价	
1	C15	2.00	32.50	242	0.30	0.52	60	0.81	60.00	0.15	0.56	152.48

表 14-4-15　材料价格表

编　号	名称及规格	单　位	预算价格	限价价格	材料价差
1	砂	m^3	92.75	60	32.75
2	汽油	kg	9.59	5	4.59
3	柴油	kg	8.19	4.5	3.69
4	电	kW·h	0.99		
5	风	m^3	0.2		
6	水	m^3	0.56		
7	木柴	t	1 081.05		
8	粗砂	m^3	92.75	60	32.75
9	卵石 20	m^3	101.12	60	41.12
10	板枋材	m^3	1 500	1 200	300
11	块石	m^3	99.85	40	59.85
12	碎石	m^3	108.73	60	48.73
13	水泥 32.5	kg	0.53	0.3	0.23

根据《标准》,结合新修斗渠的分项工程量描述,须选用土方开挖(人工挖沟渠)、土方回填、原土夯实、明渠衬砌(现浇砼压顶、护坡和底板均可直接采用套用明渠衬砌定额子目)和沥青木板伸缩缝等定额子目。须编制土地开发整理项目中常用的人工挖沟渠(定额编号[10029])、明渠衬砌(边坡陡于1:0.5)(衬砌厚度10~15cm)(定额编号[40007换])、搅拌机拌制混凝土(搅拌出料0.4m³)(定额编号[40160]),双胶轮车运混凝土(运距50~60m)(定额编号[40180]),伸缩缝沥青木板(定额编号[40214])、原土夯实(定额编号[10331]),土方回填(人工夯实)(定额编号[10333])单价分析表。

表 14-4-16 人工挖沟渠(一、二类土)

工作内容:挖土、清理、修边底。　　单位:100m³

定额编号				10029	10030	10031
顺序号	名称		单位	人工挖沟渠(一、二类土)		
				上口宽(m以内)		
				4	8	16
1	人工	甲类工	工日	1.1	1.0	0.9
2		乙类工	工日	21.0	20.0	18.0
3		合计	工日	22.1	21.0	18.9
4	其他费用		%	4.2	4.0	3.8

表 14-4-17 原土夯实

工作内容:碎土、平土、洒水、夯实。　　单位:100m³

定额编号				10331
顺序号	名称		单位	原土夯实
1	人工	甲类工	工日	0.2
2		乙类工	工日	3.3
3		合计	工日	3.5
4	机械	蛙式打夯机2.8kW	台班	1.50
5	其他费用		%	3.0

表 14-4-18　渠衬砌

渠衬砌(边坡陡于 1∶0.5)(衬砌厚度 10～15cm)　　单位:100m^3

定额编号				40007	40008	40009	40010	40011
顺序号	名称		单位	衬砌厚度/cm				
				10～15	15～25	25～35	35～45	45 以上
1	人工	甲类工	工日	38.7	29.8	22.7	21.2	20.0
		乙类工		122.6	94.4	71.9	67.0	63.5
		合计		161.3	124.2	94.6	88.2	83.5
2	材料	板枋材	m^3	1.10	0.86	0.57	0.43	0.35
3		组合钢模板	kg	26.88	20.53	13.69	10.26	8.31
4		型钢	kg	64.25	49.06	32.71	24.53	19.68
5		卡扣件	kg	13.44	10.27	6.85	5.13	4.16
6		铁件	kg	2.00	1.52	1.02	0.76	0.62
7		预埋铁件	kg	100.26	76.56	51.04	38.28	30.99
8		电焊条	kg	2.13	1.63	1.08	0.81	0.66
9		混凝土	m^3	103.00	103.00	103.00	103.00	103.00
10		水	m^3	180.00	180.00	160.00	160.00	140.00
11	机械	电焊机直流 30kVA	台班	0.59	0.45	0.30	0.23	0.18
12		混凝土振捣器(插入式)2.2 kW	台班	11.00	11.00	8.90	8.90	8.90
13		风水(砂)枪	台班	22.00	11.00	7.33	5.50	4.40
14	其他费用		%	1.7	1.7	1.6	1.1	0.9
15	混凝土拌制		m^3	103.00	103.00	103.00	103.00	103.00
16	混凝土运输		m^3	103.00	103.00	103.00	103.00	103.00

表 14－4－19　搅拌机拌制混凝土

工作内容：2m 以内配运水泥、骨料，投料、加水、加外加剂、搅拌、出料、清洗。单位：$100m^3$

定额编号				40160	40161
顺序号	名　称		单　位	搅拌出料(m^3)	
				0.4	0.8
1	人工	甲类工	工日	12.9	9.6
		乙类工		30.0	22.3
		合计		42.9	31.9
2	机械	搅拌机 $0.4m^3$	台班	4.00	1.92
3		$0.8m^3$	台班		1.92
4		双胶轮车	台班	16.60	16.60
5	其他费用		%	1.0	1.0

注：双胶轮车斗容 $0.12m^3$ 左右，其他斗容近似的手推车，均适用本定额。

表 14－4－20　双胶轮车运混凝土

工作内容：装、运、卸、清洗。　　单位：$100m^3$

定额编号				40175	40176	40177	40178	40179	40180	40181	40182	40183
顺序号	名　称		单位	运距/m								每增运20m
				0～10	10～20	20～30	30～40	40～50	50～60	60～80	80～100	
1	人工	甲类工	工日									
		乙类工		7.8	8.3	9.3	10.2	11.2	12.1	13.0	15.0	1.7
		合计		7.8	8.3	9.3	10.2	11.2	12.1	13.0	15.0	1.7
2	机械	双胶轮车	台班	7.80	8.30	9.30	10.20	11.20	12.10	13.00	15.00	1.70
3	其他费用		%	10.0	10.0	10.0	10.0	10.0	10.0	10.0	10.0	

注：洞内运输，人工、双胶轮车定额乘以 1.5 系数。

表 14－4－21　伸缩缝

适用范围：坝、闸、渡槽、渠道。

工作内容：1. 沥青油毡：清洗缝面、熔化、涂刷沥青、铺贴油毡。

2. 沥青木板：木板制作、熔化、涂刷沥青、安装。　　单位：100m²

定额编号				40211	40212	40213	40214
顺序号	名称		单位	沥青油毡			沥青木板
				一毡二油	二毡三油	三毡四油	
1	人工	甲类工	工日	13.8	20.4	27.1	26.3
		乙类工		3.5	5.1	6.8	6.6
		合计		17.3	25.5	33.9	32.9
2	材料	板枋材	m^3				2.20
3		油毡	m^2	115.00	226.00	340.00	
4		沥青	t	1.22	1.83	2.44	1.24
5		木柴	t	0.42	0.63	0.84	0.42
6	机械	双胶轮车	台班	0.42	0.67	0.87	0.84
7	其他费用		%	1.2	0.8	0.6	0.6

表 14－4－22　建筑物土方回填

工作内容：夯填土：包括 5m 内取土、倒土、平土、洒水、夯实　　单位：100m³

定额编号				10332	10333	10334
顺序号	名称		单位	土方回填		
				松填不夯实	人工夯实	机械夯填
1	人工	甲类工	工日	0.5	2.5	1.3
2		乙类工	工日	8.6	48.0	25.1
3		合计	工日	9.1	50.5	26.4
4	机械	蛙式打夯机 2.8kW	台班			2.20
5	其他费用		%	5.0	3.0	4.5

表 14-4-23　工程施工费单价汇总表(2)

金额单位:元

序号	定额编号	单项名称	单位	直接费						间接费	利润	材料价差	未计价材料费	税金	综合单价
				人工费	材料费	机械使用费	直接工程费	措施费	合计						
一		灌溉与排水工程													
(一)		斗渠	m												
1		新修斗渠	m												
(1)	10029	土方开挖	m^3	9.08	0.00	0.00	9.08	0.33	9.41	0.47	0.30	0.00		0.33	10.51
(2)	10333	土方回填	m^3	20.52	0.00	0.00	20.52	0.74	21.26	1.06	0.67	0.00		0.74	23.73
(3)	10331	原土夯实	m^2	1.43	0.00	1.96	3.38	0.12	3.50	0.18	0.11	0.00		0.12	3.91
(4)	40007+40180×1.03+40160×1.03	明渠衬砌	m^3	92.83	186.23	57.15	336.19	15.46	351.66	21.10	11.18	108.40		15.85	508.19
(5)	40214	沥青木板伸缩缝	m^2	16.08	98.89	0.03	115.00	5.29	120.29	7.22	3.83	6.60		4.44	142.40

表 14 - 4 - 24　新修斗渠工程施工费预算表

单位：元

序号	定额编号	单项名称	单位	工程量	综合单价	合计
	(1)	(2)	(3)	(4)	(5)	(6)
一		灌溉与排水工程				
1		新修斗渠工程				
(1)	10029	土方开挖	m^3	544.77	10.51	5 725.53
(2)	10333	土方回填	m^3	425.6	23.73	10 099.49
(3)	10331	原土夯实	m^2	1 361.93	3.91	5 325.15
(4)	40007＋40180×1.03＋40160×1.03	C15 现浇砼压顶	m^3	68.1	508.19	34 607.74
(5)	40007＋40180×1.03＋40160×1.03	C15 现浇砼护坡	m^3	170.24	508.19	86 514.27
(6)	40007＋40180×1.03＋40160×1.03	C15 现浇砼底板	m^3	136.19	508.19	69 210.40
(7)	40214	沥青木板伸缩缝	m^2	93.63	142.39	13 331.98
总计						224 814.56

14.4.5.4 田间道路工程施工费预算编制示例

(1) 田间道路工程。

田间道路工程包括田间道工程与生产路工程两类。

1)田间道是联系村庄与田块之间,为货物运输、作业机械向田间转移及为机器加油、加水、加种等生产操作过程服务的道路,一般行走拖拉机等机械设备。

2)生产路是联系田块,通往田间的道路,主要起田间货物运输的作用,为人工田间作业和收获农产品服务。

(2)田间道路工程的定额选取与子目套用。

田间道路工程定额选取与子目套用的依据是田间道路工程路面、路基的材质、设计厚度及施工方法。

在《标准》中,分别按照路基与路面材质不同,设置了“砂路基”“砾石路基”“碎石路基”“素土路面”“泥结碎石路面”“水泥混凝土路面”等定额子目,应根据设计路面及路基材质进行选取。

(3)田间道路工程施工费预算编制示例。

现以某项目区内田间道路工程为例,说明田间道路工程施工费预算编制过程。为完善项目区田间道路系统,项目区内规划新建田间道 3 780m。田间道设计规格为砂石路面厚 20cm,砂路基厚 30cm,路面宽 4m,道路边坡为 1∶1.5。田间道横断面见图 14-4-3。项目区地形平坦,田间道路均采用机械施工。项目预算所涉及的计算见表 14-4-25～表 14-4-31。

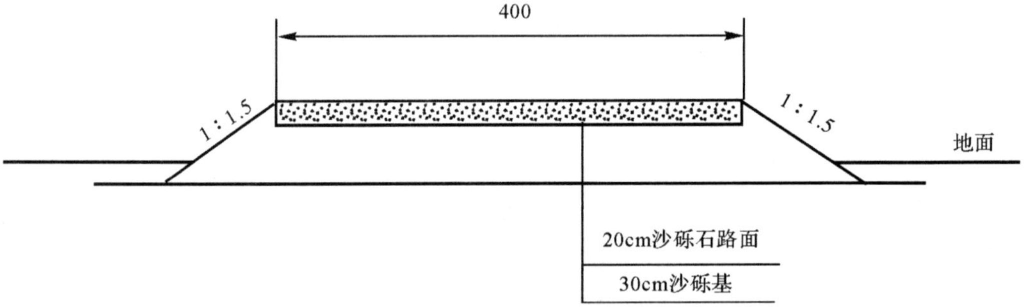

图 14-4-3 田间道横断面示意图(单位:cm)

表 14-4-25 项目区人工及主要材料价格表

名 称	单 位	单价/元	材料限价/元	材料价差/元
甲类工	工日	51.04		
乙类工	工日	38.84		
水	m^3	4.5		

续 表

名　称	单　位	单价/元	材料限价/元	材料价差/元
汽油	kg	9.47	5	4.47
柴油	kg	8.25	4.5	3.75
砂	m^3	65	60	5
砾石	m^3	75	60	15

表 14－4－26　机械台班预算单价表

定额编号	机械名称及规格	台班费/元	一类费用小计/元	二类费用												
				二类费合计/元	人工费/(元/日)		汽油/(元/kg)		柴油/(元/kg)		电/(元/kW·h)		水/(元/m^3)		风/(元/m^3)	
					工日	金额	数量	金额	数量	金额	数量	金额	数量	金额	数量	金额
1036	内燃压路机(6～8t)	266.9	56.82	210.08	2	51.04			24	4.5						
1031	自行平地机(功率 kW)	815.29	317.21	498.08	2	51.04			88	4.5						
4038	洒水车(4 800L)	325.19	104.15	221.04	1	51.04	34	5								

表 14－4－27　路基　　单位：1 000m^2

定额编号				80005	80006	80007	80008	80009	80010	80011	80012
顺序号	名　称		单位	砂路基		砾石路基		碎石路基		煤矸石(矿渣)路基	
				厚度 10cm	每增减 1cm	厚度 10cm	每增减 1cm	厚度 10cm	每增减 1cm	厚度 10cm	每增减 1cm
1	人工	甲类工	工日	3.7	0.4	4.3	0.4	5.1	0.5	4	0.42
2		乙类工		42.3	4.2	50	4.9	58.9	5.4	46	4.6
3		合计		46	4.6	54.3	5.3	64	5.9	50	5.02
4	材料	砂	m^3	130	13						
5		砾石 40mm	m^3			122.4	12.2				
6		碎石	m^3					162	16		
7		煤矸石	m^3							122.4	12.008

续 表

定额编号				80005	80006	80007	80008	80009	80010	80011	80012
顺序号	名 称		单位	砂路基		砾石路基		碎石路基		煤矸石(矿渣)路基	
				厚度 10cm	每增减 1cm	厚度 10cm	每增减 1cm	厚度 10cm	每增减 1cm	厚度 10cm	每增减 1cm
8	机械	内燃压路机 8～10t	台班	1.5		1.7		2.2		1.9	
9	其他费用		%	0.5		0.5		0.5		0.5	

表 14－4－28　砂砾石路面　　单位:1 000m²

定额编号				80021	80022	80023	80024
顺序号	名 称		单位	人工填筑		机械填筑	
				压实厚度 10cm	每增减 1cm	压实厚度 10cm	每增减 1cm
1	人工	甲类工	工日	3.2	0.3	1.5	0.1
2		乙类工		36.8	3.0	17.5	1.2
3		合计		40.0	3.3	19.0	1.3
4	材料	水	m^3	40.0		40.0	
5		砂	m^3	36.0	3.6	36.0	3.6
6		砾石	m^3	94.1	9.4	94.1	9.4
7	机械	内燃压路机 6～8t	台班	2.4		2.4	
8		自行式平地机 118kW	台班			0.4	
9		洒水车 4 800L	台班	0.4		0.6	
10	其他费用		%	0.5		0.5	

表 14－4－29　田间道路工程(20cm)工程施工费单价分析表

定额编号(80023＋80024×10)　　单位:1 000m²

序 号	项目名称	单 位	数 量	单 价	小 计
一	直接费				19 524.95
(一)	直接工程费				18 846.48
1	人工费				1 279.75
	甲类工	工日	2.5	51.04	127.60

续表

序　号	项目名称	单　位	数　量	单　价	小　计
	乙类工	工日	29.5	38.84	1 145.78
	其他费用(以定额编号 80023 子目人工费为计费基础)	%	0.50	1 273.38	6.37
2	材料费				15 864.93
	水	m^3	40.00	4.50	180.00
	砂	m^3	72.00	60.00	4 320.00
	砾石	m^3	188.10	60.00	11 286.00
	其他费用(以定额编号 80023 子目材料费为计费基础)	%	0.50	15 786.00	78.93
3	机械费				1 701.8
	内燃压路机 6～8t	台班	2.4	266.9	905.52
	自行式平地机 118kW	台班	0.4	815.29	326.12
	洒水车	台班	0.6	325.19	299.77
	其他费用(以定额编号 80023 子目机械使用费为计费基础)	%	0.5	1 693.32	8.47
(二)	措施费	%	3.6	18 846.48	678.47
二	间接费	%	5.0	19 524.95	976.25
三	利润	%	3.0	20 501.2	615.04
四	材料价差				3 620.69
	砂	m^3	72.0	5.00	360.00
	砾石	m^3	188.10	15.00	2 821.50
	汽油	kg	20.4	4.47	91.19
	柴油	kg	92.8	3.75	348.00
五	税金	%	3.22	24 736.93	796.53
合计	—	—	—	—	25 533.46

汽油价差部分消耗量＝洒水车台班中汽油消耗量×定额子目的消耗量＝0.6×34＝20.4

柴油价差部分消耗量＝24×2.4＋88×0.4＝92.8

表 14－4－30　田间道路工程施工费单价汇总表

单位：元

序号	定额编号	单项名称	单位	直接费						间接费	利润	材料价差	未计价材料费	税金	综合单价
				人工费	材料费	机械使用费	直接工程费	措施费	合计						
	(1)	(2)	(3)	(4)	(5)	(6)	(7)	(8)	(9)	(10)	(11)	(12)	(13)	(14)	(15)
一		田间道路工程													
1		田间道													
(1)	80005＋80006×20	路基	1 000m^2	5 530.17	23 517.00	430.68	29 477.85	1 061.20	30 539.05	1 526.95	961.98	2 101.88		1 131.18	36 261.04
(2)	80023＋80024×10	路面	1 000m^2	1 279.75	15 864.93	1 701.8	18 846.48	678.47	19 524.95	976.25	615.04	3 620.69		796.53	25 533.46

表 14－4－31　田间道路工程施工费预算表

单位：元

序号	定额编号	单项名称	单位	工程量	综合单价	合计
	(1)	(2)	(3)	(4)	(5)	(6)
一		田间道路工程				
1		田间道				
(1)	80005＋80006×20	路基	m^2	15 120	36.26	548 251.2
(2)	80023＋80024×10	路面	m^2	17 577	25.53	448 740.81
2		生产路				
	80015＋80016×2	路面	m^2	24 166	1.95	47 123.7
总计						1 044 115.71

14.4.5.5　农田防护与生态环境保持工程施工费预算编制示例

农田防护及生态环境保持工程包括农田林网工程、岸坡防护工程、沟道治理工程和坡面防护工程。

(1)农田林网工程施工费预算编制。

农田林网工程是指为保护土地不受风、水、沙及气候的影响与危害，改善农业生产条件和实现粮食高产稳产而在农田周围进行的林带建设，其主要作用是降低风速，改善农田小气候，为农作物生长创造良好条件，保证农作物获得丰产。

根据农田林网工程建设的位置及具体防护功能的不同，农田林网工程又可分为农田防风林、梯田埂坎防护林、护路护沟林和护岸林等。

(2)生态环境保持工程施工费预算编制。

生态环境保持工程是指项目区为保持水土、改善项目区生态环境所进行的生态环境建设工程，主要包括岸坡防护工程、沟道治理工程和坡面防护工程。

(3)工程示例。

现以某项目区内农田林网工程为例，对农田林网工程施工费预算编制进行说明。项目区靠近沙漠地带，常受风沙侵害而减产，为改善小区域气候环境，尽量降低风沙对项目区的影响，在一级田间道两侧建设农田林网工程。项目区以淡黑钙土和草甸土为主，土壤为碱性，所以在一级田间道路两侧各种植两行旱柳，作为护路林和农田防护林，株距 2m，行距 2m。一级田间道总长度为 6 184m。旱柳选择苗龄三年的裸根苗，胸径 5cm 左右，价格为 5 元/株，春季植树。

1)确定工程量。在道路两侧营造乔木防护林地，所需乔木工程量为：

种植数量＝规划林带长度÷株距×行数＝6 184÷2×2＝6 184(株)

2)选用定额子目和编制工程施工费单价分析表。

定额选取和子目套用。根据农田林网工程选用的苗木种类和规格等，确定应选取的定额。

农田林网工程选用的树种为旱柳，形式为裸根，胸径在 4～6cm，应选用定额 90008。见表 14－4－32，定额 90008 为栽植胸径 4～6cm 的裸根乔木。

表 14－4－32　栽植乔木(裸根)　　单位：100 株

定额编号				90007	90008	90009	90010
顺序号	名称		单位	裸根胸径(在 cm 以内)			
1	人工	甲类工	工日	4	6	8	10
2		乙类工		1.5	3.2	5.7	10.1
3		合计		1.5	3.2	5.7	10.1
4	材料	树苗	株	102.0	102.0	102.0	102.0
5		水	m^3	3.2	5.0	6.8	8.7
6	其他费用		%	0.5	0.5	0.5	0.5

14.4.6 其他费用预算编制示例

其他费用分为以下 3 种类型进行计算。

(1)固定费率计算法：

$$A = B \times C$$

式中，A 是所求费用值，B 为计费基础，C 为 A 项计费费率。

适用于土地清查费、项目勘测费的计算。

(2) 差额定率累进法：

$$A = B + (a - b) \times c$$

式中，A 是所求费用值；B 为小于 A 而接近 A 的计费基数；a 为 A 项计费基数对应值，b 为 B 项计费基数对应值，c 为 A 项对应费率。

适用于项目招标代理费、工程复核费、工程验收费、项目决算编制与审计费、整理后土地重估与登记费、标识设定费、业主管理费的计算。

(3) 分档定额计费法：

$$A = B + (C - B) \times (a - b) \div (c - b)$$

式中，A 是所求费用值；B 为小于 A 而接近 A 的计费基数；C 为大于 A 而最接近 A 的计费基数，a 为 A 项计费基数对应值，b 为 B 项计费基数对应值，c 为 C 项计费基数对应值。

适用于项目可行性研究费、项目设计与预算编制费、工程监理费的计算。

14.4.6.1 前期工作费编制示例

前期工作费是指土地开发整理项目在工程施工前所发生的各项支出。包括以下 5 项内容：土地清查费、项目可行性研究费、项目勘测费、项目设计及预算编制费、项目招标代理费。编制前期工作费预算时，应根据规定的计算公式，选取正确的费率，按顺序进行编制，并按照《编规》要求的表格格式，将计算结果填表。

案例：某丘陵地区项目工程施工费为 2 500 万元，设备购置费为 200 万元。试计算该项目的前期工作费。

(1)土地清查费。

土地清查费是指土地开发整理对土地的权属调查、土地评估所发生的费用。根据《编规》，土地清查费按不超过工程施工费的 0.5%计算，有

土地清查费＝2 500×0.5%＝12.5 万元

(2)项目可行性研究费。

项目可行性研究费是指项目承担单位委托有资质的单位对土地开发整理项目进行可行性研究时发生的费用。根据《编规》，计费基础为工程施工费与设备购置费之和，共 2 700 万元，项目可行性研究费按分档定额计费方式计算，有

项目可行性研究费＝6.5＋[(2 700－1 000)÷(3 000—1 000)]×(13－6.5)＝12.03 万元

(3)项目勘测费。

项目勘测费是指土地开发整理地籍测绘、项目勘察所发生的费用。根据《编规》,项目勘测费按不超过工程施工费的 1.5%计算,本项目为丘陵地区,应乘以 1.1 系数,则

项目勘测费＝2 500×1.5%×1.1＝41.25 万元

(4)项目设计与预算编制费。

项目设计与预算编制费是指项目承担单位委托具有资质的单位对土地开发整理项目进行规划设计及预算编制时应支付的费用。

根据《编规》,计费基础为工程施工费与设备购置费之和,共 2 700 万元,项目设计与预算编制费按如下方式计算,本项目为丘陵地区,应乘以 1.1 系数,则

项目设计与预算编制费＝{27＋[(2 700－1 000)÷(3 000－1 000)]×(51－27)}×1.1＝52.14 万元

(5)项目招标代理费。

项目招标代理费是指土地开发整理项目在市场经济条件下进行工程建设项目的发包与承包所发生的费用。根据《编规》,项目招标代理费以工程施工费和设备购置费之和为计费基础,采用差额定率累进法计算。本项目计费基础为 2 700 万元项目,项目招标代理费按差额率累进法计算,有

项目招标代理费＝5＋(2 700－1 000)×0.3%＝10.1 万元

表 14-4-33　前期工作费预算表　(金额单位:万元)

序　号	费用名称	计费基础	计算公式	计算结果
	(1)	(2)	(3)	(4)
1	前期工作费			128.02
(1)	土地清查费	2 500	2 500×0.5%	12.5
(2)	项目可行性研究费	2 700	6.5＋[(2 700－1 000)÷(3 000－1 000)]×(13－6.5)	12.03
(3)	项目勘测费	2 500	2 500×1.5%×1.1	41.25
(4)	项目设计与预算编制费	2 700	{27＋[(2 700－1 000)÷(3 000－1 000)]×(51－27)}×1.1	52.14
(5)	项目招标代理费	2 700	5＋(2 700－1 000)×0.3%	10.1

14.4.6.2　工程监理费编制示例

工程监理费是指项目承担单位委托具有工程监理资质的单位,按国家有关规定进行全过程的监督与管理所发生的费用。

以工程施工费与设备购置费之和作为计费基数,采用分档定额计费方式计算,各区间按内插法确定。

案例：某丘陵地区项目工程施工费为 2 500 万元，设备购置费为 200 万元。计算项目工程监理费。

解：根据《编规》，计费基础为工程施工费与设备购置费之和，共 2 700 万元，项目工程监理费按如下方式计算，有

工程监理费＝22＋[(2 700－1 000)÷(3 000－1 000)]×(56－22)＝50.9 万元

14.4.6.3 拆迁补偿费编制示例

拆迁补偿费根据土地开发整理项目确定的拆迁范围和具体工作量，参考项目所在地县级以上人民政府规定的各项补偿费标准计算。预算编制程序主要如下：

1)逐项统计项目实施将拆迁房屋、迁坟、林木及青苗等的工程量。

2)收集、整理项目所在县级以上人民政府规定的相关项目补偿标准等依据资料。

3)依据确定的补偿工程量及补偿标准计算拆迁补偿费并汇总。

4)按照预算编制办法的表格要求，将计算结果填表。

14.4.6.4 竣工验收费编制示例

竣工验收费是指土地开发整理项目工程完工后，因项目竣工验收、决算、成果的管理等发生的各项支出。竣工验收费的计算公式为：

竣工验收费＝工程复核费＋工程验收费＋项目决算编制与审计费＋整理后土地的重估与登记费＋标识设定费

案例：某丘陵地区项目工程施工费为 2 500 万元，设备购置费为 200 万元。试计算该项目的竣工验收费。

(1)工程复核费。

工程复核费是指项目承担单位完成土地开发整理项目实施任务并向项目批准部门提出验收申请后，由项目批准部门指定的土地整理专业机构(第三方)对工程任务的完成情况，进行复核并编制相应报告所发生的费用。

根据《编规》，工程复核费以工程施工费和设备购置费之和为计费基础，采用差额定率累进法计算。本项目计费基础为 2 700 万元项目，工程复核费按差额率累进法计算，有

工程复核费＝6.75＋(2 700－1 000)×0.6％＝16.95(万元)

(2)工程验收费。

工程验收费是指项目中期验收及竣工验收所发生的会议费、资料整理费、印刷费等。根据《编规》，工程验收费以工程施工费和设备购置费之和为计费基础，采用差额定率累进法计算。本项目计费基础为 2 700 万元项目，工程验收费按差额率累进法计算，有

工程验收费＝13.5＋(2 700－1 000)×1.2％＝33.9(万元)

(3)项目决算编制与审计费。

项目决算编制与审计费是指按现行项目管理办法及竣工验收规范要求编制竣工报告和决算以及审计所需要的费用。根据《编规》，项目决算编制与审计费以工程施工费和设备购置费

之和为计费基础，采用差额定率累进法计算。本项目计费基础为 2 700 万元项目，项目决算编制与审计费按差额率累进法计算，有

项目决算编制与审计费＝9.5＋(2 700－1 000)×0.8%＝23.1(万元)

(4)整理后土地的重估与登记费。

整理后土地重估与登记费是指项目建成后对耕地质量等级再评定与耕地登记所发生的费用。根据《编规》，整理后土地重估与登记费以工程施工费和设备购置费之和为计费基础，采用差额定率累进法计算。本项目计费基础为 2 700 万元项目，整理后土地重估与登记费按差额率累进法计算，有

整理后土地重估与登记费＝6.25＋(2 700－1 000)×0.55%＝15.6(万元)

(5)标识设定费。

标识设定费是指设立土地开发整理项目标志牌及标识农田水利设施等所发生的费用。根据《编规》，标识设定费以工程施工费和设备购置费之和为计费基础，采用差额定率累进法计算。本项目计费基础为 2 700 万元项目，标识设定费按差额率累进法计算，有

标识设定费＝1.05＋(2 700－1 000)×0.09%＝2.58(万元)

表 14－4－34　竣工验收费预算表　(金额单位：万元)

序号	费用名称	计费基础	计算公式	计算结果
	(1)	(2)	(3)	(4)
1	竣工验收费			92.13
(1)	工程复核费	2 700	6.75＋(2 700－1 000)×0.6%	16.95
(2)	工程验收费	2 700	13.5＋(2 700－1 000)×1.2%	33.9
(3)	项目决算编制与审计费	2 700	9.5＋(2 700－1 000)×0.8%	23.1
(4)	整理后土地重估与登记费	2 700	6.25＋(2 700－1 000)×0.55%	15.6
(5)	标识设定费	2 700	1.05＋(2 700－1 000)×0.09%	2.58

14.4.6.5　业主管理费编制示例

业主管理费是指项目承担单位为项目的立项、筹建、建设等工作所发生的费用。包括工作人员的工资、工资性补贴、施工现场津贴、社会保障费用、住房公积金、职工福利费、工会经费、劳动保护费；办公费、会议费、差旅交通费、工具用具使用费、固定资产使用费、零星购置费；乡镇协调费、宣传费、培训费、咨询费、业务招待费、技术资料费、印花税和其他管理性开支等。

业主管理费以工程施工费、设备购置费、前期工作费、工程监理费、拆迁补偿费和竣工验收费之和作为计费基数，采用差额定率累进法计算。

案例：某丘陵地区项目工程施工费为 2 500 万元，设备购置费为 200 万元。前期工作费 128.02 万元，工程监理费 50.9 万元，无拆迁补偿费，竣工验收费为 92.13 万元，计算本项目的

业主管理费。

根据《编规》，业主管理费以工程施工费、设备购置费、前期工作费、工程监理费、拆迁补偿费和竣工验收费之和为计费基础，采用差额定率累进法计算(见表 14－4－35)，有

计费基础＝2 500＋200＋128.02＋50.9＋92.13＝2 971.05(万元)

计费基础处于 1 000～3 000 万元之间，按费率 2.4％进行计算，有

业主管理费＝27＋(2 971.05－1 000)×2.4％＝74.31(万元)

表 14－4－35　业主管理费预算表　(金额单位：万元)

序号	费用名称	计费基础	计算公式	计算结果
	(1)	(2)	(3)	(4)
1	业主管理费	2 976.135	27＋(2 971.05－1 000)×2.4％	74.31

14.4.7　不可预见费编制示例

不可预见费是指在土地开发整理项目施工过程中因自然灾害、设计变更及其他不可预见因素的变化而增加的费用。主要是以下几种原因导致费用增加而预留的费用：

1)不可抗力导致的费用增加；

2)设计变更导致的费用增加；

3)竣工验收时抽验隐蔽工程时发生的挖掘及验收结束时进行恢复所导致的费用增加；

4)在项目建设期间内由于材料价格大幅度上涨引起工程造价增加而预留费用。

案例：某丘陵地区项目某项目工程施工费为 2 500 万元，设备购置费为 200 万元。前期工作费 128.02 万元，工程监理费 50.9 万元，无拆迁补偿费，竣工验收费为 92.13 万元，业主管理费为 98.31 万元，计算本项目不可预见费。

根据《编规》，不可预见费以工程施工费、设备购置费、其他费用之和为计费基础，按不超过计费基础的 3％计算，有

计费基数＝2 500＋200＋128.02＋50.9＋92.13＋98.31＝3 069.36 万元

不可预见费＝3 069.36×3％＝92.08 万元

表 14－4－36　不可预见费预算表　(金额单位：万元)

序号	费用名称	工程施工费	设备购置费	其他费用	小　计	费率/(％)	合　计
	(1)	(2)	(3)	(4)	(5)	(6)	(7)
1	不可预见费	2 500	200	369.36	3 069.36	3	92.08

复习思考题

(1)论述土地整治项目费用构成。

(2)简述设备购置费的计算方法。

(3)论述其他费用的构成及计算方法。

(4)论述规费的构成及计算方法。

第 15 章　土地整治项目测绘技术

土地整治项目测绘，是通过对项目区内及项目区外一定范围内的点、线、面状地物及高程等的测绘，形成成果图，为项目可行性研究、规划设计提供依据。

土地整治项目测绘工作贯穿于土地整治的全过程，但又不同于平常所指的地形、地籍、工程测量等专业测绘，比这些测绘工作更细致、更具体、更特色，同时更讲究方法。

前期要对整个项目区域内的地形地貌测绘、最终形成一张地形图，为规划设计提供准确的底图，保证规划决策的准确性。同时为土地登记、土地统计提供准确的权属界线和各种地类界线的平面位置和面积。在中间施工过程中，需要提供准确的水准网与导线网，提供施工依据。后期，在土地利用现状调查成果的基础上，对现场进行补充调查和补测，进行详细的地籍调查和地籍测绘，进行面积权属等变更，让土地所有者、土地使用者签字确认。可以说，现代测绘技术在土地整治活动中起到基础技术支撑作用。

15.1　土地整治测绘主要内容和技术要求

15.1.1　土地整治项目各阶段对图件资料的要求

1)在进行前期规划工作时，一般需用 1∶1 000～1∶5 000 的地形图。在进行施工图阶段的设计工作时，需要更加详细的有关地形资料。

2)施工阶段的现状地形图应能满足工程布置的需要。主要是重要建筑物所在地的现状地形图，比例尺一般为 1∶100～1∶200。地形简单或建筑物规模很小的情形下，可用纵横断面图代替。特别简单的情形下，也可直接进行工程布置。

3)对规模较大或特别重要的单项工程，必须有实测的现状地形图。

4)为保证工程量计算的准确，重要渠(沟)道和道路要有不小于 1∶200 的纵断面图，一般情况下每 50m 测一横断面图，特殊情况下加大密度或局部增加断面。

15.1.2　基础控制测量和坐标与高程系统的要求

1)平面控制在原有国家等级点的基础上布设一、二级 GPS 或导线点作为测区的首级控制。当测区内高等级控制点稀少时，应采用 GPS 测量等方式先加密高等级控制点。

2)项目区首级高程应采用不低于四等水准的精度进行联测，可执行《国家三、四等水准测量规范》(GB/12898—91)。

3)平面坐标应采用国家坐标系(1980 西安坐标系或 1954 年北京坐标系,一般按原有资料和土地利用总体规划时采用的坐标系统,并在委托时进行规定),也可采用挂靠国家坐标系的独立坐标系,高斯正形投影。

4)高程系统应采用 1985 国家高程基准或 1956 年黄海高程系、也可国家规定的其他高程系;无论采用何种高程系统应在总体规划范围内统一。

5)应在图纸左下角,图框线外标注该幅图所采用的坐标系和高程系。

15.1.3　主要技术指标

主要技术指标根据项目要求与实地情况,按照相关技术标准在委托时进行规定,一般以中误差作为衡量测量精度的指标,以 2 倍中误差为极限误差,下面介绍常规测量时的技术指标。

(1)基础控制测量的精度要求。

1)平面四等控制网中最弱相邻点的相对点位中误差不得大于±5cm。

2)平面四等以下网中最弱点相对于起算点的点位中误差不得大于±5cm。

3)高程四等水准网中最弱点相对于起算点的高程中误差不得大于±2cm。

注:相关规范根据用途相应技术指标有些不同。

(2)图根控制的精度要求。

1)图根点相对于图根起算点的点位中误差,不得大于图上 0.1mm。

2)图根点相对于图根起算点的高程中误差,不得大于测图基本等高距的 1/10。

(3)地形图的平面精度。

地形图上地物点对最近野外控制点的图上点位中误差不得大于表 15-1-1 中的规定,特殊困难地区地物点对最近野外控制点的图上点位中误差按地形类别放宽 0.5 倍。

表 15-1-1　地物点平面精度要求

地形图比例尺	平地、丘陵地/mm	备　注
1∶500～1∶2 000	0.6	旧村复垦、旧城改造时为 0.5mm 邻近地物点间距中误差为 0.4mm
1∶5 000～1∶10 000	0.5	

(4)地形图的高程精度。

1)建筑区和基本等高距为 0.5m 的平坦地区,其高程注记点相对于邻近控制点的高程中误差,不得大于±0.15m;

2)其他地区地形图上高程精度以等高线插求点的高程中误差来衡量。

3)地形图图上等高线插求点相对于邻近控制点的高程中误差,不得超过表 15-1-2 中的规定。

表 15-1-2 高程精度要求

地区类别	平 地	丘陵地
高程中误差(基本等高距)	1/3	1/2

注:特殊困难地区的等高线插求点高程中误差可按上表规定放宽 50%。

(5)图幅接边。

图幅接边可在软件上相互调入邻幅的接边数据进行接边且保证接边无错漏,各类要素要保证无缝接边。

15.1.4 测量范围和比例尺

(1)测图范围应扩大到项目区范围外 100～200m,有一定相连接的相关线状地物。

(2)项目区地貌类型为平原,测量比例尺不小于 1∶5 000;项目区地貌类型为丘陵,测量比例尺不小于 1∶2 000;

(3)每个项目区片块输出一张素图,图幅宽度控制在 1 米左右,出图比例尺为 1∶2 000～1∶10 000,综合考虑项目区片块的形状和面积大小,选择合适出图比例尺,比例尺大小取整数。出图的图幅内容以图面清晰为准,尽量不取舍实测数字化图的内容。

15.1.5 现状图的主要测量要素

测量现状图(地籍地形图)中应包含以下重要要素,具体有下述要求。

(1)图名、图廓、测图人员、测图单位、测图日期。

(2)控制点:三角点、水准点、GPS 点、导线点等埋石点,埋石点必须保证每幅图内有不少于三个埋石点(含首级点),图幅内埋石点必须均匀且互相通观。当不满幅时,应按比例最少埋设二个互相通视的埋石点。

(3)权属界线:明确标注项目区边界、地类界线及符号、项目涉及行政区域界线(如乡镇、村界线及名称)、土地权属界线、项目范围界线要封闭。

(4)道路:项目区现有的主干道路、田间道、生产路等,如周围有重要的交通要道也要测出,以反映交通情况。

(5)水系及水利设施:项目区水库、河流、湖泊、坑塘、沟渠等重要水系,其周围的高程点或等高线能反映水的流向,用于规划排灌条件设计。水利设施包括桥梁、堤坝、涵洞、涵管、渡槽、节制闸、分水闸、泵站等。

1)现状渠(或水沟)的位置、长度、宽度(当图上表示为单线时,要在沟渠旁注明其实际宽度)、深度(每隔 30m 应测注一个沟渠底的高程,沟渠的转弯处必须测注一个高程)、类型(当沟渠的材料不是“土”时要加注沟渠的材料)要明确。

2)所有水闸应测注闸顶高程并注明水闸的孔数及水闸的宽和高;所有涵洞应测注涵洞底高程,并应表示涵洞的宽度及高度(即孔径)。

3)池塘、河道应测注塘底、河道底的高程;河道每隔 30 米测注一个高程点,同时,要能反映塘、河的断面形状。

(6)管线:各种管道,电力线、通信线、变压器、电线杆和附属设施等。

(7)建筑物:包括居民点、工矿建(构)筑物及附着物的位置及四至界线(测绘外围轮廓,内部综合表示),单独的居民房屋要逐一测绘表示。靠近村庄周围的小树林、空场地、晒谷场等纳入居民地综合表示,但居民地内与项目区有关的沟、渠、路、桥、水系等应绘出。

(8)地类界线:按照现行的《第二次全国土地调查技术规程》及《地形图图式》等技术规程执行。各种用地按《土地利用现状分类》调查,并且用规定的图式符号填充在相应区域中。

(9)地形地貌:主要包括等高线和高程点。等高线应圆滑;高程点一般选在明显地物点或地形点上,布置要均匀,宜密不宜疏(图上每 3cm 应有一个高程点),详细规定均应符合相关国家测图规范。对于不需整理的区域(如林地等)要求较低,可以测量一些有标志性的高程点(这些高程点可以判断水流方向等)。

(10)标注项目区与周边的相对关系,如项目区基础设施与外界的联系。

(11)标注土地利用现状变更日期。现状图应能反映项目区最新土地利用现状,并和变更后的土地统计台账对应。

(12)项目区边界上的主要控制点应有明确的经纬度坐标。

(13)项目区内坟地、沟渠、空地、草地、双线田埂、双线道路等要素应根据实际情况依比例测绘,不得取舍。实地宽度≥1m 的田埂原则上要表示,1∶5 000 比例尺的地图可适当取舍;图上宽度≥0.5mm 的水渠、河流以及图上宽度≥1mm 的田埂、道路等用双线表示;比高≥0.5m的田坎要表示。

(14)细部测量注明:

1)准确记录树木包括果树的种类、年龄,坟穴、房屋的位置与面积、建筑密度、人口密度、容积率等;

2)准确记录水塔、管线的长度及使用年限;

3)特别是对学校、庙宇及旧村委会等要作详细记录,这有利于以后的设计方案的选择。

15.1.6　断面测量的有关要求

(1)河道横纵断面测量。

河道要求每隔 250m 布设一个横断面,相邻两断面的底高程大于 2.5m,要加测一个高程变化点的横断面。在河道突然扩大、缩小的变化处、建筑物处等也应加测横断面。

河道两岸有防洪堤的要在堤外 20m 范围内加测地形高程点。

纵断面测量:沿中心线每 50m 测一个高程点,同时测水面高程。

(2)拦河坝、水闸断面测量。

拦河坝、水闸顶中心线高程及断面测量。

拦河坝坝脚处断面测量。

拦河坝坝脚下游河道每隔 20m 加测一个断面。

冲坑范围及高程测量。

(3)桥梁断面测量。

桥梁断面处应施测一个断面，包括桥孔、桥墩的断面形状及尺寸，桥底地面高程，梁顶、底高程及桥型。

(4)堤防纵横断面测量。

每 50m 测一个堤防中心线高程。

每 50m 测一堤防横断面。

堤防纵横断面位置要在地形图上标示出。

15.1.7 土地分类标准

土地整治项目土地分类面积应按《第二次全国土地调查技术规程》的土地分类划分统计。

农村建设用地复垦项目前期清查和测量，应按照农村建设用地复垦和 1∶500 比例尺的测图要求，参照《第二次全国土地调查技术规程》分类。

15.2 土地整治项目测绘技术设计案例分析

15.2.1 任务概述

省略。

15.2.2 设计方案

15.2.2.1 平面控制测量

1. 首级平面控制测量

项目首级控制采用四等 GPS 控制网，项目区域首级控制网布设不少于 3 个四等 GPS 控制点(如项目区呈带状分布或范围较大，可根据实际情况增加四等 GPS 控制点，以满足首级平面控制要求)。项目区四等 GPS 网设计点数及概略位置见附件、幅图。

(1)四等 GPS 网的选点及埋石。

1)四等 GPS 网应根据测区特点布设，要求四等点间至少有一个通视方向。点位应埋设稳固，易于长期保存，通行方便有利于观测和使用；

2)四等 GPS 点标石的埋设应符合《工程测量规范》附录 B 的要求，标石规格为 15cm×20cm×60cm，标石质料为混凝土。采用不锈钢、铸铁标志，也可用岩层标石、建筑物上标石；

3)GPS 点应离开大功率无线电发射设备和强烈干扰卫星信号的物体。点位周围障碍物的高度角应≤15°，点位周围不应有强烈反射卫星信号的物体，如大面积玻璃墙、大型金属广告牌、大面积水域；

4)四等 GPS 控制点须实地绘制点之记和办理委托保管书；

5)四等 GPS 点编号以四位数编号，从“4001”开始起编，GPS 点名称可用最近地名、山名、单位名称等取，如“Ⅳ大营”。

(2)四等 GPS 控制网观测。

1)四等 GPS 控制网以快速静态的方式进行观测；

2) 观测基本要求：卫星高度角≥15°，有效观测卫星数≥4，观测时间双频机≥45min，单频机观测时间≥60min，数据采样间隔为 5 秒，GDOP 值≤6，当 GDOP 值偏大时应适当延长观测时间。联测 C 级点长度超过 15 km 时，观测时间双频机≥90min，单频机观测时间≥120min；

3)作业前应做卫星星历预报保证有效的同步观测，天线高量取正确；

4)观测手簿应在现场认真记录各项观测要素，星组变化时应作记录。失锁时应在备注栏中说明，记录字体字迹要清晰、工整、美观，不得涂改、转抄。

(3)四等 GPS 控制网计算。

1)观测数据的剔除率不得超过 10%，观测后应及时解算基线。

2)基线解算后及时作同步环、异步环及复测基线的检核，并满足以下要求。

①同步环的坐标分量相对闭合差及环线全长闭合差，有

$$W_x \leqslant \frac{\sqrt{n}}{5}\delta(\mathrm{mm}),\quad W_y \leqslant \frac{\sqrt{n}}{5}\delta(\mathrm{mm}),\quad W_z \leqslant \frac{\sqrt{n}}{5}\delta(\mathrm{mm})$$

$$W=\sqrt{W_x+W_y+W_z}(\mathrm{mm})$$

$$W \leqslant \frac{\sqrt{3n}}{5}\delta(\mathrm{mm}) \qquad (15-2-1)$$

式中，n 为同步环中基线边的个数。

② 异步环的坐标分量相对闭合差及环线全长闭合差，有

$$W_x \leqslant 2\sqrt{n}\delta(\mathrm{mm}),\quad W_y \leqslant 2\sqrt{n}\delta(\mathrm{mm}),\quad W_z \leqslant 2\sqrt{n}\delta(\mathrm{mm})$$

$$W=\sqrt{W_x+W_y+W_z}(\mathrm{mm})$$

$$W \leqslant 2\sqrt{3n}\delta(\mathrm{mm}) \qquad (15-2-2)$$

式中，n 为异步环中基线边的个数。

③ 复测基线的长度较差，有

$$\Delta d \leqslant 2\sqrt{2}\delta(\mathrm{mm}) \qquad (15-2-3)$$

3) 外业观测数据检核合格后，进行 WGS－84 系的三维无约束平差，平差后基线向量的改正数的绝对值应满足：

$$W_{\Delta x} \leqslant 3\delta \quad W_{\Delta y} \leqslant 3\delta \quad W_{\Delta z} \leqslant 3\delta \qquad (15-2-4)$$

当达不到上述要求时，应剔除粗差基线，直至符合要求。

4)在完成三维无约束平差的基础上，以 C 级网点 1980 西安坐标系成果起算进行二维约

束平差，平差后最弱边相对中误差应满足≤1/40 000 的要求；如达不到要求，则应根据具体情况分析原因，并采取相应的措施，直至符合要求。坐标成果取位至 1mm。

2. 一级平面控制测量

在四等 GPS 网下加密一级控制点，并联测四等光电高程。项目片区在 2.0km^2 以下可不布设一级控制点，直接在首级控制点下加密图根点，但埋石控制点总数应达到 5 个以上。

一级控制观测模式使用 GPS 静态观测模式进行加密或者使用全站仪施测一级导线网方式加密。一级点以上需要联测四等高程路线，布设一级点时要考虑联测情况。

(1)控制点选埋。

1)采用全站仪方式布设一级点时，相邻导线点间应通视良好，视线应高出和旁离障碍物 1.0m 以上，避免旁近光对观测的影响，导线点应避免测距时视线背景部分有反光物体；导线不宜过长，一级附合导线长度不宜超过 4.0km，平均边长为 500 m，相邻边长之比不超过1∶3，附合导线边数不宜超过 8 条；采用 GPS 方式施测一级点时，埋设点应保证至少有一个通视方向；

2)一级点应选在土质坚实的地面、岩石、建筑物顶面上或田埂、地埂、堤坝、山坡等有利于地形测量使用的位置上，相邻点间应通视良好，有利于地形测图和施工应用；

3)一级点标石规格为 12cm×20cm×60cm，标石质料为混凝土，标志中心为 ϕ12mm，长度为 20cm，顶面刻有"十"字形的钢筋，钢筋顶面应高出标石顶面 5mm；

4)对于预制和运输标石困难的地方，可以采用现场浇灌方式，中心标志为(ϕ20mm，长 25cm)大铁钉，周围浇灌(15cm×20cm×60cm)混凝土；

5)在水泥地面可用电钻打孔埋设(ϕ20mm，长 20cm)钢筋或特制圆帽铁钉，标志顶面应刻有"十"字形或打 ϕ1mm 的小孔，点位不得选取在地面收缩缝及不能长期保存的位置；

6)埋设岩层标石，采用铸铁标志，周围用水泥浇灌稳固；

7)埋设时应将标石底部及周围松土夯实，以防标石下沉或松动影响观测精度；

8)一级 GPS 点编号从 GP01 顺序编起；一级 GPS RTK 点编号从 GR01 顺序编起；一级导线点编号从 I01 顺序编起。

(2)一级 GPS 控制测量。

1)观测基本要求：观测模式快速静态，卫星高度角≥10°，有效观测卫星数≥4，观测时间双频≥15min，单频≥30min，数据采样间隔为 5s，GDOP 值≥3，当 GDOP 值偏大时应适当延长观测时间；

2)作业前应做卫星星历预报保证有效的同步观测，天线高量取正确；

3)观测手簿应在现场认真记录各项观测要素，星组变化时应作记录。失锁时应在备注栏中说明，记录字体字迹要清晰、工整、美观，不得涂改、转抄；

4)观测结束后应及时解算基线，并作同步环、异步环及复测基线边长的检核；

5)同步环的坐标分量闭合差$\leqslant \frac{\sqrt{n}}{5}\delta$(mm)，环线全长闭合差$\leqslant \frac{\sqrt{3n}}{5}\delta$(mm)；

6)异步环坐标分量闭合差<$2\sqrt{n}\delta$(mm),环线全长闭合差<$2\sqrt{3n}\delta$(mm),n 为边数;

7)复测基线的长度较差≤$2\sqrt{2}\delta$(mm);

8)外业观测数据检核合格后,进行 $WGS-84$ 系的三维无约束平差,平差后基线向量改正数的绝对值应满足:

$$W_{\Delta x} \leqslant 3\delta \quad W_{\Delta y} \leqslant 3\delta \quad W_{\Delta z} \leqslant 3\delta \tag{15-2-5}$$

当达不到上述要求时,应剔除粗差基线,直至符合要求。

9)在完成三维无约束平差的基础上,以四等 GPS 点 1980 西安坐标系成果起算进行二维约束平差,平差后最弱边相对中误差应满足≤1/20 000 的要求;如达不到要求,则应根据具体情况分析原因,并采取相应的措施,直至符合要求。坐标成果取位至 1mm。

(3)一级导线控制测量。

1)使用 2″级全站仪进行一级导线网加密,同时联测四等高程导线;

2)观测使用的全站仪、温度计、气压计、应按规定进行检验。观测记录采用手簿,手簿记录须认真,记录字迹要清楚,记录和整饰项目齐全完整,距离观测时每站应记录一次气温(读至 0.5℃)、气压(读至 1mmHg),距离读数取至 1mm,仪器高、觇标高应在测前测后各量测一次,读至 1mm,当两次量测值不大于 2mm 时取中数用,方向值中数取位到 1″,垂直角中数取位至 0.1″,各项限差均须检核并符合表 15-2-1～表 15-2-3 要求。

表 15-2-1　水平角观测

导线等级	测回数	方位角闭合差/(″)	归零差/(″)	2C 较差/(″)	测回间较差/(″)	观测方法
一	2	$\pm 10\sqrt{n}$	12	18	12	方向观测法

注:n 为测站数,当方向数不多于 3 个时,可不归零,当观测方向数不多于 6 个时,水平角应在一组内观测。

表 15-2-2　垂直角观测

导线等级	测回数 DJ2(中丝法)	指标差较差 (″)	垂直角较差(″)	观测方法
一	3	7	7	往返测

表 15-2-3　距离测量

仪器等级	测回数	一测回读数较差/mm	观测方法	往返测较差/mm
Ⅰ精度	1	5	往返测	$2(a+b \cdot D)$
Ⅱ精度	1	10		

注:a 为测距仪标称精度的固定误差(mm);b 为测距仪标称精度的比例误差(mm/km);D 为水平距离(km)。

3)一级导线观测后,应进行方位角闭合差、环闭合差的验算,并按下式计算测角中误差,有

$$m_\beta = \pm\sqrt{\frac{1}{N}\left[\frac{f_\beta f_\beta}{n}\right]}\ ('') \qquad (15-2-6)$$

式中，f_β 为角度闭合差；N 为附合导线或闭合导线环个数；n 为计算 f_β 时测站数。

4）光电测距边应进行气象改正、仪器加乘常数改正、倾斜改正、高程归化改正、高斯投影改正；

高程归化改正公式为 $\Delta S = -S \times (H/R_m)$

高斯投影改正公式为 $\Delta S = S \times (Y_m^2/2R_m^2)$ (15-2-7)

式中，S 为测距边，H 为测距边平均高程，R_m 为平均曲率半径，Y_m 为测距边平均 Y 坐标，$Y_m = (Y_1 + Y_2)/2$，不含 500km。

5）四等光电测距导线网计算每公里全中误差应下式进行计算：

$$M_w = \pm\sqrt{\frac{1}{N}\left[\frac{WW}{n}\right]}\ (\text{mm/km}) \qquad (15-2-8)$$

式中，W 为附合或环线闭合差(mm)；N 为 水准路线环数，n 为测段数。

6）一级导线观测数据各项验算合格后，在四等 GPS 控制点下进行一级导线网的平差。

15.2.2.2　高程控制测量

首级控制网点和一级控制点要求为内部四等高程精度。

采用在项目区域中央固定一点，联测 C 级网点(观测时间，双频机 1.5h 以上，单频机 2h 以上）解算 2000 国家大地坐标系大地经纬度、大地高。以似大地水准面插值软件计算出固定点正常高高程，作为项目高程起算点，内部按四等高程联测。

一级点以上控制点联测四等高程。

观测方法采用四等电磁波测距高程导线方法观测。

四等电磁波测距高程导线的技术要求：

1）使用 2″ 级以上全站仪观测。

2）若单独联测四等高程导线，水平角可只观测半测回，视线长度不宜超过 600m，最长不能超过 1.0km。

3）光电测距边应进行气象改正、仪器加乘常数改正。

4）测站间(临时测段）高差计算

相邻测站间单向观测高差 h 按下式计算，有

$$h = S \cdot \sin\alpha + \frac{1}{2R}(S \cdot \cos\alpha)^2 + i - v \qquad (15-2-9)$$

式中　S—— 经过各项改正后的斜距，m；

α—— 观测垂直角；

R—— 地球平均曲率半径，采用 6 369 000m；

i—— 仪器高，m；

v 为棱镜高，m。

相邻测站间对向观测高差中数 h_{12} 按下式计算，有

$$h_{12}=\frac{h_1-h_2}{2} \tag{15-2-10}$$

式中　h_1——往测高差；

h_2——返测高差；

测段往返测高差之差 Δ 按下式计算：

$$\Delta=h_1+h_2 \tag{15-2-11}$$

要求测段往返测高差之差 $\Delta \leqslant \pm 40\sqrt{D}$ mm。D 为观测边长(km)。

5）四等光电测距导线网计算每公里全中误差应下式进行计算：

$$M_w=\pm\sqrt{\frac{1}{N}\left[\frac{WW}{n}\right]}\ (\text{mm/km}) \tag{15-2-12}$$

式中符号含义同上。

6）各项验算合格后，按距离定权进行高程网平差，平差后各项精度指标需符合相应规定要求，最终的成果表中坐标及高程成果取至 1mm。

15.2.2.3　地形图测绘

1. 图根控制测量

图根点是地形图测绘的平面和高程依据，1∶2 000 不得少于 4 点/km²，平均每幅图应不少于 4 个图根点(含高等级控制点)。

除埋石点外，图根点使用木桩、油漆等临时标志，图根编号用字母加自然编号，可采用全站仪或 GPS RTK 进行加密。

(1)常规图根控制。

常规图根导线的主要技术要求见表 15－2－4 和表 15－2－5。

表 15－2－4　图根导线测量技术要求(1)

水平角观测	垂直角观测		距离观测
测回数	测回数	指标差(″)	测回数
1	对向 1 测回	≤25	1

表 15－2－5　图根导线测量技术要求(2)

导线长度/m	相对闭合差	测角中误差差/(″)	方位角闭合差/(″)	对向观测高差较差/mm	附合路线或环线闭合差/mm
2 000	≤1/2 000	30	$\leqslant\pm60\sqrt{n}$	$\leqslant\pm80\sqrt{D}$	$\leqslant\pm40\sqrt{D}$

注：D 为测距边长(km)。

(2)常规图根点施测方法。

图根点在四等GPS控制点和一级控制点的基础上进行加密，主要采用光电测距图根导线、光电测距极坐标法施测或采用双频GPS RTK进行快速定位方法施测。

(3)GPS RTK图根控制测量。

主要技术要求见表15-2-6。

表15-2-6 RTK图根控制主要技术要求

等级	点位中误差/图上mm	高程中误差	与基准站的距离/km	观测次数	起算点等级
图根点	≤±0.1	1/10等高距	≤7	2	平面三级、高程等外以上

流动站采集卫星观测数据，并通过数据链接收来自参考站的数据，在系统内组成差分观测值进行实时处理。

RTK平面控制点测量流动站观测时应采用三脚架对中、整平，每次观测历元数应大于10个；

RTK图根点测量平面坐标转换残差应≤图上±0.07mm；

RTK图根点测量高程拟合残差应不大于1/12等高距。RTK控制点高程的测定，是将流动站测得的大地高减去流动站的高程异常获得；

RTK图根点测量平面测量两次测量点位较差应≤图上±0.1mm，高程测量两次测量高程较差应≤1/10等高距，两次结果取中数作为最后成果。

2. 碎部测量

(1)全站仪碎部测量。

1)采用全站仪进行观测记录，施测碎部点一般采用极坐标法，测距边最大长度不应超过800m，观测数据存储于全站仪内，通过数据线与计算机进行通信传输，使用软件对观测数据进行计算，以获取碎部点的点号、坐标等信息。

2)碎部测绘、内业编辑、图幅整饰依据图式规范进行测绘和表示，数字化图的图形属性和信息应正确，不得含有错误的、虚假的图形属性和信息，数字化图上的各级控制点坐标须与已知成果完全一致(包括取位)，图面所反映的信息应与数字化图上的信息一致。

(2)GPS RTK碎部测量(见表15-2-7)。

表15-2-7 RTK地形测量主要技术要求表

等级	点位中误差/图上mm	高程中误差	与基准站的距离/km	观测次数	起算点等级
碎部点	≤±0.5	相应比例尺成图要求	≤10	1	平面图根、高程等外以上

RTK 碎部点测量时，应正确获取坐标系的转换关系。当测区面积较大，采用分区求解转换参数时，相邻分区应不少于 2 个重合点；

RTK 碎部点测量平面坐标转换残差应≤图上±0.1mm。RTK 碎部点测量高程拟合残差应≤1/10 基本等高距；

RTK 碎部点测量流动站观测时可采用固定高度对中杆对中、整平，每次观测历元数应大于 5 个；

作业前，应检测 2 个以上不低于图根精度的已知点，检测较差平面不大于图上 0.2mm，高程不大于 1/5 基本等高距；

连续采集一组地形碎部点数据超过 50 点，应重新进行初始化，并检核一个重合点。当检核点位坐标较差≤图上 0.5mm 时，方可继续测量；

RTK 地形测量外业采集的数据应及时从数据记录器中导出，并进行数据备份，同时对数据记录器内存进行整理；

(3)地形碎部表示要求。

碎部点高程注记采用全注记方式，小数注记至 0.1m；

地形变化特征点(山顶、山脊、山谷、变坡点等)需实测注高程点，斜坡顶部、底部需测注高程点，加固坎和土坎顶部、底部需测注高程点(底部不测注高程点则需量注坎高)。冲沟顶部和底部需测注高程点；

(4)内业处理数据要求。

内业处理数据时，绘制大面积等高线宜采用高程点建立 DTM 并计算等高线的方法，建模前应消除错误的高程点，建模后应对 DTM 三角形进行适当的处理，以保证所绘制的等高线的正确性和合理性，等高线应在图幅分幅完成之后拟合，不应出现折线，对于小范围的、复杂的局部地区一般宜采用手工绘制方法进行，但需注意绘制的等高线与周围的高程点的内插精度，不应出现点线矛盾的现象，等高线进出坎、斜坡等要合理，且有理有据，不应出现等高线穿越房屋、坎、水沟、河流、依比例尺道路等不合理的现象。计曲线的线宽用 0.3mm 表示，首曲线线宽用 0.15mm 表示。不应出现等高线高程赋值不正确和线宽混乱的现象，等高线注记不采用断开等高线的注记方式，坡顶、山谷、山脊应加绘示坡线。

15.2.2.4　地形图编辑

为满足农田整治的需要，依据《第二次全国土地调查土地分类图式、图例、色标》的规定。地形图数据图层、颜色与各要素分类见表 15-2-8。

表 15-2-8　数据图层设置信息表

层　名	图层代码	颜　色	分层内容
图幅整饰层	TK	黑色(7)	图名、图号、接合表、作业单位、测图方法、测图日期、坐标系统、高程系统、等高距、图式版本号、比例尺、作业员、检查员、内、外图框、图廓注记、方里网

续 表

层 名	图层代码	颜 色	分层内容
控制层	KZD	红色(1)	各等级控制点、水准点的点位、点名及高程注记
居民地层	JMD	黑色(7)	各种房屋结构注记、居民地名称注记、单位名称注记及附属设施、廊、台阶、天井、门、门顶、支柱、门墩、地下通道、围墙、栅栏、铁丝网、篱笆、活树篱笆等
工矿设施层	DLDW	黑色(7)	采掘场、水塔、储水池、取土场、传送带、漏斗、滑槽、贮罐、栈、坟、寺、庙、钟楼、碑、碉堡、塑像、烟囱及烟道、仓库、露天设备、场地、池、体育场地、台、窑、站、塔形建筑物、天桥等及其相应的注记说明
交通及附属设施层	DLSS	黑色(7)	公路、其他道路、道路及附属设施、架空索道、桥梁及道路材料注记、道路名及等级
管线及附属设施层	GXYZ	黑色(7)	电力线、通信线、各类管道、地下检修井、管道附属设施
水系及附属设施层	SXSS	蓝色(5)	河流、溪流、湖泊、水库、池塘、沟渠、涵洞、其他水利设施、泉、井、沼泽等其他陆地水系要素及其相应名称注记
地貌土质层	DMTZ	蓝色(5)	天然陡坎、陡岩、坡地、独立石、石堆、山洞、石坡地、沙地及山名、坎高等注记
等高线层	DGX	(24)	首曲线、计曲线、间曲线、示坡线、等高线注记
植被层	ZBTZ	绿色(3)	耕地、园林、林地、竹林地、草地、其他植被、地类界及其相应的注记说明
高程注记层	GCD	红色(1)	整饰后的高程点位及注记
高程全注记层	ZDH	红色(1)	全部高程点位及注记
注记层	ZJ	黑色(7)	各种地面材料注记(如水泥、土、空地等)、行政区划名、各种说明注记
界址层	JZD	黑色(7)	各级行政界线
说明注记	SMZJ	黑色(7)	各种测绘当中难以在图上表示,但需要说明的注记,如田坎取舍情况,地类判别情况等

15.2.2.5 质量控制

按照项目的实际情况实行项目质量负责人制度,项目质量负责人对该项目的成果质量负直接责任。项目开展前,必须组织作业人员进行技术培训,学习技术设计书及有关的技术标准、操作规程。生产岗位的作业人员必须严格执行操作规程,按照技术设计进行作业,并对作业成果质量负责。

对检查发现的不合格品，应及时进行跟踪处理，作出质量记录，采取纠正措施。对测绘成果质量问题较多或存在较大质量问题的，责成返工处理，直至符合要求。不合格品经返工修正后，必须重新进行质量检查直至合格。

生产作业人员做到自检互查，作业员提交的成果成图资料，必须是保证无原则性差、错、漏，并符合质量要求的成果，严禁半成品提交作业单位检查。作业单位检查比例为 100%，局服务公司质检处对完成过程检查的成果进行抽样检查，检查比例不少于 15%。作业员对检查意见要逐条认真修改，检查人员对修改意见应进行复查，作业员对成果资料应签名负责。

各级检查严格按照要求认真做好质量记录，以便质量状况有可追溯性和达到持续改进的目的，并便于复查。各道工序经过层层把关，严格实行生产全过程质量控制，必须保证成果质量。

复习思考题

(1)论述测绘在土地整治中的作用。

(2)如何进行控制测量?

(3)论述技术设计书的主要内容。

(4)简述碎步测量的主要方法。

第16章　土地整治项目后评价

16.1　土地整治项目后评价概述

土地整治项目评价属于项目后评价中的一种类型，其后评价的目标、程序、基本理论和方法都是在项目后评价的基础上发展形成的，土地整治项目后评价的发展将随项目后评价的发展而不断发展。

16.1.1　国外项目后评价发展趋势

国外项目后评价已经形成了较为完善的体系，近几年国外项目后评价的发展，呈现出以下几个方面的趋势。

(1)项目后评价的系统化、制度化发展趋势。

国外项目后评价的发展，表现为由分散、零碎的后评价向具有明确的法律和系统的规则、明确的管理机构的后评价发展的趋势。项目后评价的这种发展趋势，主要表现在后评价具有相应的法规支持，按法律规定设立机构，遵照法定程序进行工作，按照法律条文作出评价，按照法律要求进行信息反馈等几个方面。

(2)后评价的内容由单一性向多样性发展。

后评价的内容的发展，经历了从单一的财务评价，向包括财务评价、经济评价、环境影响评价、社会影响评价等综合项目后评价演变的过程。20世纪50年代以前，各国推行的项目后评价以财务评价为主要内容，以财务上的可行性为项目投资决策的主要评价指标。20世纪50～60年代，项目经济后评价盛行，以社会效益分析为主要内容，包括经济效率目标与社会公平分配目标两部分的评价，是一种以经济学为基础的狭义的社会评价。20世纪70年代以后，以美国颁布的国家环境政策法令(NEPA)为标志，项目建设与环境保护之间的关系受到重视，项目后评价开始将项目建设对环境的影响纳入评价范围。20世纪90年代，更多的人类学家及社会学家尝试把人类学及社会学的理论方法应用于项目社会后评价领域，试图用人类学和社会学的观点解释项目投资的成败。促使项目社会影响后评价在理论、体系等方面得到迅速、全面的发展。

(3)项目后评价倾向于对项目全过程进行评价。

早期的项目后评价只应用于完成后的效果或影响评价，对项目决策后的建设实施阶段评价较少。随着实践的深入和认识的不断提高，项目评价的时间范围开始扩展，从前评价到后评价，再到项目的全过程进行监督和管理的评价，逐步形成对项目全过程进行科学的预测、分析、监督、管理、总结等多个方面的完整体系，已成为一种对项目全过程和全面的评价，在项目监督管理方面发挥着重要的作用。

(4)国际金融组织日益成为推动项目后评价发展的重要力量。

国际金融组织在进行投资贷款项目后评价的日常工作的同时，不断强化其项目后评价的功能。机构董事会要求后评价部门对其贷款的部分项目进行后评价，如世行每年进行对其贷款项目总数的 15%的项目进行后评价，且结合项目后评价的结论评价各业务部门的工作质量和效果，成为内部监督的重要工具。

(5)政府部门的项目后评价职能在逐渐削弱，而立法部门的后评价职能在不断加强。

美国国会的后评价能力不断得到加强，有包括美国会计总署、国会图书馆和国会研究服务中心、预算办公室、国会技术评价办公室等四个具有后评价能力的支持机构向其提供后评价信息。

16.1.2　土地整治项目后评价进展

虽然国内外项目后评价和土地整治投资活动都有较长的历史，但真正意义上的专业化土地整治项目后评价的内容、体系、方法等理论研究和应用尚未见报道。当前，土地整治活动与土地整治项目后评价发展不相均衡，其原因主要有四个方面：

一是国外的土地所有制原因。西方发达国家无论在土地整治活动还是项目后评价方面，都积累了比较丰富的经验，形成了比较完善的机制。但由于西方发达国家的土地私有制，其土地整治投资多由农场主联合进行，土地整治过程缺乏通过项目后评价进行监督和考核的内在需求。如德国土地整治的组织者虽然是政府，但土地整治的执行单位是由土地所有者组成的参加者联合会，土地整治局只负责制定有关的规章制度和技术规则，指导土地整治活动的进行，或通过协调各种公共需要来促进土地整治活动的实现。土地所有者在整个土地整治过程中已经行使了监督和考核职能；

二是国内专业化土地整治起步较晚。我国实行土地社会主义公有制，土地整治属于政府对农业和农村的基础设施建设活动，对土地整治项目后评价信息具有内在需求，但我国专业化土地整治是自 1998 年国家土地整治中心成立后才开始，土地整治项目后评价尚未开展，其理论和方法还有待于研究；

三是土地整治属于经济效益低的基础性建设项目，其后评价缺乏经济效益动力；

四是土地整治项目与交通、能源等项目相比具有投资规模小、位置分散等特点，也限制了土地整治项目后评价的发展和完善。

16.1.3　推进我国土地整治项目后评价工作的建议

从总体上看，我国土地整治及相关项目后评价工作，尚处于起步阶段，还未形成规范化、制度化的体系，后评价的地位还没有法律规定，国家级的后评价机构尚未建立，项目的持续性后评价和环境、社会影响后评价还很薄弱，专职从事项目后评价的工作人员不多，且经验不足、业务水平不高，后评价数据库尚未建立，后评价的信息反馈机制还不完善等等。通过借鉴西方发达国家经验，对照我国土地整治及相关行业项目后评价发展现状，可以得到以下五方面的启示。

1)发展和完善土地整治项目后评价，首先要完善项目后评价的动力机制。

2)建立有效的后评价信息反馈机制，提高后评价信息利用效率。

3)制定和完善土地整治及相关项目后评价的法规支持体系。

4)建立完善的后评价机构体系，培训后评价专业人员。

5)构建土地整治项目后评价的内容体系，强调土地整治项目社会、生态环境影响后评价的理论与方法。

16.2 土地整治项目后评价案例分析

16.2.1 土地整治项目耕地质量评价的一般方法

土地整治项目耕地质量后评价工作是伴随土地整治工作开展而诞生的新内容，尚未形成自己的评价单元、评价方法和评价指标体系。与农用地分级相比，它研究的范围要小得多，项目区内土地质量前后的变化，有可能出现“级”的飞跃，也有可能仅仅“级”内土地质量的提高。尽管土地开发整理项目土地质量后评价与农用地分级在研究范围、目的等方面有较大的差异，但它们都是对土地(农用地)质量的评价，因此，可以借鉴农用地分级的方法来进行土地整治项目土地质量后评价。

目前农用地定级的方法主要有因素法、修正法、样地法 3 种。

(1)因素法。

因素法是通过对构成土地质量的自然因素和社会经济因素的综合分析，确定因素因子体系及影响权重，计算单元因素总分值，以此为依据客观评定农用地级别的方法。

(2)修正法。

修正法是在农用地分等指数的基础上，根据定级目的，选择区位条件、耕作便利度等因素计算修正系数，对分等成果进行修正评定出农用地级别的方法。其中，修正因素是指在区域范围内具有明显差异，对农用地级别有显著影响的因素，包括必选因素和参选因素。

(3)样地法。

样地法是以选定的标准样地为参照，建立特征属性计分规则，通过比较计算定级单元特征属性分值，评定土地级别的方法。样地法中所称的地块特征属性包括农用地的自然属性和经济属性。自然属性主要是土壤因素、区域内局部气候差异和地形因素；经济属性主要是经营便利度、农业工程配套度和农田平整度。

16.2.2　土地整治项目耕地质量评价方法的确定

对于特定的土地整治项目区而言，影响其耕地质量的因素很多，可根据土地整治项目的区域、类别和用途，建立不同的土地质量评价指标体系，然后将评价指标进行标准化，对评价单元的分值进行测算，根据分值的大小确定土地质量的高低水平。因素法在耕地质量评价方面有较强的可操作性，评价结果易于比较并在实际中应用，可选作本次土地后评价研究的方法。

16.2.3　评价单元

土地评价单元是土地分等定级评价的基础空间单位，确定评价单元以保证评价结果落实到一定的区域上，从而对其进行鉴定、评估，是土地整治项目耕地质量评价的基础。

目前，关于定级单元的划分主要有四种方法：

一是将同比例的土地利用现状图与地形图、土壤图叠加，形成的封闭图斑即为有一定地形特征、土壤性质和耕地类型的定级单元。

二是以工作底图上明显的地物界线或权属界线为边界，将主导特性相对均一的地块，划分为农用地定级单元，也称为地块法。这种方法用于评价项目区整理后的土地质量比较好，项目实施后，有明显的沟、渠、路将项目区分成土地质量相对均一的多个地块。但整理前的土地非常破碎和零乱，对于整理前土地评价不适宜采用此方法。

三是用一定大小的网格作为定级单元。网格法划分定级单元适用于定级因素空间变化不明显地区。

四是多边形法，将所有定级因素分值图进行叠加，最终生成的封闭多边形即为定级单元。多边形法适用于所有定级类型和地区。

本项目采用“以网格为基本定级单元，多因素综合评判法确定单元作用总分值，根据聚类原理，采用总分频率法确定土地级别分值界限，依次划分土地级别，并将土地级别落实到以道路等自然地物为边界的应用评价单元上，根据实地情况进行校核”的技术路线，进行综合和分类定级，以 50m×50m 网格作为基本评价单元。

16.2.4　评价指标体系

1. 确定评价指标体系

因素是对耕地质量差异有显著影响的自然条件因素、农田基本建设因素和社会经济因素，某些因素可分解为多个因子，构成因素体系。指标体系的选择既需要考虑土地整治项目本身的特点，同时也要针对具体的土地整治项目。

土地整治项目整理前后耕地质量的差异是由于工程建设造成的，土地整治工程主要投入在土地平整、农田水利、田间道路和农田防护林工程，土地整治工程使得整理后耕地连片平整、灌排能力提高、农田的通达性增强、景观效应和减轻气候灾害的能力改善，最终的结果是耕地质量的提高。项目区气候温和湿润，植被覆盖率较高，农田整理前后防护林的效果并不明显，故本次质量后评价不考虑防护林因素。灌排条件的改善对于耕地质量的影响显著，整理后项目区内田块设计灌排标准统一，整体上反映了整理前后的灌排差别，因此灌排条件设置灌排保证程度因子。沟渠等级的不同虽然反映了工程投入的差别，但对于田块质量评价意义不大，并且沟渠等级与灌排保证程度两个因子间关联度较大，不符合指标选取的独立性要求，故不再选择该因子。田块条件以田块平整度和田块规格（指田块的规则程度）两个指标因子反映整理前后质量差别。道路工程的建设，不但改变了整理前后的农田基本条件，而且有效改变项目区内部各田块之间的差异性，选择道路密度作为基本因子。

项目区的自然条件和社会经济条件也是影响耕地质量的重要因素，由于气候是项目区的普适性因素，对整理前后耕地质量的影响可以不计。土壤条件是重要的自然因素，对于土地整治项目，工程的实施将改变土壤的特性从而影响耕地的质量。地形条件对于宏观地域的耕地质量评价意义明显，对于土地整治项目区，微地形地貌对耕地质量的影响较大，在本项目中，开阔平原地区和大坑地区质量差异较大。另外，土地的通勤状况直接影响耕地的经营成本，以出行距离反映田块的通勤状况；产出水平则是以上因素综合作用的结果，同时兼有耕地的管理经营等因素的影响，在本项目中假设各田块的管理水平是一致的。

分析土地整治项目影响土地质量的要素的特点，经过专家讨论，选取 3 个基本因素，8 个因素，共 10 个因子（见图 16－2－1）。

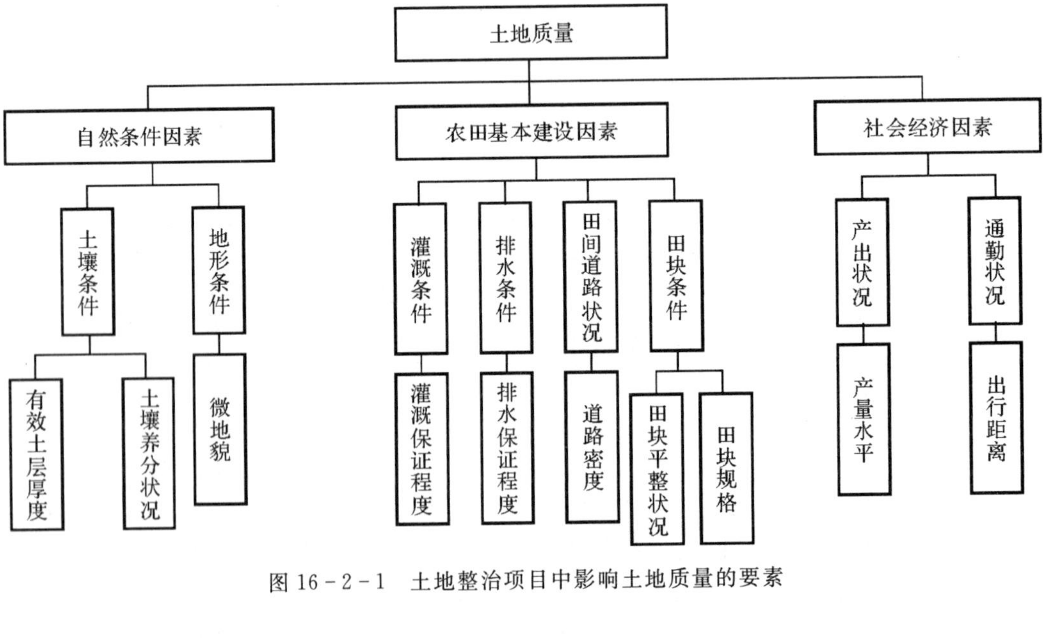

图 16－2－1　土地整治项目中影响土地质量的要素

2. 评价指标的分级描述

在耕地质量评价因素的描述中，有的评价因素如土壤有机质含量用百分数等定量的数据对其特征进行描述；有的因素如微地貌可采用定性的术语（见表 16－2－1）。

表 16-2-1　土地整治项目耕地质量评价因素分级描述

序　号	评价因素	特征描述方法	因素特征分级标准
1	有效土层厚度	可量测的土壤性质，其值过小不适于农作物生长。可定量	25～30cm
			15～25cm
			15cm 以下
2	综合有机质含量	可量测的土壤性质，其值过小不适于大田农作物生长。可定量用百分数描述	3.5%～4.5%
			3%～3.5%
			2.5%～3%
			2%～2.5%
3	微地貌	可量测或描述的地形地貌性质，其值不同影响农作物的生长	平原地区（大田）
			局部大坑
4	灌溉保证程度	可用数据反映的灌溉条件，其值越接近 100%，灌溉保证程度越高。可定量用百分数描述	灌溉保证率 90%以上
			75%～90%
			75%以下
5	排水保证程度	可描述的排水条件，反映受地形和排水体系共同影响的雨后地表积水情况	有完善的排水系统，能及时排出涝水，作物不受淹
			排水体系一般，丰水年大雨后作物短期受淹
			排水体系较差，丰水年大雨后作物受淹
6	道路密度	描述农用地所处位置的交通便利程度，一个地方的道路密度越大，生产就越方便，反之越不方便。反映土地整治项目的工程投入	生产便利
			生产不便利 地形坡度＜2°，平整度高
7	田块平整度	可描述的田块平整情况，平整度高的田块利于农作物的灌溉和机械操作	地形坡度 2°～5°，平整度较高
			地形坡度 5°～8°，平整度一般
			地形坡度 8°以上
8	田块规格	反映整理前后田块零散破碎情况的指标，定性描述	规则
			不规则
9	单位产量		1 200kg 以上/亩
			1 000～1 200kg/亩
			800～1 000kg/亩

续 表

序 号	评价因素	特征描述方法	因素特征分级标准
10	出行距离	可量测的农用地所处地点与最近居民点的距离，可用定量的公里数来描述	＜0.5km
			0.5～1km
			＞1km

16.2.5 耕地质量评价因素分值的确定

1. 评价因素的分级与赋值。

在选定的耕地质量评价的各因素中，有的因素可定量划分，有的因素需要定性描述见表16-2-2，1，2，3，4分别代表该因素相对应的级别，从100到10分为相应的分值。

表16-2-2 土地质量评价因素级别——分值对照表

项目＼分值	权重	100	90	80	70	60	50	40	30	20	10
有效土层厚度	0.125	1		2		3					
土壤养分状况	0.102	1	2	3	4						
微地貌	0.123	1			2						
灌溉保证程度	0.162		1		2		3				
排水保证程度	0.156		1		2		3				
道路密度	0.082		1			2					
田块平整度	0.038	1		2		3		4			
田块规格	0.021	1			2						
单位产量	0.081	1		2		3					
出行距离	0.108	1	2	3							

2. 计算整治前后项目区耕地的综合质量指数

根据土地质量评价指标及其分级标准，确定出待评价土地各项因素的等级，然后对照土地质量评价因素级别——分值对照表查找出对应的权重和分值，从而计算出待评价土地质量的综合分值。

计算公式为

$$C=\sum_{i=1}^{n}A_iB_i \tag{16-2-1}$$

$$C=\sum_{i=1}^{n}A'_iB_i \tag{16-2-2}$$

式中　C——整治前项目区耕地质量综合分值；

C——整治后项目区耕地质量综合分值；

A——整治前各评价等级分值；

A'——整治后各评价等级分值；

B——因素权重；

n——评价因素的个数。

3.定级单元分值计算

影响耕地质量的因子根据其空间的分布类型可分为点状因子和面状因子(表16-2-3)。

1）点状因子。

点状因子相对整个评价区域范围而言为点状分布，其对耕地质量的影响既与因子涉及的设施规模有关，也与设施的相对距离有关，如城镇、村庄等。

2）面状因子。

面状因子呈片状均匀分布，具有全域覆盖性质。其对耕地质量的影响仅与因子指标有关系。如微地貌、田块规格、有效土层厚度等。

4.作用分衰减模型

计算影响因素因子对评价单元的作用分值是整个质量评价的关键，它直接影响耕地质量评价的结果。同一类型影响因素对评价单元的影响随影响因素与评价单元的距离增加而变化，不同类型因子对同一区域的耕地质量影响方式不同。计算作用分值的衰减模型通常有以下两种形式：

直线模型为

$$f_{ij}=F_i\times(1-r) \tag{16-2-3}$$

指数模型为

$$f_{ij}=\begin{cases}F_i^{(1-r)}, & r<1\\ 1, & r\geqslant 1\end{cases} \tag{16-2-4}$$

式中　f_{ij}——i影响因子j点网格点的作用分值；

F_i——i影响因子的功能分；

r——i影响因子至j网格点的相对距离。

其中，r可按下式计算，有

$$r=\begin{cases}d/R, & d<R\\ 1, & d\geqslant R\end{cases} \tag{16-2-5}$$

式中　d——影响因子到网格点的实际距离；

R——影响因子的最大影响半径(或作用半径)。

表 16-2-3 耕地质量评价影响因素作用分值计算说明

一级影响因子	二级影响因子	三级影响因子	因子类型	计算模型
自然条件因素	土壤条件	有效土层厚度	面状因子	各区片范围内均匀分布
		土壤养分状况	面状因子	各区片范围内均匀分布
	地形	微地貌	面状因子	各区片范围内均匀分布
农田基本建设因素	灌溉条件	灌溉保证程度	面状因子	各区片范围内均匀分布
	排水条件	排水保证程度	面状因子	各区片范围内均匀分布
	田间道路状况	道路密度	面状因子	各区片范围内均匀分布
	田块条件	田块平整度	面状因子	各区片范围内均匀分布
		田块规格	面状因子	各区片范围内均匀分布
社会经济因素	产出状况	单位产量	面状因子	各区片范围内均匀分布
	通勤状况	出行距离	点状因子	以设施边界为基础在服务半径向外衰减

计算点状因子作用分值时，其距离计算一般采用空间直线距离，即点状因子对评价单元的影响大小是随着距点状定级因子距离增加而变化的，它忽略了点状定级因子与评价单元之间的可通达性，如自然地物（山地、河流、湖泊等）和人文地物（建筑物、村庄、居住区等）的阻隔影响，评价区域内有数处海拔不等的山地，平坦区域集中于东南部地区和山间谷地，同时分布有若干规模不等的村庄，所以在计算点状因子作用分值时，要考虑这类障碍地物的影响。

16.2.6 质量级别分区

对总分值作频率统计，绘制频率直方图，按土地优劣的实际情况确定级别界限的总分临界值。在确定了总分临界值后，根据总分临界值绘出等值线，最后依据等值线确定各级别界限（见表 16-2-4）。

表 16-2-4 整治前后质量级别分值

质量级别	整理前	整理后
质量一级区	85 分以上	85 分以上
质量二级区	70～85 分	70～85 分
质量三级区	70 分以下	70 分以下

通过统计计算，I 片区整治前耕地质量分为三级。综合分值 85 分以上的一级区面积有 71.60 公顷，占总面积的 6.54%；综合分值介于 70～85 分的二级区面积有 91.85 公顷，占总面

积的 8.39%;综合分值在 70 分以下的三级区面积 931.33 公顷,占总面积的 85.07%。整治后耕地质量分为二级。85 分以上的一级区面积约为 1 022.20 公顷,占总面积 93.37%;二级区域面积为 72.58 公顷,占总面积的 6.63%。

II 片区整治前耕地质量分为三级。综合分值 85 分以上的一级区面积有 292.59 公顷,占总面积的 28.54%;综合分值介于 70～85 分的二级区面积有 196.02 公顷,占总面积的 19.12%;综合分值在 70 分以下的三级区面积 536.59 公顷,占总面积的 52.34%。整治后耕地质量分为二级。85 分以上的一级区面积约为 638.39 公顷,占总面积 62.27%;二级区域面积为 386.81 公顷,占总面积的 37.73%。

复习思考题

(1)简述土地整治项目后评价的含义。

(2)论述如何进行土地整治项目后评价。

第 17 章　土地整治项目工程监理

17.1　土地整治项目工程监理概述

17.1.1　土地整治项目工程监理的概念

土地整治项目工程监理(以下简称项目监理)是指具有相应资质的监理企业,接受实施单位的委托,承担其项目工程管理,并代表实施单位对施工单位的建设行为进行监控的专业化服务活动。

我国工程监理的发展。工程监理是 20 世纪 80 年代中后期伴随我国建设管理体制改革的深化和参照国际惯例组织工程建设的需要,在我国建设领域推行的一项科学管理制度。它的出现,目的在于改进我国工程项目管理体制,提高建设水平和投资效益。它与我国工程建设领域改革中的诸项成功而有效的措施有机地融为一体,更加完善配套。自 1988 年开始我国工程监理试点工作在全国范围内开展至今,我国的工程监理事业已经走过了 20 多年时间。随着社会主义改革的不断深化和市场经济的活跃发展,工程监理事业在我国各项基础设施领域中的发展都非常迅速。

我国工程监理存在的主要问题。现阶段,我国工程监理的主要内容还是停留在施工监理阶段,这同发达国家相比还存在一段差距,在思想认识、理论研究、管理体制、法规建设及实际操作中仍存在诸多问题:监理行业发展还不成熟,行业内各单位的发展很不均衡,监理企业之间的差异较大;监理的影响力较小。目前仅在施工阶段开展了监理工作,难以真正为业主提供可行性分析、项目策划、招标代理、造价咨询等一条龙的管理服务;监理方式不能与国际接轨。国际上目前采取的方式多为项目管理承包方式,这在本质上有别于我国的项目管理模式。对工程实施全过程监理是保证工程质量、控制工程造价、提高投资效益的有效方法。

17.1.2　监理工作目标

监理工作目标包括总目标、工期控制目标、质量控制目标、投资控制目标四方面的内容。

1)监理工作的总目标:土地整治项目监理目标控制是根据业主方提出的监理委托要求,通过目标规划、风险管理和动态控制、使监理工程项目的实际投资不超过合同投资,实际建设周期不超过合同建设周期,确保净增耕地面积达到规划设计数量;各类单体工程通过当地质检机构的合格验收;同时保证业主所要求的使用功能得以圆满实现,最终一次通过专家组的验收;

尽可能好地实现项目的社会效益目标、投资目标、进度目标、质量目标的四者统一。

2)工期控制目标:以合同工期为控制目标。

3)质量控制目标:施工承包合同所规定的质量目标。

4)投资控制目标:以合同价为控制目标,确保工程总的造价不突破业主的投资计划。

17.1.3　监理工作范围

土地整治工程监理范围包括工程项目开工前期工作、施工全过程监理及保修期间的监理,对工程进行质量、进度、投资、安全四控制,对工程合同、信息进行管理,对业主、施工单位、施工现场进行协调等。

17.1.4　监理工作依据

监理工作依据以下几方面开展工作。

1)国家有关工程建设的法规、标准、规范。

2)经批准的规划设计和工程的设计文件。

3)委托人与建设相关方签订的合同。

17.1.5　土地整治项目监理的基本原则

土地整治项目监理的基本原则包括以下几方面。

(1)公正、独立、自主的原则。

项目监理必须尊重科学、尊重事实,坚持公正、独立、自主的原则。监理人员应在合同约定的权、责、利关系的基础上,组织各方,协同配合,维护有关各方的合法权益。

(2)权责一致的原则。

项目监理单位承担的职责应与承担单位授予的权限相一致。项目实施各方应在监理合同和工程合同中明确监理目标和工作内容,按合同约定履行所承担的监理业务和责任。

(3)严格监理、热情服务的原则。

监理人员要严格按照政策法规、规范标准和合同,控制项目建设的目标,依照既定的程序和制度,认真履行职责,严格监理施工单位建设行为,热情服务承担单位,维护其正当权益。

17.1.6　监理工作基本运行程序

监理工作基本运行程序分以下几个步骤进行。

1)委派项目总监理工程师;

2)落实监理部内部监理工作计划,明确各监理人员分工和职责;

3)熟悉与工程有关的各项资料;

4)根据监理委托合同、监理大纲和工程特点,编制“工程监理规划,监理实施细则”,待业主审定后实施;

5)编制各相关专业监理控制要点；

6)开展监理活动；

7)监理工作总结。

17.1.7 土地整治项目监理的性质

土地整治项目监理具有服务性、科学性、独立性和公正性。

(1)服务性。

监理单位既不直接进行设计，也不直接进行施工；既不向实施单位承包造价，也不参与施工单位的利益分成。在土地整治中，监理人员利用自己的知识、技能和经验、信息以及必要的试验、检测手段，为实施单位提供技术、管理服务。

(2)科学性。

科学性主要表现在：监理单位应当由组织管理能力强、土地整治经验丰富的人员担任总监理工程师；应当有足够数量的、丰富管理经验和应变能力的监理工程师组成的骨干队伍；要有一套健全的管理制度，要有现代化的管理手段；要掌握先进的管理理论、方法和手段；要积累足够的技术、经济资料和数据；要有科学的工作态度和严谨的工作作风，要实事求是、创造性地开展工作。

(3)独立性。

监理单位必须建立独立的组织，按照自己的工作计划、程序、流程、方法、手段，根据自己判断，独立地开展工作。监理单位与施工单位不得有隶属关系和其他利害关系。土地整治监理单位应当严格地按照有关法律、法规、规章、土地整治文件、土地整治技术标准、土地整治委托监理合同、有关的土地整治合同等的规定实施监理。

(4)公正性。

公正性是社会公认的职业道德准则，是监理行业能够长期生存和发展的基本职业道德准则。在开展土地整治工程监理的过程中，工监理单位应当排除各种干扰，客观、公正地对待实施单位和施工单位。

17.1.8 土地整治项目工程监理的岗位职责

土地整治项目工程按岗位分为监理工程师、监理工程师和监理员，其职责也有所不同。

(1)总监理工程师的职责。

1)确定项目监理机构人员的分工和岗位职责；

2)负责管理项目监理机构的日常工作，对项目监理机构中监理人员的工作进行考核，根据项目进展情况和监理人员的工作表现，及时调整监理人员；

3)主持编写项目监理规划、审批项目监理实施细则；

4)组织或参加工地例会，主持监理专题会议，签发项目监理机构的重要文件和指令；

5)组织编写并签发监理月报、监理工作阶段报告、专题报告和项目监理工作总结；

6)审定承包单位提交的开工报告、施工组织设计、技术方案和进度计划；

7)审查分包单位的资质；

8)审核签认分部工程和单位工程的质量验收资料，审查承包单位的竣工申请，组织监理人员进行完工预验收，参与项目的竣工验收，签署《竣工移交证书》；

9)主持审查和处理工程变更，审批工程延期；

10)审核签署承包单位的付款申请、工程款支付证书和竣工结算；

11)参与工程质量事故及安全事故的调查；

12)主持整理并移交工程项目监理资料，定期检查项目监理日志。

(2)监理工程师的职责。

1)参与编制监理规划，负责编制本专业的监理实施细则；

2)负责本专业监理工作的具体实施；

3)组织、指导、检查和监督本专业监理员的工作，当人员需要调整时，向总监理工程师提出建议；

4)审查承包单位提交的涉及本专业的计划、方案、申请、变更和施工组织设计中本专业部分；

5)负责本专业单元工程验收及隐蔽工程验收；

6)定期向总监理工程师汇报本专业监理工作实施情况，对重大问题及时向总监理工程师报告和请示；

7)根据本专业监理工作实施情况做好监理日记；

8)负责收集、汇总、整理本专业监理资料，参与编写监理月报，填写监理日志；

9)核查进场材料、设备、构配件的原始凭证、检测报告等质量证明文件及其质量情况，根据实际情况认为有必要时对进场材料、设备、构配件进行平行检验，合格时予以签认；

10)负责本专业的工程计量工作，审核工程计量的数据和原始凭证；协助总监处理变更、质量和安全事故，并提出初步意见；

11)协助总监理工程师协调参建各方之间的工作关系，按照职责权限处理施工现场发生的有关问题。

(3)监理员的职责。

1)在专业监理工程师的指导下开展现场监理工作；

2)检查承包单位投入工程项目的人力、材料、主要设备及其使用、运行状况，并做好现场检查记录；

3)核实进场原材料质量检验报告和施工测量成果报告等原始资料；

4)核查关键岗位施工人员的上岗资格，检查、监督工程现场的施工安全和环境保护措施的落实情况，发现异常情况及时向监理工程师报告；

5)按设计及有关标准，对承包单位的工艺过程或施工工序等进行检查和记录；

6)复核或从施工现场直接获取工程计量的有关数据并签署原始凭证；

7)担任旁站工作,发现问题及时指出并向专业监理工程师报告;

8)做好监理日记和有关的监理记录。

17.1.9 监理机构的主要工作方法

监理机构的主要工作方法包括以下几方面。

(1)现场记录。

监理机构认真、完整记录每日施工现场的人员、设备和材料、天气、施工环境以及施工中出现的各种情况。

(2)发布文件。

监理机构采用通知、指示、批复、签认等文件形式进行施工全过程的控制和管理。

(3)旁站监理。

监理机构按照监理合同约定,在施工现场对工程项目的重要部位和关键工序的施工,实施连续性的全过程检查、监督与管理。

(4)巡视检验。

监理机构对所监理的工程项目进行的定期或不定期的检查、监督和管理。

(5)跟踪检测。

在承包人进行试样检测前,监理机构对其检测人员、仪器设备以及拟订的检测程序和方法进行审核;在承包人对试样进行检测时,实施全过程的监督,确认其程序、方法的有效性以及检测结果的可信性,并对该结果确认。

(6)平行检测。

监理机构在承包人对试样自行检测的同时,独立抽样进行的检测,核验承包人的检测结果。

(7)协调解决。

监理机构对参加工程建设各方之间的关系以及工程施工过程中出现的问题和争议进行的调解。

17.2 目标控制主要内容与方法

17.2.1 施工准备阶段监理工作

施工准备阶段监理的主要工作包括以下内容。

(1)检查监理自身准备工作。

1)根据所监理工程的性质、规模、特点、工期等情况,建立由总监理工程师负责的现场监理部。安排监理人员,并针对所监理项目的特点,进行必要的上岗人员培训,全面熟悉建设监理合同条件,清楚了解自身的权利和义务;同时全面熟悉工程施工合同条件,以便监理工作中严格按照合同条件去处理和解决问题;熟悉质量记录等各种表式的填写方法。

2)针对所监理工程的对象和内容收集有关资料,一般应包括:工程建设法律、法规、规章,项目建设计划、设计文件和合同文件,有关规程、规范和标准,材料和设备技术资料等。

3)在监理合同生效后,应立即组织编制监理规划,在约定的期限内报送项目法人。

4)监理人员进场后,项目或专业监理工程师应尽快了解和熟悉自己负责的监理工作情况,开工前编写项目/专业监理实施细则,经总监理工程师批准后报送项目法人,同时抄送承包人。

5)监理部接收由项目法人依据监理合同提供的通信工具、办公设施和办公、生活用房等,建立工作和生活环境。

6)参加项目法人主持或与项目法人联合主持召开的第一次工地会议,负责起草会议纪要,并经与会各方代表会签。

(2)督促、验证项目法人准备工作。

监理部对项目开工前项目法人应提供的条件完成情况需进行督促和验证,对可能影响承包人按时进场和工程按期开工的问题提出处理意见报项目法人,并请项目法人尽快采取有效措施解决存在的问题。

1)检查首批开工项目设计图纸和文件是否已按供图时间及时到位。

2)检查开工前需要办理的各类手续是否办妥。协助项目法人办理开工申请,向质量监督部门办理质量监督手续。

3)检查施工用地能否按时提供及施工合同中规定应由项目法人提供的场外道路、供电、供水、通讯等条件能否满足工程开工的要求。

4)检查控制性高程点、坐标点的移交情况。

5)检查首次预付款支付情况并了解资金到位情况以及由项目法人供货的设备材料订货情况。

6)检查工程保险情况并进行风险分析预测。

(3)检查承包人施工准备工作。

1)检查承包人派驻现场的主要管理人员数量及资格是否与合同文件一致,如有变化,需征得项目法人同意。

2)检查承包人进场施工设备的数量、规格、生产能力、完好率及设备配套的情况是否满足工程开工及随后施工的需要。经检查存在问题或隐患的施工设备,应督促承包人尽快检修或撤离工地更换。

3)检查承包人进场原材料、构配件和工程设备的质量、规格、性能是否符合有关技术标准和技术条款的要求,原材料、构配件和工程设备的储存量是否满足工程开工及随后施工的需要。

4)检查承包人的质量管理体系、技术管理体系和质量保证体系,包括:

①质量管理、技术管理和质量保证的组织机构。

②质量管理、技术管理规章制度等有关质量保证体系文件。

③专职管理人员(项目经理、专职质量检测人员等)和特种作业人员资格证、上岗证。

5)审核承包人提出的分包申请,包括拟分包项目的内容和范围,分包人的营业执照、资质等级证书及相关许可证书、人员、设备、技术条件、施工经验(业绩)等,同意后报项目法人。

6)检查承包人的安全保障体系、施工安全防护措施、环境保护措施及规章制度制定情况。检查消防、救助等设施。

7)审批承包人提交的施工组织设计(方案)与施工总进度计划。

依据监理控制性总进度计划审批承包人提交的施工总进度计划,只有经监理工程师批准的施工进度计划才能作为实际执行的进度计划,并依此检查实际施工进度。

8)审核应由承包人负责提供的设计文件和图纸的完成情况。

9)检查按照施工技术要求需要做的各种试验进展情况。

10)审核承包人在施工准备完成后递交的工程开工申请报告。

(4)签发开工令。

总监理工程师在审查项目法人和承包人的施工准备情况满足上述开工条件后,方可签发开工令。承包人开工申请按合同项目、单位工程、分部工程、工序(单元工程)四级划分进行。监理工程师应严格审查各项工程开工条件,审批开工申请。工序、单元工程、分部工程的开工,可依据监理合同和总监理工程师的授权,由项目/专业监理工程师签发。

17.2.2 工程质量控制监理工作

工程质量监理工作主要包括以下内容。

(1)在施工过程中,当承包人对已批准的施工组织设计进行调整、补充或变动时,将由项目/专业监理工程师审查,并经总监理工程师签认。

(2)项目/专业监理工程师将要求承包人报送重点部位、关键工序的施工工艺和确保工程质量的措施,审核同意后在《施工工艺措施报审表》上予以签认。

(3)当承包人采用新材料、新工艺、新技术、新设备时,项目/专业监理工程师将要求承包人报送相应的施工工艺措施和证明材料,组织专题论证,经审定后在《施工工艺措施报审表》上予以签认。

(4)对承包人在施工中报送的施工测量放线成果进行复验和确认。

(5)工程材料、构配件和工程设备的检验。

1)督促承包人根据拟使用的工程材料、构配件和设备,填写《工程材料/构配件/设备使用报审表》连同质量证明资料报项目/专业监理工程师进行复核。由项目/专业监理工程师对拟使用的实物按照委托监理合同约定或有关规范规定的比例采用平行检验或见证取样方式进行抽检。监理人员应作好记录,填写《工程材料/构配件/设备检验记录表》。

对合同规定的材料和工程设备,将按与承包人商定的时间和地点共同进行进检查和检验。若未按商定的时间派员到场参加检查或检验,除监理部另有指示外,承包人可自行检查或检验,并立即将检查或检验结果提交监理部。监理部应在事后确认承包人提交的检查或检验结果，若监理部对承包人自行检验的结果有疑问时可进行抽样检验。

对未经监理人员验收或验收不合格的工程材料、构配件和设备，监理人员将拒绝签认，并签发《监理工程师通知单》，书面通知承包人限期将不合格的工程材料、构配件和设备撤出现场。

2)对于项目法人提供的工程设备，按照以下要求进行控制：

①合同规定由项目法人提供的工程设备的名称、规格、数量、交货地点和计划交货日期，均规定在专用合同条款中。

②承包人应根据合同进度计划的安排，提交一份满足工程设备安装进度要求的交货日期计划报送监理部审批，并抄送项目法人。监理部收到上述交货日期计划后，应与项目法人共同协商确定交货日期。

③当项目法人提供的工程设备不能按期交货时，监理部应用《监理工作联系单》要求项目法人送交交货延期的说明，并及时通知承包人。

④项目法人要求按专用合同条款中规定的提前交货期限内交货时，承包人不应拒绝，并不得要求增加任何费用。

⑤承包人要求更改交货日期时，应事先报监理部批准。

3)监理部一旦发现承包人使用的施工设备影响工程进度或质量时，应发《监理工程师通知单》要求承包人更换施工设备。

4)额外检验和重新检验。

若监理部要求承包人对某项材料和工程设备的检查和检验在合同中未作规定，监理部可以指示承包人增加额外检验。

不论何种原因，若监理部对以往的检验结果有疑问时，可以指示承包人重新检验。

5)承包人未完成监理部指示的检查和检验工作，监理部可以派自己的人员或委托具有相应资质的检验机构或人员进行检查和检验。

6)现场材料试验。

总监理工程师在审查承包人的质量保证体系时，将查看承包人在工地建立的试验室、配备的人员和设备。按合同规定要求承包人进行各项材料试验，并为监理部进行质量检查提供必要的试验资料和原始记录。监理部在质量检查和检验过程中若需抽样试验，所需试件应由承包人提供，监理部可以使用承包人合格的试验设备。

7)主要建筑材料的检验频次。

监理部规定的取样规则和检验方法督促承包人抽样送检，并鉴证抽样送检过程和结果。

(6)监理部应定期检查承包人的直接影响工程质量的计量设备的技术情况。作好记录。

(7)按《监理实施细则》中确定的质量控制点安排监理人员对施工过程进行巡视和检查。建立监理质量监控体系，确定需旁站的工程关键部位、关键工序和质量控制点，协助承包人建立健全质量保证体系，形成完善的质量管理体系。对隐蔽工程的隐蔽过程、下道工序施工完成后难以检查的重点部位，由项目/专业监理工程师进行旁站，并在《监理日志》上作好旁站记录。

(8)隐蔽工程和重要部位的质量检验。

1)对未经监理人员验收或验收不合格的工序,监理人员将拒绝签认,并严禁承包进行下一道工序的施工。

2)经承包人的自检确认隐蔽工程和工程隐蔽部位具备覆盖条件后,要求承包人通知监理部进行检验,通知应说明检查地点、内容和检查时间,并附有承包人自检记录和必要的检查资料。监理部按照通知约定的时间派人员到场进行检查,在监理人员确认质量符合施工合同《技术条款》要求时,在检查记录上签字后,承包人才能进行覆盖。

3)监理部将在约定的时间内到场进行隐蔽工程和工程隐蔽部位的检查,不得无故缺席或拖延。

(9)由项目/专业监理工程师督促承包人在自检合格的前提下及时报送《单元工程质量评定表》或《工序工程质量评定表》以及验收资料进行审核,并根据平时巡视、旁站和检查情况,及时评定单元或工序工程质量等级。作好记录。

(10)对施工过程中出现的质量缺陷,由项目/专业监理工程师及时下达监理工程师通知单》,要求承包人进行整改并填写《监理工程师通知回复单》,并检查整改结果,签署复查意见。作好登记和记录。

(11)根据委托监理合同的规定,由总监理工程师组织分部工程验收。

(12)当工程建设达到一定关键阶段时参加阶段验收。

17.2.3 工程投资控制监理工作

工程投资控制监理工作的内容如下:

(1)监理部应按施工合同约定的工程量计算规则和支付条款进行工程量计量和工程款支付,并按下列程序进行工程计量和工程款支付工作:

1)承包人统计经项目/专业监理工程师质量验收合格的工程量,按施工合同的约定填报工程量清单和《工程款支付申请表》;

2)项目/专业监理工程师进行现场计量,按合同约定审核工程量清单和《工程款支付申请表》,并报总监理工程师审定,作好登记和记录;

3)总监理工程师在施工合同约定的时间内签署《工程款支付证书》,并报项目法人。作好登记和记录。

(2)根据下列要求进行工程量的计量。

监理部对承包人提交的当月工程量清单进行复核,以确定当月完成的工程量,有疑问时,可以要求承包人派人员与监理部共同复核,并可要求承包人进行抽样复测。

若承包人未按监理部的要求派代表参加复核,则监理部复核修正工程量应视为承包人实际完成的准确工程量。

监理部认为有必要时,可要求与承包人联合进行测量计量,承包人应遵照执行。

(3)审核承包人每月报送的工程量清单,清单应包括以下内容。

1)已完成的施工合同《工程量清单》中的工程项目及其客观存在项目的应付金额。

2)经监理部签认的当月计日工支付凭证标明的应付金额。

3)工程材料预付款金额。

4)价格调整金额。

5)根据合同规定承包人应有权得到的其他金额。

6)扣除应由项目法人扣还的工程预付款和工程材料预付款金额。

7)扣除由项目法人扣留的保留金额。

8)扣除按合同规定应由承包人付给项目法人的其他金额。

(4)监理部有权通过对以往历次已签证的《工程款支付证书》的汇总和复核中发现的错、漏或重复进行修正或更改;承包人亦有权提出此类修正或更改。经双方复核同意的此类修正或更改,将列入《工程款支付证书》中予以支付或扣除。

(5)施工合同《工程量清单》中的总价承包项目,签订施工合同后首先将总价承包项目进行分解,并将分解表提交总监理工程师审批。

(6)监理部将按下列程序进行竣工结算。

1)承包人按施工合同规定填报竣工结算申报表;

2)项目/专业监理工程师审核承包人报送的竣工结算报表;

3)总监理工程师审定竣工结算报表,与项目法人、承包人协商一致后,签发竣工结算文件和最终的工程款支付证书报项目法人。

(7)总监理工程师将从造价、项目的功能要求、质量和工期以及施工合同要求等方面审查工程变更的方案,并在工程变更前与项目法人、承包人协商确定工程变更的价款。

(8)未经监理人员质量验收合格的工程量,或不符合施工合同规定的工程量,监理人员将拒绝计量和拒绝签署该部分的工程款支付申请。

(9)监理部应按施工合同约定的工程量计算规则和支付条款进行工程量计量和工程款支付。

(10)由项目监理工程师及时收集、整理有关的施工和监理资料,为处理费用索赔提供证据。

(11)由项目/专业监理工程师建立月完成工程量和工作量统计表对实际完成量与计划完成量进行比较、分析,制定调整措施,并在《监理工作月报》中向项目法人报告。作好登记和记录。

(12)在工程完工(未验收前)时的支付签证中,除按施工合同规定扣留质量保证金外,注意索赔结算,尤其要注意承包人在投标文件中关于工期和质量的承诺。

(13)工程竣工验收后,在施工合同规定的时间内,由总监理工程师审核承包人提交的竣工《工程款支付申请表》,表后应附有以下详细证明文件。

1)至工程竣工日期止,根据施工合同所累计完成的全部工程款金额;

2)承包人认为根据合同应支付给他的追加金额和其他金额。

(14)最终结清按施工合同的规定进行。

17.2.4 工程进度控制监理工作

工程进度控制监理工作的内容如下：

(1)监理部将按下列程序进行工程进度控制。

1)总监理工程师审批承包人报送的施工总进度计划，符合要求后，在《施工进度计划报审表》签认，作好登记和记录；

2)总监理工程师认为必要时，要求承包人编制的年、季、月度施工进度计划，并经总监理工程师审批，符合要求后，在《施工进度计划报审表》签认，作好登记和记录；

3)项目/专业监理工程师对施工进度计划实施情况进行检查、分析，作好记录；

4)当实际进度符合计划进度时，将要求承包人编制下一期进度计划；当实际进度滞后于计划进度时，由项目/专业监理工程师书面通知承包人采取纠偏措施并监督实施，作好记录。

(2) 由项目/专业监理工程师检查进度计划的实施，并记录实际进度及其相关情况。应用网络技术、计算机技术等进行实际进度与计划进度的比较分析。当发现实际进度滞后于计划进度时应签发《监理工程师通知单》指令承包人采取调整措施。当实际进度严重滞后于计划进度时应及时报告总监理工程师，由总监理工程师与项目法人商定采取进一步措施。承包人的调整措施或延期申请经总监理工程师和项目法人同意后，在网络图或形象进度图或S曲线图上画出新的进度计划。作好登记和记录。

(3)总监理工程师应在《监理工作月报》中向项目法人报告工程进度和采取进度控制措施的执行情况，并提出合理预防由于项目法人原因导致的工期延期及其相关费用索赔的建议。

17.2.5 完工验收工作

完工验收的主要工作内容包括下述几方面。

(1)当单位工程达到竣工验收条件后，承包人应在自审、自查、自评工作完成后，将全部竣工资料报送监理部，并填写《工程竣工报验单》申请完工验收。

(2)由总监理工程师组织项目/专业监理工程师，依据有关法律、法规、工程建设强制性标准、设计文件及施工合同，对完工资料及各专业工程的质量情况进行全面检查。

1)监理部审核后发现工程尚有重大缺陷时，可拒绝或推迟进行完工验收，但监理部将在合同规定的期限内通知承包人，指出完工验收前应完成的工程缺陷修复和其他的工作内容和要求，并将《工程竣工报验单》退还给承包人。要求承包人在具备验收条件后重新申报。

2)监理部审核后对上述报告及报告中所列的工作项目和工作内容持有异议时，监理部将在合同规定的期限内通知承包人，并要求承包人在收到上述通知后，在合同规定的期限内提交修改后的《工程竣工报验单》，直至监理部同意为止。

(3)监理工程师将督促承包人搞好成品保护和现场清理。

(4)经监理部对完工资料及实物全面检查、验收合格后，由总监理工程师签署《工程竣工报验单》，报送项目法人。

(5)监理部若确认承包人已完成或基本完成施工合同规定的工程，并具备了完工验收条件，但由于非承包人原因使完工验收不能进行时，将建议由项目法人或授权监理部进行初步验收，形成初步验收报告。

(6)监理部将参加由项目法人组织的竣工验收，并提供相关的监理资料，按工程验收规程执行。对验收中提出的整改问题，监理部将要求承包人进行整改。工程质量符合要求后，由总监理工程师会同参加验收的各方签署竣工验收报告。

17.3　合同管理

工程建设合同是在工程建设活动中，合同标的人根据一定的条件，通过(工作)活动过程，达到一定的目的要求的具有法律性的文件，因此，工程建设的所有活动最终都是围绕以合同为中心的活动，都是围绕合同目标实现的活动。

施工合同管理是管理工作的中心任务，监理部将在熟悉本工程的所有合同文件内容(包括监理合同，施工承包合同，材料、设备采购合同，设计合同，质量监督合同)的前提下，正确引用合同条文来进行合同跟踪管理，督促合同双方严格按合同办事。

17.3.1　工程暂停及复工管理

(1)总监理工程师在签发《工程暂停令》时，将根据暂停工程的影响范围和影响程度，确定工程项目停工的范围，并按照施工合同和委托监理合同的约定签发。

(2)在发生下列情况之一时，总监理工程师可签发《工程暂停令》。

1)项目法人要求暂停施工、且工程需要暂停施工；

2)为了保证工程质量而需要进行停工处理；

3)施工出现了安全隐患，总监理工程师认为有必要停工以消除隐患；

4)发生了必须暂时停止施工的紧急事件；

5)承包人未经许可擅自施工，或拒绝监理部管理。

(3)总监理工程师在签发《工程暂停令》到签发《工程复工报审表》之间的时间内，应会同有关各方按照施工合同的约定，处理因工程暂停引起的工期、费用等有关问题。

(4)由于项目法人原因，或非承包人原因导致工程暂停时，监理部将如实记录所发生的实际情况。总监理工程师将在施工暂停原因消失、具备复工条件时，及时签署《工程复工报审表》，指令承包人继续施工。

(5)由于承包人原因导致工程暂停，在具备复工条件时，监理部将审查承包人报送的《工程复工报审表》及有关材料，同意后由总监理工程师签署《工程复工报审表》，指令承包人继续施工。

17.3.2 工程变更管理

(1)监理部将按下列程序处理变更。

设计人对原设计存在的缺陷提出的工程变更,应编制设计变更文件;项目法人或承包人提出的工程变更,提交总监理工程师审查。审查同意后,由项目法人转交原设计人编制变更文件。

(2)监理部处理工程变更应符合下列要求。

1)监理部在工程变更的质量、费用和工期方面取得项目法人授权后,应按施工合同规定与承包人进行协商,经协商达成一致后,由总监理工程师应将协商结果向项目法人通报,并由项目法人和承包人在变更文件上签字;

2)在监理部未能就工程变更的质量、费用和工期方面取得项目法人授权时,总监理工程师应协助项目法人和承包人进行协商;

3)在项目法人和承包人未能就工程变更的费用等方面达成协议时,监理部将提出一个暂定价格,作为临时支付工程款的依据。该工程款最终结算时,以项目法人和承包人达成的协议为依据。

(3)在总监理工程师签发《工程变更单》之前,要求承包人不得实施工程变更。

(4)未经总监理工程师审查同意而实施的工程变更,监理部将不予计量。

(5)所有变更必须符合施工合同的规定。

17.3.3 费用索赔的处理

(1)监理部将依据下列文件处理费用索赔。

1)国家有关法律、法规和工程项目所在地的地方法规;

2)本工程的施工合同文件;

3)国家、部门和地方有关的标准、规范和定额;

4)施工合同履行过程中与索赔事件有关的凭证。

(2)当承包人提出费用索赔的理由同时满足以下条件时,监理部才予以受理。

1)索赔事件造成了承包人直接经济损失;

2)索赔事件时由于非承包人的责任发生的;

3)承包人已按照施工合同规定的有效期限和程序提出《费用索赔申请表》,并附有索赔凭证材料。

(3)承包人向项目法人提出费用索赔,监理部将按下列程序处理。

1)承包人在施工合同规定的期限内向监理部提交对项目法人的费用索赔意向通知书;

2)总监理工程师指定项目/专业监理工程师收集与索赔有关的资料;

3)承包人在施工合同规定的期限内向监理部提交对项目法人的《费用索赔申请表》;

4)总监理工程师初步审查《费用索赔申请表》;

5)监理工程师进行费用索赔调查,并初步确定一个额度后,与承包人、项目法人进行协商;

6)总监理工程师将在施工合同规定的期限内签署《费用索赔审批表》,或在施工合同规定的期限内发出要求承包人提交有关索赔报告的进一步详细资料的通知。

(4)当承包人的费用索赔要求与工程延期要求相关联时,总监理工程师在作出费用索赔的批准时,将与工程延期的批准联系起来,综合作出费用索赔和工程延期的决定。

(5)由于承包人的原因造成项目法人的额外损失,项目法人向承包人提出费用索赔时,总监理工程师在审查索赔报告后,将公正地与项目法人和承包人进行协商,并及时作出答复。

(6)当项目法人与承包人意见不同且协商不一致时,由监理部在合同授权范围内提出决定意见。如果双方接受监理部的决定,则可执行;如果一方不同意接受,可邀请中间方协调和(或)提交仲裁或诉讼。

(7)索赔控制措施。熟悉合同文件,随时掌握合同实施情况并及时分析研究存在的问题及其处理措施,及早发现索赔隐患,采取预防措施,以避免或减少索赔事件的发生。做好监理日志及其他同期记录资料的管理,掌握好第一手资料,监督承包人做好试验记录、施工日志等资料管理。

当索赔事件发生时,及时采取措施,尽量减少事件影响的扩大,并做好有关记录、照片等同期资料管理。

认真组织索赔事件的调查,严格审查索赔报告,对索赔事件、造成的影响、索赔的合同与法律依据、责任的分担、索赔计算和证明材料等提出评价意见。根据合同授权,按程序公正处理索赔。

17.3.4　工程延期及工程延误的处理

(1)当承包人提出工程延期要求符合施工合同文件的规定条件时,监理部将予以受理。

(2)当影响工期事件具有连续性时,监理部将在收到承包人提交的阶段性《工程延期申请表》并经过审查后,先由总监理工程师签署《工程临时延期审批表》并报项目法人。当承包人提交最终的《工程延期申请表》后,监理部应复查工程延期及临时延期情况,并由总监理工程师签署《工程最终延期审批表》。

(3)监理部在作出临时工程延期批准和最终的工程延期批准之前,均将与项目法人和承包人进行协商。

(4)监理部在审查工程延期时,将依据下列情况确定批准工程延期的时间。

1)施工合同中有关工程延期的约定;

2)工期拖延和影响工期事件的事实和程度;

3)影响工期事件对工期影响的量化程度。

(5)当承包人未能按照施工合同要求的工期竣工交付造成工期延误时,监理部将按照施工合同规定从承包人应得款项中扣除误期损害赔偿费。

17.3.5　合同争议的调解

(1)监理部接到合同争议的调解要求后将进行以下工作。

1)及时了解合同争议的全部情况,包括进行调查和取证;

2)及时与合同争议的双方进行磋商;

3)在监理部提出调解方案后由总监理工程师进行争议调解;

4)当调解未能达成一致时,由总监理工程师在施工合同规定的期限内提出处理该合同争议的意见;

5)争议调解过程中,除已达到了施工合同规定的暂停履行合同的条件之外,监理部将要求施工合同的双方继续履行施工合同。

(2)在总监理工程师签发合同争议处理意见后,项目法人或承包人在施工合同规定的期限内未对合同争议处理决定提出异议,在符合施工合同的前提下,此意见应成为最后的决定,双方必须执行。

(3)在合同争议的仲裁或诉讼过程中,监理部接到仲裁机关或法院要求提供有关证据的通知后,将公正地向仲裁机关或法院提供与争议有关的证据。

17.3.6　合同的解除

(1) 施工合同的解除必须符合法律程序。

(2) 当项目法人违约导致施工合同最终解除时,监理部将就承包人按施工合同规定应得到的款项与项目法人和承包人进行协商,并应按施工合同的规定从下列应得到款项中确定承包人应得到的全部款项,并书面通知项目法人和承包人。

1)承包人已完成的工程量表中所列的各项工作所应得的款项;

2)按批准的采购计划订购工程材料、设备、构配件的款项;

3)承包人撤离施工设备至原基地或其他目的地的合理费用;

4)承包人所有人员的合理遣返费用;

5)合理的利润补偿;

6)施工合同规定的项目法人应支付的违约金。

(3)由于承包人违约导致施工合同终止后,监理部将按下列程序清理承包人的应得款项,或偿还项目法人的相关款项,并书面通知项目法人和承包人。

1)施工合同终止时,清理承包人已按施工合同规定实际完成的工作所应得的款项和已经得到支付的款项;

2)施工现场余留的材料、设备及临时工程的价值;

3)对已完成工程进行检查和验收、移交工程资料、该部分工程的清理、质量缺陷修复等所需的费用;

4)施工合同规定的承包人应支付的违约金。

17.3.7　违约管理

(1)加强计划管理,随时掌握施工现场情况,及时建议项目法人落实应尽义务,监督承包人按照合同规定履行义务,减少或避免违约事件的发生。

(2)做好同期资料管理工作,为可能发生的违约事件处理提供充分、准确的证据。

(3)对于发生的违约事件,监理部应严守合同,在深入调查清楚违约事件的基础上,公正处理各种违约事件;尽量减小对工程建设造成的影响和损失。

17.3.8　风险防范措施

(1)随时掌握施工现场的人员、设备、材料、交通、施工工艺、气象、水文、地质以及其他可能的工程风险因素,及早采取预防措施,尽量避免由于风险造成的损失。

(2)当风险发生后,及时采取措施,调动现场包括承包人在内的一切人员和设备力量进行保护、抢救,最大限度地挽回损失。

(3)对于由于风险原因给承包人造成的劳动量增加、费用和工期影响以及项目法人损失,应严格按照合同规定,实事求是地确定项目法人和承包人各自应承担的损失。

17.4　信息管理

在项目实施过程中,监理部将按照委托监理合同和本监理人质量体系文件规定及时做好施工现场记录与信息反馈。

监理部按照委托监理合同的要求编制监理月报,按《监理工作月报制度》执行。

监理部的监理人员在工程施工期每天必须认真填写《监理日志》,按《监理日志填写要求》执行。

监理部及时整编工程资料和工程档案,做好文、录、表、单的日常管理。在服务项目完成28 天内,总监理工程师将安排信息管理监理工程师依据《监理工程资料管理制度》和《监理工作报告编写提纲》完成服务过程资料整编和监理工作报告编写工作。

17.5　其他监理工作

17.5.1　协调工作

(1)协调的原则。

1)坚持顾全国家利益和工程项目建设的大局,以全面实现项目建设目标为协调工作的出发点。

2)以事实为依据,以法律、法令、法规、合同为准则,坚持“实事求是,平等协商、公正合理”

的原则，按照合同中规定的权利和责任，协调项目法人和承包人之间的关系。同时充分考虑合同中双方的利益。

3)充分调动双方积极性，融洽双方关系。

(2)协调工作的主要内容。

协调工作的主要内容：监理部要及时、公正合理地进行协调和解决在工程项目实施过程中，项目法人和承包人由于各自的经济利益和对问题的不同理解所产生的矛盾和问题，维护双方的合法权益。

(3)协调的措施。

1)及时调查了解合同争议的全部情况(包括取证)；

2)及时与合同争议的双方进行磋商；

3)监理部拿出调解方案后，由总监进行协调工作。如协调未能达成一致时，总监在施工合同规定的期限内拿出处理意见。

4)协调过程中，除已达到施工合同规定它的暂停履行合同的条件外，监理工程师须要求合同双方继续履行施工合同。

5)协调的形式应以会议协调为主。

6)协调工作措施还应包括定期或不定期的由监理部或项目法人主持的各种施工、生产协调会议，监理工程师应及时收集工程信息，围绕工程建设目标，协调生产，协调各方关系。

17.5.2 安全文明施工监理工作

安全文明施工监理是现代工程建设的重要组成部分，是监理部、承包人形象、素质的体现，是实现工程投资、进度和质量目标的重要保证。监理部将通过监督、检查和指导承包人建立和健全安全文明施工保证体系，严格按国家及政府有关安全作业规程，制定安全文明施工规章制度；加强施工现场管理，把安全文明施工贯彻于工程建设的始终，树立良好的形象。

复习思考题

(1)简述土地整治项目工程监理的含义。

(2)简述土地整治项目工程监理的工作范围。

(3)论述如何做好土地整治项目目标控制工作。

附　录

1. 土地利用现状分类标准(GB/T 21010—2007)

一级类	二级类	含　义
01 耕地		指种植农作物的土地，包括熟地，新开发、复垦、整理地，休闲地(含轮歇地、轮作地)；以种植农作物(含蔬菜)为主，间有零星果树、桑树或其他树木的土地；平均每年能保证收获一季的已垦滩地和海涂。耕地中包括南方宽度<1.0m，北方宽度<2.0m固定的沟、渠、路和地坎(埂)；临时种植药材、草皮、花卉、苗木等的耕地，以及其他临时改变用途的耕地
	011 水田	指用于种植水稻、莲藕等水生农作物的耕地。包括实行水生、旱生农作物轮种的耕地
	012 水浇地	指有水源保证和灌溉设施，在一般年景能正常灌溉，种植旱生农作物的耕地。包括种植蔬菜等的非工厂化的大棚用地
	013 旱地	指无灌溉设施，主要靠天然降水种植旱生农作物的耕地，包括没有灌溉设施，仅靠引洪淤灌的耕地
02 园地		指种植以采集果、叶、根、茎、汁等为主的集约经营的多年生木本和草本作物，覆盖度大于50%和每亩株数大于合理株数70%的土地。包括用于育苗的土地
	021 果园	指种植果树的园地
	022 茶园	指种植茶树的园地
	023 其他园地	指种植桑树、橡胶、可可、咖啡、油棕、胡椒、药材等其他多年生作物的园地
03 林地		指生长乔木、竹类、灌木的土地，及沿海生长红树林的土地。包括迹地，不包括居民点内部的绿化林木用地、铁路、公路征地范围内的林木，以及河流、沟渠的护堤林
	031 有林地	指树木郁闭度≥0.2的乔木林地，包括红树林地和竹林地
	032 灌木林地	指灌木覆盖度≥40%的林地
	033 其他林地	包括疏林地(指树木郁闭度10%～19%的疏林地)、未成林地、迹地、苗圃等林地

续表

一级类	二级类	含　义
04 草地		指生长草本植物为主的土地
	041 天然牧草地	指以天然草本植物为主，用于放牧或割草的草地
	042 人工牧草地	指人工种植牧草的草地
	043 其他草地	指树木郁闭度＜0.1，表层为土质，生长草本植物为主，不用于畜牧业的草地
05 商服用地		指主要用于商业、服务业的土地
	051 批发零售用地	指主要用于商品批发、零售的用地。包括商场、商店、超市、各类批发(零售)市场，加油站等及其附属的小型仓库、车间、工场等的用地
	052 住宿餐饮用地	指主要用于提供住宿、餐饮服务的用地。包括宾馆、酒店、饭店、旅馆、招待所、度假村、餐厅、酒吧等
	053 商务金融用地	指企业、服务业等办公用地，以及经营性的办公场所用地。包括写字楼、商业性办公场所、金融活动场所和企业厂区外独立的办公场所等用地
	054 其他商服用地	指上述用地以外的其他商业、服务业用地。包括洗车场、洗染店、废旧物资回收站、维修网点、照相馆、理发美容店、洗浴场所等用地
06 工矿仓储用地		指主要用于工业生产、采矿、物资存放场所的土地
	061 工业用地	指工业生产及直接为工业生产服务的附属设施用地
	062 采矿用地	指采矿、采石、采砂(沙)场，盐田，砖瓦窑等地面生产用地及尾矿堆放地
	063 仓储用地	指用于物资储备、中转的场所用地
07 住宅用地		指主要用于人们生活居住的房基地及其附属设施的土地
	071 城镇住宅用地	指城镇用于生活居住的各类房屋用地及其附属设施用地。包括普通住宅、公寓、别墅等用地
	072 农村宅基地	指农村用于生活居住的宅基地

续表

一级类	二级类	含　义
08 公共管理与公共服务用地		指用于机关团体、新闻出版、科教文卫、风景名胜、公共设施等的土地
	081 机关团体用地	指用于党政机关、社会团体、群众自治组织等的用地
	082 新闻出版用地	指用于广播电台、电视台、电影厂、报社、杂志社、通讯社、出版社等的用地
	083 科教用地	指用于各类教育，独立的科研、勘测、设计、技术推广、科普等的用地
	084 医卫慈善用地	指用于医疗保健、卫生防疫、急救康复、医检药检、福利救助等的用地
	085 文体娱乐用地	指用于各类文化、体育、娱乐及公共广场等的用地
	086 公共设施用地	指用于城乡基础设施的用地。包括给排水、供电、供热、供气、邮政、电信、消防、环卫、公用设施维修等用地
	087 公园与绿地	指城镇、村庄内部的公园、动物园、植物园、街心花园和用于休憩及美化环境的绿化用地
	088 风景名胜设施用地	指风景名胜(包括名胜古迹、旅游景点、革命遗址等)景点及管理机构的建筑用地。景区内的其他用地按现状归入相应地类
09 特殊用地		指用于军事设施、涉外、宗教、监教、殡葬等的土地
	091 军事设施用地	指直接用于军事目的的设施用地
	092 使领馆用地	指用于外国政府及国际组织驻华使领馆、办事处等的用地
	093 监教场所用地	指用于监狱、看守所、劳改场、劳教所、戒毒所等的建筑用地
	094 宗教用地	指专门用于宗教活动的庙宇、寺院、道观、教堂等宗教自用地
	095 殡葬用地	指陵园、墓地、殡葬场所用地
10 交通运输用地		指用于运输通行的地面线路、场站等的土地。包括民用机场、港口、码头、地面运输管道和各种道路用地
	101 铁路用地	指用于铁道线路、轻轨、场站的用地。包括设计内的路堤、路堑、道沟、桥梁、林木等用地
	102 公路用地	指用于国道、省道、县道和乡道的用地。包括设计内的路堤、路堑、道沟、桥梁、汽车停靠站、林木及直接为其服务的附属用地
	103 街巷用地	指用于城镇、村庄内部公用道路(含立交桥)及行道树的用地。包括公共停车场、汽车客货运输站点及停车场等用地
	104 农村道路	指公路用地以外的南方宽度≥1.0m、北方宽度≥2.0m的村间、田间道路(含机耕道)
	105 机场用地	指用于民用机场的用地
	106 港口码头用地	指用于人工修建的客运、货运、捕捞及工作船舶停靠的场所及其附属建筑物的用地，不包括常水位以下部分
	107 管道运输用地	指用于运输煤炭、石油、天然气等管道及其相应附属设施的地上部分用地

续 表

一级类	二级类	含 义
11 水域及水利设施用地		指陆地水域，海涂，沟渠、水工建筑物等用地。不包括滞洪区和已垦滩涂中的耕地、园地、林地、居民点、道路等用地
	111 河流水面	指天然形成或人工开挖河流常水位岸线之间的水面，不包括被堤坝拦截后形成的水库水面
	112 湖泊水面	指天然形成的积水区常水位岸线所围成的水面
	113 水库水面	指人工拦截汇集而成的总库容≥10 万立方米的水库正常蓄水位岸线所围成的水面
	114 坑塘水面	指人工开挖或天然形成的蓄水量<10 万立方米的坑塘常水位岸线所围成的水面
	115 沿海滩涂	指沿海大潮高潮位与低潮位之间的潮浸地带。包括海岛的沿海滩涂。不包括已利用的滩涂
	116 内陆滩涂	指河流、湖泊常水位至洪水位间的滩地；时令湖、河洪水位以下的滩地；水库、坑塘的正常蓄水位与洪水位间的滩地。包括海岛的内陆滩地。不包括已利用的滩地
	117 沟渠	指人工修建，南方宽度≥1.0m、北方宽度≥2.0m 用于引、排、灌的渠道，包括渠槽、渠堤、取土坑、护堤林
	118 水工建筑用地	指人工修建的闸、坝、堤路林、水电厂房、扬水站等常水位岸线以上的建筑物用地
	119 冰川及永久积雪	指表层被冰雪常年覆盖的土地。
12 其他土地		指上述地类以外的其他类型的土地
	121 空闲地	指城镇、村庄、工矿内部尚未利用的土地
	122 设施农用地	指直接用于经营性养殖的畜禽舍、工厂化作物栽培或水产养殖的生产设施用地及其相应附属用地，农村宅基地以外的晾晒场等农业设施用地
	123 田坎	主要指耕地中南方宽度≥1.0m、北方宽度≥2.0m 的地坎
	124 盐碱地	指表层盐碱聚集，生长天然耐盐植物的土地
	125 沼泽地	指经常积水或渍水，一般生长沼生、湿生植物的土地
	126 沙地	指表层为沙覆盖、基本无植被的土地。不包括滩涂中的沙地
	127 裸地	指表层为土质，基本无植被覆盖的土地；或表层为岩石、石砾，其覆盖面积≥70%的土地。

2. 土地整治项目工程体系表

一级		二级		三级		说明
编号	名称	编号	名称	编号	名称	
1	土地平整工程					
		1.1	耕作田块修筑工程			按照一定的田块设计标准所进行的土方挖填和埂坎修筑等活动
				1.1.1	条田（修筑）	在地形相对较缓地区，依据灌排水方向所进行的几何形状为长方形或近似长方形的水平田块修筑工程。水田区条田可细分为格田
				1.1.2	梯田（修筑）	在地面坡度相对较陡地区，依据地形和等高线所进行的阶梯状田块修筑工程。按照断面形式不同，梯田分水平梯田和坡地梯田
				1.1.3	其他田块（修筑）	除上述条田、梯田之外的其他田块修筑工程
		1.2	耕作层地力保护工程			为充分保护及利用原有耕作的熟化地土层和建设新增耕地的宜耕土层而采取的各种措施
				1.2.1	客土回填	当项目区内土层厚度和耕作土壤质量不能满足作物生长、农田灌溉排水和耕作需要时，从区外运土填筑到回填部位的土方搬移活动
				1.2.2	表土保护	在田面平整之前，对原有可利用的表层土进行剥离收集，待田面平整后再将剥离表土还原铺平的一种措施
2	灌溉与排水工程					
		2.1	水源工程			为农业灌溉所修建的地表水拦蓄水、河湖库引提水、地下取水等工程的总称
				2.1.1	塘堰（坝）	用于拦截和集蓄当地地表径流，蓄水量在10万 m^3 以下的挡水建筑物。包括堰、塘、坝

续 表

一级		二级		三级		说　明
编号	名　称	编号	名　称	编号	名　称	
				2.1.2	小型拦河坝(闸)	以拦蓄河道径流或潜层地下水为主,用以壅高水位的挡水建筑物。包括拦河坝、拦河闸
				2.1.3	农用井	在地面以下凿井、利用动力机械提取地下水的取水工程。包括大口井、管井和辐射井
				2.1.4	小型集雨设施	在坡面上修建的拦蓄地表径流、蓄水量小于1 000m^3的蓄水池、水窖、水柜等蓄水建筑物
		2.2	输水工程			修筑在地表附近用于输送水至用水部位的工程
				2.2.1	明渠	在地表开挖和填筑的具有自由水流面的地上输水工程
				2.2.2	管道	在地面或地下修建的具有压力水面的输水工程
				2.2.3	地面灌溉	灌溉水由明渠或管道送达田间后,在田间修筑的临时输水工程。包括沟灌、畦灌、淹灌三种类型
		2.3	喷微灌工程			比管道输水更加节水的一种灌溉方式。包括喷灌、微灌
				2.3.1	喷灌	利用专门设备将水加压并通过喷头以喷洒方式进行灌水的工程措施
				2.3.2	微灌	利用专门设备将水加压并以微小水量喷洒、滴入方式进行灌水的工程措施。包括滴灌、微喷灌、渗灌等
		2.4	排水工程			将农田中过多的地表水、土壤水和地下水排除,改善土壤中水、肥、气、热关系,以利于作物生长的工程措施
				2.4.1	明沟	在地表开挖或填筑的具有自由水面的地上排水工程

续表

一级		二级		三级		说　明
编号	名　称	编号	名　称	编号	名　称	
				2.4.2	暗渠(管)	在地表以下修筑的地下排水工程
		2.5	渠系建筑工程			渠道或沟道互为交叉、渠道或沟道与道路交叉或跨越(穿过)低地、河流、高地时修建的控制或输水建筑物
				2.5.1	水闸	修建在渠道或河道处控制水量和调节水位的控制建筑物。包括节制闸、进水闸、冲沙闸、退水闸、分水闸等
				2.5.2	渡槽	输水工程跨越山谷、洼地、河流、排水沟及交通道路时修建的桥式输水建筑物
				2.5.3	倒虹吸	输水工程穿过其他水道、洼地、道路时以虹吸形式敷设于地面或地下的压力管道式输水建筑物
				2.5.4	农桥	田间道路跨越河流、山谷、洼地等天然或人工障碍物而修建的过载建筑物
				2.5.5	涵洞	田间道路跨越渠道、排水沟时埋设在填土面以下的输水建筑物
				2.5.6	跌水、陡坡	连接两段不同高程的渠道或排洪沟,使水流直接跌落形成阶梯式或陡槽式落差的输水建筑物
				2.5.7	量水设施	修建在渠道或渠系建筑物上用以测算通过水量的建筑物
		2.6	泵站及输配电工程			由泵站和输配电两部分组成的提水建筑物,又称机电排灌工程
				2.6.1	泵站	通过动力机械将水由低处送往高处的提水建筑物。又称抽水站、扬水站
				2.6.2	输电线路	通过金属导线将电能由某一处输送到目的地的工程

续表

一级		二级		三级		说明
编号	名称	编号	名称	编号	名称	
				2.6.3	配电装置	承担降压或用配电设备通过配电网络将电能进行重新分配的装置
3	田间道路工程					
		3.1	田间道			连接田块与村庄，供农业机械、农用物资和农产品运输通行的道路
		3.2	生产路			项目区内连接田块与田块、田块与田间道，供人员通行和小型农机行走的道路
4	农田防护与生态环境保持工程					
		4.1	农田林网工程			用于农田防风、改善农田气候条件、防止水土流失、促进作物生长和提供休憩庇荫场所的农田植树工程
				4.1.1	农田防护林	在田块周围营造的以防治风沙和台风灾害、改善农作物生长条件为主要目的人工林
				4.1.2	梯田埂、坎防护林	在梯田埂坎处营造的以防止水土流失、保护梯田埂坎安全为主要目的的人工林
				4.1.3	护路护沟林	在田间道路、排水沟、渠道两侧营造的以防止水土流失、保护岸坡安全、提供休憩庇荫场所为主要目的的人工林
				4.1.4	护岸林	在河流、水库、湖库的岸坡处营造的以防止水土流失、保护岸坡安全为主要目的的人工林
		4.2	岸坡防护工程			为稳定农田周边岸坡和土堤的安全、保护坡面免受冲刷而采取的工程措施

续表

一级		二级		三级		说明
编号	名称	编号	名称	编号	名称	
				4.2.1	护堤	为保护现有堤防免受水流、风浪、海潮侵袭和冲刷所修建的工程设施，以及新建的小型堤防工程
				4.2.2	护岸	为保护农田免受水流、风浪、海潮侵袭和冲刷，在河湖海库的岸坡上修建的工程设施
		4.3	沟道治理工程			为固定沟床、防治沟蚀、减轻山洪及泥沙危害、合理开发利用水土资源而采取的工程措施
				4.3.1	谷坊	横筑于易受侵蚀的小沟道或小溪中的小型固沟、拦泥、滞洪建筑物
				4.3.2	沟头防护	为防止径流冲刷引起沟头延伸和坡面侵蚀而采取的工程措施
				4.3.3	拦沙坝	在河道上修建的以拦蓄山洪、泥石流等固体物质为主要目的的拦水建筑物。只限于淤地坝维护和改造
		4.4	坡面防护工程			为防治坡面水土流失，保护、改良和合理利用坡面水土资源而采取的工程措施
				4.4.1	截水沟	在坡地上沿等高线开挖用于拦截坡面雨水径流，并将雨水径流导引到蓄水池的沟槽工程
				4.4.2	排洪沟	在坡面上修建的用以拦蓄、疏导坡地径流，并将雨水导入下游河道的沟槽工程
5	其他工程					

3.土地整治项目可行性研究的构成

(1)总论。

总论应包括项目背景与项目概要两部分。

1)项目背景，应对项目名称、可行性研究报告编制单位情况、可行性研究报告编制依据、项目提出理由与过程、项目预期目标、项目建设基本条件做出说明。

2)项目概要，应对项目所在县(市、区)、项目类型、项目性质、项目位置和范围、项目区地貌类型、项目建设规模、项目区土地权属状况、项目预计新增耕地面积和新增耕地率、项目建设工期、项目总投资和亩均投资做出说明。

(2)项目区概况。

项目区概况,应对项目区的自然条件、资源条件、社会经济状况、土地利用现状、基础设施条件与农业生产状况进行分析。

1)自然条件,主要分析地形地貌、土壤、水文地质与工程地质。

2)资源条件,主要分析农业气候资源(如光照、温度、降水)、水资源、生物资源。

3)社会经济状况,主要分析经济发展水平、人口情况、科技发展水平。

4)土地利用现状,主要分析土地利用结构、土地开发利用程度、土地利用经济效果。

5)基础设施条件,主要对交通条件、排灌系统骨干设施状况、电力设施状况等进行分析。

(3)项目分析。

1)项目合法性与合规性分析。主要包括两个方面内容:项目是否符合相关法律法规的要求;项目是否符合土地利用总体规划、土地整治专项规划等相关规划。

2)新增耕地潜力分析。主要对新增耕地的数量及来源进行说明;

3)水资源平衡分析。内容主要包括:灌溉水源的分析、需水量预测、可供水量预测、水资源供需平衡分析。

4)土地利用限制因素分析。说明土地利用的主要限制因素,并提出解决办法。

5)土地适应性评价。说明目前的土地用途是否应该调整,调整后的土地用途可能会产生怎样的后果和影响,应如何进行调整等。

6)公众参与分析。将公众参与的意见形成有效书面文件,纳入到可行性研究报告中。具体应包括公众对项目区选址、权属调整、土地利用布局方案和工程技术方案等方面的意见。

(4)项目规划方案及建设内容。

1)规划依据;

2)规划方案比选;

3)推荐方案总体布局说明。主要对土地利用布局、农田水利工程布局、田间道路工程布局及其他工程布局进行说明;

4)建设内容和标准。主要指土地平整工程、农田水利工程、田间道路工程、其他工程及工程量估算。

(5)土地权属调整方案。

在对土地权属及利用现状分析的基础上,明确权属调整的范围,提出权属调整的方法与程序。

(6)项目建设组织管理。

1)组织机构与人力资源配置。明确项目法人,提出组织机构设置方案,对组织机构适应性进行分析,明确人力资源配置。

2)项目实施进度。说明建设工期,并做出项目实施进度计划。

3)项目实施过程控制措施。主要是对项目进度、质量和投资三个方面提出控制措施。

4)项目建设后运行管护初步方案。明确管护责任主体,提出管护措施,并说明经费筹措办法。

(7)投资估算。

主要说明投资估算依据、投资估算编制说明、投资估算费用构成和投资进度计划。

(8)效益评价。

对项目竣工后的社会效益、生态环境效益、经济效益进行评价。

(9)风险分析。

说明项目主要风险因素及其风险程度,并提出防范和降低风险的措施。

(10)可行性研究结论与建议。

(11)附图、附表、附件。

可行性研究报告图件包括土地整治项目现状图和土地整治项目规划图。

1)对土地整治项目现状图的基本要求。

①土地利用现状图的制作应符合一般的制图要求,有图例、制图单位和制图日期等要素,图例应符合《土地利用现状调查技术规程》及《地形图图式》(GB/T7929－1995、GB/T5791－1993)。

②现状图应统一采用西安1980大地坐标系,不得使用自由坐标系。

③以实测地形图为底图绘制,能够清晰表达项目区地形变化情况。

④现状图上应标注以下内容:

项目区边界、基本农田保护区界线、地类界及符号、土地权属界限、项目涉及乡镇和村庄的名称;

项目区边界上的主要控制点应有明确的大地坐标;

项目区土地利用分类面积统计表,面积统计应按新的土地利用类型统计到二级地类,统计数据应做到文、图、表相符;

土地利用变更日期;

项目区水源、主干道路、主干排灌沟渠、堤坝、电力等基础设施及其他主要地物;

项目区内外的相对关系,如项目区内的排灌沟渠、道路等与外界的联系等。

2)对土地整治项目规划图的基本要求:

①规划图应以现状图为底图进行编制,因此项目区边界必须完全一致;

②等高线、高程点等现状地物应做淡化处理;

③各项工程总体布局要明确,单项工程要有编号,工程内容要文、图相符;

④规划田块大小、方向的布置要结合项目区地形条件,符合土地利用要求,并清晰标注田块设计高程;

⑤项目区外附近的主要道路、沟渠、排水承泄区应在图上明确显示,并与区内道路、沟渠相衔接;

⑥田间道、生产路布局应合理,不同级别道路之间应能合理连通;

⑦农田水利工程布局应合理,不同级别沟渠之间应能合理连接,所有沟渠都要标注水流方向;

⑧各级沟渠和道路的相互关系与配置要合理;

⑨防护林的布局要合理,应考虑与主害风方向的关系;

⑩应附规划前后项目区土地利用结构调整表;

⑪图例应符合有关规范。

4.农田防护林区的农田林网设计参考标准

类型区	林带结构	林带走向	林带间距	林带宽度
严重风沙区	以疏透结构为主	主林带垂直于害风季节的主害风方向,副林带垂直于主林带	主林带150～300m,副林带300～600m,网格面积4.5～18hm²	主林带2～13行,副林带2～11行
一般风沙区	以疏透结构为主	主林带垂直于害风季节的主害风方向;考虑耕作习惯、水网、路网,可有不大于30°的偏角。副林带垂直于主林带	主林带200～500m,副林带400～1 000m,网格面积8～50hm²	主林带4～11行,副林带2～10行
严重风害区	以通风结构或疏透结构为主	主林带垂直于害风季节的主害风方向,副林带垂直于主林带	主林带150～300m,副林带300～600m,网格面积4.5～18hm²	主林带2～8行,副林带2～4行
一般风害区	以通风结构为主	林带走向可有较大灵活性	主林带200～600m,副林带400～1 000m,网格面积8～60hm²	主林带2～6行,副林带2～4行
盐渍化区	以通风结构或疏透结构为主	林带走向可有较大灵活性	主林带100～300m,副林带200～500m,网格面积2～15hm²	主林带4～8行,副林带2～6行
旱作农区	以疏透结构为主	主林带垂直于害风季节的主害风方向,副林带垂直于主林带	主林带100～300m,副林带300～500m,网格面积3～15hm²	主副林带2～4行
灌溉区	以疏透结构为主	林带配置以农田水利基本建设规划为主,主林带配置在垂直于主害风的灌溉渠道上及与之平行的排沟道路上	主林带150～400m,副林带300～500m,网格面积4.5～20hm²	主林带2～6行,副林带1～4行
水网区	主副林带宜采用疏透结构	主副林带结合农田水利工程进行建设	主副林带300～500m。网格面积20hm²	主林带2～6行,宜乔、灌混交,副林带行数因地制宜设置

续表

类型区	林带结构	林带走向	林带间距	林带宽度
丘陵低山区	以疏透结构或带灌木的通风结构为主	横川可设置主林带，顺川可设置副林带。在坡耕地上，可水平环山或与梯田地埂结合设置林带	乔木林网：主林带 50～200m，副林带 200～500m，网格面积 1～$10hm^2$。灌木林网：主林带 25～30m，副林带 50～100m，网格面积 0.125～$0.3hm^2$	乔木林网：主林带 2～6 行，副林带 2～4 行。灌木林网：主副林带 2～4 行
黄土丘陵区	以疏透结构或带灌木的通风结构为主	沿等高线设置横山林带或环形林带，与横山林带垂直设置顺山林带	横山林带 60～120m，顺山林带 200m，网格面积 1.2～$2.4hm^2$。不设置顺山林带的，横山林带 20～30m	横山林带 2～9 行，顺山林带 4～10 行
河谷阶地	主林带以乔灌木结合的疏透结构为主；副林带以通风结构为主	主林带应与主害风方向垂直，副林带方向与主林带垂直	主林带 150～250m，副林带 400m，网格面积 6～$10hm^2$	主林带 2～4 行，副林带 1～2 行
风沙滩地	主林带和副林带以疏透结构为主	主林带应与主害风方向垂直，副林带方向与主林带垂直	主林带 150～200m，副林带 250～400m，网格面积 3.75～$8hm^2$	主林带 4～6 行，副林带 1～2 行
滨海区	主林带以疏透结构为主；副林带以通风结构为主	主副林带结合农田水利工程进行建设	主林带 150～200m，副林带 200～500m，网格面积 3～$10hm^2$	主林带 4～7 行，副林带 2 行以上
东南沿海	主林带和副林带以疏透结构为主	主林带应与主害风方向垂直，副林带方向一般与主林带垂直	主林带 100～150m，副林带 200～300m，网格面积 2～$4.5hm^2$	主林带 2～6 行，宜乔、灌混交；副林带 2～4 行
华南沿海	主林带和副林带以疏透结构为主	主林带应与主害风方向垂直，副林带方向一般与主林带垂直	主林带 300m，副林带 200～300m，网格面积 6～$9hm^2$	主副林带 2～4 行

5.土地整治项目预算文件的组成

项目预算文件由封面、目录、预算编制说明、预算表及附件组成。

(1)封面应按规定格式制作。项目承担单位和预算编制单位均须加盖印章,负责人、复核人和编制人均须加盖印章或签字,编制日期须如实填写。

(2)目录应按预算表的表号顺序编排。

(3)预算编制说明应力求文字简明扼要。主要包括:

1)项目概况。

说明项目的性质、类型、建设规模(总规模;开发、整理、复垦的规模),项目地点及地貌类型,预计净增耕地面积,预计净增耕地率,项目工程布置形式、工程内容及工程量、主要材料用量,施工工期,项目预算总投资,申请中央投资金额,其他资金来源情况,按年度说明项目实施内容及分年度投资计划等。

2)预算编制依据

①预算编制原则和依据;

②人工预算单价,主要材料预算价格,施工用电、水、风、客土等基础预算单价的计算依据;

③主要设备预算价格的编制依据;

④指标、定额、费用的计算标准及依据;

⑤拆迁规模、拆迁补偿标准的确定依据;

⑥项目规划设计图纸、说明及相应批准文号;

⑦项目施工组织设计或施工方案(涉及拆迁补偿工程的应含拆迁补偿方案)。

3)主要工程量计算及确定说明。

应简要说明项目预算表中涉及的分部工程主要工程量的计算方法、过程和确定依据等。

4)项目技术经济指标分析。

着重分析投入与产出的社会、经济和生态环境效益,内容主要包括实物工程量与投资估算的比较分析,施工方案与技术需要的可能分析,单项工程技术手段、生产组织对工程成本的影响分析等。

5)其他需要说明的事项。

主要说明项目的建设优势及预算编制中需特殊说明的事项,其他与预算有关但未能在表格中反映的事项。

(4)预算表应按规定的预算表格形式填制。主要包括:

1)总预算及分年度预算表:汇总项目总预算和编制分年度预算的表格。

2)预算总表:反映一个项目及各个部分所需投资总额的预算表。

3)工程施工费预算表:反映项目施工投资额度及单项工程预算明细的预算表。

4)设备购置费预算表:反映各单项工程设备购置费的预算表。

5)其他费用预算表:反映项目全程实施管理费用的预算表。

6)不可预见费预算表:反映项目可能发生的不可预见因素造成项目预算变化的预算表。

7)季度分月用款计划表:反映项目根据施工进度计划编制的季度分月用款计划的明细表。

8)预算附表:反映预算书各主要基础价格、工程施工费单价计算及其他相关技术经济数据的表格。

①人工预算单价计算表；

②主要材料预算价格计算表；

③次要材料预算价格表；

④机械台班预算单价计算表；

⑤工程施工费单价分析表；

⑥补充定额子目计算表；

⑦补充施工机械台班费计算表；

⑧混凝土、砂浆单价计算表；

⑨人工及主要材料用量汇总表；

⑩工程量统计表；

注：在预算附表最后附“材料信息价复印件”。

(5)附件由项目申报书、可行性研究报告(摘要)和项目评审报告等组成。

1)项目申报书。

是项目预算文件的重要补充文件。其内容包括项目申请理由及项目主要内容、项目总体目标、阶段性目标、项目组织实施条件、项目支出预算明细表等，具体格式详见本规定第六章。

2)可行性研究报告(摘要)。

是项目预算文件的基础文件。其内容包括项目情况、项目必要性与可行性、项目实施条件、实施进度与计划安排、主要结论等，具体格式详见本规定第六章。

3)项目评审报告。

是项目预算文件的建议性文件。其内容包括项目基本情况、项目可行性评审、项目预算评审、项目风险与不确定因素、评审总体结论等。

参 考 文 献

[1] 案博. 台田景观研究——形态、功能及应用价值的探讨[J]. 城市环境设计,2007,(6):28-31.

[2] 鲍海君,吴次芳,叶艳妹,等. 土地整理中田块设计和"3S"技术应用研究[J]. 农业工程学报,2002,18(1):196-199.

[3] 财政部经济建设司,国土资源部财务司. 土地开发整理项目预算定额标准[S]. 北京:中国财政经济出版社,2012.

[4] 财政部经济建设司,国土资源部财务司. 土地开发整理项目预算编制实务[M]. 北京:中国财政经济出版社,2012.

[5] 蔡玉梅,谢俊奇,杜官印,等. 规划导向的土地利用规划环境影响评价方法[J]. 中国土地科学,2005,19(2):3-8.

[6] 樊惠芳. 农田水利学[M]. 郑州:黄河水利出版社,2003.

[7] 樊彦国. 土地开发整理技术及应用[M]. 北京:中国石油大学出版社,2007.

[8] 范金梅,王磊,陈原,等. 关于中国农地整理中预测性环境影响评价问题[J]. 农业工程学报,2005,21(10):74-77.

[9] 冯忠江,郑艳东,张磊. 浅谈土地整理项目中的土地平整问题[J]. 资源产业,2005,7(2):80-82.

[10] 付梅臣,陈秋计,米静,等. 农田景观规划设计及3S技术应用[J]. 农业工程学报,2003,19(1):196-199.

[11] 付梅臣,郭义强,张惠. 兴隆庄采煤对农田景观格局的影响及其恢复[J]. 农业工程学报,2004,20(3):253-256.

[12] 付梅臣,胡振琪,米静. 土地整理和复垦工程费用结构分析及控制对策研究[J],农业工程学报,2003,19(4):291-294.

[13] 付梅臣,王金满,王广军. 土地整理与复垦[M]. 北京:地质出版社,2007.

[14] 高向军,鞠正山. 中国土地整理与生态环境保护[J]. 资源与产业,2005,7(2):1-3.

[15] 高向军,郧文聚,王磊,等. 土地开发整理项目典型调查与评价[M]. 北京:中国大地出版社,2008.

[16] 高向军. 土地整理理论与实践[M]. 北京:地质出版社,2003.

[17] 郭元裕. 农田水利学(第三版)[M]. 北京:中国水利水电出版社,1997.

[18] 国土资源部. 全国土地整治规划(2011—2015年)[R]. 2012,3.

[19] 国土资源部财务司,国土资源部土地整治中心. 土地开发整理项目预算编制实务[M]. 北京:中国财政经济出版社,2012.

[20] 国土资源部土地整理中心. 土地开发整理标准(TD/T1011-1013-2000)[M]. 北京:中

国计划出版社,2000.
[21] 国土资源部土地整治中心.土地整治 100 问[M].北京:地质出版社,2012.
[22] 国土资源部土地整治中心.土地整治项目实施管理培训教材[R].2011,8.
[23] 河南省国土资源厅.河南省土地整治工程施工监理规程[M].郑州:黄河水利出版社,2014.
[24] 胡振琪,等.土地复垦与生态重建[M].徐州:中国矿业大学出版社,2008.
[25] 贾文涛.统一概念为土地整治保驾护航[J].中国土地,2012,(8):46-47.
[26] 兰州市人民政府.兰州市土地整治规划(2011—2015 年)[R].2012,12.
[27] 李红举,林坚,阎红梅.基于农田景观安全格局的土地整理项目规划[J].农业工程学报,2009,25(5):217-222.
[28] 李建智.土地整理理论基础与政策取向的探究[J].中国土地科学,2003(8):55-57.
[29] 李岩,赵庚星,王瑷玲,等.土地整理效益评价指标体系研究及其应用[J].农业工程学报,2006,22(10):98-101.
[30] 李英能,黄修桥,吴景社.水土资源评价与节水灌溉规划[M].北京:中国水利水电出版社,2005.
[31] 李子田,郝瑞彬.土地整理与生态环境保护[J].农机化研究,2007,(6):5-8.
[32] 李宗尧,于纪玉.农田灌溉与排水[M].北京:中国水利水电出版社,2003.
[33] 刘勇,吴次芳,岳文泽,等.土地整理项目区的景观格局及其生态效应[J].生态学报,2008,28(5):2261-2269.
[34] 鹿心社.论中国土地整理的总体方略[J].农业工程学报,2002,18(1):1-5.
[35] 罗明,张惠远.土地整理及其生态环境影响综述[J].资源科学,2002,24(2):60-63.
[36] 牛传军,贾芳芳,马好霞,等.土地整理对区域生态环境的影响分析[J].水土保持研究,2008,15(1):193-196.
[37] 彭群,龙花楼,罗明,等.西部地区土地整理生态评价—以甘肃省酒泉市为例[J].经济地理,2003,23(6):822-825.
[38] 任伟.土地整理工程规划设计及 3S 技术应用[J].国土资源导刊,2006(2):53-54.
[39] 石宇.省级土地整治规划环境影响评价研究[D].南昌:江西农业大学,2011.
[40] 王军,李正,白中科,等.土地整理对生态环境影响的研究进展与展望[J].农业工程学报,2011,27:340-345.
[41] 王军,傅伯杰,陈利顶.景观生态规划的原理和方法[J].资源科学,1999,21(2):73-76.
[42] 王军,罗明,龙花楼.土地整理生态评价的方法与案例[J].自然资源学报,2003,18(3):363-367.
[43] 王军,邱杨,杨磊,等.基于 GIS 的土地整理景观效应分析[J].地理研究,2007,26(2):258-264.
[44] 王军,余莉,罗明,等.土地整理研究综述[J].地域研究与开发,2003,22(2):8-11.
[45] 王万茂,韩桐魁.土地利用规划学[M].北京:中国农业大学出版社,2002.
[46] 王炜,杨晓东,曾晖,等.土地整理综合效益评价指标与方法[J].农业工程学报,2005,21

(10):70－73.
[47] 王锡赞.农田水利学[M].北京:水利电力出版社,1992.
[48] 吴发启.水土保持学概论[M].北京:中国农业出版社,2003.
[49] 许燮谟,陈章琛.土地利用工程[M].北京:农业出版社,1987.
[50] 严金明,夏方舟,李强.中国土地综合整治战略顶层设计[J].农业工程学报,2012,28(14):1－9.
[51] 杨宝中，王燕燕，胡楠，等.土地整理中的水资源平衡分析计算[J].安徽农业科学，2007，35(30)：9660－9661，9732.
[52] 余振国,吴次芳.我国土地整理权属调整的机制建设研究[J].南京农业大学学报,2003,26(2):115－120.
[53] 郧文聚,杨红.农村土地整治新思考[J].中国土地,2010，7(2):69－71.
[54] 郧文聚,杨晓艳,石英.土地整理概念的科学界定[J].资源与产业,2008,10(5):1－2.
[55] 郧文聚,宇振荣.中国农村土地整治生态景观建设策略[J].农业工程学报,2011,27(4):1－6.
[56] 郧文聚.鸟瞰日本土地整治[J].中国土地,2011,(3):56－57.
[57] 郧文聚.土地整治规划概论[M].北京:地质出版社,2011.
[58] 张慧,付梅臣.土地整理项目中的景观生态规划设计[J].山东农业大学学报:自然科学版,2005,36(2):270－273.
[59] 张静,廖铁军.土地整理中的土地适宜性评价方法研究——以山东省日照市岚山区独剁流域土地整理项目为例[J].西南农业大学学报:社会科学版,2009,7(2):1－4.
[60] 张野,苏芳莉.土地整理过程中的水土流失与防治对策[J].水土保持应用技术,2008,(5):31－32.
[61] 张正峰,陈百明.土地整理的效益分析[J].农业工程学报,2003,19(2):210－213.
[62] 张正峰.土地整理中的生态服务价值损益估算[J].农业工程学报,2008,24(9):69－72.
[63] 重庆市农村土地整治中心.重庆市土地整治项目测绘技术要求(试行)[S]，2011.
[64] 宗建岳,徐瑞华.土地开发整理项目资金管理的问题与对策[J].中国土地,2009(5):60－61.
[65] 邹连敏.土地开发整理项目规划设计实用技术[M].北京:中国水利水电出版社,2011.